审计署
重点科研课题研究报告

SHENJISHUZHONGDIANKEYANKETIYANJIUBAOGAO

（2009－2010）

中国审计学会编

（下）

中国时代经济出版社
China Modern Economic Publishing House

前　言

审计重点科研课题研究是由中国审计学会和审计署审计科研所共同组织和管理的。2009 年至 2010 年度的重点科研课题分为公开招标课题和定向委托课题两类，共 25 项立项课题。其中，公开招标课题 20 项，即中国特色社会主义审计基本理论研究方向 4 项，绩效审计指南研究方向 5 项，审计文化建设研究方向 5 项，审计职业道德建设研究方向 3 项，当前金融审计领域若干重大问题研究方向 3 项；定向委托课题 5 项，即委托审计署农业与资源环境审计司、人事教育司、计算机中心、外资运用审计司和企业审计司分别承担的水环境审计指南、审计队伍专业化研究、信息系统审计指南、外资审计计算机审计方法体系和企业审计计算机审计方法体系。

在课题研究过程中，中国审计学会和审计署审计科研所严格按照《审计署重点科研课题管理办法》进行了课题的招标、立项评审、中期检查和结项评审等工作。审计署和中国审计学会领导对立项课题的研究工作十分重视。石爱中副审计长、孙宝厚总审计师和翟熙贵会长亲临课题评审会议，并对立项课题研究给予了具体指导。张立民、刘达朱、王智玉、陈太辉、刘力云等同志参与了课题评审工作，提出了许多有价值的意见和建议。在此，谨向以上领导和同志表示衷心地感谢！

本汇编分上、下两册。鉴于水环境审计指南等 9 项立项课题的研究成果已提供给审计署相关业务司作为制订有关指南的参考，或已作为实务公告印发各级审计机关，或已公开出版，故本汇编只收录了 25 项立项课题中的其他 16 项立项课题研究报告。

在汇编过程中，我们对课题研究报告中的一些格式和个别字句做了修改。不妥之处在所难免，恳请谅解并提出宝贵意见。

中国审计学会秘书处

二〇一一年六月

目 录

审计职业道德建设研究

审计署法规司课题组

审计职业道德建设研究：基本内容·影响因素·对策建议

上海海事大学、厦门大学课题组

审计职业道德建设

天津财经大学课题组

央行会计制度对货币政策的影响

西南财经大学课题组

金融创新与风险管理

——结合融资融券试点的实践

中国人民大学课题组

我国新型金融监管体系框架研究

西安交通大学课题组

审计队伍专业化研究

审计署人事教育司课题组

课题编号：09SJ04001

审计职业道德建设研究

审计署法规司课题组

课题负责人：王常松

课题组成员：刘绍统　彭华彰　沈立强　彭新林
邓红霞　蒯化平　曲　炜　柳　威
刘　炜　刘誉泽

【摘要】　本课题充分吸收国内外研究成果，立足我国审计职业道德建设现状，结合实地调研情况和近年来发生在审计机关的46个典型案例，深入剖析了审计人员违反审计职业道德的主要行为类型和原因，并结合新国家审计准则中关于审计职业道德的规定，分析了损害审计职业道德行为的识别及防范措施，进而从提高审计人员自身修养、强化审计职业道德的示范作用、完善审计职业道德规范建设、健全审计职业道德教育和评价体系四个方面提出加强我国审计职业道德建设的主要措施。

【关键词】　职业道德理念　审计职业道德规范　教育和评价体系

目　　录

绪 论

恩格斯指出："每一个阶级，甚至每一个行业，都各有各的道德。"在中国，自古以来，为师者要有"既美其德，又慎其行"的师德；为将者要有"智、信、仁、勇、严"的将德；为官者，要有"夙夜在公"的官德。在西方，被尊为"医学之父"的古希腊医生希波克拉底创立的《希波克拉底誓言》[①] 是医生职业道德的圣典，也一直是医学院学生毕业誓言和他们终生必须遵守的格言。由此可见，职业道德自产生后就与相应职业的发展息息相关，而为全社会所关注。审计当然也有自己的职业道德，而且应当为我们审计人员终生恪守。

但是，纵观中外审计职业发展的历史，分析引发审计信任危机的审计失败案例原因，其中暴露出的审计职业道德问题令人深思警醒。特别是近年来，我国社会审计中发生了"黎民股份"、"银广厦"、"郑百文"[②] 系列审计失败案例，审计人员职业道德水准受到全社会拷问，而国家审计在各级人大、政府和社会公众期望越来越高的背景下，却也出现了河北沧州审计员酒后猝死和浙江东阳审计局长公款按摩等事件，由此反映了我国审计职业道德现状不容乐观。加强审计职业道德建设越来越成为包括国家审计机关在内的我国审计职业界的共识。

---

① 希波克拉底是被西方尊为"医学之父"的古希腊著名医生，欧洲医学奠基人，古希腊医师，提出"体液（humours）学说"。《希波克拉底誓言》是希波克拉底警戒人类的古希腊职业道德的圣典，按中文计共有500多字，主要内容是遵守为病人谋利益的道德原则，并杜绝一切堕落及害人的行为。

② 上述案例均是近年发生的舞弊案例，相关审计事务所和注册会计师因出具不实审计报告而受到监管部门处罚。"黎明股份"，上市号600617，1999年1月28日上市。在1999年年度报告中，该公司为了掩饰其经营业绩，虚增资产8996万元，虚增负债1956万元，虚增所有者权益7413万元，虚增营业收入1.5亿元，虚增利润总额8679万元。沈阳华伦会计师事务所因出具无保留意见的审计报告而被财政部吊销证券、期货相关业务许可证；银广厦公司全称为广厦（银川）实业股份有限公司，现证券简称为ST银广厦（000557）。公司自1998—2001年期间累计虚增利润77156.70万元，因出具不实审计报告，负责审计的中天勤会计师事务所被财政部吊销执业资格，并会同证监会吊销其证券、期货相关业务许可证，签字注册会计师刘加荣、徐林文的注册会计师资格被吊销；郑百文全称是郑州百文股份有限公司（集团），股票代码600898，于1996上市。郑百文公司上市前采取虚提返利、少计费用和费用跨期入账等手段虚增利润1908万元，并据此制作了虚假上市申报材料。公司上市三年内采取各种手段累计虚增利润14390万元，郑州会计师事务所为其出具了严重失实的审计报告。财政部吊销了郑州会计师事务所证券、期货相关业务许可证；证监会对签字的两位注册会计师分别罚款30万元和20万元，并暂停其证券从业资格。

本课题报告充分吸收国内外研究成果，立足我国国家审计的实际，认为审计职业道德是指长期审计职业活动中逐步形成，体现审计职业特征、引导和制约审计行为、调整审计职业关系的职业信仰、行为准则和规范，从而界定了国家审计职业道德应具有的内涵与外延；阐明了审计职业道德建设的“三要素”和加强审计职业道德具有提高审计人员素质、推动审计法治建设、规范审计行为、充分发挥审计“免疫系统”功能的现实意义，并在此基础上形成课题组对审计职业道德建设社会—团体—个体不同层面的研究范畴和审计职业道德理念、道德规范、道德教育制度和评价体系分析框架。报告运用实证研究、比较分析等方法，着重探讨了国家审计人员作为社会公共利益的代表，在行使国家公权力，发挥国家审计“免疫系统”功能的过程中，如何加强审计职业道德建设，系统回答了我国国家审计职业道德的基本内容，分析了审计人员可能面临的损害审计职业道德的行为及防范措施，提出了加强我国审计职业道德建设应当完善审计职业道德规范、加强审计人员自我修养、强化示范作用、健全审计职业道德教育和评价体系四项措施，从而为修订国家审计准则，特别是审计职业道德的相关规范提供理论支撑，并力争成为落实审计署审计工作发展五年规划提出的加强审计法治建设、审计队伍建设、审计理论建设和审计文化建设目标的重要组成部分。

一、审计职业道德建设概述

（一）审计职业道德的含义

“道德”是以善恶评价的方式来评价和调节人的行为的规范手段和人类自我完善的一种社会价值形态，是社会意识形态之一。它总是反映和维护一定的利益，并具有强烈的实践性，以指导行为为目的①。“职业道德”则是指从业人员在职业活动中应当遵循的道德。它在职业生活中形成和发展，主要调节职业活动中的特殊道德关系和利益矛盾，是社会道德在职业活动中的体现②。审计作为一门随着经济监督的需要而产生，基本职能是为国家、社会公众提供高质量、可信赖的监督、制约、鉴证、信息提供与反馈等专业服务的职业，其职业道德一般是指在长期审计职业活动中逐步形成，体现审计职业特征、引导和制约审计行为、调整审计职业关系的职业信仰、行为准则和规范③。

① 见《辞海》（1999年版缩印本）上海辞书出版社1999年出版，第1282页。

② 见《辞海》（1999年版缩印本）上海辞书出版社1999年出版，第2196页。

③ 肖群英. 浅谈加强审计人员的职业道德建设. 江西青年职业学院学报，31页，2008-03.

审计主要调整着委托人、受托人与被审计对象三者之间形成的经济责任关系。根据审计组织的不同，审计可以分为国家审计、社会审计、内部审计。在国家审计中，审计机关代表政府依法对国务院各部门、地方各级政府、财政、金融机构和企事业组织等的财政和财务收支进行审计监督，独立行使审计监督权，不受其他行政机关、社会团体和个人的干涉。根据审计法规定，地方各级审计机关对本级人民政府和上一级审计机关负责并报告工作，审计业务以上级审计机关领导为主。地方各级审计机关分别在省长、自治区主席、市长、州长、县长、区长和上一级审计机关的领导下，对本级预算执行情况和其他财政收支情况进行审计监督，向本级人民政府和上一级审计机关提出审计结果报告。由此可见，国家审计的委托人通常为政府或上级审计机关，而国家审计的被审计对象通常都是使用财政资金的机构，其资金主要来源于政府。国家审计调整的三方关系中，受托人与被审计对象都与委托人即政府密切相关，如何调整好受托人与被审计对象之间的关系是审计职业道德规范建设的一个重要目标，因此，本课题主要研究国家审计人员应当遵循的职业道德，重点关注如何调整好受托人——审计机关（包括审计人员）与被审计对象这两者之间的关系。

（二）审计职业道德的特征

1. 审计职业道德鲜明地表达审计职业性

审计职业道德反映了从事审计职业的人们所特有的道德心理和道德品质。为了维护审计职业形象和定位，审计过程中任何使审计工作的质量及正确性受到不利的影响，引发对于审计本身可信度及能力的怀疑的行为，都不被允许。因此，保持正直（Integrity），独立（Independence），客观公正（Objectivity），保守机密（Confidentiality），专业能力（Competence）等道德要求都是审计职业道德的核心内容。

2. 审计职业道德具有内在体系

审计职业道德是一个包括审计人员职业道德信念、职业道德规则以及具体职业道德活动的多层次体系。职业道德信念是审计人员道德行为的最高要求，代表一种职业的理想追求。职业道德规则一般包括职业行为守则、守则解释和道德细则，是审计人员必须达到的最低要求，它明确了某一行为只能这样而不能那样。而具体职业道德活动包括审计人员职业道德教育机制、调查研究机制、监督机制和评价机制，它是审计人员职业道德最高要求与最低要求的沟通桥梁，既要维护、发展和完善审计行为的最低要求，又要促进审计人员行为向最高要求靠拢。

3. 审计职业道德具有自律和他律相结合特点

审计职业道德一方面类似普通道德规范，依靠社会舆论、职业习惯和审计人员内在信念来维持和发挥作用，具有自律性；但另一方面，审计职业道德是职业团体为了满足国家、其他组织等社会各个方面对本职业的要求，维护正常的职业活动秩序而产生的，是一种对审计活动外在的限制和约束，目的是保障和增进该职业所有从业人员的共同利益，因而不仅在形式上体现为职业团体根据法律法规或者全体职业人员授予的权力而制定的规范制度，而且在效力上类似于法律规范，对所有从业人员具有强制性约束力，并由专门机构监督执行，具有很强的他律性。

4. 国家审计人员职业道德与社会审计、内部审计的差异

国家审计权具有公权力的特征，要求从事国家审计的人员必须遵守公务员的职业道德，因而使得国家审计人员职业道德与社会审计、内部审计不同，其差异主要体现在：

一是更高的独立性。国家审计承担经济监督职责，通过监督在社会中起着保障国家社会正常运转、维持良好社会秩序、维护公民合法权益的重要作用。在我国，国家审计的权力从根本上说是人民赋予的，必然要体现和维护最广大人民群众的根本利益，因而宪法和法律都明确规定我国各级审计机关在组织、人员、经费上与被审计对象之间保持独立，这种刚性的法律规定决定了国家审计职业道德也相对具有更高的独立性要求。

二是特殊的强制性。我国国家审计的公务活动性质，决定了国家审计人员的职业道德规范可以来源于行政活动的政策法规，例如公务员法。而行政法律法规和规章制度的介入，使公务员职业道德具有极大的行政约束和一定的法律效力，体现着一般道德所不具备的、局限本行业职业特殊需要的强制约束。这种道德与法的一致性，使公务员职业道德与其他行业的职业道德相比，具有特殊的强制性特点。

三是鲜明的公正性。掌握公权力的国家审计人员在审计活动时，实际是从事国家和社会公共事务监督管理活动，因而担负着回应社会需要，维护全体人民公共利益的责任，这种权力性决定了审计人员在实施审计过程中，必须表现出最高标准的清廉、忠诚、正直、刚毅等品质，做到“权为民所用，情为民所系，利为民所谋”，依法审计；在进行审计评价和作出审计决定时，应“以事实为依据”，“以法律为准绳”，秉公执法，不偏不倚，坚决不能运用不正当的方式在执行职务时获取利益，并在道义上对自己行为的过失及不良后果负责。

（三）审计职业道德建设的要素

从上述分析看，审计职业道德内容涉及三个层次，即信仰层（职业观念及理想）、制度层（职业行为规范）和美德伦理层（个人心性修养），这三个层次也呈

现出由社会—团体—个体的递进，反映了审计职业道德由社会规范转变为个人内心确信并用于指导个人行为的全过程，因此审计职业道德建设也应主要围绕这三个方面而展开。

1. 审计职业道德理念

审计人员所作出的各种职业判断，采取行动的方法和方式，都受到其价值理念潜移默化的影响，也是其所具有的价值理念的外在表现。审计人员只有树立正确的审计职业道德理念，才能有正确的道德价值取向，才能获得对审计职业的信仰、敬畏的精神支持，才能带动内心严格的理性自律。因此，职业道德理念并非简单的规范，也不是外在的某种要求，而是审计人员职业生涯中应当坚持的行为操守。只有达到了这样的道德境界，才能将真正遵守法律和职业道德要求，变成每个人自觉自愿的行为习惯。因此，审计职业道德规范建设不仅需要建立外在的规范约束机制，还应当注重道德观念层面的建设。

2. 审计职业道德规范

审计职业道德对审计职业发展十分重要，但判断审计人员将要采取的行为是不是符合职业道德，必须确认该行为不但符合行为者自己接受或认可的道德标准，同时也应是其他人、特别是受该行为影响的其他人所认可或接受的道德标准。为减少审计人员个体对行为进行道德判断的困难和不同个人可能出现的判断偏差，职业团体通过制定职业道德规范（或准则）为判断审计行为是否达到职业道德要求提供了一个普遍化的行为判断标准①。所以，审计职业道德规范代表了对某一行为共同认可的道德判断，是以每一项明确的审计职业道德规范为个人道德意见或道德判断设定了底线和替代品。审计职业道德规范实际上是搭建了一个可以为审计人员提供解决道德问题的基本方法和思路的框架，能够让审计人员根据具体情况识别出对遵守职业道德造成威胁的情形，并判断是否能够采取防范措施消除威胁或将威胁降至可接受水平。因此，审计职业道德规范是审计职业道德建设的重要组成部分。

3. 审计职业道德教育制度和评价体系

审计职业道德教育制度是加强自我修养的重要手段，也是审计职业道德建设不可或缺的要素。职业道德教育制度是观念层面的职业道德建设，是以先进的审计文化为指导，通过规范化、系统化、层次化、经常化的审计职业道德教育制度在审计人员中塑造正确的审计价值观。而审计职业道德的自我评价体系则是审计职业道德建设的支持系统，通过对审计人员遵守职业道德的持续评价和对违反职业道德的行为的处理和惩戒，使审计机关和审计人员将职业道德贯彻于审计活动始终。

由于国家审计的公权力属性，国家审计职业道德教育制度和自我评价体系建设

① 崔宏．职业特征·规则定位·道德恪守，审计研究，2006（6）：37.

必须与公务员的教育和考核体系相衔接，将强化审计人员职业道德观念，持续开展道德教育纳入审计机关职业教育体系，在公务员考核体系中探索建立国家审计职业道德的追踪评价体系，建立审计人员奖惩记录、信息公开制度；探索建立审计职业道德监督机制，监督检查职业道德规范的遵循情况。

（四）加强审计职业道德建设的现实意义

1. 有利于发挥审计“免疫系统”功能

国家审计机关作为国家政治制度的组成部分，代表国家对管理和使用国有资源的部门和单位进行监督，承担了经济社会发展赋予独立监督的政治分工。与政府管理机构相比，审计机关虽然不直接参与经济运行管理，但是作为独立的政府监督机构，具有维护国家财政经济秩序，保障国民经济和社会健康发展的重要职责。所以，国家审计要主动地依法、独立去预防、揭露、抵御经济社会运行中的各种问题，维护国家经济和社会的健康、安全，它是国家经济社会运行“免疫系统”的重要组成部分。而这个系统能否正常工作，发挥免疫功能，关键在于高质量地完成审计项目。而审计实践已经反复证明，恪守审计职业道德是确保审计质量的必要条件。所以，迫切需要通过审计人员恪守审计职业道德，保持审计独立性，以保证对国家财政收支和财务收支的真实、合法、效益的审计评价客观公正，对违法违规的财政、财务收支行为处理处罚合法、合理，从而确保全面履行审计监督职责，发挥审计的“免疫系统”功能。

2. 有利于推动审计法治建设

依法审计和以人为本是审计法治化理念的核心要素，其中以人为本是依法审计的出发点和归宿，审计人员的职业道德水平和群体价值理念是法治建设有效开展的内在动力。审计法治是审计职业道德观的价值外化，受到审计职业道德水平制约。法律虽然具有稳定性，但也具有滞后性，如果能够通过加强审计职业道德建设，使广大审计人员遵守审计职业道德规范，保持良好的道德观和价值观，那么就会一方面使制度与观念契合，促进制度发挥更大的效用，另一方面呼唤制度的创新，为审计法治提出新的价值目标，成为法治建设不断创新发展的内生动力。

3. 有利于规范审计行为

复杂的审计活动中，审计技术规范不可能面面俱到，因而需要审计人员的职业判断，可以说“审计是充满了价值判断的过程”。审计职业道德是针对审计人员的个人意识、行为所作的规范和塑造，对审计人员道德品质的形成有着重要作用，也是影响审计人员价值选择的重要因素。确定审计人员的职业道德标准，加强审计职业道德建设有利于审计人员建立维护公共利益的责任感和独立、客观、公正的职业尊严，确保审计人员的专业判断遵循了正确的价值导向，审计程序实施中严格遵循审计准则和其他法律、规范要求，做到依法、规范审计，从而将因疏忽或失职而导致审计失败或他人损失的风险降至最低水平，充分保障审计任务的顺利完成。

4. 有利于提高审计人员素质

审计实践证明，审计工作在发展过程中确实存在刘家义审计长所阐释的“周期律”的问题，刚进入国家审计队伍，大家都非常勤奋，非常谨慎，非常自律；当审计工作取得一些成效后可能就开始有点骄傲，飘飘然；紧接着可能就会放松自律，自我肯定，自我表扬，听不进不同意见；如果还不及时纠正可能就要形成不正之风，个别审计人员就要走向反面。因此，要避免“周期律”的发生，必须按照刘家义审计长提出的严格教育、严格制度、实行责任制度、保持审计工作公开透明。而加强审计职业道德就是要通过培养审计人员正直、公正、客观的职业品德，在各种情况下始终保持清醒的头脑，为审计人员筑牢思想“防线”；同时审计人员遵守职业界公认职业道德规范，能强化自我职业意识和职业荣誉感，促使审计人员为达到与执业相称的专业技能和公众认可的品行标准而不断地追求专业技能和自身修养上的进步，并尽可能地接近完美。

5. 有利于提高社会公众对审计职业信赖度

公众接受和认可审计专业服务是审计职业持续发展的基础，而公众接受和认可的前提是对审计服务质量的信心和对审计人员的信任。正如美国注册会计师协会（AICPA）在解释其制定注册会计师职业道德准则的原因时说：“通常，那些依赖注册会计师的人士感到难以评价审计人员的服务质量。然而，他们有权要求这些审计人员合格、正直。”因此，制定审计职业道德准则即是向公众表明审计人员的专业品质，是树立良好的审计形象，保持审计信誉，取得公众信任与支持的重要措施。

二、国外审计职业道德简述

“他山之石，可以攻玉”。为了更好地提高我国国家审计人员职业道德水平，有必要研究国际政府审计组织和其他主要国家审计职业道德建设的情况，借鉴其有益的内容。

（一）国外审计职业道德规范的建设情况

1. 世界审计组织审计职业道德规范的建设情况

世界审计组织（INTOSAI）关于审计职业道德的规定主要体现在其制定的《职业道德规范》（*Code of Ethics*）中。《职业道德规范》属于国际政府审计规范体系框架中第二个层次的文件，即最高审计机关履行职责的前提条件，内容包括序言，正直，独立、客观和公正，保守秘密和专业能力五章，以及术语表。其中序言部分介绍了道德规范的内容、背景及目的，明确了审计人员道德规范既包括对公务员的一般道德要求又包括对审计人员专业责任的特殊要求；“正直”一章明确了审计道德规范的核心价值，即审计人员应当从正确和公正的角度衡量，诚实、坦率，遵守独立性和客观性原则，保持职业行为的无非议标准，决策时应以公众利益为依据，忠实地执行审计工作以及运用最高审计机关资源；“独立、客观和公正”一章具体规定了审计人员应当从哪些方面保证独立、客观和公正地实施审计，进行评价和处理；“保守秘密”一章明确审计人员除非是遵照最高审计机关的法定职责或者其他在最高审计机关常规程序及相关法律中规定的权责，否则，不得以口头或者书面方式向第三方透露审计过程中所获得的信息；“专业能力”一章规定了审计人员应当采取措施保证审计工作的专业性，提高审计质量，保证专业判断的准确性，并持续加强专业修养，提高专业水平。

2. 美、英、德三国审计职业道德规范的建设情况

美国政府责任署（GAO）在《政府审计准则》（GAGAS）“政府审计职业道德原则”（Ethical Principles in Government Auditing）中对国家审计的职业道德原则进行了规定，并在“一般准则”（General Standards）中规定了具体的操作性规范。《政府审计准则》确立的审计职业道德原则包括：公共利益（The Public Interest），即审计人员应维护所服务的公民团体和单位的共同利益；正直（Integrity），即审计人员执行审计业务时对于被审计单位和报告使用者应保持客观、求实、超乎党派和意识形态的态度；客观（Objectivity），即审计人员提供审计和鉴证服务时应保持实质上和形式上的独立性、保持不偏不倚的态度、持有理性的正直并避免利益冲突；正确使用政府信息、资源和地位（Proper Use of Government Information, Resources, and Position），即审计人员应当将政府信息、资源或地位用于公务目的，不应不恰当地用于审计人员个人利益；不应用于违法或损害被审计单位及审计组织的合法利益；专业行为（Professional Behavior），即审计人员诚实努力地执行他们的义务和专业服务，遵守相关技术和职业准则。围绕上述原则，“一般准则”从独立性、职业判断和职业谨慎、胜任能力和质量控制四个方面进一步明确了审计职业道德的具体操作性规定。

英国国家审计署作为政府的外部审计机构，完全对议会负责并向议会报告工作。按照英国的相关法律法规，英国审计署的工作人员要遵守两方面的职业道德要求，一方面，由于英国审计准则的国际化，要求审计人员遵守 INTOSAI 制定的《职业道德规范》（*Code of Ethics*）。另一方面，审计人员还要自觉遵守《荣誉法典》规定的职业道德，即“中立、公正无私和缄默”。国家有权要求她的工作人员以个人私利服从公职需要，不得以权谋私。在英国政府审计中，审计人员的独立性

是最核心的职业道德要求。

德国国家审计职业道德规范主要体现在两个方面：一是《公务员行为守则》，要求公务员保证忠实可靠、待人诚实、勤劳认真的品格；二是《联邦审计院工作守则》通过严格程序约束来实现独立、客观、公正。在德国的国家审计中，《公务员行为守则》集中规定了公务员应当具有的品格和操守。而《联邦审计院工作守则》比较注重操作性与程序化，通过严格的程序约束来保证独立、客观、公正、专业胜任等品格的实现。在德国，作为职业道德准则的《公务员行为守则》主要对德国公务员的廉政和操守作出了规定，每一位新加入公务员队伍的公民都要举行宣誓仪式，保证严格遵守《公务员行为守则》，若违反誓言愿意接受处罚。同时，每年公务员要与所在单位领导签订一份廉政合约，承诺廉洁奉公。而在审计人员的具体操作上则要遵守《联邦审计院工作守则》。《联邦审计院工作守则》几乎是一部完整的程序约束法，通过合议小组、审计小组、决策会、大决策会四级程序来保证审计人员的决策客观与公正。在具有最高权力决定最重要事项的大决策会上，每个成员的地位和权力是平等的，正、副院长各只占一票的权利。决策会决定为终审决定，立即生效，无须任何人再审批，任何人也无权干涉与改变。同时，德国采用独特的人事制度来保证审计人员的独立性和专业胜任能力。审计人员除院长外，均为终身制国家公务员，具有与法官同等的地位，院长也无法随意调配和任免，这项制度直接保证了审计人员可以无视外界压力，独立开展审计工作。同时，审计人员只从政府各部门的骨干中招收，并实行轮岗制度，对培养工作人员的全面胜任能力起到了重要作用。保证了审计人员的精英化和独立性。

（二）国外审计职业道德教育和评价情况

正如上面所提到的，国外审计职业道德规范包括了公务员所需要遵守的一般规范和审计人员需要遵守的特殊规范两部分，与此相对应的，国外审计职业道德教育和评价也可以被区分为上述两部分。

1. 公务员一般性的职业道德教育和评价

国外公务员职业道德教育和评价的发展由来已久，可以追溯到公务员制度建立之初，因此，发展至今，已经相对成熟和完善，基本实现了公务员职业道德教育和评价的专门化和专职化。就当今世界的发展趋势来看，美国政府道德办公室、英国公共生活准则委员会和加拿大政府道德咨询办公室，都是公务员职业道德建设专门化和职业化的典型代表。这些机构的共同之处就是专职从事公务员职业道德建设工作。

加强对公务员遵守职业道德情况的监督和考核，也是国外职业道德教育和评价的重要内容，各国基本上都建立起行之有效的职业道德监督机制。以新加坡为例，在公务员职业道德考核方面，设有专门的公务员委员会，其对公务员的道德考核可以总结为“严把入口、跟踪调查、责任连带”，下属公务员的品德出现问题，主管官员负有连带责任。而这个机构的主席和委员都是从社会各阶层“在野”人士中聘请兼任。法律规定他们既不能是政府官员或国会议员，也不能在政党或工会中担任角色，必须是纯粹的私人代表。这一系列的制度设置，充分保证了监督的有效性和权威性。

2. 审计人员特殊性的职业道德教育和评价

针对审计人员的特殊性，各国围绕审计职业道德规范的要求，采取多种措施加强审计人员的职业道德教育和评价，其中，加强外部监督是一项重要的内容。以英国为例，英国国家审计署对审计人员的职业操守建立了外部再监督机制，建立了由英国皇家注册会计师实施的政府审计外部监督机制，以解决“谁来审计政府审计人员”问题，以取信于议会和社会公众。在日本，审计人员职业道德水平的监督也是通过外部监督来实现的。2001 年日本通过了《独立行政法人通则法》，根据该法第 39 条规定，凡是符合法律规定条件的独立行政法人必须接受注册会计师或者审计法人（五人以上组成的注册会计师团体）的外部审计。

综上所述，从 INTOSAI 和美、英、德等国家审计职业道德建设情况来看，国外审计职业道德主要有以下特点：一是规范体系健全。从规范层面上看，既包括了《荣誉法典》这样的基本法，也包括了审计法、审计工作准则等专业法律和规范，同时还包括了一系列配套的具体措施。从内容上看，这些规定既包括了一些公务人员所普遍遵循的行为准则，也包括了审计人员需要遵循的特殊准则；二是规定明确具体。多数国家审计职业道德规范在一般原则集中规定了审计人员应当具有的品格和操守，而在具体规范中提出更为具体的要求，涉及独立性、职业谨慎、专业胜任能力以及从质量控制的角度建立相关制度、措施等，以保证职业道德规范的落实；三是保障措施完善。国外审计职业道德规范并不是停留在纸面上的号召和口号上，而是通过制定完善的措施使审计人员能够自觉地履行和遵守，一方面施行与普通公务人员不同的人事制度来保证审计人员的独立性和权威性，并持续提高审计人员的胜任能力；另一方面制定严格的审计程序和监督机制，以保证审计人员公正、客观地实施审计，并不断提高审计质量。从近年来世界各国国家审计实践来看，这些审计职业道德规范有效地约束了审计人员的行为，取得了较好的效果。

（三）审计人员遵守职业道德情况

当然我们也应该清楚地认识到，在这些国家，审计职业道德规范也不是得到百分之百的执行，其所设定的目标并没有得到圆满的实现，这是因为审计人员并不是处于真空中的人，而是随时需要应对不同的具体问题，并相应作出反应，在这个过程中，审计人员无论是从主观还是客观上都不可能绝对遵守审计职业道德规范所设定的目标和要求。以安然事件为例，作为安然公司的审计师安达信事务所，从20世纪80年代开始一直为安然公司提供外部审计业务。从90年代起，安达信事务所又受聘为安然内部审计师，全面负责安然的咨询工作。在长达20年的委托审计业务中，咨询服务业务成了安达信事务所获得收益的重要组成部分。据报道，安然为安达信的审计师设有固定的办公室；安达信审计师不仅穿着安然的工作服，而且参加安然组织的员工活动，包括生日晚会、旅游度假等，这种关系下，安达信事务所很难严格保持独立的审计职业道德。政府审计中也存在损害审计职业道德的各种情形，因而各国政府审计职业道德规范对审计人员执行审计业务甚至从事非审计业务活动的职业道德要求进行了明确。审计人员在遵守审计职业道德规范过程中主要受到以下因素的制约：

一是价值取向的制约。国外审计职业道德规范强调审计人员应当中立，即审计人员作为公务员在政治上不得有任何党派倾向，不受任何意识形态的干扰。然而，这种中立立场在实践中是无法真正实现的。同时，国外审计职业道德规范要求审计人员要以公共利益为目标实施审计，从而使审计人员在事实上面临公共利益、被审计单位利益和个人利益的判断和抉择。如何界定公共利益，如何保护被审计单位的合法利益，如何处理可能影响公共利益和个人利益的关系问题，这些复杂的判断完全取决于审计人员的价值取向，而这种价值取向则直接制约着审计人员对职业道德规范的执行。

二是专业能力的制约。审计人员应当具备完成审计工作的专业能力。但在实践中，审计人员的专业能力是千差万别的，而客观、公正的标准又是相对的，因此，如何判断特定的审计人员在审计工作中是否能够真正客观、公正的进行审计则是一个难题。

三是外部监督的制约。独立性是国外审计职业道德规范的灵魂，这种独立性要求审计人员和审计组织避免来自外界的干扰，独立地行使审计监督职权，从而有效地保障审计人员和审计组织的权威性。但同时，这种独立性在一定程度上削弱了对审计人员和审计组织日常的外部监督。虽然审计职业道德规范中规定了严格审计程序，但这种控制是一种内部控制，而这种内部控制无论从理论上还是从实践上都是无法完全有效地避免审计职业道德风险。一些国家显然已经意识到了这一问题，并试图通过建立外部监督机制对审计人员和审计组织进行再监督。但就实践来看，目前各国对审计人员和审计组织的再监督亟须解决以下问题：其一是这种再监督是事后监督，无法对审计人员和审计组织的日常行为进行有效的全程监督；其二是审计的专业性要求再监督机构要具备超越审计人员和审计组织的专业能力；其三是再监督机构的法律地位必须高于审计组织。

（四）国外审计职业道德规范建设对我国的借鉴作用

我国现行的职业道德规范体现了审计职业道德的基本原则，涵盖了审计职业道德的基本要求，反映了我国政府审计的特点，总体上是可行的，但与国际通行做法和先进经验相比，仍需要在以下几个方面进一步加以完善：

一是进一步健全审计职业道德规范体系。健全我国审计职业道德规范体系首先要处理好审计职业道德规范与我国公务员一般性职业道德规范之间的关系，使审计法律法规的相关规定与公务员法等法律法规的相关规定相互统一；其次要在现行审计法、审计法实施条例以及国家审计准则的基础上，制定相关的审计指南，具体指导审计职业道德建设；再次要继续完善审计职业道德规范的内容，例如，要增加关于审计人员违反审计职业道德的处理措施，目前我国审计法和审计法实施条例只是原则性的规定：审计人员滥用职权、徇私舞弊、玩忽职守，或者泄露所知悉的国家秘密、商业秘密的，依法给予处分；构成犯罪的，依法追究刑事责任。审计人员违法违纪取得的财物，依法予以追缴、没收或者责令退赔。除此之外，现行审计法律法规没有对如何处理审计人员违反审计职业道德的行为进行更为具体的规定，从而在一定程度上使审计职业道德无法得到有效的落实。

二是进一步完善审计职业道德建设相关配套措施。我国审计职业道德建设要借鉴国外审计职业道德规范在一般原则中规定审计人员应当具有的品格和操守，而在具体规范中提出更为具体的要求的经验，进一步完善审计职业道德建设的相关配套措施。如为了保证审计人员的胜任能力，审计法规定：“审计人员应当具备与其从事的审计工作相适应的专业知识和业务能力”，审计法实施条例规定：“审计人员实行审计专业技术资格制度，具体按照国家有关规定执行”，国家审计准则规定：“审计人员应当具备与其从事审计业务相适应的专业知识、职业能力和工作经验”，在上述规定基础上，审计机关应进一步完善相关的制度性规定，建立和实施审计人员录用、继续教育、培训、业绩评价考核和奖惩激励机制，确保审计人员具有与其从事业务相适应的职业胜任能力。

三是应当建立和完善审计职业道德教育和评价机制。从国外的审计职业道德建设经验来看，建立审计职业道德教育和评价机制，对审计人员遵循审计职业道德的情况进行有效的监督，是保证审计职业道德得到有效落实的重要保障。因此，在我国审计职业道德建设中也应当建立和完善相关的教育和评价机制，制定相关的考核指标，加大监督力度，有效地评估审计人员遵守审计职业道德的情况，当审计人员不具备相关的专业能力或者有可能危害审计独立性的情况下，能够作出快速反应，防范审计风险。同时要建立科学的激励机制，将审计人员遵守审计职业道德的情况纳入考核体系，推动审计人员自觉主动地遵守审计职业道德。

三、我国审计职业道德建设

（一）我国审计职业道德规范建设情况

我国审计职业道德规范建设是一个漫长的过程。《审计法》颁布前，关于审计职业道德的明确规定较少，并且大多作为廉政建设的一部分，散见于一些政策性文件之中。通过借鉴国外审计职业道德建设的成功经验，结合中国国家审计的丰富实践和理论研究成果，从制定《审计法》开始，国家审计职业道德规范开始逐渐在法律法规条文中得到明确规定。

1. 审计法律法规对审计职业道德的规范

1995 年《审计法》第五条强调了国家审计的独立性："审计机关依照法律规定独立行使审计监督权，不受其他行政机关、社会团体和个人的干涉"。第六条提出了对国家审计机关和审计人员的职业道德要求："审计机关和审计人员办理审计事项，应当客观公正，实事求是，廉洁奉公，保守秘密"。相关条款还对审计人员的专业知识和业务能力、回避、保密等作了规定。1997 年《审计法实施条例》进一步细化，作出了一些操作性较强的规定。例如，为保障审计人员的职业胜任能力，第十条规定："审计人员实行审计专业技术资格制度"。第十一条对应当回避的三种情形作出了更为明确和详细的规定。2006 年修改的《审计法》和 2010 年修订的《审计法实施条例》对相关职业道德规范的部分都继续予以保留。

2. 国家审计准则对审计职业道德的规范

1996 年，审计署颁布的《国家审计基本准则》规定：审计机关和审计人员办理审计事项，应当客观公正，实事求是，廉洁奉公，并保持严谨、稳健、负责的职业态度；同时，从保持审计独立性、增强职业胜任能力和保守秘密等方面明确了具体要求。2000 年审计署修订的《国家审计基本准则》基本继承了原有的审计职业道德要求。与上述《国家审计基本准则》相配套，1996 年，审计署发布了《审计机关审计人员职业道德准则》，这是我国第一个专门的审计职业道德规范，它明确了审计职业道德的主要内容和审计纪律要求，并对审计人员遵守职业道德和审计纪律情况的监督检查作出了规定。2001 年，审计署修订了《审计机关审计人员职业道德准则》。该准则将审计职业道德定义为审计机关审计人员的职业品德、职业纪律、职业胜任能力和职业责任，规定审计人员办理审计事项，应当客观公正、实事求是、合理谨慎、职业胜任、保守秘密、廉洁奉公、恪尽职守。同时，该准则进一步规定了审计人员应当如何遵守职业道德原则、避免损害职业道德的各种情形、审计人员违反职业道德需要承担的责任等。2010 年，审计署再次修订发布了《国家审计准则》，将审计职业道德放在突出位置加以规范，明确了我国审计职业道德的基本原则和具体要求。

3. 其他规定中关于审计职业道德的规范

为促进廉政建设，提高审计质量，防范审计风险，审计机关成立二十多年来，通过廉政纪律、指导意见等多种形式的规定进一步提升审计人员的职业道德意识，对不遵守审计职业道德的行为及时作出约束。

2000 年初，审计署研究制定了《审计署关于加强审计纪律的规定》（以下简称“八不准”规定），要求审计组和审计人员不准由被审计单位安排住宿，不准接受被审计单位安排的就餐和宴请，不准无偿使用被审计单位的交通工具，不准参加被审计单位安排的旅游、娱乐和联欢等活动，不准无偿使用被审计单位的通讯工具和办公用品，不准接受被审计单位的任何纪念品、礼品、礼金和各种有价证券，不准向被审计单位提出与审计工作无关的要求，不准在被审计单位报销任何因公、因私的费用。2008 年，审计署在充分调研和广泛征求各方面意见的基础上，针对原有审计纪律，有的内容不够完善、与客观情况不相适应等问题，对“八不准”规定进行了修订，形成了《审计署关于加强审计纪律的八项规定》。该规定更为简练，将原“八不准”一些相关条款合并表述，此外，还增加了禁止利用审计职权和被审计单位的商业秘密、内部信息谋取私利等廉政纪律规定，对审计人员提出了更高要求，有利于进一步规范、监督审计权力的行使和增强审计人员廉政纪律约束。每次审计（调查）通知书送达被审计单位时都需要同时附一份“八不准”规定，接受被审计单位对审计组和审计人员的监督。

此外，审计署还制定了《审计机关审计项目质量控制办法（试行）》，明确审计责任，加强审计全过程监控；重新修订了《审计署党组工作规则》、《审计署工作规则》，印发了《审计署党组巡视工作暂行规定》和干部选拔任用的 3 个实施办法；制定并下发了《审计署预决算管理暂行办法》《审计署公开署部门预算实施办法》《关于严格公务接待管理的通知》等规范性文件，对行使审计监督权、审计自由裁量权和人财物管理权作出了进一步规范；颁布了《关于进一步加强审计机关精神文明建设工作的意见》《审计机关文明礼仪公约》等规定，实施了审计承诺制、审后回访制、审计组廉政监督员制、审计干部回避制等一系列制度。

（二）审计人员遵守审计职业道德的主要成效

目前，我国国家审计人员的职业道德水平总体上是比较好的，而且呈现出逐步提高的态势。

1. 严格执行有关规定，审计人员形象不断提升

总体来说，审计队伍严格遵守各项法律法规，政治业务素质和审计职业道德水平不断提高。例如，“八不准”规定中提出的外勤经费自理方面，截至2009年底，已有24个省区市审计厅（局）及所属的194个地市、788个县区审计局实行了外勤经费自理，比2008年分别增长了0.9个、35.6个和20个百分点。审计机关在社会上树立起了清正廉洁、秉公执法、敢于碰硬的良好职业形象，大大增强了审计公信力，人大、政府和社会公众对审计工作的期望值显著提升。2009年，全国审计机关有2048个单位参加了行风评议活动，其中进入前三名的255个；有1437个单位被评为文明单位①。

2. 各级审计机关不断探索职业道德建设模式，从严治理审计队伍

长期以来，审计机关一直探索职业道德建设的模式，对审计权力运行进行全过程监督，审计公示、反馈、回访、报告、检查等一系列制度进一步完善。例如，在政务公开方面，青岛市审计局等审计机关陆续开展了领导干部公示制度，审计局领导干部重要活动每周公示，重大事项、个人收入半年公示，个人住房及配偶子女从业情况年终公示，领导干部的房屋买卖置换，配偶子女从业，婚姻变化等资料都录入系统实施动态监管。在加强监督检查方面，将内部检查与外部检查相结合，2007年，在各单位自查的基础上，审计署对全国省级审计机关和各特派办财务管理情况进行了检查，审计署还报请国务院批准，主动请财政部对署机关、直属单位以及特派办进行了财务检查，发现问题及时纠正。太原特派办也提出“第三只眼睛看审计”的新思路，委托山西省统计局对该办在山西省内承担的九个审计（审计调查）项目开展廉政跟踪调查，探索拓宽监督的渠道。

3. 大力开展对审计人员的职业道德教育和评价工作

职业道德的核心是一种群体价值观，需要整个审计系统的认同，这种认同感的培养仅凭借法律法规的强制性规范是不够的，长期以来，我国审计机关虽然没有建设一个完整的职业道德教育和评价体系，但在实践中，已经大力开展了对审计人员的职业道德教育和评价工作。一是开展了理想信念教育，审计署结合学习十六大、十七大精神，保持共产党员先进性教育活动和学习贯彻科学发展观等活动，采取多种形式，教育和引导审计干部坚定理想信念，牢记党的宗旨，不忘审计使命。二是坚持廉政教育。审计机关结合审计工作性质和特点，不断开展廉政教育，使审计人员对廉政建设是审计工作生命线的意识明显增强。近几年，审计署针对个别审计组和审计人员违反审计纪律和其他违纪问题，四次下发通报，各级审计机关结合自身

---

① 《以反腐倡廉制度建设为重点，扎实推进审计机关党风廉政建设》，审计署纪检组长安国在全国审计机关党风廉政建设工作视频会议上的工作报告。

实际，普遍进行了反思，进一步强化了纪律观念。三是持续开展职业道德教育活动，审计署印发了《2010 年至 2012 年干部教育培训实施意见》，其中明确规定了审计职业道德教育任务；同时，审计署连续两年召开了精神文明建设工作会，制定了《进一步加强审计机关精神文明建设工作的意见》。审计机关的思想道德建设、职业道德建设、审计作风建设得到进一步加强，“依法、求实、严格、奋进、奉献”的审计精神得到大力弘扬。

（三）审计人员遵守职业道德方面存在的主要问题

审计人员的职业道德水平在不断提高，审计机关的形象也在不断提升，但审计人员所面对的道德风险仍不容忽视。仅 2009 年一年，全国审计机关就有 6 人被判处有期徒刑，7 人被开除党籍，7 人分别受到留党察看、严重警告和警告的党纪处分；12 人分别受到记大过、记过和降级撤职的行政处分。

为更好地从实践出发，了解目前审计人员在遵守职业道德方面存在的问题，本课题组结合实地调研成果，对《审计干部反腐倡廉教育警示录》中选取的近年来发生在审计机关的 46 个典型案例①进行了深入分析，剖析了审计人员违反审计职业道德的主要行为类型，并分析了产生这些行为的原因。需要指出的是，上述所引案件均来自我国审计机关内部，当事人的行为都违反了审计职业道德，有的甚至是违纪违规，触犯了刑法，最终受到司法制裁或者纪律处分。

1. 审计人员违反审计职业道德的主要行为类型

本课题组通过实地调研和案例分析，认为目前审计人员违反审计职业道德的行为主要表现为三种类型：一是利用审计机关职权和影响谋取利益；二是与被审计单位的经济利益关系影响审计独立性；三是泄露国家秘密、商业秘密或者工作秘密。

（1）利用审计机关职权和影响谋取利益

审计承担着揭露和查处违法违规问题的经济监督职能，在审计过程中发现的违法违规问题都需要如实反映并依法作出处理处罚。目前审计监督的范围越来越广，审计机关的影响力也越来越大，但有的审计干部把审计职权和影响力当做谋取私利的手段，以审计发现的问题要挟被审计单位以谋取私利。如祁某受贿案。祁某原是审计署驻某地特派办法制处副调研员，2002 年 8 月至 2003 年 4 月期间，祁某在依法对某会计师事务所出具的某公司 2001 年度财务审计报告进行质量检查，并延伸调查该公司过程中，发现该公司法定代表人周某抽调下属公司巨额中长期银行贷款，用于证券买卖等一系列违法问题。祁某以此问题为要挟，与该公司达成协议，

① 本课题中所涉及案例如无特殊说明，均来源于《审计干部反腐倡廉教育警示录》，审计署党风廉政建设办公室，中国时代经济出版社，2009 年版。

终止深入调查，不在检查报告中反映这一违法问题，该公司将价值897100元的一套公寓以低价售与祁某。该房随后变卖，祁某获取差价二十余万元①。

（2）与被审计单位的经济利益关系影响审计独立性

随着审计监督范围的不断扩大，被审计单位涵盖了政府各个部门和行业，审计机关和审计人员难免会与被审计单位存在经济利益关系，严重的甚至会影响审计的独立性。如课题组在实地调研中发现，部分尚未实现经费自理的审计机关，当地政府拨款是主要的经费来源，兴建办公楼、宿舍楼等基建项目的审批也需要相关部门的协调，有的地方审计机关还要依赖审计罚没款上缴财政后按比例回拨的违规做法来维持日常运转；部分审计人员有“跳槽”心理，出于待遇、职业发展等多方面考虑，调研中，部分审计人员表示如果条件较好，不排斥到被审计单位或其他相关单位工作，个别审计人员由于工作压力、家庭等原因期待到待遇较好的被审计单位工作，有的退休后未满法定年限即到相关单位工作，如审计署驻某地特派办领导退休后即到中介机构任顾问，并参与此前被审计单位的招投标项目②。

（3）泄露国家秘密、商业秘密或者工作秘密

由于审计工作的特殊性，很多审计材料都涉及国家秘密或者被审计单位商业秘密，但部分审计人员缺乏保密意识，如李某泄密事件。李某系驻某地审计机关正处级审计员，擅自向《人民日报》投稿。《人民日报》采纳其稿件，在第三版刊登了《车辆通行费普遍被挪用》一文，在尚未下达审计决定书之前，公开披露审计查出的问题，妨碍了审计工作的正常进行③。同时，在揭露和查处违法违规问题过程中，任何审计掌握的线索、审计工作进展情况等工作秘密都需要向被审计单位及相关单位、人员严格保密，但部分审计人员尚未足够重视，调研中发现，很多审计机关反映，有的涉嫌犯罪的案件线索还在取证过程中，被审计单位就已经得到风声，进行毁灭证据、串通证人、疏通关系等行为，严重影响审计工作下一步的开展。

2. 审计人员违反审计职业道德的原因分析

对上述三种违反审计职业道德行为进行进一步分析发现，虽然外在表现不同，但核心因素可以归纳为自身修养、经济利益、法律规范、社会环境四项。

（1）忽视自身修养

唯物辩证法认为，内因是事物变化发展的根据，外因是事物变化发展的条件，外因通过内因起作用。从上述三种典型行为来看，很多当事人都是所在审计机关的

---

① 2007年，法院以受贿罪判处祁某有期徒刑5年，并处没收财产人民币3万元，赃款予以没收，同时受到开除公职处分。

② 此行为被举报后，监察部门组成调查组进行调查，并进行了相应处理。

③ 2000年9月，审计机关给予李某行政警告处分。

中高层领导，是共产党员，但却在诱惑面前丧失了防线，甚至罔顾法律法规主动索取利益，他们并不是不了解职业道德要求，也不是不知道法律规定，在祁某受贿案中，她甚至精心设计，以合同买卖的形式来掩饰受贿的实质，可见当事人对自己的违法违规问题都是明知的。“明知故犯”的行为背后不难发现这些审计人员对审计职业道德风险的忽视，道德意识、责任意识、风险意识的缺乏。如果长期忽视自身修养，要求自己不严，职业道德观念淡薄，作风不扎实，对可能发生的道德风险缺少防范意识和措施，就可能引发违反审计职业道德的行为。

（2）经济利益诱惑

经济利益诱惑是违反审计职业道德行为的重要动因，很多丧失审计独立性的行为都是与被审计单位的经济利益关系有关，在此次分析的46个典型案例中，除了2起泄密案件外，其余44个案例均不同程度地涉及经济利益。2009年审计系统内被判刑的6人也全部与经济利益相关，其中有的直接收取被审计单位贿赂；有的利用职务之便，为他人谋取利益，收受他人贿赂；有的在工程审计中，收受不法建筑承包商贿赂。可见，经济利益是诱发这些违反职业道德行为发生的重要因素。马克思说“利益是没有记忆的，因为它只考虑自己，它所念念不忘的只是一件东西，即它最关心的东西——自己”。他还认为，人们之间的关系最根本的是物质利益关系。“人们奋斗所争取的一切，都与他的利益有关”。审计人员作为自然人、“经济人”和“利益人”，无可置疑有追求物质利益的权利，但重要的是看他追求什么样的利益，实现利益的方法、手段和途径是否合法、道德。看他是否能够正确认识和处理个人利益与公众利益的关系。看他是否能够在利益面前保持足够的清醒和理性，坚守应有的职业道德，抵御住各种利益诱惑。如果在经济利益面前，个人私欲无限膨胀，金钱至上，就会渐渐地发展成为无视审计职业道德、审计纪律和国家法律法规，利用审计权力进行寻租，引发上述案例中的种种违法行为。

（3）相关规范不够完善

我国一直十分重视审计职业道德的规范化建设，但现有的职业道德较为分散，国家审计职业道德规范体系还不够完善，没有具体的审计职业道德的评价、考核和奖惩机制等制度保障，缺乏系统性；具体规范内容不完整，责任不明确，与复杂的审计实务相比还存在一定程度的脱节，未能发挥规范对审计行为的引导和制约作用，缺乏预防性；部分具体规定过于原则，操作性不强，对实践的约束作用还有待提高，缺乏约束性。如目前越来越多的勾结中介机构的案例大多发生在投资项目审计过程中，目前《审计法》、《审计法实施条例》等法律法规对聘请中介机构的责、权、利涉及较少，其他规章制度虽有所涉及，但法律地位不高，这些都为“暗箱操作”，损害审计职业道德留下了隐患。

（4）社会环境影响

当前社会中的一些消极现象、腐朽思想等负面因素不可避免地对审计人员造成冲击。一是潜规则心理，认为别人都是这么做的，自己无须另类等，把不正常行为当正常看待。如在勾结中介机构的案件中，有的审计人员就是受周围环境影响，认为吃吃喝喝是小事，中介市场、工程建筑市场比较乱，收一点、拿一点都是潜规则，没有关系。二是攀比心理，当前社会中物质主义的风气会带来攀比，有的审计人员看到同学、朋友买了车、买了房，认为自己哪方面都不比别人差，唯独钱比别人少，在向被审计单位为他人请托利益的案件中，很多当事人就是在攀比心理的刺激下，认为是自己胆子太小，思想不够"解放"，老实人吃亏，继而打起了手中审计权力的歪主意。

四、我国审计职业道德基本内容

为了进一步加强审计职业道德建设，规范审计人员行为，防止审计人员违法职业道德行为的发生，2010 年，审计署在全面修订国家审计准则时，认真总结我国审计工作发展和审计职业道德建设的实践经验，充分借鉴世界审计组织和美、英等发达国家政府审计职业道德规范的内容，参考社会审计和内部审计职业道德要求，在第二章"审计机关和审计人员"中，将恪守审计职业道德作为审计人员执行审计业务的必要条件，规定了审计人员应当恪守严格依法、正直坦诚、客观公正、勤勉尽责、保守秘密的基本审计职业道德，明确了衡量每项基本审计职业道德的价值取向和行为标准、贯彻基本审计职业道德而应当遵守的独立性、职业胜任能力等方面的具体行为规范及相应的政策措施等内容。

（一）严格依法

国务院《全面推进依法行政实施纲要》中提出"适应全面建设小康社会的新形势和依法治国的进程，必须全面推进依法行政，建设法治政府"，对于政府部门来说，依法行政的第一要求是依法履行好自己的职责。审计机关作为政府的重要组成部门，贯彻落实依法行政、建设法治政府关键的一条就是按照《宪法》和《审计法》的规定，认真履行审计监督职责。审计工作"二十字方针"的第一项就是"依法审计"，可见它是做好一切审计工作的前提条件。"依法审计"一方面是指审计机关必须按照法律法规的规定对被审计单位实施审计，另一方面是指审计人员必须按照法律法规的规定来约束自身的行为。国家审计准则规定"审计人员应当依照法定的审计职责、权限和程序进行审计监督，规范审计行为"，充分体现了"依法审计"的内涵和要求。

审计人员恪守严格依法的基本审计职业道德，一是要严格依照法定的职责和权限，依法确定审计对象，依法实施各项审计工作，依法处理审计发现的问题。二是要严格按照法定的程序进行审计监督。程序是审计工作规范化和制度化的具体要求，严格程序是依法审计的前提和保障，也是"文明审计"的要求。审计人员要严格执行操作规范，善于发现问题线索，切实承担审计责任。三是要严格依法规范审计行为，审计人员的行为方式是一个审计人员个体自身素质的综合体现，也是审计人员价值的外在表现，审计人员应当用审计别人的标准来严格要求自己，依法办事，按程序办事，如实反映审计情况，实事求是地处理审计发现的问题。

（二）正直坦诚

审计机关履行经济监督职责，揭露和查处违法违规问题，维护国家安全和国家利益，这就要求审计人员自身必须具有刚正不阿、坦荡忠诚的品质。国家审计准则规定"审计人员应当坚持原则，不屈从于外部压力；不歪曲事实，不隐瞒审计发现的问题；廉洁自律，不利用职权谋取私利；维护国家利益和公共利益"。

第一，要坚持原则，不屈从于外部压力。审计的基本职责是监督，监督就必须查错纠弊。所以，审计必须查处违法违规、经济犯罪、损失浪费、损害人民群众利益、危害国家安全等各种行为，并依法处理；必须揭示体制障碍、制度缺陷和管理漏洞，以保护经济社会运行的安全健康。在揭露问题的过程中，就要树立强烈的纪律观念和法规意识，敢于和善于坚持原则、敢于和善于碰硬、敢于和善于与违法乱纪行为和不正之风作斗争。

第二，要不歪曲事实，不隐瞒审计发现的问题。《党内政治生活的若干准则》要求党员忠诚坦白，对人对事要开诚布公，说老实话，做老实事，当老实人，光明磊落，表里如一。这是共产党员应有的品质。审计人员更需要这种品质，审计署提出改进工作作风，在"实""高""新""严""细"五个字上狠下工夫。所谓"实"，就是要求审计人员坚持求真务实的工作作风，做老实人，办老实事，说老实话，报实际情况，报全面情况，不隐瞒审计发现的问题，不夸大和缩小事实，不因任何外界因素的干扰而放弃原则。

第三，要廉洁自律，不利用职权谋取私利。廉洁自律是我们党一贯倡导的优良传统和作风，是党员干部必须具备的优良品格，审计署倡导审计人员增强党员观念、公务员观念、审计人员观念，不仅要严格遵守"八不准"审计纪律及各项制度规定，不利用职权谋取私利，更要自重、自省、自警、自励，清清白白做事，堂堂正正做人。

第四，要求审计人员维护国家利益和公共利益。审计的根本目标是维护人民群众的根本利益，审计的首要任务是维护国家安全，现阶段具体体现为维护国家经济安全、保障国家利益、推进民主法治、促进全面协调可持续发展。国家利益和公共利益，包括保障国家利益，维护人民群众利益，尊重被审计单位合法利益，审计人员在履行职责中，可能会遇到来自被审计单位管理层和其他可能与国家利益、公众利益相冲突的压力，在化解这些冲突和压力的过程中，正直坦诚地执业意味着把捍卫国家利益、公众利益的责任放到首要位置。因而审计人员保持正直坦诚的职业态度，有利于保持并增强公众对国家审计的信心。

（三）客观公正

审计监督必然会给被审计单位的权利义务带来影响，审计人员始终保持客观公正的立场和态度是维护国家利益和被审计单位合法权益的基本前提。审计人员在实施审计、获取审计证据、作出审计结论和对违法行为进行处理处罚时，必须实事求是，公平公正。《审计法》第六条规定“审计机关和审计人员办理审计事项，应当客观公正、实事求是”。国家审计准则规定“审计人员应当保持客观公正的立场和态度，以适当、充分的审计证据支持审计结论，实事求是地评价和处理审计发现的问题”。客观原则要求审计人员对有关事项的调查、判断和意见的表达，应当基于客观的立场，以客观事实为依据，实事求是，不掺杂个人的主观意愿，不以主观好恶或成见行事，不允许因个人成见、偏见影响其分析、判断的客观性。公正原则要求审计人员应当追求公平正义，正确对待有关利益各方，不以牺牲一方利益为条件而使另一方受益。

审计人员在办理审计事项时，应当从实质上和形式上保持独立性，不得因任何利害关系影响其客观性。审计人员与被审计对象或者审计事项有利害关系的，应当主动回避，防止审计人员利用职权徇私舞弊，确保审计执法的公正性。审计人员应对被审计对象保持独立的地位，特别是审计人员收集证明材料时，应当客观公正，实事求是，防止主观臆断，保证证明材料的客观性。审计人员应当按照审计计划和程序实施审计，并获取适当、充分的审计证据，只有相关且可靠的审计证据才是高质量的，只有获取充分的证据，才能对被审计对象提出合理保证的审计结论。在分析问题、处理问题时，应当公平公正，不偏不倚，实事求是地分析评价审计发现的问题并依法提出处理意见，提出合理的审计建议，不因成见或偏见、利益冲突和他人影响而损害其公正性。

（四）勤勉尽责

勤劳是中华民族的传统美德，是公民道德规范的重要内容之一。自古以来，清、慎、勤也一直是人们对公职人员的要求，孔子在论为政之道时讲：“居之无倦，行之以忠”。一个人居于一定职位，心中不能有任何倦怠之意，要时刻勤免、努力地工作，尽心竭力地做事。公务员承担依法行使国家权力、执行国家公务的职责，恪尽职守是国家机关工作正常运行的关键，勤勉尽责也体现了建立我国廉洁、勤政、务实、高效政府的要求，所以尽职尽责，勤奋敬业，一丝不苟地完成本职工作是国家公务员职业道德规范的核心内容。审计人员作为国家公务员，必须坚持勤勉尽责的职业道德观念。国家审计准则规定“审计人员应当爱岗敬业，勤勉高效，严谨细致，认真履行审计职责，保证审计工作的质量”。

审计人员恪守勤勉尽责的职业道德，首先，应当热爱审计工作，热爱本职工作岗位。审计人员选择了审计职业，就应热爱审计职业，忠诚于审计事业，全身心地投入审计工作之中，这是审计人员做好审计工作的前提和动力。其次，应当勤奋刻苦，不计较个人得失。审计人员要有勤勤恳恳、兢兢业业的品行和态度，勤于学习，勤于思考，勤于钻研，勤于业务，努力做好各项工作。审计人员要有不畏艰苦、不怕烦难的精神，不计较个人得失，不计较工作环境和条件的好坏，以强烈的责任感和敬业精神，去检查每一笔资金，去追踪每一个细节，去收集每一项证据，优质高效地完成审计任务。最后，应当保持严谨细致的作风。认真筹划，周密部署，有程序、有章法，一步一个脚印地开展审计工作。编制审计计划要细致考虑当地党委、政府和人民群众关心的问题、经济运行中带有普遍性和苗头性的问题。制定审计实施方案要提出审计目标，明确工作重点，合理安排工作人员和工作时间。现场审计要保证整个审计实施过程中所取证据的适当性和充分性，绝不放过审计中发现的每个问题疑点和案件线索。报告阶段要注重听取和慎重对待被审计方的不同意见，积极采纳其正确的意见，对每个问题的定性处理处罚，都要坚持客观公正、实事求是、依法依纪、宽严适度的原则。同时，要加强精细化的审计管理，扎扎实实地做好每一个审计项目，才能使审计工作质量经得起历史的检验，经得起实践的检验，确保审计机关的公信力。

（五）保守秘密

保守秘密是指审计人员在审计过程中，对在审计工作中得到或获悉的有关被审计单位的资料和情况，审计程序中特殊查证内容及事项等审计工作秘密，应当严格保密。除非得到被审计单位的允许或法律、法规要求公布者外，不得将任何资料和情况提供或泄露给其他人。保守秘密是审计人员应尽的义务，也是维护国家利益、被审计单位合法权益的必然要求。《公务员法》第十二条规定公务员应当履行保守国家秘密和工作秘密的义务，第五十三条规定公务员必须遵守纪律，不得泄露国家秘密或者工作秘密。《审计法》第十四条规定审计人员对其在执行职务中知悉的国家秘密和被审计单位的商业秘密，负有保密的义务；第五十二条规定审计人员泄露所知悉的国家秘密、商业秘密的，依法给予处分。国家审计准则规定“审计人员应当保守其在执行审计业务中知悉的国家秘密、商业秘密。审计人员执行审计业务取得的资料、形成的审计记录和掌握的相关情况，未经批准不得对外提供和披露，不得用于与审计工作无关的目的”。

审计人员恪守保守秘密的职业道德，一方面，应当树立保守秘密的意识和观念。审计人员开展审计工作，需从被审计单位或有关单位获取国家经济社会管理、单位经营管理等方面的大量信息，并形成相关审计工作成果。这些信息可能涉及国家秘密、被审计单位商业秘密、审计工作秘密和个人隐私，一旦泄露，可能危及国家安全和利益，损害被审计单位和有关人员的合法权益。审计人员必须牢固树立保密意识和安全意识，坚守保密防线，确保不泄密。另一方面，审计人员不应当利用审计所获得的信息作为实现个人或他人利益的工具。审计人员应当自觉遵守各项保密规定，严守保密纪律，对执行审计业务取得的资料、形成的审计记录和掌握的相关情况，未经批准不得对外提供和披露，不得用于与审计工作无关的目的。严禁在不当场合谈论审计工作情况、泄露审计掌握的情况和初步结论，严禁未经批准在公开发表的文章中使用尚未公开的审计工作情况和信息，甚至出卖国家秘密和被审计单位的商业秘密获取不法利益等。

五、损害审计职业道德行为的识别及防范

保持审计的独立性是审计的本质特征，也是保证审计工作顺利进行的必要条件。审计人员执行审计业务时，应当保持应有的审计独立性，当损害审计职业道德的行为使审计的独立性受到威胁时，审计机关和审计人员应当及时识别并加以防范。

（一）识别可能损害审计职业道德的行为

可能损害审计职业道德的行为与经济发展水平、社会管理状况、社会环境与文化、审计人员个人素质等密切相关，并随着经济社会的发展而不断变化。通常情况下，自身利益威胁、自我评价威胁、密切关系威胁、外部压力威胁和内部压力威胁可能构成对审计职业道德的损害。

1. 自身利益威胁

自身利益威胁是指审计机关和审计人员由于考虑自身利益，可能导致在履行审计监督职责过程中损害职业道德的行为。

一是审计机关、审计组成员对被审计单位有不规范的经济利益和其他利益诉求。审计机关作为政府的组成部门，其经费等要受到有关部门的约束，不可避免的要与被审计单位有着这样或那样的联系，诸如外勤经费的来源、基建项目的审批、职工福利待遇问题的解决等。在审计机关对被审计单位有不规范的经济利益和其他

利益诉求时，就有可能发生损害审计职业道德的行为。审计组成员对于被审计对象存在超越正常交往以外的重大的经济利益，或者其他重大利益诉求时，如拥有被审计对象的投资工具或其他利益，这种利益对审计组成员的影响又比较重大，就很有可能发生损害审计职业道德的行为。

二是审计组成员与被审计对象存在密切的经营关系。审计组成员与被审计对象或其管理层之间存在密切的经营关系，会产生自身利益威胁。如与被审计对象或对其有控制权的所有者、董事、经理或其他高级管理人员合资的企业中拥有重大经济利益，参与被审计对象产品或服务的分销或交易等。

三是审计组成员可能与被审计单位发生雇用关系。审计组成员在可预见的未来可能到被审计单位或其能够直接管理、控制、共同控制或实施重大影响的下属单位任职时，就可能发生损害职业道德的行为。

2. 自我评价威胁

自我评价威胁是指审计人员审计和评价自己曾经参与过的决策、管理或咨询服务等活动，导致难以进行正确自我评价和否定自己而可能损害审计职业道德的行为。

一是审计组成员审计所涉及内容是自己曾经参与决策、管理或办理的业务。审计机关领导人员参与了相关项目立项审批决策或资金管理使用决策，并同意该决策意见，之后的审计中难以对该项决策的合规性发表意见。被审计单位以前的高级管理人员、班子成员或能够对该审计事项产生直接重大影响的员工成为审计组成员，就会产生自我评价威胁，尤其是该人员在被审计单位中担任重要职务、承担的职责直接影响到被审计单位的财政财务收支、离开被审计单位的时间较短时尤为突出。

二是审计组成员审计所涉及内容是自己曾经提供咨询意见或其他专业服务的业务。比如审计人员在以前的审计过程中，对被审计单位的某项具体业务提出过具体的正式或非正式的意见，而随着经济社会的发展、市场条件的变化和企业自身状况的改变，上述建议可能已经不适用，甚至“发挥”着反向作用，而本次审计距离上次审计的时间间隔又不是很久，就可能产生自我评价威胁。

3. 密切关系威胁

密切关系威胁是指审计人员与被审计单位重要管理人员形成了一种密切关系，导致难以客观公正地实施审计而可能损害审计职业道德的行为。

一是审计组成员的近亲属是被审计单位高级管理人员、班子成员或能够对该审计事项产生直接重大影响的员工。

二是审计组成员曾经是被审计单位重要人员。审计人员在审计某被审计单位之前曾是该单位重要人员的，属于由于密切关系威胁可能发生损害职业道德行为的类型。

三是审计组成员长期审计某一被审计单位。审计组成员长期审计某一被审计单位，可能会与被审计单位高级管理人员形成一种亲密关系从而发生损害职业道德的行为。但对这种情况，应该综合考虑该人员成为审计组成员的时间长短、在审计组中的角色、在审计机关中的任职情况、该审计事项的性质等因素来识别是否会损害审计职业道德及损害程度。

四是审计组成员享受被审计单位的优惠待遇。审计组成员与被审计单位在交往过程中，如果有被审计单位专门为其提供在被审计单位能力范围内的优惠待遇，而该项待遇属于法律法规容许范畴内的，如可以利用内部价格购买房屋、产品，可以优先使用某些设备等就会产生密切关系威胁。

4. 外部压力威胁

外部压力威胁是指审计机关和审计人员在面临外部压力时，影响其职业判断而可能损害审计职业道德的行为。此类威胁包括：被审计单位及其人员影响审计人员业绩评价和个人发展的威胁，被审计单位提出采取诉讼等救济措施的威胁，被审计单位对审计人员或其亲属的人身安全等威胁等。比如审计人员在发现某事项可能存在违纪违规的线索，而找被审计单位相关人员就该事项进行访谈时，由于被审计单位的人员对整个事件的来龙去脉都非常熟悉，可能已经猜测到审计人员的判断。这时被审计单位可能通过审计机关的上级领导施加压力，如果该事项十分严重，被审计单位有可能通过非法手段威胁审计人员或其亲属的人身安全。在这种情形下，很可能产生外部压力威胁。

5. 内部压力威胁

内部压力威胁是指来自审计机关内部管理和审计人员自身能力方面的压力，可能导致损害审计职业道德的行为。比如审计人员因专业知识不足而同意被审计单位人员判断的威胁。这种威胁来源于审计人员专业知识、能力不足或认识水平不高，认为被审计单位对相关事项的理解和解释是正确的，采取的措施是合理的，提出的相关建议是可行的，从而提出偏向于被审计单位的审计意见或审计建议，但实际上这种意见和建议可能对国家利益和公共利益带来不利的影响。又如，审计机关建立业绩评价制度，实行内部考核。这种考核可能使审计人员面临压力，在个别的情况下，出现了审计取证不全面，仅从不利于被审计单位某事项的角度取证，与被审计单位沟通不够，最终导致审计报送的信息等，在有关部门进一步深入调查后发现审计取证不够扎实、审计意见不正确现象，损害了审计职业道德。

（二）损害审计职业道德的主要防范措施

为避免出现损害审计职业道德的行为，应当从审计人员自律、审计机关内部管理和外部监督三个层次加以防范。

1. 持续提高审计人员自律水平

前文我们论述了审计职业道德具有自律和他律相结合的特点。而审计的自律是审计主体的自我约束，自我控制，也就是审计主体自身内在的要求，内因是决定因素，因此只有不断提高审计人员的自律水平，才能从根本上防范损害审计职业道德的行为。

一是自觉以科学审计理念为指引。审计机关1983年成立至今已走过近30年的风雨历程，经过“边组建，边工作”“抓重点，打基础”“积极发展，逐步提高”“全面发展审计事业”和“全面审计，突出重点”等各个阶段的不懈努力，国家审计实现了真实、合法、效益三者并重。审计机关的发展历程充分说明，科学审计理念是审计工作的指引，审计人员自律能力的提高也必须以科学审计理念为指引，紧紧依靠党的领导，围绕党和政府的中心工作，全心全意为社会主义建设服务。必须要切实履行法定职责，充分发挥审计保障国家经济社会健康运行的“免疫系统”功能，以科学发展观为灵魂和指南，以“推进法治、维护民生、推动改革、促进发展”为目标，以维护国家经济安全、保障国家利益、推进民主法治、促进全面协调可持续发展为首要任务，继续坚持“依法审计、服务大局、围绕中心、突出重点、求真务实”的方针，充分发挥预防功能、揭露功能、抵御功能，立足建设性、坚持批判性，立足主动性、坚持适应性，立足开放性、坚持独立性；必须坚定不移地揭露和查处重大违法违规和经济犯罪案件线索，坚定不移地深入揭示体制机制上的问题，坚定不移地提出完善制度和规范管理的建议。

二是坚持客观公正，保持职业谨慎。审计不仅要处理人与物的关系，更重要的是要处理好人与人的关系。审计结论关系到一个单位事业的成败，还关系责任者的命运和前途。为使审计人员对被审查行为事项作出正确的结论，不带任何偏见，必须要求审计人员坚持客观公正的立场，实事求是地处理被审计事项，在实施审计业务中，必须保持应有的职业谨慎，这不仅是维护审计人员和审计机关利益，树立良好形象的需要，也是对被审计单位和审计信息使用者负责。

三是坚持廉政自律的原则。廉政勤政是我国一项重要国策，它是每个审计机关和审计人员应当自觉树立的一种形象。在市场经济条件下，各种不法分子为了逃避法律的制裁，总是想方设法，运用种种手段企图拉拢腐蚀审计人员。审计机关和审计人员为了充分发挥其职能作用，依法实施审计监督，维护审计的独立性，必须遵守廉政勤政规定和审计工作纪律，增强廉洁自律的自觉性，自觉抵御各种腐朽思想的侵蚀。

2. 不断提高审计管理科学化水平

一是加强对审计人员的管理。审计机关要建立并不断完善录用、晋升、交流、业绩评价和激励等人力资源管理制度，建立并不断完善继续教育、培训等职业发展制度，建立并不断完善聘请外部人员制度。把好进人关，从人员录用、聘用开始，确保审计组成员能够胜任项目审计工作；通过继续教育、专业培训、工作交流等措施不断提升审计人员的专业胜任能力、职业道德水准。同时，应当建立退出机制，使不胜任审计工作的人员，使审计职业道德不能持续保持的人员能够退出，从而促使审计人员职业道德水准的不断提升。

二是要建立严格的审计纪律、审计质量控制和责任追究制度。审计质量是审计的生命线，审计纪律是审计的高压线，这“两线”的建立及完善，是防范损害审计职业道德行为的必然选择。建立并实施责任追究制度，可以提高每个审计人员的责任意识，促进其提高道德水准。

三是要科学合理制定业绩评价和内部考核办法，使业绩评价和考核制度既能促进审计工作的发展奖优惩劣，又能保证审计人员不是为考核而审计，从根本上杜绝因内部考核压力威胁所产生损害审计职业道德的行为，更好地发挥审计“免疫系统”功能。

四是在实施具体审计项目中，针对可能损害职业道德的行为采取相应防范措施。首先，在组成审计组时，应确保审计组整体上具有足够的胜任能力，建立遵守职业道德的政策和程序，包括识别损害的因素、评价损害的严重程度以及采取相应的防护措施；建立必要的监督及惩戒机制以促使有关政策和程序得到遵循等。其次，在承办具体审计项目时，审计机关应当采取措施防范损害职业道德行为的发生。这些措施主要包括：确定是否实行交叉审计、确定审计人员是否回避、对相关审计人员执行具体业务的范围作出限制、对相关审计人员的工作追加必要的复核程序等。最后，在审计人员面临专业胜任能力不足的情况下，认真考虑利用专家的工作。如开展投资项目审计、水污染审计、节能减排审计、矿产资源审计等项目时，如果不利用专家工作，可能无法较好地完成审计任务。在这种情况下，利用专家工作必须确保这些专家也不存在损害职业道德的行为，并加强对利用专家工作的指导，要求聘请的专家阅读审计职业道德规范，要求这些人员对遵守审计职业道德作出书面保证等。

3. 不断加强外部监督

加强外部监督是审计职业道德建设的重要推动力。外部监督包括被审计单位的监督、相关部门的监管、社会公众的监督等。

一是加强被审计单位的监督。审计机关对被审计单位实施审计过程中，被审计单位也对审计人员的行为进行监督。审计机关应充分发挥被审计单位的监督作用，让被审计单位了解审计职业道德规范的内容和审计纪律要求，畅通被审计单位监督审计人员行为的渠道，对被审计单位反映审计人员违反职业道德和其他违规行为及时进行调查和处理，确保审计人员依法审计，遵守审计职业道德。

二是加强相关部门的监管。审计机关行使审计监督权的过程中，也应接受相关部门的监督。如纪检监察等机关通过日常派驻等形式加强对审计机关、审计人员履行职责的行为和遵守廉政规定的行为进行监督。有关部门通过经常性的检查对审计机关的财务管理、资产管理等内部管理活动进行监督；司法机关通过审理行政诉讼案件、查处审计人员涉嫌犯罪的案件等对审计人员进行监督等。通过加强相关部门的监督，可以提高审计人员遵守审计职业道德的自觉性，防范损害职业道德行为的发生。

三是加强社会公众的监督。一方面，社会公众可以通过举报的方式，向审计机关或其他有关机关反映审计人员违反法律法规、审计纪律和审计职业道德行为。另一方面，社会公众可以通过新闻媒体、网络等渠道将审计人员的违规或不当行为公之于众。审计机关应充分利用社会公众的监督，发挥舆论监督的作用，及时处理公众反映的问题，促进审计人员遵守审计职业道德，增强审计的公信力。

六、加强我国审计职业道德建设的措施

我国审计机关成立二十多年来，一直高度重视审计职业道德建设，审计人员的职业道德水平总体较好。正如温家宝总理所讲的“审计机关是认真负责的，审计工作是卓有成效的，审计队伍是过得硬的”。但是由于自身修养、经济利益、法律规范、社会环境等多方面因素影响，目前审计人员的道德观念和道德素质需要进一步增强，依法审计能力和审计工作水平需要进一步提高，个别审计人员甚至存在严重违反审计职业道德和违法犯罪的行为。因此，需要进一步探索加强审计职业道德建设的措施和方法。

（一）完善审计职业道德规范

1. 完善审计职业道德规范体系

审计职业道德规范是审计职业道德的制度化的体现，是职业道德理念和审计实践的有机结合，它不仅规范审计人员的具体行为，还指导审计人员的精神面貌和价值观念。正是由于其涵盖了思想层面和行为层面的特殊性，审计职业道德规范比任何一种审计制度更需要一个完整的规范体系。目前，我国《审计法》、《审计法实施条例》和《国家审计准则》对审计职业道德的基本内容作了规范。实践中如何贯彻遵守这些原则规定，需要在全面分析可能损害审计职业道德因素的基础上，确定防范的具体措施，制定审计人员职业道德守则，为审计人员遵守审计职业道德提供行为守则和行动指南。这样，才能形成审计职业道德规范体系，明确审计职业道德的具体要求，使规范具有更强的针对性及可操作性，对审计行为提供进一步的指导。

2. 加强审计职业道德规范和其他审计规范的衔接和协调

审计职业道德规范不是独立的道德法典，而是审计规范的重要组成部分，与其他审计规范一同构成审计执业规范，因此必须处理好审计职业道德规范和其他审计规范的关系，确保规范相互间的一致性，避免冲突和缺位。要进一步完善审计法律法规，要注意不同位阶法律法规相协调，注意与审计管理、技术等规范的协调，注意与审计经费保障等相关配套制度的协调。

3. 保障审计职业道德规范得到有效执行

审计职业道德规范是一种特殊的审计规范，它不仅约束行为，也引导思想，提供正确的价值导向。由于职业道德规范的特殊性，一方面，要依靠审计人员加强自身修养，提高职业道德观念，自觉自律地加以遵守。另一方面，要加大宣传教育力度，充分发挥舆论引导和社会评价的作用，形成遵守审计职业道德的良好氛围。同时，要加强职业道德约束和惩戒，对违反审计职业道德的行为加以提醒、劝告，对情节恶劣造成严重后果和影响的，要追究相应的责任。这样才能够强化职业道德规范的权威性，保障审计职业道德规范得到切实的遵守。

（二）加强审计人员自身修养

审计人员自身修养是审计职业道德的内因，对审计职业道德起着决定性的作用，因此开展审计职业道德建设，首先要加强审计人员自身修养，增强审计人员自身的职业道德意识和观念。审计人员的道德修养主要通过以下途径来实现：一是加强自我学习。通过学习党的基本理论和方针政策、法律法规关于公务员执行职务的基本要求和审计职业道德规范，使审计职业道德要求成为审计人员内在的价值取向和价值观念，从而提高职业道德水平。二是加强自我教育。通过分析遵守审计职业道德的典型人物、典型事迹，总结违反审计职业道德行为的教训，了解遵守或违反审计职业道德所带来的利弊，不断加强自我教育，使审计人员知道应当学习什么、应当反对什么，以形成良好的职业道德观念。三是加强自我实践。审计人员不断践行审计职业道德，获得各级领导、身边同事和社会公众的正面或负面评价，逐步将合乎道德的行为固化为内心的观念，并在今后实践中长期坚持，增加自身道德修养。

（三）强化审计职业道德的示范作用

审计职业道德作为道德范畴归根到底是一个内在的观念，会因各人理解上的不同而产生一定差别，仅凭借自身的修养和认识常常会难以界定标准，因此强化审计职业道德的示范作用，通过形象化的手段更能有效地推动审计人员理解职业道德理念，形成良好的道德风尚。

1. 领导示范

在任何一个社会团体中，领导者作为团体的首要人物，其示范作用是最明显的。为了形象化地向整个团体传达审计职业道德的精神，审计部门的领导必须从自身做起，牢固树立职业道德意识，为审计团体做出表率。实践证明，审计部门领导对职业道德的遵守会带动整个审计行业职业道德水平的提高。如审计部门近几年一直处于社会舆论的风口浪尖，但始终能保持着清正廉洁的形象，这是与审计署党组历来将审计质量和廉政建设视为审计工作的“生命线”，坚持带头学习反腐倡廉重要文件，及时传达中央有关精神密不可分的。刘家义审计长在2010年全国审计机关党风廉政建设工作视频会议上的讲话中提出“廉洁自律，领导干部是关键。审计系统的廉洁自律，请大家向审计署看齐；审计人员的廉洁自律，请同志们向审计长、向审计署的每位领导看齐。这是我代表署党组，向全国审计系统和干部职工作出的庄严承诺”，这样的领导承诺鼓舞了每一个审计人员，其示范作用和精神指引是巨大的，也是不可替代的。

2. 典型示范

除了依靠领导示范外，还必须强化正反两方面典型示范和警示作用，既要大力弘扬职业道德和优良作风，也要告诫审计干部常怀律己之心，发挥激励引导和警示作用，以取得综合效果。在正面示范作用中，审计职业道德体现在方方面面，在各个层面都有其深刻的含义。人无完人，客观来说，一个人很难在审计职业道德的各个层面都做到尽善尽美，都能成为标杆，因此有必要发掘在职业道德各个层面上突出的事例，宣传先进典型，以此作为示范，对审计人员予以引导。在反面警示作用中，没有遵守审计职业道德，从而导致犯下错误的典型事例也可以增强反腐倡廉教育的震撼力。如驻署纪检组监察局组织编写了《警示录》，该书集中收录了2001年以来发生在审计机关的40余个违法违纪典型案例，并逐一进行了点评分析。刘家义审计长在为该书写的序言中强调，以此“用来开展警示教育，使大家明辨是非，打牢廉洁从审的思想基础，防患于未然，是一件很有意义的事。”通过这些反面典型的警示，有助于强化审计职业道德的责任意识。

（四）健全审计职业道德教育和评价体系

1. 逐步实现职业道德教育和评价专职化

从发达国家的经验来看，国外实现了相对成熟的职业道德和评价体系，前提就是实现了职业道德建设和评价的专门化和专职化。因此我们可以借鉴有关国家的经验，在审计署设立一个专门的职业道德办公室或委员会，各级审计机关可以参照设立，职业道德办公室可以将职业道德教育和监督评价职能统一起来，便于建立职业道德教育制度，统筹开展职业道德教育活动，统一建立职业道德评价体系，为审计职业道德建设提供组织保障。此外，独立的审计职业道德监督机构也更能够监督检查职业道德规范的遵循情况，同时评判和裁决审计人员遇到的道德评价争议问题，为审计人员在特定情形下如何采取必要的保护措施提供及时有效的指导和帮助，逐步实现我国职业道德建设和评价的专门化和专职化。

2. 逐步建立职业道德教育制度

目前的审计职业道德教育基本上是依附于各项活动开展的，如科学发展观教育、精神文明教育、廉政教育等，虽然取得了良好的效果，但并没有形成一个规范化、系统化、经常化，贯穿审计人员工作生涯始终的职业道德教育制度，缺少这样的职业教育制度，审计人员就很难在头脑中形成一个完整的职业道德体系，职业道德规范也很难深入人心，起到应有的效果。因此，应逐步建立职业道德教育制度，以使职业道德教育能够规范化、系统化、经常化。

（1）职业道德教育规范化。职业道德教育应当有一套规范的教育体制，对教育开展的时间、方式、内容、程度有明确的规定，既不能影响正常的审计工作，也不能流于形式，三天打鱼两天晒网，要通过规范化的标准和制度让广大审计人员能够有序地，成体系地接受完整、准确的职业道德教育，在规范中也可以同审计职业道德评价体系结合起来，一并规范，教育的成果构成了评价的基础，评价的运用能够检验教育是否有效帮助审计人员提高职业道德修养和认识。

（2）职业道德教育系统化。职业道德教育制度不是暂时的，而是持久的，不是一成不变的，而是与时俱进的，因此，在职业道德教育制度中，必须体现出系统化的特色。例如，在制度安排上，可以根据审计人员成长的不同阶段安排不同的职业道德教育内容，建议划分为三种类型：审计职业准入教育、审计职业后续教育、审计职业更新教育。准入教育的对象是刚刚通过公务员录用的审计新兵，在初任培训中，应当把职业道德教育作为必修的一部分，给初任人员一个整体的认识和了解；在后续教育中，要针对审计人员不同的岗位，结合工作内容进行职业道德教育，这里面要包括职业道德规范、典型案例等，需要持续地定期培训；在更新教育中，是指审计人员更换工作岗位，或者提升职务，都需要结合新的岗位要求进行更新教育。

（3）职业道德教育经常化。职业道德教育如果总是附加在其他活动中，时间不固定，内容随机，就会失去教育的作用。因此，要定期开展职业道德教育，这也应当和职业道德评价相结合，道德信念的确立和道德习惯的养成，是一个艰巨而又复杂的过程，不可能一蹴而就，因此职业道德教育是一个贯穿审计人员全部从业经历并逐步深化的机制，是审计职业教育的重要内容。

3. 探索建立审计职业道德监督评价机制

对遵守职业道德情况的监督和考核是国外职业道德建设和评价的重要内容，目前，世界各国基本上都建立起行之有效的职业道德监督机制。为了使审计职业道德教育真正发挥成效，有一个明确有效的检验标准和机制，需要充分借鉴国际政府审计和社会审计有益的经验和做法，建立与国家审计事业发展相适应的道德自律运行机制和有效的监督机制，对于违反审计职业道德行为及时处理，切实增强审计职业道德规范约束力，提高国家审计的公信力。

(1) 努力完善审计人员职业道德评价方式。评价的方式应当多元化，科学化。应当由专职的职业道德机构统一组织，以保证标准的统一性、过程的独立性和结果的权威性，但由于专职机构不可能同时对全体审计干部进行道德评估，可以在方式方法上创新，评价主体可以发展来自同级、上级、下级和自身的全方位评价，以保证道德评估的全面性。评价内容要细分，测评指标和方式要多元化，坚持职业道德评价与各部门的实际业务相联系，平时监督与年终考核相结合，定性评价与量化打分相结合，内部考核与外部评价相结合，综合考评与重大成果评价相结合，并鼓励各部门结合实际探索灵活多样、行之有效的评价方法和评价内容，逐步形成行之有效的分类量化评价目标体系。

(2) 加强审计职业道德评价成果的运用。新加坡在公务员的录用、任命和晋升中都需要进行道德考核，可以总结为“严把入口、跟踪调查、责任连带”。不仅对录用人员要严格考核职业道德情况，在从业过程中，也要跟踪调查基本行为是否符合审计职业道德法律法规的。下属公务员的品德出现问题，主管官员负有连带责任。由于审计职业道德评价结果如此重要，新加坡的公职人员都十分重视个人操守。因此，我国探索建立的审计职业道德监督评价机制中，必须包含审计职业道德评价成果的运用，评价与考核的结果要以奖惩来体现。评价成果要纳入干部综合评价体系，作为评优、表彰、考核领导班子和选拔任用领导干部的重要依据，违反职业道德的行为也要及时警示，追究责任，形成注重职业道德操守的用人导向。

(3) 探索建立审计机构和审计人员的诚信档案。在有效评估的基础上，将审计职业道德教育和评价制度严格推行下去，便可以进一步探索建立审计机构和审计人员的诚信档案，将评价成果、教育经历、职业道德方面的重大突出表现或不良行为都全面及时地记录下来，有效地反映每一个审计人员的职业道德表现，有利于追踪评价，加强比较。长期的良好道德表现可以及时得到嘉奖，不好的苗头可以及时发觉，以利于纠正不良风气，加强审计队伍建设，提高审计质量和水平。

课题编号：09SJ04002

审计职业道德建设研究：基本内容·影响因素·对策建议

上海海事大学、厦门大学课题组

课题负责人：张　川
课题组成员：陈汉文　郭志英　郭长水　于李胜
王艳艳　李旻坤　殷　芹

【摘要】 审计“免疫系统”功能的有效发挥，必须以审计人员的尽职尽责为前提，而审计机关人员职业道德的建设自然成为关键控制点。另外，随着改革开放的不断深入和社会主义市场经济的不断发展，社会各界对审计监督的期望值越来越高。但目前审计功能的发挥还不够理想。因此，加强审计机关职业道德建设以提高审计质量迫在眉睫。

本课题采用实证研究和规范研究相结合的方法，在总结以往研究成果的基础上，诠释了国家审计职业道德的内涵、特点及主要内容，然后通过问卷对我国审计机关职业道德现状进行调查，在调查数据的基础上，对审计机关职业道德影响因素进行了实证分析。

实证研究发现，审计人员业务水平、基本素质、职业道德态度、对薪酬的满意程度、价值取向及审计工作本身工作特点等因素与审计职业道德显著相关。根据规范研究和实证分析的结果，我们从审计人员自律、审计机关他律和优化国家审计外部环境三方面，提出了加强审计职业道德建设、提高国家审计人员职业道德水平的对策建议。

【关键词】 审计职业道德　国家审计　国家审计人员

目　　录

绪 论

近年来，我国财经领域掀起了愈演愈烈的“审计风暴”，国家审计作为我国“权力的制约和监督”的重要监督手段，全面发挥了国家审计“免疫系统”的重要作用，与此同时，也提高了社会各界对国家审计的期望值：通过国家审计强化对政府有关财政财务活动的监督，揭露、制止并纠正在国家经济事务管理中违反国家法律、法规的腐败寻租行为，保护国家财政经济秩序，提高国家资源使用效益等。

然而，目前国家审计工作质量怎样？国家审计监督作用是否得到充分发挥？公众能在多大程度上获取并利用国家审计结果？这些问题的回答必须以国家审计人员具有高尚的职业道德品质，工作尽职尽责，审计质量上乘为前提。

从国家审计实践来看，大部分国家审计机关大力加强审计职业道德建设，切实提升国家审计人员的专业品质和职业道德素质，提高审计工作质量，降低审计风险，充分发挥国家审计“免疫系统”功能。也应看到，随着改革开放的不断深入和社会主义市场经济的不断发展，在部分地区国家审计机关的审计职业道德建设仍存在这样或那样的问题，应当引起高度重视。据审计署统计，仅从 2005 年 1 月到 2006 年 8 月，审计署举报中心共接到反映审计机关和审计人员有关违纪问题的举报 440 起。其中反响较大的案件，如 2006 年 4 月发生在河北沧州审计机关的审计人员猝死事件，更加暴露出我国部分地方国家审计人员道德水平低下的严峻现实①。上述种种问题影响了国家审计质量的提高，制约了国家审计职能作用的发挥，因此，大力加强国家审计职业道德建设，显得尤其必要！

为此，在 2008 年 12 月 30 日结束的全国审计工作会议上，刘家义审计长以“责任、忠诚、清廉、依法、独立、奉献”等审计文化理念为中心，要求全国审计机关以提高干部职工思想道德素质为重点，创新审计干部队伍管理模式，创新审计机制，建立起科学的审计管理、考核、激励、促进和保障体制机制，切实做到依法审计、依法管理，以保证审计“免疫系统”功能的充分发挥；令狐安副审计长也在会上指出，各级审计机关要更加重视职业道德建设，加强思想政治建设和廉政教育，帮助审计人员及时澄清一些错误思想和模糊认识，自觉抵制歪风邪气，做到未雨绸缪，防患于未然。可以相信，国家审计职业道德建设将成为国家审计机关的未来工作重点之一。

---

① 2006 年 4 月，在河北省盐山县城网电力改造审计中，沧州市审计局委派的审计组连续接受电力部门招待，致使审计组一名成员猝死在酒店门前的事件。这件事情发生的第二天，审计组其他成员和电力局领导还踏上了去扬州游玩的旅程。

(一) 课题研究的基本思路

本课题从中国传统文化、伦理学和科学发展观出发，明确审计机关审计职业道德的内涵和外延，界定审计机关审计职业道德与注册会计师职业道德、审计职业道德与会计职业道德的区别和联系，深入研究审计机关审计职业道德的基本内容，探讨国家审计人员职业道德评价标准，寻找我国审计机关加强审计职业道德建设的对策建议。研究思路如图1－1所示。

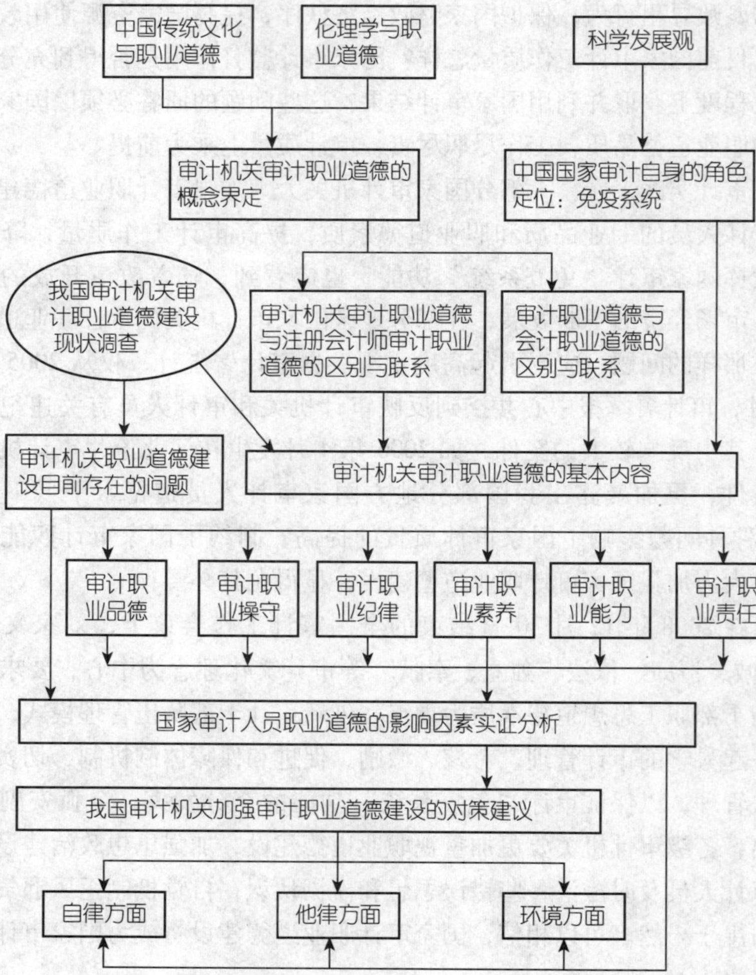

图1－1　课题研究的基本思路

（二）课题研究方法

本课题采用实证研究和规范研究相结合的方法，在总结以往研究成果的基础上，根据我国审计机关审计实践的特点，深入研究审计机关审计职业道德的基本内容，明确审计职业品德、职业操守、职业纪律、职业素养、职业能力、职业责任等的内涵，从而提出我国审计机关审计职业道德的基本要求和进一步加强审计职业道德建设的对策建议。技术路线如图 1－1 所示。

为此，我们将主要采用以下几种具体分析方法：

一是理论分析。通过文献整理和理论分析，对审计职业道德相关理论进行梳理，回顾总结国内外审计职业道德的发展历史，界定审计机关审计职业道德的基本内容，明确审计职业道德的内涵和外延，最终与问卷调查、统计分析等步骤的研究结论汇总，得出本课题的最终结论，为加强我国审计机关审计职业道德建设提供政策建议。

二是问卷调查。选择东部、中部和西部三个地区，对不同层次的人员展开调查，深入了解我国审计职业道德建设的现状。调查分为两个方面：

（1）以审计机关作为调查对象，着重了解审计机关目前实施《审计机关审计人员职业道德准则》的情况，分析审计机关职业道德建设中存在的问题。

（2）以被审计组织，如企事业单位等作为调查对象，了解审计机关的职业道德建设情况、目前审计工作中的突出矛盾以及国家审计职业道德建设中的薄弱环节。

三是统计分析。在问卷调查和数据采集的基础上，利用统计分析方法对审计人员职业道德履行情况进行定量分析，为我国国家审计人员职业道德评价标准体系建设寻找依据。

一、文献综述

审计职业道德建设是一个古老而又新鲜的话题。通过对文献的归纳整理，国内外学者对审计职业道德方面的研究，大致可概括为以下几个主要领域。

（一）国家审计职业道德建设研究

国家审计职业道德准则的建设一直备受重视。在国内外的国家审计准则体系中都包含了审计职业道德准则。最高审计机关国际组织（International Organization of Supreme Audit Institutions，INTOSAI）构建了一个审计准则框架（Auditing Standards Framework），框架包括四个层次：第一个层次是利马宣言（The Lima Declaration）；

第二个层次就是道德守则（The Code of Ethics）；第三个层次是审计准则（Auditing Standards）；第四个层次是指南资料（Guidance Material）。最高审计机关国际组织单独制定了审计道德守则（第二层次），是指导审计人员日常工作的价值和原则的说明。最高审计机关国际组织要求审计机关和审计人员必须是独立的；必须具备胜任能力；必须在遵守最高审计机关国际组织的审计准则时保持应有的谨慎。

目前，世界各国国家审计机关的隶属模式有四种，主要包括立法型国家审计机关（初建于英国，完善于美国，普及于西方大多数国家）、司法型国家审计机关（初建于法国，西欧、南美和非洲一些国家相继采用）、行政型国家审计机关（初建于前苏联，东欧、亚洲的一些国家包括我国相继采用，目前以我国为代表）和独立型国家审计机关（以日本为代表）。迄今为止，世界各国均制定了较为详尽的国家审计职业道德规范。例如，美国制定了后续教育准则、英国制定了各种原则、加拿大制定了职业道德准则（宋夏云，2008）。

1983 年审计署组建以来，我国审计机关审计职业道德规范建设获得长足发展，审计署分别于 1996 年和 2001 年先后颁布和修订了《审计机关审计人员职业道德》，于 2000 年 1 月发布施行了《国家审计基本准则》。根据《审计机关审计人员职业道德准则》，审计人员职业道德是指审计机关审计人员的职业品德、职业纪律、职业胜任能力和职业责任。

（二）独立审计职业道德建设研究

关于独立审计人员职业道德的研究，伴随着 1906 年职业道德委员会的成立蓬勃发展，世界主要国家均建立了审计职业道德规范体系，尤其以美国最为全面（刘华，2007）。美国的职业道德准则早期是由职业道德委员会推动的，但由于协会没有足够强大的地位制定和实施规则，来自各州团体的代表谨慎地保护着其所在州的权利，他们控制着相关的政策（Carey ，1970）。1973 年，AICPA 的职业道德部提交了修正后的职业道德准则，该准则由三部分构成：职业道德概念、行为规则和行为规则的解释，随后又增加了“职业道德裁决”（ Ethics Rulings）部分。准则不仅可以规范审计行为，同时为避免审计师的审计风险提供帮助。

国际会计师联合会（IFAC）于 1996 年 7 月发布了《职业会计师道德守则》，道德委员会于 1998 年 1 月和 2001 年 11 月两次对《职业会计师道德守则》进行了修订。该守则适用于在公共会计师领域、工商界、政府部门和教育界工作的所有会计师，为各国制定职业会计师道德规范提供了一个范本。2008 年，IFAC 会计师国际道德准则理事会（IESBA）又就 IFAC《职业会计师道德守则》的修改建议发布征求意见稿，以增强 IFAC《职业会计师道德守则》的透明度，并使其便于理解。

我国《独立审计基本准则》早在1996年1月1日由财政部批准发布施行，共五章二十五条。1996年12月，中注协根据《注册会计师法》颁布了《中国注册会计师职业道德基本准则》以规范社会审计职业道德。我国独立审计职业道德准则体系由三部分构成：职业道德基本准则、职业道德具体准则、职业道德裁决指南。

针对CPA职业道德规范研究的专著中，较具有代表性的是1999年8月中国金融出版社出版的陈汉文博士论文《注册会计师职业行为准则研究》。他指出注册会计师的职业行为准则是职业道德的具体化和制度化，并创造性地将CPA职业准则定义为一份CPA职业服务市场中关于CPA职业服务质量的合约，对CPA与相关利益当事人交互行为方面进行了约定，以界定CPA的行为空间。经过CPA职业的长期发展，职业行为准则逐渐得到公认和标准化。最终成为由职业团体发布，对全体CPA均具约束力的一份公共合约。这个公共合约实质上是CPA职业界作为职业服务的供给者，为满足需求者（社会公众）对其职业行为方面的要求而制定的。除了研究CPA职业行为准则的性质和嬗变，论文还详述了CPA职业行为准则的框架结构和内容。作者通过比较美国、国际会计师联合会、香港会计师联合会、我国的CPA职业道德规范，建议将我国CPA行为准则的框架设为基本原则——行为规则解释。在基本原则方面，建议规定为“责任、公众利益、正直、客观、刚健自强、止于至善”。在行为规则方面，分为四部分：调整与公众之间交互行为规则，包括独立性、应有的职业谨慎、专业胜任能力与技术规范；调整与客户之间的交互行为规则，包括保密性、或有收费；调整与同行之间的交互行为规则，包括人员招聘、前后任CPA之间的联系；其他规则，包括广告与招揽、佣金。此外，作者还研究了CPA职业行为准则的实施。先对西方职业组织准则实施经验予以考察，再提出了对我国注册会计师职业行为准则实施的改进思路，即明确执行主体，对执行职业道德准则的程序予以制度化、常规化。

《会计师职业道德与责任》（王立彦等，2001），介绍了注册会计师职业的历史演变，研究了CPA职业道德规范和会计师职业道德教育。王立彦认为，CPA的职业道德规范应包括三方面内容：对社会的责任，主要是独立、客观、公正原则，对客户的责任，对同业的责任。在职业道德教育和建设方面，提出由于会计师职业服务性特点，导致道德问题多元性和两难性，介绍了职业道德问题研究的理论基点，突出会计职业团体对职业道德建设的作用。

陈汉文、韩洪灵（2005）从公共合约观对注册会计师职业道德准则变迁的影响，按照利益关联度、期望差距、政府管制参与度、合约的技术特征和时间五个维度进行了描述与分析，指出注册会计师职业道德准则合约的每一次“重签”都是对公众参与的回应，公众参与重签的方式，除直接提出要求之外，更强有力的则是通过法律诉讼程序或要求政府加强管制。

我国在引进独立审计这一西方制度时，通过模仿和借鉴方式建立了注册会计师职业道德规范和法律责任制度，但由于国情和文化的不同，在实践中产生了很多我国特有的现象。王立彦、戴晓娟（2001）从上市审计失败案例出发，对注册会计师职业道德规范和法律责任的作用机制、实际约束及其相互关系进行了分析。他们认为，注册会计师的职业道德与法律责任之间并不是简单的相互包含关系，事实上两者共同支撑着注册会计师的职业信仰——维护公众利益，共同为这一年轻的行业提供职业动力。如果其中一方功能失效，必然会导致另一方功能失效，从而导致独立审计制度的无效。如果没有职业道德，注册会计师的法律责任就失去了伦理支持；如果没有责任制度，职业道德将失去外部规范标准，光靠职业道德来制约人性中恶的一面，显然是苍白无力的。

周艳枚（2004）利用制度经济学的分析框架，探讨我国注册会计师职业道德问题，发现目前制度缺失是造成我国注册会计师整体职业道德水平低下的根源，并在此基础上提出了解决的策略和思路。

针对内部审计职业道德方面的研究较少，周恺、刘威（2004）比较了大陆与台湾的内部审计制度，认为台湾审计人员的职责在于确定提供给企业管理当局的资讯的正确性和可靠性，这一点与美国相似。为了保证审计工作的绩效，台湾执业准则制订有一套完整的职业道德保证计划，包括审计工作符合审计执业准则，审计人员定期执行评估审计工作品质，以及主管机关委托会计师对审计绩效加以评估。而大陆则主要依靠对其进行指导的上级审计机构和审计道德规范等准则来约束。

（三）职业道德的角色和作用

1. 职业道德与法律的关系

著名经济学家茅于轼在《道德经济制度》（2002）一书中，认为法律与道德的关系有三条：第一，法律试图把利益界限划清楚，但它划不清，许多纠纷法律没法解决，只有道德能解决；另外有很多行为，虽错却并不认为是犯法，需要道德约束。当社会道德很好时，仍需法律确定界限，能够把所有创造财富的机会都利用起来。另外，法律是对已发生事情的一种事后处理，而道德是时时刻刻在约束一个人的内心，使坏的事情不至于发生，且不像法律那样成本高昂。第二，道德比法律更重要。最明显的原因是道德的约束成为一种习俗后，不再让人觉得是约束，反而是鼓励人们积极向上的力量，造就有道德的人；而法律完全是一种制约，是对侵犯别人利益行为的消极制裁。第三，道德是法律的基础。法律的规定原则上不可违反道德准则，但道德比法律要求更高，道德要求不自私，而法律只要求不损人。

经济学家厉以宁在《超越市场与超越政府》（1999）一书中，认为道德调节与法律规范的关系在于：一方面，法律是道德调节的边界。道德可以在一个很大的群体（如全社会）中起作用，但在法律产生并被执行之后，不能越过法律规定的边界。同法律抵触的道德调节，会产生道德同法律之间的摩擦与冲突，且矛盾会越积越多，矛盾不断激化，最终成为维护正常秩序的一种障碍，逐渐失去原有作用。另一方面，道德的一定内容有可能被法律所吸收，被写进这些法律之中，成为法律中的某些条款，甚至还可能被政府以法律的形式把道德调节的某些内容固定下来。这是因为一定社会的法律总是反映那个社会的价值观念。法律要调节一定社会中的各种利益关系，法律要用一定的伦理原则作为各种利益关系调节的依据。道德调节的部分内容被吸收到法律中成为法律的一部分后，不仅不意味着道德调节失去意义，反而表明其有了法律依据，可以在法律范围内更好地发挥作用。

2. 审计职业道德的角色和作用

审计职业道德的角色和作用从它被提出以来就是讨论的热点。美国著名审计学家莫茨和他的学生夏拉夫从哲学的高度借鉴一般道德的要求来研究审计职业道德，认为审计职业道德是一般道德的具体运用。对审计人员来说，审计职业道德准则为其审计活动提供了一条行为标准（莫茨、夏拉夫，中译本，1990）。

在审计过程中，利益关联度的扩大与提高，人与人之间的交往逐渐由身份关系过渡到契约关系，血缘和地缘交往的边界被打破，社会关系从地方性场景“脱离”，在无限的时空中“重组”。这就要求审计机关审计人员在履行职责的过程中有一个共同的道德准则。始终处于“内省”状态的国家审计机关的审计人员为保持和发展其审计能力，会自觉地对其职业道德标准进行某种程度的反省、提升与改进，从而促使职业界与公众之间就职业道德准则这一合约达成新的一致，以弥补期望差距（陈汉文、韩洪灵，2005）。

审计职业道德是整个社会规范体系的一部分。它在与政治、经济、文化、历史和法律等各种因素的相互作用中，既表现出作为同一种事物所具备的共性，又在各种不同环境下显现出个性。苏孜（2005）提出对一个审计组织而言，其内部审计人员除了受职业道德的约束，还有来自国家的法律、法规、审计制度、审计准则等的他律。崔宏（2006）通过“职业特征—道德困境—道德判断—职业道德法的本质—道德恪守”的内在逻辑，探求注册会计师遵守职业道德的内在机理，认为注册会计师、职业特征、遵守职业道德三者是等价关系。

（四）审计职业道德的实证研究

理论界关于国家审计职业道德现状的相关研究较少，目前能够检索的研究成果大部分是规范性研究。周旭君（2009）认为，审计市场面临着严重的职业道德问题，虚假鉴证屡见不鲜，文章简单列举了现实生活中的一些造假事件，从侧面反映出目前国内外审计职业道德水准有待进一步提高。赵楠（2008）从国家审计职业道德的作用出发，从经济学的角度得出我国目前的国家审计职业道德水准不高的结论。

对于国家审计职业道德影响因素的实证研究，目前参阅到的相关文献较少，大多是关于CPA、法官、律师、资产评估师以及公务员等人员职业道德影响因素的研究成果，可以为本研究提供一些参考借鉴。具体如下：

Rechard Whoyt等在《新西兰注册评估师的道德价值观》中，从“欺骗、欺诈、胁迫、影响处理与自我兴趣”五个方面设计了调查问卷，调查结果表明评估师信仰和价值观之间的差异与“年龄差异、估价经验、教育、就业的类型、是否经过了职业道德教育”等因素有着密切联系。李素英、王淑珍、梁建峰（2008）通过实证分析，得出资产评估职业道德水平受性别等自身因素影响，女性更容易屈从于外界的压力。

简家进、李洁（2005）从内部和外部来分析环境因素对会计职业道德的影响。其中内部环境提到单位的人事政策和内部组织机构；外部环境主要包括经济因素、政治和法律因素、历史传统和教育因素以及相关职业和会计准则要素。龙文研、陈丽、焦宁（2009）认为，影响会计职业道德的因素主要有以下几个：会计人员自身因素、企业内部因素（诸如规章制度不健全，内部监督制约机制缺乏等）、社会风气的不良影响和法律法规不健全。谢君萍（2007）从会计心理学的角度分析发生会计行为异常的心理动因和影响因素，探索个性心理特征和不良会计行为之间的关系；这些心里特征主要包括主体的气质性格、能力、动机与需求、兴趣以及认知偏差等。蒋志林、胥朝阳、刘露（2006）提到，性别、年龄、专业、性格以及是否参加相关教育都会对会计人员的职业道德产生一定的影响。

二、国家审计职业道德的概念界定

（一）国家审计职业道德的内涵

国家审计职业道德是职业道德的一个分支，是审计领域中因国家审计活动引起的道德现象以及由此归纳出来的道德理论的总称。国家审计职业道德与国家审计行为密切相关，本身具有自己的特征和作用，同时兼有职业道德的一般特征，遵守国家审计职业道德是对每一个国家审计机关人员的基本要求。

1. 职业道德的界定

（1）道德

“道德”一词由来已久，在相关文献中，对道德的解释也多种多样。在西方古典文献中，“道德”源于拉丁语的“mores”，意指风尚、习俗、性格。在中国古代典籍中，“道德”除指调整人们之间的关系的行为准则外，也指人的善恶评价、道德品质、个人道德修养和理想境界等。古人称，行道，有得于心谓之德。“德”实际被理解为人的内心品质、自我觉悟。由此可见，“道”是德的前提，而“德”则是道的归宿。后来人们把“道”“德”二字加以连用，认为道德是一定社会调整个人之间以及个人和社会组织之间的关系的行为准则和规范的总和，是人类社会中普遍存在的一种现象，也是社会意识形态之一。它既是人们行为的规范，又是评价人们行为的标准。道德以善与恶、对与错、正义与邪恶、诚实与虚伪等相对概念来评判人们的各种行为。一方面，通过社会舆论和教育的方式，影响人们的心理和意识，使人们逐步形成正确的思想观念、培养良好的习惯、指导和控制自己行为合理与合法，最后形成人们内心的信念。另一方面，它又通过社会舆论、规章制度、传统习惯等形式在社会生活中确定下来，成为一定社会条件下约束人们相互关系和个人行为的原则和规范。因此，道德既是一种行为评价，又是一个行为标准。如果一个人的行为遵守这些标准，符合这些规范，就被叫做是道德的，从而受到社会和他人的尊重、赞扬、鼓励。如果一个人违反了它，就会被看做是不道德的，要受到社会的批评、谴责。

综合以上，道德是社会意识形态之一，是人们共同生活及其行为的准则和规范，是对人的社会性的自我约束和心理意识约束。它以善恶评价为标准，依靠社会舆论、传统习俗和人的内心对自我进行约束。道德的作用是通过确立一定的善恶标准和行为准则，来约束人们的相互关系和个人行为，调节社会关系，并与法制一起对社会生活的正常秩序起保障作用。这种作用要通过各种形式的教育和社会舆论的力量，使人们逐渐形成一定的信念、习惯、传统才能实现。可以说，一个社会的文明水平，一个人的文明水平，在相当程度上取决于人们道德意识的强弱和深浅。

（2）职业道德

道德调整的范围非常广泛，不仅包括个人与个人之间，而且包括个人与集体和社会之间的关系。当调节范围局限于人们的职业生活中时，就涉及职业道德的问题。

职业道德是道德的一个特殊领域，是随着职业的出现而产生的，是职业范围内特殊的道德要求，是一般道德在职业生活中的具体体现。职业道德是人们在从事各种特定的职业活动过程中应遵循的，具有自身职业特征的道德规范和行为准则的总和。

职业道德是调整一定职业活动关系的职业行为准则和规范，它不是人主观自生的，也不是天的意志。其本质表现在三个方面：第一，职业道德是社会经济关系所决定的社会意识形态。社会经济关系的类型决定着职业道德的性质。第二，职业道德是职业活动对职业行为的道德要求，与职业活动的要求密切相关。第三，职业道德是调节职业活动形成的各种职业关系的手段。

(3)传统文化与职业道德

第一，人性论：职业道德规范的出发点。

劳秦汉在《会计道德的理性思考》(2003)中指出，会计道德是通过会计人的目的需要而从人的伦理行为事实如何的客观本性中萌发、产生和推导出来的，人性就是包括会计道德在内的道德之所以产生和推导出来的基础和源泉。为此，有必要将人性论作为价值领域的理论预设，以利于包括会计道德在内的道德的产生和形成。《荀子·性恶》中指出“生而之所以然者谓之性”，“今人之性，饥而欲饱，寒而欲暖，劳而欲休，此人之情性也”。荀子的人性论总的来说是认为“人性本恶”，而又以“性善”为归宿。除了荀子的人性观，我国古代哲学家对人性有多种多样的思考，如孟子的性善论，告子的性无善无恶论，杨子的性亦善亦恶论。其中以荀子的“性恶善伪”论作为道德建设的理论预设最好。

第二，义利观：职业道德规范与个人利益。

义利观是中国传统道德的重要组成部分，义利的意蕴十分丰富。义，主要有下列含义：一是道德上的应当、应该。《礼记·中庸》说：“义者，宜也。”二曰正。《墨子·天志下》云：“义者，正也。”总之，义可以理解为判断是非善恶的标准和人们行为的价值准则。利，则是利益、好处，也就是物质利益和功利。借鉴墨家对义利关系的学说，是因为其义利并重的思想符合人性，符合市场经济发展的客观规律。在对国家审计职业道德方面进行规范的同时，不应像宋明理学家提倡的那样“灭人欲、存天理”，要求国家审计机关人员放弃对正当物质利益的追求，是不切实际的，而应在尊重审计机关人员正当利益的基础上对其执业行为加以引导和规范，要求其廉政为公。怎么样才能使审计机关人员的职业道德深入人心，成为他们自觉的意识呢？满足他们的需求，不排斥正当利益的追求或许是有效的途径。作为一名审计机关人员，既有职业报酬需求，又有职业贡献需求。其中，职业贡献需求是实现自我价值的手段和表现形式，是获得尊重、重视和重用的必要条件，也是审计机关人员的一种使命感和成就感，体现其责任感、良心等道德要求。相应的，由这些需求引起了审计机关人员追逐经济利益、追逐自我价值实现的动机。

第三，仁爱观：儒家文化为职业道德的实现途径。

儒家的“仁爱”思想，在数千年的历史发展中，已经融合于中华民族的生活之中，形成一种民族精神，具有强大的生命力，对现代社会仍具有普遍性和永恒性的价值。儒家仁爱精神强调“仁民爱物”和“爱人如爱己”，倡导“己所不欲，勿施于人”，“己欲立而立人，己欲达而达人”，“我不欲人之加诸我也，吾亦欲无加诸人”(《论语·公治长》)。如果审计机关人员能够为广大投资者着想，将他们的需要看做自己的需要，就不会违背诚信，违背职业道德，损害公众利益。

中国传统道德中有一部分是“位德论”，即职业道德。位德论中始终贯穿了仁爱的思想，各行业的人都力争做到仁以济世，认为职业活动主要是为了爱人、助人、救人。任何一个人要想在事业上有所成就，必须先学会做人，儒家的“仁爱”思想就是衡量一个人是否有德的基本准则，国家审计人员亦不例外。我国国家审计人员亦应通过自己的职业活动，维护国家财政经济秩序，促进廉政建设和保障国民经济健康发展，这也是“仁爱”的实践途径。只有将“仁”的思想深入人心，转化为在职业活动中恪守的职业道德，勤勉尽责，才能成为一名合格的国家审计人员。

第四，和谐观：对职业道德的影响。

在我国，体现和谐的重要思想历史悠久，早在《左传》中就提出“如乐之和，无所不谐”；孔子讲“和为贵”；墨子讲“兼相爱”；太平天国“有田同耕，有饭同食，有衣同穿，有钱同使”；康有为在《大同书》指出“人人相亲，人人平等，天下为公”。历史事实表明，我国古代在自然经济条件下形成的和谐思想，对中国社会的长远发展发挥了积极促进作用。

在当今社会，和谐思想也全面深入人心，2005 年党的十六届四中全会提出进一步构建民主法治、公平正义、诚信友爱、充满活力、安定有序、人与自然和谐相处的社会主义和谐社会的奋斗目标。其中“诚信友爱”，就是从德的角度，提倡全社会互帮互助、诚实守信，全体人民平等友爱、融洽相处，是构建和谐社会的道德基础。

在构建社会主义和谐社会的过程中，共同的信仰和道德行为规范是社会团结和谐、某一社会职业健康发展的一个重要纽带，是构建和谐社会的重要基础。近年来，国家审计机关提出的“和谐审计”理念，就是和谐思想在审计职业道德中的重要体现。我们认为，和谐思想对职业道德建设将会继续产生更加深远的影响。

2. 国家审计职业道德的界定

(1) 职业道德与国家审计职业道德

一般来说，关于从事各种职业的人们应该遵守的规则——社会规范，如果形成了一种内心的自律，就称为职业道德。随着不同职业的确定，与之相适应的独立于意识形态的、与特定职业密切相关的职业意识和伦理准则才能产生，就是说职业道德是与职业密切相关的，没有某种职业的存在，当然就没有依附上面的职业道德。因此，职业道德属于自律性规则，以善恶评价为标准，依靠社会舆论、传统习俗和人的内心信念的力量来调整人们之间相互关系。

国家审计职业道德是普遍意义职业道德的具体化，它与国家审计自身的职责、手段以及道德要求紧密相连，是符合社会之要求、国家审计人员必备的一种职业道德品质和规范。《审计机关审计人员职业道德准则》认为，国家职业道德“是指审计机关审计人员从事审计工作应当遵守的职业行为规范”。可见，应当结合国家审计机关与被审计单位的要求来研究国家审计职业道德准则内容及各方面的要求，以便处理好各方面的合法权益，提高审计工作质量。

我国国家审计内容包括预算执行审计、绩效审计及领导干部经济责任审计三部分内容。我国国家审计的定位是公共审计，具体表现在：由国家审计机关根据整个国家管理监督的需要，以法治政府为核心理念，强化对政府公共财政的审计监督；以高效政府为核心理念，加快向绩效审计为中心的转变；以廉洁政府为核心理念，加强以领导干部经济责任审计为重点的对权力的制约和监督，目的是维护国家财政经济秩序，促进廉政建设和保障国民经济健康发展。

国家审计职业道德的作用主要体现如下：其一，向社会各界公示审计机关人员的道德水准，提高社会公众对国家审计职业的信赖。其二，为审计机关人员树立精神信条和专业原则，鞭策他们以明确的信念处理和协调各种关系，做好国家审计工作。在复杂的审计关系中，审计机关人员需要知道自已该怎么做，他们不能仅仅做到不犯法、不犯错；而“应该怎么做”却是法规所回答不了的。因此，需要有职业道德对审计人员精神、道义上的指导与支撑。其三，针对难以纳入审计法规但又有必要做出规定的事项，国家审计职业道德是一种很好的方式。如在国家审计职业道德规范中申明审计纪律、要求审计机关人员廉洁奉公、提出专业胜任能力要求等。国家审计实践证明，仅仅依靠强制性的相关法规，没有完整的职业道德规范体系，还是不能圆满地完成好审计工作任务，如 2000 年 3 月，审计署制定下发了《关于加强审计纪律的规定》，提出外出审计“八不准”，其中明确规定，审计人员不准接受被审计单位安排的就餐和宴请，不准参加被审计单位安排的旅游、娱乐、联欢等活动，但却还是发生了河北沧州的审计员猝死的事件，因而国家审计还需要有审计职业道德的维系。

（2）国家审计职业道德与注册会计师职业道德的比较分析

审计职业道德是一个范围很广的概念，一般分为国家审计职业道德、社会审计职业道德和内部审计职业道德。比较多的学者是对独立审计中注册会计师职业道德的研究，且注册会计师职业道德的建设也较为完善和全面。在国家审计职业道德研究方面专家学者研究不多，国家审计职业道德的建设也落后于注册会计师职业道德建设。

笔者认为，国家审计职业道德与注册会计师职业道德同属于审计职业道德范畴，两者必有共通之处及各自特点，本研究把国家审计与注册会计师审计作为主要对称，将国家审计职业道德与注册会计师职业道德进行对比研究，构建适应时代发展需要的国家审计职业道德体系及主要内容。

①注册会计师职业道德内涵及规范体系

注册会计师职业道德，是指注册会计师在执业时所应遵循的行为规范，具体包括职业品德、职业纪律、专业胜任能力及职业责任等方面应达到的行为标准，它是社会职业道德在独立审计领域的具体化。

注册会计师职业道德的研究一直是学术界和学术界关心的热点问题。陈汉文、韩洪灵（2005）对注册会计师职业道德准则的变迁进行了梳理，以期能寻找折射出的历史逻辑和规律；崔宏（2006）通过“职业特征—道德困境—道德判断—职业道德法的本质—道德恪守”的内在逻辑，探求注册会计师遵守职业道德的内在机理，认为注册会计师、职业特征、遵守职业道德三者是等价关系。

从注册会计师职业道德国际相关规范可以看出，职业道德规范体系分四个层次：目标→道德原则→具体目标→准则解释，其中职业道德规范的最高目标是指满足公众利益，以此来突出“社会公众利益”的重要性。注册会计师职业道德原则要素包括：独立、客观、公正；职业纪律；专业胜任能力及职业责任等。独立、客观、公正，是注册会计师职业道德中的三个最重要的概念，也是对注册会计师职业道德的三条最重要的要求。独立原则，是指注册会计师在执行审计业务，出具审计报告时应当在实质上和形式上独立于委托单位和其他机构；客观原则，是指注册会计师对有关事项的调查、判断和意见的表述，应当基于客观的立场，以客观事实为依据，实事求是；公正原则，是指注册会计师应当具备正直、诚实的品质，公平正直、不偏不倚地对待有关利益各方，不以损害一方利益为条件而使另一方面受益；职业纪律，是指注册会计师在进行其职业工作时必须严守纪律；专业胜任能力要求是注册会计师职业道德的一项重要内容，专业胜任能力包括不得从事不能胜任的业务，具有较强的业务能力和具备高水平的职业判断能力等；职业责任是指注册会计师在社会和经济上担当了重要的角色，必须承担一定的职业责任包括对客户的责任，对同行的责任和对社会的其他责任等。

②国家审计职业道德的内涵及规范体系

进入21世纪以来，随着我国经济社会的发展，审计过程中利益关联度的扩大与提高，人与人之间的交往在无限的时空中“重组”造成的审计难度的加大，对审计人员职业道德的要求也进一步提高了。这使得我们不得不重新审视审计机关审计人员职业道德，包括审计职业道德标准的具体判断和鉴别，审计职业道德制度的建设和完善等。同时，长期困扰我国政府的腐败问题仍然存在，在审计失败的情况下，有的地方还存在一边腐败一边升官的怪现象，这无疑为我国审计机关审计人员职业道德的研究提出了急迫的要求。

《审计机关审计人员职业道德准则》体现了国家审计职业道德的目标及基本原则。国家审计职业道德的目标为“审计机关人员应当维护国家利益和被审计单位的合法权益”。国家审计职业道德的基本原则包括：独立、客观、公正，合理谨慎，职业胜任，保守秘密，廉洁奉公，职业责任等。

③国家审计职业道德与注册会计师职业道德的比较

第一，国家审计职业道德与注册会计师职业道德同属于审计职业道德，审计职业特点所包含的职业道德，如审计职业道德的基本原则——独立性、公正、客观三大原则，在各自的职业道德体系里都有体现，只是侧重点不同。

第二，国家审计和注册会计师审计各自不同的工作特点，决定着国家审计职业道德与注册会计师行业的职业道德存在较大差别。国家审计职业道德是体现国家审计特点的职业规范，其约束的对象为国家公务员身份的审计机关及审计机关人员，其主要调节的是审计机关及人员与被审计单位的关系，这决定着国家审计道德将体现出注册会计师审计道德不同的特点。而注册会计师行业存在的基础，是因为注册会计师能够站在独立的立场上对被审计单位编制的会计报表进行审计，并提出客观、公正的审计意见，作为企业会计信息外部使用者进行决策的依据，其职业道德约束的对象为注册会计师事务所及注册会计师，其调节的是注册会计师行业内相关人的关系，如会计师事务所、注册会计师及被审计单位的关系，同行之间的关系等。

（3）国家审计职业道德与其他监督机关职业道德的对比分析

①职业的基本含义

所谓职业，是指参与社会分工，利用专门的知识和技能，为社会创造物质财富和精神财富，获取合理报酬，作为物质生活来源，并满足精神需求的工作。它至少包括四方面的含义：第一，与人类社会的需求相关，强调社会分工；第二，与职业的内在属性相关，强调利用专门的知识和技能；第三，与社会论理相关，强调创造物质财富和精神财富，获得合理报酬；第四，与个人生活相关，强调物质生活来源，并满足个人的精神生活。

关于“职业”一词的出现在我国历史悠久，其中在《荀子·富国》中有：“事业所恶也，功利所好也，职业无分，如是，则人有树事之患而有争功之祸矣”；唐代诗人白居易在《冯宿除兵部郎中知制诰制》中有：“故吾于今归汝职业，仍迁秩为五兵郎中”；而现代大文豪鲁迅在《而已集·读书杂谈》中有：“说到读书，至少有两种：一是职业的读书，一是嗜好的读书”。

深入开展对职业的研究与分析，应进行职业分类。一般来说，社会分工是职业分类的依据，劳动对象、劳动工具以及劳动的支出形式各有特殊性，这种特殊性决定了各种职业之间的区别。我国关于职业的分类，以国家计委、国家经委、国家统计局、国家标准局 1984 年发布、1985 年实施的《国民经济行业分类和代码》为职业分类的主要标准。这项标准主要按行业不同，将国民经济行业划分为门类、大类、中类、小类四级，门类共 13 个，其中，国家机关、党政机关和社会团体为其中一个门类。

②职业道德的含义与特征

所谓职业道德，是同人们的职业活动紧密联系，符合职业特点所要求的道德准则、道德情操与道德品质的总和，是人们在履行本职工作中所遵循的行为准则和规范。它既是对本职人员在职业活动中行为的要求，同时又是职业对社会所负的道德责任与义务。职业道德是长期以来自然形成的，没有确定形式，通常体现为观念、习惯、信念等。

总体来看，职业道德具有社会公认性、适用范围的有限性、发展的历史继承性、表达形式多样性、强烈的纪律性等特点，正在并将继续发挥其在调节职业人员内部以及从业人员与服务对象间的关系、维护本行业信誉、提高全社会道德水平、促进本行业发展等方面的作用。

③国家审计职业道德与其他监督机关职业道德的比较分析

国家审计监督是我国宪法规定的具有较高独立性的综合性经济监督，属于行政监督系列，在我国的党务系统、国家行政系统和司法系统中，与其工作性质相近的监督部门主要有纪检监察部门、财税监督部门、检察机关等，上述部门的职业道德既有一定程度上的同质性，也存在较大区别。

首先，看纪检监察部门的职业道德。应当说，培养良好的纪检监察干部职业道德素质，是纪检监察部门正确履行职责、赢得群众信任和加强纪检监察干部队伍建设的重要基础。其主要包括忠诚无私、秉公执纪、勤奋工作、甘于奉献、实事求是、谦虚朴实、廉洁奉公等内容。

其次，看财税监督部门的职业道德。在具体的财税监督工作中，应全心全意为人民服务，切实维护人民的合法权益，保证国家利益的安全完整。它主要体现在忠诚积极、热爱本职，依法理财、尽职尽责，公正廉洁、不谋私利，文明征税、礼貌待人，遵守公德、维护财纪，勤政务实、改革创新等方面。

最后，看检察机关的职业道德。应当说，近年来我国检察机关的职业道德建设在法制化、正规化等方面，迈出了有力步伐。2009 年 9 月，最高人民检察院经第十一届检察委员会审议通过，正式发布施行了《中华人民共和国检察官职业道德基本准则（试行）》，该准则细化了原有《检察官职业道德规范》的内容，涵括了检察官履行职责的全过程以及职务以外的活动，清晰地将有关“忠诚、公正、清廉、文明”的检察官职业道德要求落实到检察官工作、生活的方方面面，从而有力地把检察官职业道德和执法规范化建设、纪律作风建设紧密地结合起来。

国家审计职业道德与纪检监察、财税、检察等部门的职业道德相比，在以下方面具有同质性：

一是忠诚，即上述监督机关及工作人员应当忠于党、忠于人民、忠于宪法和法律，牢固树立依法治国、执法为民的思想理念；

二是公正，即上述监督机关及工作人员应当保持在监督过程中的独立性、客观性，确保监督结论的公正性；

三是廉洁，即上述监督机关及工作人员在履行职责时应当严格自律、清正廉洁，不利用职务便利谋取不正当利益；

四是文明，即监督行为应当提高执法理念、执法行为、执法作风和执法语言等方面的文明素质，努力做好监督过程中的沟通与协调，做到文明监督。

除上述同质性内容外，国家审计职业道德与其他监督机关职业道德相比，在以下方面存在较大不同：

一是与纪检监察监督、财税监督相比，审计机关具有较高独立性，我国1982年通过的宪法第九十一条第二款规定，“审计机关在国务院总理领导下，依照法律规定独立行使审计监督权，不受其他行政机关、社会团体和个人的干涉”，国家审计机关的独立地位是宪法规定的，具体通过权责地位独立性、组织结构独立性、经费预算独立性等方面来保证，独立性是审计工作的“灵魂”。

二是与检察职业道德相比，国家审计职业道德的工作领域和对象不同，前者的工作领域是在司法领域开展的监督活动，后者是在财政经济活动中开展的综合性监督活动，两者作用的工作对象不同，势必带来职业道德在内容上的区别。

三是与纪检监察监督、财税监督、检察监督相比，国家审计工作对合法性的要求有所不同，纪检监察工作主要在于对党纪政纪执行情况的监督，财税监督工作在于财政、税务领域的法律法规和政策文件执行情况的监督，检察监督工作在于司法领域的法律法规和规范性文件执行情况的监督，其中，检察监督工作对合法性的要求最高，而对于国家审计工作，在履行经济活动财政财务收支的监督职责时，国家审计机关以国家财经领域的法律法规和其他规范性文件为依据，检查经济活动的合法合规性，体现出较高的合法性要求，但也应看到，国家审计机关目前正在大力推进的以财务收支合法合规为基础的绩效审计，更重要的是一种评价活动，不像财务收支审计那样，没有明确的法律法规判断依据，合法性特征不太明显。

四是与其他监督机关职业道德相比，国家审计工作对谨慎性有较高要求，主要因为审计工作所面对的经济活动纷繁复杂，且国家审计人员与被审计对象之间存在的信息不对称，很可能导致审计风险，审计风险的存在要求国家审计人员在审计过程中必须坚持职业谨慎，工作认真细致，勤勉尽职，力求审计结论客观公正。

（二）国家审计职业道德的特点

道德规范体系的构成由四个层次构成：目标→道德原则→具体目标→准则解释；道德原则也包含独立、客观、公正三大原则；职业纪律；专业胜任能力及职业责任等方面的内容。由于国家审计职业道德目标与道德原则方面与注册会计师职业道德存在着明显区别，体现出国家审计的职业特点：

1. 国家审计职业道德体现的目标不同

国家审计职业道德的基本原则包括：独立、客观、公正，合理谨慎、职业胜任、保守秘密、廉洁奉公、职业责任等。我国《审计机关审计人员职业道德准则》规定国家审计职业道德的目标为“审计机关人员应当维护国家利益和被审计单位的合法权益”，其体现了国家审计的特点及工作要求。我国国家审计工作包括预算执行审计、绩效审计及领导干部经济责任审计等内容。因此，我国国家审计的定位是公共审计，体现三大核心理念，即以法治政府为核心理念，强化对政府公共财政的审计监督；以高效政府为核心理念，加快向绩效审计为中心的转变；以廉洁政府为核心理念，加强以领导干部经济责任审计为重点的对权力的制约和监督，目的是维护国家财政经济秩序，促进廉政建设和保障国民经济健康发展。

国家审计职业道德的总目标，在于独立地提供公共受托责任履行情况的评价信息，这是高度浓缩的、精练的和相对稳定的。随着公共受托责任关系的深化，国家审计工作目标由最初的合法性、真实性的评价，扩充为包括合法性、真实性、经济性、效率性、效果性、公平性和环保性在内的全面评价，其中合法性、真实性的评价属于财务收支审计目标，经济性、效率性、效果性、公平性和环保性的评价属于绩效审计目标，经济责任审计是一种综合审计，其目标是上述要素的综合。

随着项目审计目标的变化，国家审计职业道德的具体目标会表现出动态发展的特性，主要表现在对国家审计人员的职业胜任能力、客观公正、勤勉尽职等方面有新的、更高的要求，确保国家审计人员能够有效履行审计职责。具体来说，一是绩效审计的探索和深化要求国家审计人员加强自身素质培养，不断提升职业胜任能力；二是绩效审计评价不像财务收支审计那样有明确的判断标准，所以需要审计人员在评价审计事项时，秉承更加客观公正的职业态度，否则会出现严重的职业风险；三是绩效审计所涉及的工作领域，大多审计人员过去没有接触，要完成绩效审计工作，必须花费大量精力，要求审计人员加强职业学习，更加认真，更加尽职尽责。

2. 国家审计职业道德体现的独立性外延不同

独立性指国家审计机关及人员可以保持无偏见的审计决策能力，包括实质上的独立性和形式上的独立性。实质上的独立属于一种精神态度，其本身很难直接观察；形式上独立性的衡量尺度包括权责地位的独立性、组织结构的独立性、经费预算的独立性、功能管理的独立性和社会关系的独立性。其中功能管理的独立性和社会关系的独立性与注册会计师独立性的内涵是一致的：功能管理的独立性是指审计人员执行审计过程中保持独立性，包括制订审计计划的独立性，审计实施的独立性及审计总结的独立性；社会关系的独立性是指审计人员应该避免与被审计单位存在各种社会关系，具体包括利益关系、亲属关系及任职关系。

而国家审计权责地位的独立性、组织结构的独立性、经费预算的独立性具有典型的国家审计特征：权责地位独立是指在《宪法》或《审计法》等法律条文中明确规定国家审计机关及最高职务的法定权限与职责，被审计单位无权进行干预或影响，即国家审计机关的权限及职责是法律所赋予的；组织结构独立指国家审计机关的组织结构决定权独立于被审计单位之外，不受任何社会、个人或团体的干涉，即审计机关的隶属关系（如立法模式、司法模式、独立模式和行政模式），职务的任免权及人员的招聘等决定权有相关法律规定；经费预算独立指国家审计经费的预算决定权独立于被审计单位之外，以保证他们有效履行法定职责，审计经费来源于国家财政支出。

因此，行政干预成为影响国家审计独立性的重要的因素，行政干预指当国家审计行为（披露有关严重违纪问题）可能会触及权力部门的切身利益时，这些权力部门可能会干预国家审计的正常工作。不仅行政模式的国家审计独立性会遭受行政干预的伤害，立法模式、司法模式以及独立模式的审计独立性也可能会遭受行政干预的伤害。尤其在我国行政模式的审计体制下，地方审计机关实行双重领导体制，国家审计的独立性存在系统性缺陷，它遭受行政干预的压力最大。我国审计法规定：我国审计机关实行在总理和地方主要负责人领导下的行政管理体制，接受地方政府和上级审计机关双重领导。在这种管理体制下，地方审计机关是地方政府的一个职能部门，其经费和人事关系隶属于地方政府，必须接受地方政府的领导。但与此同时，法律又要求审计机关对地方政府及其职能部门的财政、财务收支进行监督。地方政府审计由于接受当地行政首长的领导，必然会考虑审计结果对当地行政首长的影响，同时地方政府审计结论的实施也必须经过当地政府首长的认可，使地方政府审计的有效性大为降低。

3. 国家审计职业道德体现的专业胜任能力的内涵不同

国家审计的专业胜任能力包括两个部分：审计机关的专业胜任能力和审计机关人员专业胜任能力。对审计机关人员专业胜任能力的要求，包括专业知识体系与专业技能两个方面。国家审计人员的专业知识体系主要体现国家审计工作的专业特色，除了包括会计与审计知识、金融知识、案例知识及信息技术知识等审计相关知识，还涉及财政政策与法规知识、行政管理知识等国家审计特有知识。而国家审计人员的专业技能，主要包括逻辑思维能力、技术运用能力、人际关系能力、学习能力和应变能力等方面。

国家审计职业道德中专业胜任能力最大的不同，体现为国家审计机关的专业胜任能力，国家审计机关的专业胜任能力是指在一定的工作环境下，国家审计机关按照既定标准完成审计任务的能力。审计权限是国家审计机关专业胜任能力的最重要的影响因素，审计权限指为了保障国家审计机关有效履行法定职责而赋予其相应的法定权力。审计权限具有法定性、强制性、专属性和稳定性的特征。审计权限是否合法，它直接影响到国家审计机关的专业胜任能力。

4. 国家审计职业道德独特的职业纪律要素——廉洁奉公

审计机关作为国家重要的经济监督部门，在整顿和规范经济秩序、促进社会经济可持续发展、维护广大人民群众最根本利益等方面肩负着重要使命，是经济战线上的"卫士"，廉洁从审是国家审计职业道德建设的核心内涵，也是审计工作的生命线。审计署原纪检组长王道成曾指出："审计机关廉政工作是维护审计机关独立性，促进依法有效履行职责的重要保障。审计机关如果不廉政奉公，就谈不上审计工作的客观公正，就不可能有审计的力度和质量，就难以有效地履行法律赋予的职责。因此，审计机关加强廉政工作，是维护审计机关独立性的需要，是保障审计工作客观、公正的需要，是加强审计职业道德建设的需要，是审计文化建设的重要组成内容。"也正如俗话所说，"公生明，廉生威""己不正何以正人"，审计机关只有不断加强廉政建设，才能理直气壮地开展审计监督，更好地履行经济监督职责。

国家审计职业道德最主要的个性特征表现为：公正、廉洁、勤勉。其一，要确保国家审计在社会上应有的职业地位，审计工作过程和审计结论必须具有公正性，审计机构和人员应排除干扰及个人利害关系，秉公实施审查，并提出客观公正的审计结论；其二，在审计过程中，国家审计人员应遵守审计机关的各项廉政纪律和规定，不与被审计对象发生任何经济利益关系，坚持廉洁从审；其三，审计工作是专家行为，依靠的都是审计人员的职业判断，难以对审计人员的职业行为进行"实质上的管理"，审计人员应当培育自己的审计职业精神，兢兢业业，尽职尽责，秉承坚韧的职业探究精神，通过充分有效的职业工作，保证审计结论的客观公正性。上述审计职业道德的重要特征，规定了审计存在的合理性，保证着审计发展方向，它既来源于审计工作实践，又在实践中不断发展和完善。

（三）国家审计职业道德的主要内容

国家审计职业道德的基本内容包括职业理想、职业态度、职业责任、职业胜任能力、职业纪律、职业良知和职业荣誉等内容。

第一，职业理想是对待职业的一种总体认识、态度及追求。国家审计机关的职业理想是应当维护国家利益和被审计单位的合法权益，具体包括根据整个国家管理监督的需要，以法治政府为核心理念，强化对政府公共则政的审计监督；以高效政府为核心理念，加快向绩效审计为中心的转变；以廉洁政府为核心理念，加强以领导干部经济责任审计为重点的对权力的制约和监督，目的是维护国家财政经济秩序，促进廉政建设和保障国民经济健康发展。

第二，职业态度是指职业工作态度。国家审计职业道德态度表现于独立、客观、公正、合理谨慎。具体规范的内容包括：审计机关人员在执行职务时，应当保持应有的独立性，不受其他行政机关、社会团体和个人的干涉；审计机关人员办理审计事项，与被审计单位或者审计事项有直接利害关系的，应当按照有关规定回避；审计机关人员在执行职务时，应当忠诚老实，不得隐瞒或者曲解事实；审计机关人员在执行职务特别是作出审计评价、提出处理处罚意见时，应当做到依法办事，实事求是，客观公正，不得偏袒任何一方。

第三，职业责任是指国家审计机关在从事审计业务时，享有行使相关部门赋予的相关权利，同时也要为其行为承担责任。国家审计机关职业责任包括两个方面的内容：一是要求审计机关人员应当做好有关审计分内的工作，主要包括按时按质完成审计任务，做好保密工作，始终坚持本职业所规定的不违背公众利益的有关义务，正确处理好与上级部门、同事、被审计单位之间的各种利益关系和责任关系等；二是要求审计机关要承担起因没有做好分内的事，且发生违反法律规定行为的，审计机关要承担相应的民事、刑事、行政等责任。

第四，职业胜任能力是指审计机关及审计机关人员必须具备从事国家审计职业的专业技术和业务能力，能在专业技能范围内承揽、接受并进行审计业务。国家审计职业专业能力是指国家审计的专业胜任能力，包括两个部分：审计机关的专业胜任能力和审计机关人员专业胜任能力。最高审计机关国际组织《审计准则》规定，最高审计机关和审计师必须具备合格的能力，包括一系列技术和经验。不管按照授权所进行的审计属何种性质，审计工作应当由同审计任务的性质、范围和复杂性相应的学历与经验的人员来担任。美国一般公认政府审计准则（GAGAS，2004）规定，从事审计与鉴证业务的人员应该从整体上具备完成任务所需要的足够专业胜任能力。GAGAS 要求审计组织承担责任，保证每一项审计和鉴证业务是从整体上具备完成这项工作所必需的知识、技能和经验的人员来承担的。相应地，审计组织应该有一套招聘、雇用、持续开发和评估员工的程序，以保持具有充分胜任能力的劳动力等。这些相关规定对于确保国家审计机关顺利完成任务和确保审计目标的实现具有重要的意义。我国《国家审计机关道德规范》规定，审计人员应当具有符合规定的学历，通过岗位任职资格考试，具备与从事的审计工作相适应的专业知识、职业技能和工作经验，并保持和提高职业胜任能力，不得从事不能胜任的业务；审计人员应当遵守审计机关的继续教育和培训制度，参加审计机关举办或者认可的继续教育、岗位培训活动，学习会计、审计、法律、经济等方面的新知识，掌握与从事工作相适应的计算机、外语等技能；审计人员参加继续教育、岗位培训，应当达到审计机关规定的时间和质量要求。

第五，职业纪律是指从事职业的人们在进行与具体职业有关的活动时应当遵循的行为规范。国家审计职业纪律包括审计人员对其执行任务时知悉的国家秘密和被审计单位的商业秘密，负有保密的义务。在执行任务中取得的资料和审计工作记录，未经批准不得对外提供和披露，不得用于与审计工作无关的目的。审计人员应当遵守国家的法律、法规和规章以及审计工作纪律和廉政纪律。

第六，职业良知是指职业劳动者对职业责任的自觉意识。国家审计职业良知是指审计人员应当认真履行职责，维护国家审计的权威，不得有损害审计机关形象的行为。审计机关人员应当维护国家利益和被审计单位的合法权益。

第七，国家审计机关职业荣誉是指职业劳动者在职业生活中形成的职业形象、尊严和良好的声誉，以及为保持其职业形象、尊严和良好声誉应当遵守的有关职业道德行为规范。国家审计职业荣誉包含两个方面的内容：一方面是指社会对国家审计人员履行职责的行为作出赞赏和评价；另一方面是指审计机关人员对自己的职业活动所具有的社会价值的认同，并为保持职业形象、尊严和良好声誉而自觉按照职业责任的要求去遵守有关职业道德规范。

三、我国国家审计职业道德现状调查

随着改革开放的不断深入和社会主义市场经济的不断发展，我国国家审计道德水平却让人担忧。因此，深入研究审计机关审计职业道德的基本内容，了解目前我国国家审计职业道德的现状及其影响因素，对发现审计机关人员职业道德存在的问题及提出相应的完善措施是极其有意义的。

本课题采用问卷调查的方法对我国审计机关的职业道德的现状进行了解，探索分析了国家审计职业道德的影响因素。调查问卷以审计机关审计人员作为调查对象，着重了解审计机关目前实施《审计机关审计人员职业道德准则》的情况，审计人员对自身审计道德的评价及审计机关履行职业道德中遇到的问题。

（一）调查问卷说明及样本设计

问卷选择东部、中部和西部三个地区，调查范围涉及国家、省级、地（市）级、县级四级审计机关，对不同层次的审计机关人员展开调查，深入了解我国国家审计职业道德的基本概况和影响因素。问卷采取不记名方式，同时在问卷中声明不追究任何责任，请参加答卷人员按诚信原则如实填写，这使本调查的结果更为直接、客观。

研究小组在 2010 年 4 月至 2010 年 5 月通过挂号信与电子邮件的方式，对北京、上海、江西、河南、湖南、湖北等省市区的国家审计人员发放了“国家审计人员职业道德内容及建设研究”的调查问卷。调查问卷填写人员包括审计署以及上海、江西、湖北、湖南、河南等省（市）审计厅（局），也包括上述省份以下的部分市（区）、县级审计局的国家审计人员，共收回280份完成的问卷，其中因部分问卷填写遗漏了大量的信息而作废，最终确认有效问卷为205份，有效回收率为72%。

调查问卷的设计过程如下：调查问卷设计的理论基础是道德人性论，认为人性如个人的职业信仰、价值观、兴趣爱好、性别等是国家审计职业道德在内的道德产生和推导出来的基础和源泉；同时问卷设计借鉴了学者对CPA、法官律师、资产评估师以及公务员等行业的职业道德的研究成果，认为审计机关环境因素也将影响国家审计职业道德。其中环境因素包括内在因素和外在因素，内在因素是指审计机关人员个人的后天发展的影响，包括审计机关人员的教育背景、专业水平、职称、工作经验等方面；外在因素是指审计工作所处的工作环境本身，如审计工作的复杂程度，单位的人事政策和内部组织机构及经济因素、政治和法律等因素；最后为了完善该调查问卷，我们与上海浦东新区的审计机关人员召开了小组座谈会，征求了上海地区部分审计人员对该问卷的看法，并根据审计实务对设计好的问卷初稿进行了及时修正和完善。

本调查问卷设计了四个主题，分别为：一、被调查审计人员对国家审计职业道德准则的现实认识；二、被调查审计人员对自己的职业道德进行评价，根据国家审计职业道德准则基本内容的审计职业品德、职业操守、职业纪律、职业素养、职业能力、职业责任6项具体内容进行评分；三、了解国家审计职业道德的现状；四、国家审计职业道德影响因素分析，这也是整个研究工作的最终目的。问卷共设计人员基本信息、当前国家审计人员职业道德水平状况、审计人员自身素质、外部影响环境以及对职业道德建设的建议等方面，具体包括34个项目，其中22个选项是探索分析影响国家审计人员职业道德的个人内在因素和外在因素指标。在设计时，18道题以单选题形式出现，每个选项按不同的程度区分，A~F分别代表1~6分；其余6个指标是按重要性程度设置的1~6分的打分题。其余的问题，在统计时，对每题的选答项进行了加总，然后再按每题加总的绝对数计算所占比例数。由于各地经济发展不平衡，国家审计事业发展不平衡，各自的经历、经验不同，可以肯定各地的回答受上述因素的影响是明显的。

（二）问卷的描述性统计

根据收回的问卷调查的数据，对相关信息的分析如下：

1. 样本的分布情况

问卷的数据分布情况图见表4-1。表4-1从被调查者的年龄、工作经验、教育背景、行政级别及专业职称等方面统计了样本的分布情况，从表4-1可以看出被调查者男女比率分别为55.4%和44.6%；在工作年限、教育背景、行政级别及专业职称等方面的分布情况可以说明此次调查的样本涵盖了所有审计机关人员的类型，因此，本次问卷是具有较强的说服力和代表性的。

表 4-1 问卷数据分布情况表

正式研究样本分布情况表（N=202）			
		样本数	百分比（%）
性别	男	113	55.4
	女	92	44.6
工作年限	3 年以内	16	7.9
	3~5 年	29	13.9
	5~10 年	33	15.3
	10 年以上	127	62.9
最高学历	博士	6	3.0
	硕士	28	13.9
	本科	132	65.3
	专科	36	17.8
	高中、中专或以下	0	0.0
行政级别	厅级及以上	1	0.5
	处级	13	5.9
	科级	107	52.0
	科员	84	41.6
专业职称	高级	45	21.8
	中级	110	54.0
	初级	39	19.3
	其他	11	5.0

2. 我国目前国家审计职业道德的现状

（1）审计机关人员对职业道德的认识

图 4-1 显示了被调查的审计机关人员对审计职业道德的理解情况①，我们可以发现，选择“审计责任，廉洁自律，坚持原则，保守秘密”4 项的比例是最高的，而“国家利益与公共利益，不违反‘八不准’审计纪律”的选项比例最低，从这项数据可以说明，在对职业道德的理解程度方面，大多数的审计人员认为审计责任、廉洁自律、坚持原则及保守秘密是审计职业道德的核心内容，而要引起相关部门关注的是，审计署颁布的“八不准”等审计纪律及公共利益两方面，尤其是审计纪律，有将近 40% 的人认为其不属于职业道德的范围，这显示有关方面要对审计人员加强审计纪律和公共利益的教育。

① 问卷中此选项可以多选。

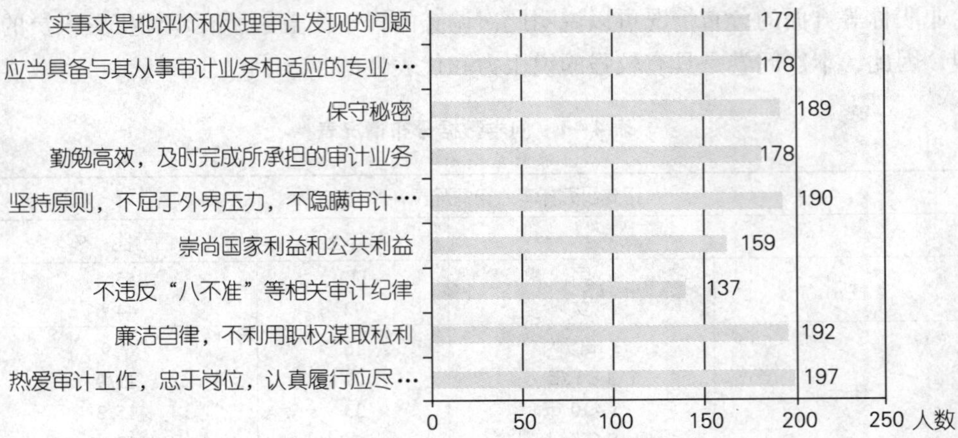

图 4－1 审计人员对审计职业道德的理解程度

（2）审计机关人员职业道德的现状分析

审计机关人员职业道德的现状分析如图 4－2 所示，在 202 个问卷填写者中，有 90 人认为其所在单位没有发生违背审计职业道德的现象，51 人认为有极少的道德缺失现象。此外，有 61 人认为其所在单位的道德缺失现象达到 1%～5%。说明我国国家审计人员的道德水平普遍较高，但不排除被调查者不愿意承认自己所在单位存在职业道德缺失或者不了解情况的可能。不过，从问卷调查结果来看，仍然有 55.44% 的被调查者承认自己所在单位少量存在违背职业道德的现象。

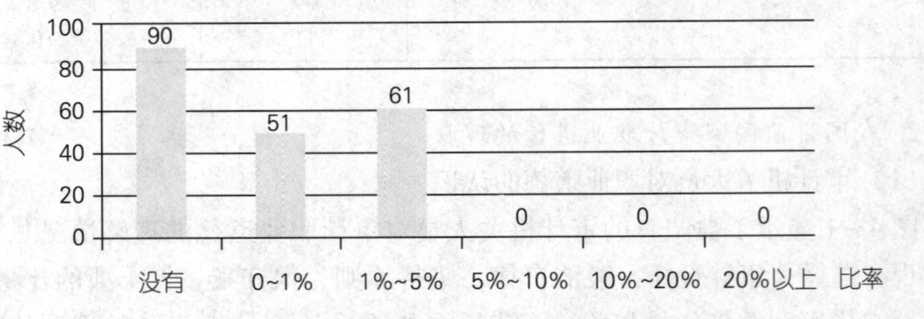

图 4－2 审计机关人员审计职业道德现状

（3）审计机关人员违背职业道德的方式

图 4－3 显示了审计机关人员违背职业道德的具体表现方式，其中“审计效率不高”和“从轻评价和处理审计发现的问题”是审计机关人员违背职业道德最普遍的行为，而“不具备审计专业能力”紧随其后排列第三，以上三种行为都具有一定的隐蔽性，发现相关的违规行为具有一定的难度，但从另一方面说明相关部门应当对此类“隐蔽”的违规行为要加以监管和整治。需要引起大家关注的是违反

“八不准”审计纪律的违规行为仍然大行其道，审计署制定的“八不准”审计纪律是目前公认的审计职业道德中最直观也是最易于操作的审计职业道德执行标准，而且相关部门对其执行和实施的重视也是有目共睹，但是在实务过程中违反“八不准”的违规行为还是大有人在，这说明相关部门对审计纪律应该采取相关的措施进行全面的普及教育和监管。

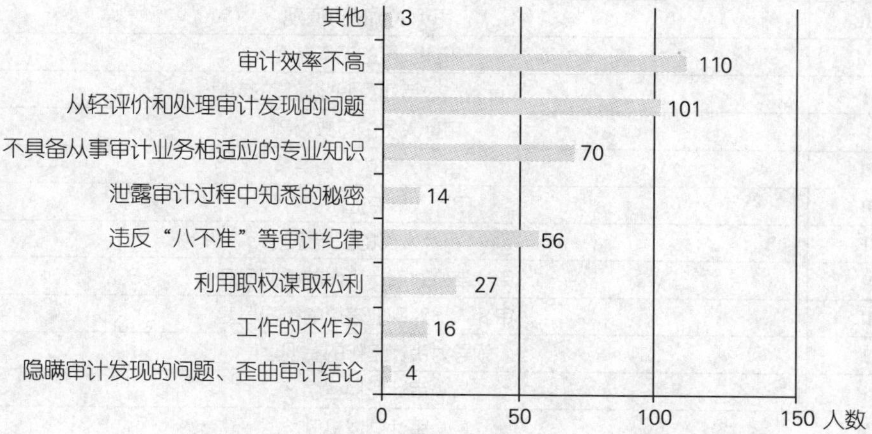

图 4-3　审计机关人员违背职业道德的具体表现形式

四、国家审计职业道德影响因素的实证分析

（一）国家审计人员职业道德影响因素的因子分析

本课题研究选取了 22 个国家审计人员职业道德的个人因素和外在环境影响因素指标设计了调查问卷，具体的审计职业道德影响因素见表 5-1 审计职业道德影响因素说明表。鉴于初选的审计人员职业道德的影响因素很多，各因素的重要性有很大的差别，各因素对职业道德的作业路径也不完全相同，并且各因素之间还可能存在相互的影响关系，分开处理可能会遗失信息。因而，本课题根据所获得数据的特征选用多元统计分析方法中的因子分析法进行数据的降维处理，全部数据处理采用 SPSS11. 5 完成。

表 5-1 审计职业道德影响因素说明表

缩写	变量说明
SEX	性别
BC	审计人员基本修养
EM	加入审计部门的职业动机
MR	审计人员的价值观
WM	审计人员的工作态度
OT	审计人员对待违反职业道德的态度
AL	审计人员的行政级别
EB	审计人员的教育背景
SP	审计人员专业职称等级
WE	审计人员的工作经验
DI	审计单位对审计工作的重视程度
MI	审计人员对职业道德的重视程度
LI	领导对审计工作的重视程度
MP	审计轮换程序
RM	审计回馈机制
RC	审计职业道德规范完善程度
LD	审计职业道德领导责任
WS	审计工作本身状况
SM	社会监督的影响
WP	审计工作开展前签署的书面承诺
SS	审计人员对薪酬水平的满意程度
ER	审计单位开展职业道德教育的频率

1. 判断待分析的原始因素是否采用因子分析

在22个影响因素中，LD（审计职业道德领导责任）、RM（审计回馈机制）这两个变量所有的答案都为领导承担相关的违背职业道德的责任及审计机关存在审计回馈机制，没有任何的区别，因此审计职业道德领导责任并不影响审计机关人员的职业道德的高低，所以剔除此两变量。

另外，从表5-2中可以看出，SEX（性别）、MR（审计人员价值观）及WS（审计工作本身状况）3个因素因为与其他变量的相关系数大多数都小于0.3并且相关系数未通过统计检验，这些变量不适于进行因子分析，因此在以下的因子分析过程，剔除了这3个相关程度不高的因素。最终选取了审计人员职业道德影响因素的17个指标，即WE（审计人员的工作经验），EB（审计人员的教育背景），AL

(审计人员的行政级别), SP (审计人员专业职称等级), MI (审计人员对职业道德的重视程度), BC (审计人员基本修养), WM (审计人员的工作态度), EM (加入审计部门的职业动机), OT (审机人员对待违反职业道德的态度), ER (审计单位开展职业道德教育的频率), RC (审计职业道德规范完善程度), DI (审计单位对审计工作的重视程度), LI (领导对审计工作的重视程度), MP (审计轮换程序), WP (审计工作开展前签署的书面承诺), SM (社会监督的影响), SS (审计人员对薪酬的满意程度)。

表 5-2 影响因素的相关系数及重要性水平

		SEX	MR	WS		SEX	MR	WS
Correlation	WE	-0. 159	0. 066	-0. 028	Sig	0. 012	0. 172	0. 343
	EB	-0. 135	0. 133	-0. 037		0. 027	0. 029	0. 300
	AL	0. 199	-0. 021	0. 071		0. 002	0. 383	0. 156
	SP	0. 091	-0. 055	-0. 044		0. 098	0. 218	0. 263
	MI	-0. 084	-0. 007	0. 055		0. 116	0. 459	0. 216
	BC	-0. 094	0. 173	-0. 035		0. 091	0. 007	0. 309
	WM	-0. 083	-0. 044	0. 056		0. 119	0. 267	0. 215
	EM	-0. 027	-0. 029	-0. 025		0. 352	0. 339	0. 359
	OT	0. 069	-0. 049	0. 160		0. 164	0. 243	0. 011
	ER	0. 043	-0. 028	-0. 027		0. 269	0. 346	0. 350
	RC	0. 021	0. 179	0. 230		0. 384	0. 005	0. 000
	SEX	1. 000	-0. 085	-0. 045			0. 113	0. 263
	DI	-0. 075	0. 264	0. 089		0. 141	0. 000	0. 103
	LI	0. 049	0. 172	-0. 026		0. 242	0. 007	0. 357
	LD	0. 069	-0. 290	-0. 031		0. 164	0. 000	0. 331
	MP	-0. 061	0. 131	-0. 059		0. 192	0. 030	0. 202
	MR	-0. 085	1. 000	-0. 005		0. 113		0. 474
	WP	0. 061	-0. 113	-0. 106		0. 192	0. 053	0. 065
	SS	0. 091	0. 211	-0. 016		0. 096	0. 001	0. 410
	WS	-0. 045	-0. 005	1. 000		0. 263	0. 474	
	SM	0. 082	0. 165	0. 043		0. 120	0. 009	0. 271

2. 利用因子分析优化职业道德影响因素

在审计机关人员职业道德的17个影响因素中，各因素的重要性有很大的差别，各因素对职业道德的作业路径也不完全相同，并且各因素之间还可能存在相互的影响关系，因此我们用因子分析“降维”的思想，在损失很少信息的前提下把多个指标转化为几个少数因子来描述多个相关性的因素的联系，通过原始变量的少数几个线性组合来解释原始变量的绝大部分信息。

表5-3显示大部分指标之间都存在一定的相关关系。其中，ER（审计单位开展职业道德教育的频率）与RC（审计职业道德规范完善程度）的相关系数值最大为-0.59，说明，审计职业道德规范完善的审计机关开展职业道德教育的频率更高，WE（审计人员的工作经验）与EB（审计人员的教育背景）、AL（审计人员的行政级别）、SP（审计人员专业职称等级）相关性也很强，分别达到0.33，-0.32，-0.47，说明审计机关人员的工作时间越长其行政级别和专业职称也越高，这符合现实生活实际情况；而AL（审计人员的行政级别）与MI（审计人员对职业道德的重视程度）、WM（审计人员工作态度）与EB（审计人员的教育背景）、SM（社会监督的影响）与EB（审计人员的教育背景）几乎不相关，相关系数为0。

表5-3 审计机关人员职业道德影响因素相关关系矩阵

	WE	EB	AL	SP	MI	BC	WM	EM	OT	ER	RC	DI	LI	MP	WP	SM	SS
WE	1.00	0.33	-0.32	-0.47	0.08	0.16	0.11	0.09	-0.12	-0.06	0.05	-0.04	-0.04	0.12	0.05	-0.03	-0.04
EB	0.33	1.00	0.18	-0.00	0.05	0.28	0.01	0.12	-0.04	-0.21	0.24	0.11	0.08	0.12	0.03	-0.02	0.16
AL	-0.32	0.18	1.00	0.31	-0.00	0.04	-0.06	-0.22	-0.06	-0.25	0.33	0.03	0.12	-0.09	0.16	0.07	0.03
SP	-0.47	-0.00	0.31	1.00	-0.04	-0.23	-0.03	-0.01	0.01	-0.10	0.12	-0.01	0.01	-0.08	0.17	-0.05	-0.00
MI	0.08	0.05	-0.00	-0.04	1.00	0.23	-0.21	-0.15	-0.06	0.01	0.02	0.27	0.10	0.19	-0.14	0.11	0.09
BC	0.16	0.28	0.04	-0.23	0.23	1.00	-0.05	-0.04	0.02	-0.19	0.15	0.12	0.22	0.27	-0.15	0.05	0.20
WM	0.11	0.01	-0.06	-0.03	-0.21	-0.05	1.00	0.17	0.22	0.01	-0.02	-0.33	-0.36	-0.10	0.12	-0.32	-0.08
EM	0.10	0.12	-0.22	-0.01	-0.15	-0.04	0.17	1.00	0.22	0.13	-0.11	-0.20	-0.20	0.10	-0.16	-0.11	-0.07
OT	-0.12	-0.04	-0.06	0.01	-0.06	0.02	0.22	0.22	1.00	0.20	-0.11	-0.15	-0.04	0.06	-0.19	-0.14	-0.01
ER	-0.06	-0.21	-0.25	-0.10	0.01	-0.19	0.01	0.13	0.20	1.00	-0.59	-0.19	-0.27	0.06	-0.42	-0.02	-0.13
RC	0.05	0.24	0.33	0.12	0.02	0.15	-0.02	-0.19	-0.11	-0.59	1.00	0.20	0.38	-0.03	0.16	0.10	0.43
DI	-0.04	0.11	0.03	-0.01	0.27	0.19	-0.33	-0.20	-0.15	-0.13	0.20	1.00	0.42	0.11	-0.05	0.22	0.24
LI	-0.04	0.08	0.12	0.014	0.20	0.22	-0.32	-0.20	-0.04	-0.27	0.38	0.42	1.00	0.15	-0.14	0.28	0.41
MP	0.12	0.12	-0.09	-0.08	0.19	0.27	-0.10	0.10	0.06	0.06	-0.03	0.17	0.15	1.00	-0.21	0.13	0.08
WP	0.05	0.03	0.16	0.17	-0.14	-0.15	0.12	-0.16	-0.19	-0.42	0.19	-0.05	-0.14	-0.21	1.00	0.08	-0.28
SM	-0.03	-0.02	0.07	-0.05	0.11	0.05	-0.32	-0.11	-0.14	-0.02	0.10	0.22	0.28	0.13	0.08	1.00	0.13
SS	-0.04	0.16	0.03	-0.00	0.09	0.20	-0.08	-0.07	-0.01	-0.13	0.43	0.24	0.41	0.08	-0.28	0.13	1.00

运用 KMO 检验模型与巴特利特球度检验（Bartlett's）对数据进行检验非常重要，它用于判断数据是否适合做因子分析。检验结果见表 5－4。其中 KMO 值为 0.635，KMO 统计量用于探查变量间的偏相关性，其取值范围在 0～1 之间。KMO 越接近 1，越适合做因子分析，根据统计学家 Kaiser 给出的标准，0.9 最佳，0.7 尚可。从上表可以看出，KMO 值小于 0.7，不太适合做因子分析，Bartlett's 球形检验给出的相伴概率为 0.000，小于显著性水平 0.05，因此拒绝 Bartlett's 球形检验的零假设，认为适合做因子分析。

表 5－4　KMO 偏相关检验和巴特利特球形检验

KMO and Bartlett's Test		
Kaiser-Meyer-Olkin Measure of Sampling Adequacy		0.635
Bartlett's Test of Sphericity	Approx. Chi-Square	750.58
	df	126
	Sig.	0.000

表 5－5 列示了根据因子分析最终解而计算出的变量共度性，即表示 16 原始审计机关人员职业道德影响因素变量通过因子分析后，能够被计算出来因子解释程度。见表 5－5，WE（审计人员的工作经验），RC（审计职业道德规范完善程度），SS（审计人员对薪酬的满意程度），WP（审计工作开展前签署的书面承诺），ER（审计单位开展职业道德教育的频率），SP（审计人员专业职称等级），LI（领导对审计工作的重视程度）及 AL（审计人员的行政级别）等原始变量能够被因子变量解释的程度是比较高的，其可以被因子变量共同解释掉的比例分别为 75.5%，75.1%，71.1%，69.0%，68.5%，64.5%，63.6%，60.2%；而 SM（社会监督的影响）被因子变量共同解释掉的比例最小，为 33.0%。

表 5－5　综合因子变量对原始变量的解释程度

	Initial	Extraction		Initial	Extraction
WE	1.000	0.755	ER	1.000	0.685
EB	1.000	0.570	RC	1.000	0.751
AL	1.000	0.602	DI	1.000	0.465
SP	1.000	0.645	LI	1.000	0.636
MI	1.000	0.416	MP	1.000	0.501
BC	1.000	0.504	WP	1.000	0.690

续表

	Initial	Extraction		Initial	Extraction
WM	1.000	0.539	SM	1.000	0.330
EM	1.000	0.382	SS	1.000	0.711
OT	1.000	0.471			

注：Extraction Method：Principal Component Analysis。

3. 提取综合因子

表5-6是综合因子提取分析结果列表，表中列出了各因子的特征根矩阵，且按照特征根从大到小次序排列，它是选取主成分的重要依据。一般来说，因子的提取取决于特征根是否大于1。如果特征根小于1，说明该主成分的解释力度还不如直接引入一个原变量的平均解释力度大。从表5-6可以看出旋转后的原始变量已经明显出现向5个关联性高的因子聚集，并且呈现出鲜明的实际意义，原有的17个指标集中到5个综合因子中去。

表5-6 综合因子提取分析结果

因子	初始特征值			提取平方载荷的总和			旋转平方载荷的总和		
	特征值	占总体百分比(%)	累计百分比(%)	特征值	占总体百分比(%)	累计百分比(%)	特征值	占总体百分比(%)	累计百分比(%)
1	3.003	17.663	17.663	3.003	17.663	17.663	2.139	12.584	12.584
2	2.210	13.001	30.664	2.210	13.001	30.664	2.026	11.917	24.501
3	1.832	10.775	41.439	1.832	10.775	41.439	2.001	11.772	36.273
4	1.507	8.862	50.301	1.507	8.862	50.301	1.771	10.419	46.693
5	1.103	6.490	56.791	1.103	6.490	56.791	1.717	10.099	56.791
6	1.000	5.880	62.671						

为了对5个综合因子进行解释，就需要得到17个原始变量对这5个综合因子的载荷矩阵，见表5-7，在载荷表中载荷系数越大，表明综合因子对相应指标解释能力越强，通过因子的高载荷可以将17个原始因素降维成5个综合因子 F_1-F_5。

表 5－7 旋转后综合因子载荷矩阵表

	Component				
	1	2	3	4	5
WE	－0.110	0.256	－0.034	－0.758	0.320
EB	－0.174	0.290	0.161	－0.421	0.356
AL	0.057	0.331	0.101	0.674	0.156
SP	－0.040	0.075	－0.020	0.794	－0.089
MI	0.465	－0.131	－0.056	－0.004	0.424
BC	0.063	0.009	0.215	－0.138	0.659
WM	－0.318	0.097	－0.011	－0.094	－0.669
EM	－0.406	－0.277	－0.063	－0.071	0.610
OT	－0.542	－0.379	0.102	0.172	0.083
ER	－0.005	－0.708	－0.385	－0.113	－0.153
RC	－0.002	0.467	0.704	0.147	0.124
DI	0.586	1.366E－05	0.327	－0.005	0.121
LI	0.455	－0.028	0.338	0.053	0.133
MP	0.160	－0.286	－0.062	－0.024	0.624
WP	－0.016	0.773	－0.442	0.103	－0.152
SM	0.367	0.037	0.480	－0.017	0.021
SS	0.083	－0.168	0.820	－0.032	0.050

为了更好地解释综合因子的实际意义，本课题采用了方差极大法，对因子进行旋转，使每个因子上的负载尽可能向正负 1 或 0 的方向靠近。进行因子载荷矩阵旋转所得结果见表 5－7，在载荷表中载荷系数越大，表明综合因子对相应指标解释能力越强。从旋转载荷矩阵表 5－7 清楚地看出，各综合因子较高的载荷都很有规律地分布在若干个关键的评价指标上。

（1）综合因子 F_1 对应的 MI（审计人员对职业道德的重视程度）、OT（审机人员对待违反职业道德的态度）、DI（审计单位对审计工作的重视程度）、LI（领导对审计工作的重视程度）的负载较大，说明 F_1 主要体现了审计人员对道德的重视程度因素。

（2）在综合因子 F_2 上影响较大的指标有 RC（审计职业道德规范完善程度）、WP（审计工作开展前签署的书面承诺）、MP（审计轮换程序），说明 F_2 反映了国家审计职业道德的控制制度因素。

(3) 综合因子 F_3 对应的 ER（审计单位开展职业道德教育的频率）及 SM（社会监督的影响）的负载较大，说明 F_3 主要反映审计机关教育与监督因素。

(4) 综合因子 F_4 对应的 WE（审计人员的工作经验）、AL（审计人员的行政级别）、SP（审计人员专业职称等级）、EB（审计人员的教育背景）的负载较大，说明 F_4 主要反映审计人员自身发展因素。

(5) 综合因子 F_5 对应的 EB（审计人员的教育背景）、BC（审计人员基本修养）、WM（审计人员的工作态度）、EM（加入审计部门的职业动机）的负载较大，说明 F_5 主要反映了审计人员基本素质因素。

(6) 由于 SS（审计人员对薪酬水平的满意程度）能够解释综合因子度最高，达到 82%，本课题单独把 SS（审计人员对薪酬水平的满意程度）作为一个单独因子 F_6，作为影响审计机关人员道德的单独影响因素。

根据因子分析的结果，我们把 17 个原始变量降维成 6 个影响审计人员职业道德的综合因子，这 6 个综合因子指标之间互不相关，代表了国家审计职业道德影响因素的不同方面，具有一定合理性。

第一，业务水平因子（对应综合因子 F_4），包括 AL（审计人员行政级别）、WE（工作经验）、SP（专业职称级别）、EB（审计人员的教育背景）。从专业职称级别上看，拥有越高级别的专业职称说明审计人员的业务水平也比较高，也就是说审计人员可以通过学习掌握到更多的审计知识、技巧和方法来提高职业道德素质；同时，工作年限较长、行政级别较高的审计人员通常也会有较高的职业道德素养，这是因为他们在实际中得到了锻炼。

第二，基本素质因子（对应综合因子 F_5），包括文化素养和职业素养。审计人员基本素养往往很难在短时间内得到改善，因为，良好基本素养通常是审计人员在工作以前就已经形成，它通常与生活环境、家庭和学校教育有关，如加入审计机关的职业动因（EM）。关于职业动因，一些审计人员加入审计行业是因为信仰或者兴趣，这一类的审计人员往往对审计工作的忠诚度高，不易被眼前的利益所诱惑；而另一些出于被动的原因从事审计工作的审计人员职业道德素质就比较低，基于此，审计机关在招聘新的审计人员的时候，考察一个人的基本素养是很重要的。审计人员基本素质因子影响因素包括 BC（审计人员基本修养）、WM（审计人员的工作态度）、EM（加入审计部门的职业动机）等。

第三，职业道德态度因子（对应综合因子 F_1），该因子主要是衡量国家审计人员所身处的外部工作环境对职业道德是否重视。具体体现在审计机关人员是否重视职业道德，被审计单位和上级领导对审计工作职业道德是否重视以及社会监管是否重视审计职业道德等方面，其影响因素包括 MI（审计人员对职业道德的重视程度）、OT（审机人员对待违反职业道德的态度）、（审计单位对审计工作的重视程度)、LI（领导对审计工作的重视程度）等。

第四，内部控制制度因子（对应综合因子 F_2），包括内部轮换制度，RC（审计职业道德规范完善程度）、WP（审计工作开展前签署的书面承诺）。法国著名思想家孟德斯鸠指出：不受监督的权力导致腐败，绝对的权力导致绝对的腐败。没有健全的审计机关内部控制制度，单靠审计人员自身的素质来恪守职业道德是远远不够的，也要从制度上杜绝违反职业道德的行为。

第五，教育与监督因子（对应合因子 F_3），在国家审计人员的工作过程中，如果建立了强而有力的教育和监管机制，就能够起到有效防止审计道德风险发生的作用，保持国家审计工作的有效进行。因此，为了防止这种现象的产生，对国家审计机关人员要经常进行道德教育，这是一种预防性监管措施。另外，我们可以对审计职业道德进行事后监督。以上两方面的作用，会明显降低国家审计人员试图违背职业道德的企图。

第六，薪酬满意程度因子（对应综合因子 F_6），在本次发放的问卷中发现，审计人员对审计行业的工资水平普遍感到不太满意，如果能适当地提高审计人员的工资水平，为审计人员开展审计工作解决后顾之忧，也能大大提高审计人员的职业道德素质。对于国家审计人员来说，当其满意于自己获得的工资薪酬时，会对所从事的工作较为热心，工作态度也会比较认真。积极的工作态度，会保证他在审计工作中拥有较高的职业道德水平。同理，如果一位审计人员不断抱怨工资水平太低，他是不太可能如同那些满意于工资水平的同事那样，全心全意地投身于日常的工作。把消极的情绪带到工作中，会影响并降低审计人员的职业道德水平。

（二）审计机关人员职业道德影响因素模型的构建

通过前文的综合因子分析，将原来的 17 个指标归结为 6 个公共因子，分别是业务水平因子、基本素质因子、职业道德态度因子、内部控制制度因子、教育与监督因子及薪酬满意程度因子；而原先与 17 个原始指标相关性不强的 3 个因素 SEX（性别）、MR（审计人员价值观）、WS（审计工作本身状况）也是审计职业道德的独立影响因素，因此，最终审计机关人员职业道德影响因素的自变量为 9 个。本课题最终研究 9 个影响因素与因变量——国家审计人员职业道德水平之间是否存在相关性，并最终建立一个可用以衡量职业道德水平的多元回归模型。

1. 变量说明及研究假设

（1）因变量——国家审计职业道德水平

本课题的研究目的是探索发现影响审计机关人员职业道德的影响因素，并根据研究成果提出提高审计机关人员的职业道德的对策和措施。本课题通过调查问卷的方式，让被调查审计人员对自己的职业道德进行评估，问卷通过对审计人员专业知识、专业技能和专业品质三个方面水平的测量加以评价国家审计人员的职业道德（6级评分，精通、完全具备为6分，不了解、不具备为1分）。专业知识包括：会计与审计、财政与金融、政策法规、行政管理、信息技术和案例知识六个项目；专业技能包括：逻辑思维能力、学习能力、应变能力和综合分析及判断能力六个项目；专业品质包括：审计独立性、客观公正、职业谨慎、保密原则、廉洁奉公、公共责任、遵纪守法、专业能力和审计责任九个项目。最终关于国家审计人员职业道德的得分为所有这21个项目加权平均数。

（2）自变量——国家审计职业道德影响因素

根据前文的分析，影响国家审计职业道德因素共9个，具体变量说明见表5-8。

表5-8 研究变量说明表

分类	缩写	变量说明
因变量	GAM	审计机关人员职业道德水平
自变量	OPD	业务水平因子
	BDI	基本素质因子
	ATT	道德态度因子
	SYS	内部控制制度因子
	SUP	教育与监督因子
	SAL	薪酬满意程度因子
	SEX	性别
	WS	审计工作本身状况
	VAL	审计人员价值观

①业务水平因子（OPD）

“业务水平因子”主要衡量国家审计人员的执行审计业务的水平，这一因子与其个人的学历水平、参加工作时间和目前的专业职称都具有一定的联系。其中，学历较高、工作经验较为丰富的国家审计人员可能其审计职业道德水平的专业技能较高。此外，个人目前所取得的专业职称越高、行政级别越高说明其工作能力及审计道德水平也越高，因此，我们提出：

假设1：审计人员业务水平与审计职业道德水平呈正相关关系。

我们根据因子分析，业务水平因子（OPD）等于EB（审计人员的教育背景）、WE（审计人员的工作经验）、SP（专业职称水平）与AL（审计人员的行政级别）因素之和。由于各因素对“业务水平因子”的影响程度不同，还需要乘上一定的

权重，即

$$OPD = WE \times 30\% + SP \times 50\% + AL \times 20\% + EB \times 10\%$$

式中，EB 为国家审计人员的学历水平，具体数值是根据调查问卷中第一部分第 4 题的选项赋值所得；WE 代表国家审计人员的工作年限，其赋值是问卷中第一部分第 2 题的选项对应的具体数值，数值越大则工作时间越长；SP 是接受调查者的专业职称水平，根据问卷的第一部分第 7 题答案选项逆向赋值，即专业职称越高，该题答案所对应的数值就越高；AL 对应的是审计人员行政级别。

②基本素质因子（BDI）

基本素质因子包括审计人员基本的道德素养和职业素养。审计人员基本素养一般很难在短时间内得到改善，因为，基本素养通常是审计人员在工作以前就已经形成，它通常与生活环境、家庭有关。如果一些审计人员是因为信仰或者兴趣加入审计行业，这一类的审计人员往往对审计工作的忠诚度高，不易被眼前的利益所诱惑；而另一些出于被动的原因从事审计工作的审计人员职业道德素质可能就比较低。基于此，我们提出：

假设 2：审计人员的基本素养与审计机关人员道德正相关。

审计人员基本素质因子影响因素包括 BC（审计人员基本修养），WM（审计人员的工作态度），EM（加入审计部门的职业动机）等。

$$BDI = BC \times 15\% + WM \times 65\% + EM \times 20\%$$

③道德态度因子（ATT）

“职业道德态度”因子主要是衡量国家审计人员所身处的外部工作环境对职业道德是否重视，具体体现在审计机关人员是否重视职业道德，被审计单位和上级领导对审计工作职业道德是否重视以及社会监管是否重视审计职业道德等方面，可见，审计机关相关人员对职业道德越重视，审计机关的职业道德也越高，我们提出：

假设 3：职业道德态度与审计机关人员职业道德水平呈正相关。

道德态度因子影响因素包括 MI（审计人员对职业道德的重视程度），OT（审机人员对待违反职业道德的态度），DI（被审计单位对审计工作的重视程度），LI（领导对审计工作的重视程度）等。

$$ATT = OT \times 25\% + MI \times 25\% + DI \times 20\% + LI \times 30\%$$

④内部控制制度因子（SYS）

没有健全的审计机关内部控制制度，单靠审计人员自身的素质来恪守职业道德是远远不够的，要从制度上杜绝违反职业道德的行为。因此内部控制越完善的审计机关，审计人员的职业道德越高。我们提出：

假设 4：内部控制制度完善程度与审计职业道德水平正相关。

审计机关内部控制制度因子影响因素包括：MP（内部轮换制度），RC（审计职业道德规范完善程度），WP（审计工作开展前签署的书面承诺）。

$$SYS = RC \times 60\% + MP \times 20\% + WP \times 20\%$$

⑤教育与监督因子（SUP）

在国家审计人员的工作过程中，如果建立了强而有力的教育和监管机制，就能够起到有效防止审计道德风险发生的作用，保持国家审计工作的有效进行。我们提出：

假设5：职业道德监督与教育水平与审计职业道德水平呈正相关。

教育与监督因子（SUP）的影响因素包括ER（审计单位开展职业道德教育的频率）与SM（社会监督的影响）。

$$SUP = ER \times 60\% + SM \times 40\%$$

⑥薪酬满意程度因子（SAL）

对于国家审计人员来说，当其满意于自己获得的工资薪酬时，会对所从事的工作较为热心，工作态度也会比较认真。积极的工作态度，会保证他在审计工作中拥有较高的职业道德水平。同理，当一位审计人员不断抱怨工资水平太低，他是不太可能如同那些满意于工资水平的同事那样，全心全意地投身于日常的工作。消极的情绪带到工作中，会影响并降低这位审计人员的职业道德水平。我们提出：

假设6：审计人员对薪酬的满意程度与职业道德水平呈正相关。

$$SAL = SS$$

⑦审计人员价值观（MR）

"价值取决"是用来体现国家审计人员所认可的个人价值实现标准，从中可以分析出被调查者的价值观倾向。我们提出：

假设7：衡量个人价值实现的标准比较高尚，则该国家审计人员的职业道德水平较高。

$$VAL = \ln (MR)$$

式中，MR为国家审计人员所认为的个人价值取决因素。根据问卷第二部分第8题的答案选项依次顺向赋值，其中，由于选项E、F代表的价值观高低水平的不同，将这两项的赋值对调，即E项赋值为6，F项赋值为5。此外，如果答案出现多选，则该题答案的对应数值为多个选项的平均值。价值取决（VD）等于对VALUE取自然对数。

⑧审计工作本身的状况（WS）

审计工作本身的情况，如审计工作的复杂度，是否常规性，是否涉及协调能力等将会影响到审计人员的职业道德的发挥。审计工作越复杂，审计人员的主观判断越多，审计职业道德越难以监督，审计人员的职业道德越低，我们提出：

假设8：审计工作本身复杂性与审计职业道德水平呈负相关。

⑨性别因素（SEX）

李素英、王淑珍、梁建峰（2008）通过实证分析，得出资产评估职业道德水平受性别等自身因素影响，女性更容易屈从于外界的压力。本课题也借鉴此假设认为审计职业道德水平受性别等自身因素影响，女性更容易屈从于外界的压力，即女性的职业道德更低。我们提出：

假设9：审计人员的性别与审计职业道德水平相关。

2. 审计职业道德影响因素的回归分析

（1）模型设计：建立多元线性回归模型

$$GAM = \beta_0 + \beta_1 \times OPD + \beta_2 \times BDI + \beta_3 \times ATT + \beta_4 \times SYS + \beta_5 \times SUP + \beta_6 \times SAL + \beta_7 \times VAL + \beta_8 \times WS + \beta_9 \times SEX + \delta$$

其中：GAM——职业道德素质；

δ——随机扰动项；

β_i——待定参数。

（2）实证结果和分析

①描述性统计

表5-9　变量描述性统计结果

	N	均值	最大值	最小值	标准差
GAM（职业道德水平）	205	14.2286	18.00	0.00	2.30464
OPD（业务水平）	205	4.2878	5.50	2.60	0.73890
BDI（基本素质）	205	4.2771	5.10	1.68	0.94643
ATT（职业道德态度）	205	4.5701	5.50	3.10	0.40122
SYS（内控制度）	205	4.2712	5.00	1.60	0.82972
SUP（教育与监督）	205	3.4195	4.20	1.00	0.55872
SAL（薪酬满意度）	205	3.5171	6.00	1.00	1.43689
VAL（价值取向）	205	1.7231	1.79	0.069	0.18231
SEX（性别）	205	0.459	1	0	0.4995
WS（审计工作特点）	205	3.834	6.5	0	0.8302

由表5-9可见，国家审计人员的职业道德水平均值为14.2286，说明我国当前国家审计人员的职业道德总体水平不错，但最大值为18，最低值为0，可见个体之间道德水平差异很大。审计机关、领导及审计人员对审计道德的重视程度为4.5701，说明当前我国国家审计机关、领导及审计人员对审计职业道德普遍比较重

视。审计人员业务水平、审计人员基本素质、审计机关内部控制制度等方面均值都超过了4，说明我国国家审计人员的业务水平、基本素质、审计机关的内部控制制度方面都基本处在中上水平。审计人员对薪酬满意度的均值为3.5171，说明我国审计人员对薪酬满意程度普遍较低；同时最大值和最小值间差异很大，说明个体之间薪酬差异很大。值得关注的是我国审计人员的价值取向不高，均值仅仅为1.7231，这说明机关人员要加强审计价值观教育。

（3）各自变量之间的相关关系检验

表5–10 各变量相关性统计分析

	GAM	OPD	BDI	ATT	SYS	SUP	SAL	VAL	SEX	WS
GAM	1.000									
OPD	0.257***	1.000								
BDI	0.124**	–0.176*	1.000							
ATT	0.234***	–0.015	0.269**	1.000						
SYS	0.123**	–0.134	–0.148	0.113	1.000					
SUP	0.152**	–0.016	0.166	0.136	0.119*	1.000				
SAL	0.248***	–0.007	0.005	0.362	0.188**	0.266***	1.000			
VAL	0.186***	0.042	0.202	0.199	0.097	0.040	0.201	1.000		
SEX	–0.027	–0.131	0.014	–0.003	0.044	0.094	0.091	–0.094	1.000	
WS	–0.209***	–0.032	0.079	0.100	0.117	0.174	–0.016	0.005	–0.045	1.000

注：***表示在0.01水平（双侧）上显著相关。**指在0.05水平（双侧）上显著相关。*表示在0.1水平（双侧）上显著相关。

从表5–10可以看出变量业务水平（OPD），基本素质（BDI），职业道德态度（ATT），审计机关内控（SYS），教育与监督（SUP），薪酬的满意程度（SAL），价值取向（VAL），审计工作本身特点（WS）的变量与因变量国家审计职业道德水平（GAM）均在T=0.01和T=0.05的显著水平上通过检验，说明所选的八个指标对审计人员职业道德有较大的影响，仅仅是性别（SEX）与国家审计职业道德水平不相关。这说明能够对自变量与因变量进行回归分析。

（4）多元回归模型的拟合度检验

表5–11可以看出模型的相关系数R=0.491，可决系数$R^2=0.242$，估计标准误差4.214；F=6.9000，P=0.000<0.05，可以认为因变量与自变量之间的线性回归关系显著通过F检验、T检验，从统计数据看，整个方程的拟合度很较高。R^2达到了24.2%，Adjusted R^2达到了20.7%，表明回归模型具有较强的解释能力。

表 5-11　模型解释拟合度 R^2 及模型重要性检验

Model	Sum of Squares	df	Mean Square	R	R Square	Adjusted R Square	F	Sig.
1Regression	261.719	9	29.080	0.491（a）	0.242	0.207	6.90	0.000（a）
Residual	821.803	195	4.214					
Total	1083.522	204						

（5）多元线性回归分析

运用 SPSS11.5 对各变量进行回归分析：变量引入方法采用全部引入法，表 5-12为多元回归结果分析表。

表 5-12　多元回归分析结果

	非标准化系数		标准系数	t	Sig.
	B	标准误差	Beta		
常量	0.783	2.421		0.323	0.747
OPD（业务水平）	0.733	0.203	0.235	3.606	0.000
BDI（基本素质）	-0.447	0.171	-0.184	-2.609	0.010
ATT（职业道德态度）	1.010	0.407	0.176	2.484	0.014
SYS（内控制度）	0.099	0.185	0.036	0.534	0.594
SUP（教育与监督）	0.342	0.278	0.083	1.232	0.219
SAL（薪酬满意度）	0.211	0.115	0.131	1.835	0.068
VAL（价值取向）	1.835	0.839	0.145	2.186	0.030
SEX（性别）	0.036	0.295	0.008	0.123	0.902
WS（审计工作特点）	0.545	0.179	0.196	3.052	0.003

从表 5-12 可以发现审计人员业务水平（OPD），审计人员基本素质（BDI），职业道德态度（ATT），审计人员对薪酬的满意程度（SAL），审计人员的价值取向（VAL）及审计工作本身工作特点（WS）是审计机关人员职业道德水平最大影响因素，其中审计人员业务水平（OPD），审计人员基本素质（BDI）及审计工作本身工作特点（WS）在1%的水平上显著，且与预期符号相同；而职业道德态度（ATT）在5%水平上显著且与预期符号相同；审计人员对薪酬的满意程度（SAL）在10%上显著，且与预期符号相同。而内控制度（SYS），教育与监督（SUP）及性别（SEX）没有通过相关性检验，其中相关性最弱的是性别（SEX），P 值为0.902。

(三) 实证结论与应用

1. 实证结论

调查问卷共设计了22个影响因素选项，在审计机关人员职业道德的17个影响因素中，各因素的重要性有很大的差别，各因素对职业道德的作业路径也不完全相同，并且各因素之间还可能存在相互的影响关系，因此我们用因子分析“降维”的思想，在损失很少信息的前提下把多个指标转化为几个少数因子来描述多个相关性的因素的联系，通过原始变量的少数几个线性组合来解释原始变量的绝大部分信息。通过综合因子分析把17个相关性很强的原始变量降维为6个综合因子，分别是业务水平因子、基本素质因子、职业道德态度因子、内部控制制度因子、教育与监督因子及薪酬满意程度因子，6个综合因子与性别（SEX）、审计工作本身特点（WS）、审计人员价值取向（VAL）构成了审计机关人员职业道德的9个影响因素。本课题建立了审计机关人员职业道德因素的多元线性回归模型，对影响审计机关人员职业道德水平因素进行实证研究。模型调整后的 R^2 为20.4%，$F = 6.9000$，$P = 0.000 < 0.05$，可以认为因变量与自变量之间的线性回归关系模型显著通过F检验、T检验，表明回归模型具有较强的解释能力。

研究表明，审计人员业务水平（OPD）、审计人员基本素质（BDI）、职业道德态度（ATT）、审计人员对薪酬的满意程度（SAL）、审计人员的价值取向（VAL）及审计工作本身特点（WS）是审计机关人员职业道德水平重要的影响因素，其中审计人员业务水平（OPD）、审计人员基本素质（BDI）及审计工作本身特点（WS）在1%的水平上显著，且与预期符号相同；而职业道德态度（ATT）在5%水平上显著，且与预期符号相同；审计人员对薪酬的满意程度（SAL）在10%上显著，且与预期符号相同。由此，假设1、假设2、假设3、假设5、假设7、假设8通过检验，我们可以得出以下的结论：审计人员业务水平越高，审计人员的职业道德越高；审计人员基本素质与其职业道德正相关；审计人员、审计机关及审计机关领导对待审计道德的态度直接影响到审计职业道德水平的高低；审计人员对薪酬水平的满意程度也是影响其职业道德的重要因素；审计人员的价值观影响了审计职业道德；审计人员的主观判断越多，审计职业道德越难以监督，审计人员的职业道德越低。

通过检验我们发现内控制度（SYS）、教育与监督（SUP）及性别（SEX）没有通过显著性水平的检验，可见，审计机关内部控制制度与社会监督和教育等机制并不影响职业道德的水平。值得注意的是，显著性水平最低为性别（SEX），P值为0.902，这与以前学者认为审计职业道德水平受性别等自身因素影响，女性更容易屈从于外界的压力不相吻合，即女性的职业道德更低的结论没有通过检验。

2. 实证结论的应用

本研究通过多元回归模型分析表明审计人员业务水平（OPD）、审计人员基本素质（BDI）、职业道德态度（ATT）、审计人员对薪酬的满意程度（SAL）、审计人员的价值取向（VAL）及审计工作本身工作特点（WS）是审计机关人员职业道德水平重要的影响因素，这对于提高审计机关人员的职业道德水平有着及其重要的意义。

第一，审计人员基本的道德素养和职业素养是审计职业道德的重要影响因素，而审计人员基本素养往往很难在短时间内得到改善，所以审计机关在招聘新的审计人员的时候，考察一个人的基本素养是很重要的。

第二，审计人员的业务水平，包括学历、专业技能、行政级别等因素与审计职业道德正相关，这说明审计人员可以通过学习掌握到更多的审计知识、技巧和方法来提高职业道德素质；同时，工作年限较长、行政级别较高的审计人员通常也会有较高的职业道德素养，这是因为他们在实际工作中得到了锻炼。

第三，审计人员及审计机关领导对审计道德的重视程度也是影响审计职业道德水平的重要因素，因此，加强审计职业道德的必要前提是要让审计人员、审计机关及审计机关领导重视国家审计职业道德问题。

第四，对于国家审计人员来说，当其满意于自己获得的工资薪酬时，会对所从事的工作较为热心，工作态度也会比较认真。积极的工作态度，会保证他在审计工作中拥有较高的职业道德水平。同理，当一位审计人员不断抱怨工资水平太低，他是不太可能如同那些满意于工资水平的同事那样，全心全意地投身于日常的工作。消极的情绪带到工作中，会影响并降低这位审计人员的职业道德水平。因此，为了提升审计职业道德水平，提高审计人员薪酬水平也是一项重要的措施。

第五，审计人员的价值观与职业道德的正相关关系说明审计机关应该加强审计人员的价值观教育。

第六，审计工作越复杂，审计人员的主观判断越多，审计职业道德越难以监督，审计人员的职业道德越低的结论表明，应该重点加强从事复杂、主观判断多的审计工作的审计人员的职业道德的监督。

第七，内控制度（SYS）、教育与监督（SUP）没有通过显著性水平的检验说明，目前我国审计机关内控制度及教育与社会监督机制并未在审计职业道德建设中发挥应有的作用和效能，审计机关内控制度的完善及社会监督作用的发挥应该是国家审计相关部门下一步工作的重点。

可见，在国家审计人员职业道德建设的过程中，应当注重对个人业务水平及价值观的积极引导，兼顾必要的物质保障。另外，国家审计部门的领导需要非常重视日常的审计工作，并且让所有的工作人员都体会到国家审计工作的重要性；专门制定并完善审计职业道德相关的规定，以保证国家审计人员在工作中有明确的制度可遵循；定期进行审计职业道德教育，加强社会监督，这样能进一步提高国家审计人员的职业道德水平，有助于职业道德建设的发展。

本实证研究的不足在于，因为数据都是通过问卷得出，问卷设计的不足及被调查者回答问题的不客观等因素都将影响本课题的研究结论。但是我们已经在最大限度上避免了这方面的问题，如在问卷设计方面通过与审计机关人员召开座谈会及小组讨论等方式对问卷进行反复修改；另外通过向我国东部，中部及西部地区发放问卷，且被调查人员涉及审计机关各层次的人员，这样就使得本问卷的调查结果代表性实现最大化。

五、提升国家审计职业道德的对策思考

根据前面的实证分析结果，要充分发挥国家审计“免疫系统”职能，全面提高国家审计人员的职业道德水平，必须解决好三个问题：一是国家审计人员的业务知识、综合素质和工作技能能够满足审计工作需要，即有能力做好国家审计工作；二是国家审计人员在审计工作过程中，应保持必要的精神独立，不受权力、利益和其他因素的影响和干涉，即主观上有做好审计工作、客观公正出具审计意见的愿望；三是国家审计机关必须保持审计机构地位上、审计经费上的独立性，根据法律授权，在法律范围内独立行使国家审计职权，实施审计监督活动，不受其他组织、个人的干涉，国家审计工作受到社会支持，国家审计机关和国家审计人员受到社会尊重，国家审计外部环境优良。审计职业道德建设作为审计机关一种精神活动的过程，是国家审计事业健康持续发展的重要保证之一，应该作为一项持续性工作和系统工程常抓不懈。为此，我们认为，应从审计人员自律、审计机关他律和优化国家审计外部环境三方面，思考提升国家审计职业道德水平的对策。

（一）审计人员自律方面

1. 国家审计人员应着力培养国家审计职业精神

国家审计职业精神，就是在国家审计职业内部特有的符合国家审计职业特点、为广大国家审计人员信奉和追求的精神传统以及特定的心理和素质。通常包括依法审计、探求真相、职业谨慎、积极创新、无私奉献等精神要素。2003 年初，温家宝总理视察审计署时，对审计人员提出了四点希望：即“坚持原则、敢于碰硬；严谨细致、客观公正；廉洁自律、甘于奉献；与时俱进、开拓创新”。这四点希望充分体现了国家审计工作的时代精神，高度概括了审计工作的本质特征，是审计人员必须具备的职业精神。

为此，国家审计人员应培养良好的职业道德意识、职业自豪感和荣誉感，选择审计职业无怨无悔，甘于寂寞，淡泊名利，对审计工作有执著的信念，拥有勇敢、细致、忠诚和公正的心态，以平和之心对“名”，以敬畏之心对“权”，以追求事实真相作为审计工作的原生动力，树立科学审计理念，坚持改革创新，始终做到依法审计，坚持国家审计的客观公正立场，保持应有的审计职业谨慎，潜心把审计项目雕琢成一件件精美的“艺术品”，切实发挥国家审计“免疫系统”功能，科学、有效地履行审计监督职责。

2. 审计人员要根据国家审计事业发展总体规划的要求，积极谋划个人职业发展

随着经济社会发展，当前审计工作不断创新审计工作内容，拓展审计工作领域，从而对审计人员的业务素质和审计能力提出了更高要求。为此，国家审计人员应增强国家审计职业的危机感，根据国家审计职业发展总体要求，全面谋划个人职业发展规划，制定切实可行的长期（五年）、中期（三年）和年度的职业学习培训计划，做到年度开始有安排、实施过程有检查、年度结束有总结，切实提高国家审计人员职业学习效果，按规划要求实现个人的审计职业发展目标。

3. 国家审计人员要增强审计职业道德自律能力

审计职业道德自律是把审计人员的个人职业言行自觉纳入审计职业道德规范的范围，是对国家审计人员的自我约束、自我控制。一名高素质的审计人员应有良好的道德风尚和高贵的思想品质，主要依靠道德力量严格进行自我监督和约束，把自己管住、管严、管好，用自身良好的职业道德和扎实的工作作风，使审计机关在社会上树立客观公正、执法严明、清正廉洁的良好形象。2007 年 3 月，审计署时任审计长李金华在 2007 年度第一期市（地）和县级审计局长培训班指出，“搞审计是要得罪人的，从个人利益上看是要吃亏的，但是，为了党、国家和人民的利益，在审计的岗位上就必须遵守职业道德，要耐得住寂寞，要严格要求自己，只有这样才能有利于党和国家的事业，才能赢得老百姓的拥护和称赞”①。

为此，国家审计人员应注重培养和提升审计职业道德品质，提高自身修养，增强审计职业道德自律能力，在审计过程中做到坚持原则、依法审计、实事求是，遵守审计职业道德规范，独立客观、公正廉洁地履行审计监督职责，抵御外部诱惑、干涉和影响，并通过熟练的审计职业技术开展审计工作，发挥国家审计“免疫系统”的功能，提高审计工作效果。

---

① 搜狐网 http：//news. sohu. com/20070406/n249242221. shtml。

(二) 审计机关他律方面

1. 大力加强审计机关的审计文化建设

国家审计文化，是指国家审计机关在审计监督过程中形成的具有自己特色的审计理念、工作技艺、行业风格、行为模式以及与之相适应的规章制度和组织机构等。它体现着审计机关和审计工作者的理想信念、价值观念、行为准则等思想和精神，也含有审计技能方法和发展方式等要素。国家审计文化是审计物质文化、制度文化、精神文化的融合体，其中审计物质文化是基础，审计制度文化是保障，审计精神文化是核心，三个层面辩证统一、相辅相成，共同促进国家审计事业的发展。

2007年，上海市审计机关经过深入调研，提出了“上善至诚、海涵睿智、审慎公正、计是求真”的十六字上海审计精神，其核心就是“立德、立新、立行、立志”，倡导的是“依法审计、无私奉献、服务大局、文明和谐”的核心价值观，为促进上海审计事业科学发展，加强上海审计队伍建设，提升上海审计系统审计职业道德的整体水平，提供了强大的精神动力。[①] 这里的审计精神是审计文化建设的核心和灵魂，代表着审计组织与审计人员的核心价值观。

为加强审计机关的审计文化建设，建议目前从以下几方面加以推进：

(1) 坚持国家审计文化建设的中国特色，坚持改革创新

审计机关应借鉴和吸收国内外审计文化先进成果，结合实际进行审计文化创新，提炼符合国家审计行业特点和各地工作特色的审计职业精神，着重培养审计人员正确的世界观、价值观和人生观，把建设审计文化与加强审计机关思想政治工作结合起来，推动审计事业改革创新，推进符合时代要求的国家审计文化建设。

(2) 紧紧依靠审计人员的主体作用

国家审计文化建设的主体是审计人员，建设的主要对象也是审计人员，所以，建设必须紧紧依靠审计人员，充分发挥审计人员的积极性和主动性。为此，一是真正发挥审计人员在审计项目实施过程中的主体作用，尊重他们的辛勤劳动，积极协调解决审计工作中的困难和问题，审计机关提出审计意见时，要充分听取审计人员的建议，保护好审计人员的工作积极性；二是注意人文关怀，重视审计人员的生理健康和心理健康问题，解决审计人员在工作和生活上关心的实际问题，努力提高办事效果。

(3) 继续推进文明审计

2007年12月，温家宝总理对审计工作提出了“依法、程序、质量、文明”的

---

① 上海审计网站 http：//sjj. sh. gov. cn/node2/node7/userobject1ai11771. html。

“八字方针”，这是党中央国务院对审计工作的明确要求。要做到文明审计，应把握好以下三个方面：一是依法审计，就是各级审计机关和广大审计人员严格按照《宪法》和《审计法》赋予审计机关的权限和法定的审计程序，履行审计监督职责，确保审计项目事实清楚、定性准确、处理合法；二是规范审计行为，即充分听取被审计单位意见，注意合理运用审计手段和方法，杜绝因不注意方法而产生野蛮执法的行为；三是构建与被审计单位的和谐关系，即审计机关要以加强审计监督，严格审计执法为前提，树立服务理念，与被审计单位坦诚交流，通过检查让被审计单位及时有效地纠正、整改，堵塞漏洞，规范管理。

（4）构建和谐审计机关

构建和谐审计机关，应主要抓好两方面的工作：一是内部和谐，就是以审计业务为中心，全面推进“人、法、技”建设，统筹审计业务发展，优化后勤服务，实现审计业务成果质量提升和审计机关内部的相互和谐；二是外部和谐，就是协调外部有关要素，要处理好审计机关与地方党委政府、相关部门、被监督单位、社会公众的关系，营造有利于审计工作全面、协调、可持续发展的良好外部环境。

2. 继续加强国家审计职业道德规范建设

体系完整且运行有效的国家审计职业道德规范及制度，能够确保审计工作的客观公正及顺利地进行。为此，国家审计机关应根据国家廉政建设的有关规定和各地经济社会的发展情况，结合国家审计实际，从推动审计工作健康发展，促进建立完善自我约束机制，提高审计工作水平的角度出发，进一步完善国家审计职业道德规范体系，建立健全国家审计职业道德教育、职业道德规范实施、违反审计道德规范责任追究等方面的相关制度，增强审计职业道德规范操作的可行性，保证审计的权威性、独立性，切实提高国家审计工作地位和威慑力。

3. 采取得力措施，扎实推进审计职业培训工作

（1）加强审计机关的职业道德教育，提高教育效果

国家审计机关应结合审计人员的思想实际，通过灵活多样的教育形式，开展审计职业道德教育，加强审计职业道德规范和廉政制度的宣传与普及。通过审计职业道德教育活动，增强审计人员辨别是非的能力，使遵守职业道德和廉政纪律规范成为自觉行为，切实提高职业道德教育效果，引导审计人员树立求真务实、独立公正、积极向上的道德观念和价值观念。

（2）积极鼓励审计人员参加与国家审计职业相关的各种学习培训

根据国家审计职业的发展要求，定期进行审计职业知识培训，使其不断更新，及时掌握新的审计业务知识、审计技能和方法，现阶段应在工程技术、计算机、法律、经营管理、宏观经济等方面，重点拓展审计职业知识面，坚持以审计实践为基

础，着力提高发现和解决问题、独立判断、组织协调、综合管理、应对变化、风险管理、促进发展等审计实践能力，全面提升个人综合素质和工作能力，培养一批适应现代审计发展需要、知识结构多样化并能与国际接轨的专家型、复合型审计人才。

（3）创新国家审计人员工作业绩考核体系

为提高国家审计人员审计业务学习、职业道德规范的学习和执行效果，考核审计人员业务水平，激励审计人员工作热情，应创新国家审计人员工作业绩考核体系，将年度审计业务学习、职业道德知识学习和遵守职业道德规范的情况和效果，纳入国家审计人员工作业绩的考核范围，建立审计激励约束机制，奖优罚劣，创造竞争环境。

4. 加强审计机关内部管理，促进审计人员提高职业道德水平

（1）健全审计机关内部促进提高审计人员独立性和审计工作质量的保障体系

为强化审计职业道德建设，提高审计工作质量，应在审计机关内部建立完整、有效的内部约束机制，其中包括审计公示、审计回避、审计保密、审计廉政承诺书、审计项目审理、审计组长负责制、审计重大项目疑难问题讨论审定、审计过错追究、审计业务工作和审计廉政工作考核、审计岗位轮换等制度，用制度来约束和规范审计人员，促使审计干部在执行审计公务中，自觉遵守职业道德，防止审计人员玩忽职守、利用职权牟取私利、徇私舞弊，避免损害国家和被审计单位的利益，确保审计监督的客观公正性。

（2）从人力资源、经费预算、综合协调等方面，全力支持审计人员客观公正执法

开展审计工作，须投入一定的人力、财力等资源，而在审计项目实施过程中，可能存在审计人员无法克服的困难和问题。为此，审计机关一方面要从审计人员安排、经费预算等方面，提供审计工作所需要的资源保障，避免因资源紧缺导致的审计工作风险；另一方面，对于审计过程中出现的影响审计工作正常进行的情况和问题，审计机关领导应及时介入，做好综合协调工作，消除不利影响，保持审计工作独立性，为审计人员撑腰和鼓气，确保审计工作正常进行，确保审计结论客观公正。

（3）细化审计处理处罚工作，推进审计工作流程分离改革

目前，我国绝大部分审计机关在内部权力制约方面存在两个方面的问题：一是对一个项目的审计，从制订计划、开展审前调查、制定审计方案、现场审计、编写审计报告、进行审计定性、提出审计处理处罚建议，一直到审计执行，都是由同一个审计业务部门负责，审计权力缺乏制约，难以把好审计质量关，难以确保审计执法的客观公正性，也难以将审计意见处理到位；二是审计处理处罚依据余地大，存

在较大的自由裁量空间。

为解决上述问题，全国部分审计机关进行积极、有效的探索：一是湖南省审计厅从2007年初开始，推行审计工作流程“四分离”改革，即分别将审计机关内部与审计业务密切相关的职责和权限，划分为计划、审计、审理、执行四部分，形成四部门各司其职、相互监督、密切协作的审计业务运作机制和管理模式。新模式的推行，增强了审计人员责任心，有效地降低审计风险、预防腐败，保持审计队伍的纯洁性；[①] 二是江西省审计厅2009年1月开始颁发实施的《江西省审计处罚自由裁量权适用规则（试行）》，减少了审计处理处罚的自由裁量空间，促进了审计机关的廉政建设。[②]

为加强审计机关内部的权力制约，建议各地审计机关根据本地实际情况，参照湖南、江西等省审计厅的做法，制定出审计工作流程分离改革方案和审计处理处罚自由裁量权使用规则，并扎实加以推进，形式可以多种多样，目的在于进一步规范审计工作流程，实现审计机关内部权力的相互制约，减少审计职权导致的腐败，提高国家审计职业道德建设水平。

5. 加强对国家审计人员职业道德水平的评价、监督和检查

（1）建立国家审计人员职业道德水平的评价指标体系

为了发挥审计过程中审计机关领导、审计机关审理部门、审计组所在部门、审计组成员之间、被审计单位在国家审计人员职业道德建设的不同作用，根据国家国家审计职业道德的基本内容，我们建议，对国家审计人员职业道德水平的评价体系，分为审计项目职业道德水平评价、职业道德水平年度评价两个部分，按照“高、较高、一般、较低”四个档次，分别打分，按照各自权数进行组合，计算出每个审计人员职业道德水平的年度总体评分。

第一，审计职业道德水平评价的评价内容和评价人员组成。

为了相对客观地反映每位审计人员在审计项目中职业道德水平的具体情况，审计项目职业道德水平评价的内容包括职业态度、职业责任、职业胜任能力、职业纪律四部分，涉及审计项目实施过程中的各个方面。一般由审计组成员之间相互评价、审计组所在部门领导评价、审计机关审理部门评价、被审计单位评价等部分组成。其中，被审计单位评价一般只涉及审计职业纪律的评价，审计组成员之间相互评价则由审计组其他各位成员的评价组成。

---

① 《湖南审计封堵谋私漏洞 职责权限实行“四分离”》，腾讯网 http：//news. qq. com/a/20071207/001540. htm。

② 江西省政府网站 http：//xxgk. jiangxi. gov. cn/bmgkxx/ssjt/fgwj/gfxwj/200901/t20090107_104350. htm。

职业道德水平年度评价则包括职业理想、职业态度、职业责任、职业胜任能力、职业纪律、职业良知和职业荣誉等内容。由于评价涉及的内容不太具体，一般审计人员难以整体把握，年度评价一般由审计机关领导评价、审计组所在部门领导评价、审计机关审理部门评价等部分组成。

第二，审计项目职业道德水平评价的权数分配。

对于审计项目职业道德水平评价，由于职业态度、职业纪律在审计项目实施的相对重要性，所以对职业态度、职业责任、职业胜任能力、职业纪律的权数分配分别为30%、20%、20%、30%。

审计项目职业道德水平评价分数的组合由两个层次组成：

第一层，审计组成员之间相互评价，就是将审计项目中其他审计人员的评分汇总后，进行算术平均，得出每位审计人员的审计组成员之间评价的评分。

第二层，审计项目职业道德水平评价，就是将审计组成员之间相互评价、审计组所在部门领导评价、审计机关审理部门评价、被审计单位评价四部分的评分，进行组合，得出每一个审计项目中某位审计人员的审计职业道德水平评分。由于审计组成员之间相互评价的相对客观性、审计机关审理部门在单位内部的工作性质和地位的相对独立性，我们对审计组成员之间评价、审计机关审理部门评价赋予较高权数，审计项目评价的权数分别为审计组成员之间相互评价30%、审计组所在部门领导评价10%、审计机关审理部门评价40%、被审计单位评价20%。

第三，职业道德水平年度评价的权数分配。

对于职业道德水平年度评价，由于职业态度、职业胜任能力和职业纪律在评价审计人员职业道德水平中的相对重要性，所以对职业理想、职业态度、职业责任、职业胜任能力、职业纪律、职业良知、职业荣誉的权数分配分别为10%、20%、10%、20%、20%、10%、10%。

职业道德水平年度评价审计项目评价，就是将审计机关领导评价、审计组所在部门领导评价、审计机关审理部门评价三部分的评分进行组合，得出某位审计人员的年度审计职业道德水平评分。由于审计机关领导以及审计机关审理部门工作在单位内部的独特地位，审计项目评价的权数分别为审计机关领导评价50%、审计组所在部门领导评价20%、审计机关审理部门评价30%。这里的审计机关领导，既可以是审计机关主要领导，也可以是审计机关的分管领导。

第四，计算每个审计人员职业道德水平的年度总体评分。

由于审计项目职业道德水平评价评分说明某位审计人员在审计项目实施中的实际职业道德水平，具有一定的客观性，所以，审计项目职业道德水平评价和职业道德水平年度评价，按照70%和30%的比例进行组合，得出每个审计人员职业道德水平的年度总体评分。具体如图6－1所示。

审计项目职业道德水平评价

评价内容：职业态度 30% + 职业责任 20% + 职业胜任能力 20% + 职业纪律 30%

评价步骤

第一步　审计组成员之间相互评价（汇总后，得出算术平均数）

第二步　评分组合

审计组成员之间相互评价 30% +
审计组所在部门领导评价 10% +
审计机关审理部门评价 40% +
被审计单位评价 20%

↓

审计项目职业道德水平评价评分（100%）

职业道德水平年度评价

评价内容：职业理想 10% + 职业态度 20% + 职业责任 10% + 职业胜任能力 20% + 职业纪律 20% + 职业良知 10% + 职业荣誉 10%

评价步骤（评分直接组合）：

审计机关领导评价 50% +
审计组所在部门领导评价 20% +
审计机关审理部门评价 30%

↓

职业道德水平年度评价评分（100%）

评分再次组合：

审计项目职业道德水平评价评分（70%）+ 职业道德水平年度评价评分（30%）

↘　↙

国家审计人员职业道德水平年度总体评分（100%）

图 6－1　国家审计人员职业道德水平评价指标体系设计图

（2）积极引进外部评估机制

除做好上述内部评价外，审计机关在遵守国家保密法规、保守审计工作秘密的基础上，可采取引进社会中介机构、其他审计机关、社会专业调查机构等方式，对本单位的审计职业道德水平进行独立、客观的评估，以提高评估结果的科学性和客观公正性。

（3）及时处理审计职业道德的违纪违规行为

认真查处审计过程中出现的违反审计职业道德规范的行为，对于一经查实的职业道德方面的违纪违规行为，对该位审计人员实行年度职业道德评价“一票否决制”，并反映在年度审计人员工作业绩考核结果中，情节严重触犯法律的，移交司法机关处理。

6. 采取有力措施，切实提升审计人员的荣誉感和工作积极性

（1）提高审计人员的工资福利待遇

良好的工资福利待遇既是稳定人心、凝聚人心的有力载体，也是影响审计人员职业道德水平的一个重要因素。审计机关要高度重视工资福利待遇对职业道德水平的影响，采取有力措施提高审计人员的工资福利待遇。

（2）创建和谐的工作环境

在审计管理中，应积极构建和谐的工作环境，在审计工作任务的分配、工作绩

效的考核、职务晋升、择优、干部选拔等方面，坚持公正合理，规范制度操作，减少人为因素。通过目标激励、奖惩激励、领导行为激励等方式，营造“人人受重视、个个受尊重”的文化氛围，促使审计人员强化责任感、创新精神和未来期望值，引导审计人员进行有效的工作目标管理，不断激励审计人员积极向上，工作追求卓越。

(3) 注意利用好非物质激励措施

对于在审计过程中有突出工作成果的审计人员，如查出大案要案移交有关部门，审计报告获得上级领导批示等，审计机关应注意利用好非物质激励措施，将物质激励和精神激励相结合，使物质激励的精神价值得以显示，使精神激励得到物质支撑，要在政治待遇、职位安排、工资福利等方面优先考虑，这有助于增强审计人员的工作动力和积极性。

(三) 优化国家审计环境方面

1. 利用好新闻媒体，加强国家审计工作宣传，促进国家审计的公共形象建设

国家审计公共形象建设事关国家审计机关在社会公众中的整体形象，将直接影响国家审计工作的权威性和社会地位。虽然审计署原审计长李金华在任期间掀起多次审计风暴，审计公告工作力度大，引起社会广泛关注，也提高了社会公众期望值，但由于审计整改效果有待提高，造成社会对审计工作的关注度存在较大落差。加上近年来社会媒体特别是网络对审计工作的负面宣传（如河北沧州审计机关醉酒死人事件等），审计机关积极、主动的正面宣传少，影响了国家审计整体公共形象，与国家审计的实际工作状况、国家审计在社会上应具有的社会地位不相符合，这种状况亟待改变！

(1) 向全社会积极宣传和普及审计法知识，保持与社会公众之间良好的沟通

审计机关应积极利用报刊、电视、广播、网络等各种传播渠道，向社会公众宣传和普及审计、审计法、审计机关的基本职能等相关知识以及审计机关近年来的工作成果，让社会公众清楚现行审计法给审计机关的权力配置和权力边界，寻求社会公众给予审计机关更多的理解和支持，适当降低对审计工作的期望值，并注意保持与社会公众之间良好的沟通。

(2) 加强舆论宣传，努力营造审计人员自觉遵守道德规范、廉洁自律的浓厚氛围

充分运用媒体手段，宣传廉政建设法规、制度和措施，公开揭露和处理违反审计职业道德规范和廉政制度的事件和当事人，发挥反面警戒作用，努力营造审计人员自觉遵守职业道德规范、廉洁自律的浓厚氛围，促使国家审计人员养成自觉遵守职业道德的习惯。

（3）坚持正面宣传为主，发挥审计系统先进典型的示范作用

在认真及时地揭露和处理审计机关内部存在问题的同时，审计机关应积极、主动地加强正面宣传，发挥新闻媒体的作用，从审计一线挖掘审计系统的先进典型素材和一线审计人员的辛苦、平淡但动人的事迹，隆重表彰和大力弘扬审计系统自觉遵守职业道德规范和廉洁自律的典型，树立全国审计人员学习的榜样和标兵，发挥榜样的典型示范作用，也可在一定程度上提升审计人员的职业荣誉感。

（4）推进审计结果公开，促进提高国家审计机关的社会地位

审计机关应在取得政府领导支持、履行保密义务的基础上，加大审计项目结果公开力度，通过新闻媒体，及时公开在社会有影响、事关国计民生和其他可以公开的审计项目结果，促进国家审计人员强化审计质量意识，促使审计人员提高审计职业道德意识，也在一定程度上提高国家审计机关的社会地位。

2. 取得政府领导和相关部门的支持，促进审计整改工作，提高审计工作效果

目前，大部分地区的审计机关与相关部门、被审计单位主管部门之间一般没有形成定期、有效的沟通协作机制，审计整改工作成了审计机关的“独角戏”，审计整改工作效果差。为解决审计整改中存在的问题，上海等地的审计机关对此进行了有益探索。

2010 年 3 月 24 日，上海市政府召开审计整改工作联席会议第一次会议，研究建立并运行审计整改工作联席会议工作机制，市纪检、组织、检察院、发改委、公安、监察、财政、审计、国资委、地税、工商、市政府办公厅督察室 12 个部门（单位）组成的审计整改工作联席会议成员单位领导参加会议。审计整改工作联席会议召集人为分管审计工作的市委常委、副市长屠光绍。会议通报了近年来审计整改工作情况，讨论审议了《上海市审计整改工作联席会议组织办法（草案)》，以及 2010 年本市审计整改工作初步安排的意见。[①] 综观上海的做法，参与整改联席会议的重要部门多、领导规格高，从组织上保证了审计整改工作的顺利进行。

为此，建议审计机关积极取得政府领导和相关部门的支持，构建审计整改工作的协同机制或平台，形成审计整改合力，提高审计整改工作效果，也可以满足审计人员的审计职业成就感。

3. 加强与组织、编制、人事等部门的沟通与协调，大力推进审计机关人事制度改革，逐步实行国家审计职业化

目前，审计机关的审计人员属于公务员，审计人员管理带有较强的行政色彩，考入公务员的一般考试门槛高，而专业知识和素质考核门槛低，大部分审计人员的职业上升余地小，综合素质低下、不能满足审计工作需要的审计人员，无法实现“优胜劣汰”，人员出口不畅，形成较大弊端，有碍于国家审计人员审计职业道德

① 上海审计网站 http：//shenji. stc. sh. cn/node2/node3/node19/userobject1ai13387. html。

水平的整体提升，亟须改革创新。

为此，建议审计机关积极加强与组织、编制、人事等部门的沟通，取得他们的支持，大力推进审计机关的人事制度改革，借鉴法官、检察官的职业化模式，实行国家审计人员职业化。具体有四方面：一是把严“进口”，适当降低审计人员的公务员一般考试门槛，大幅提高专业知识和素质门槛，缩短新进审计人员在审计工作中的“学徒期”；二是实行国家审计人员职业等级制，扩大审计人员的职业上升空间；三是尽可能提高审计人员的工资福利待遇，解决好审计人员子女就学、就业、就医等方面的后顾之忧；四是疏通“出口”，真正做到“平等竞争、优胜劣汰”，让不称职的审计人员退出审计行业。

4. 取得财政、人事等部门的支持与配合，从财力和人力等方面，做好国家审计机关执法所需要的资源保障工作

现在，大部分审计机关的审计工作任务重，审计人员的工作压力大，审计工作必需的经费保障难以落实到位，审计人员不能按照职业判断要求，及时、充分地搜集审计取证工作，审计工作的客观公正立场难以得到保证，人力、财力等资源保障工作有待强化，审计职业道德水平有待提高。为此，建议审计机关加强与财政、人事等部门的沟通，努力取得他们的支持和配合，保证审计工作需要的工作经费，适当增加审计人员，以促进审计职业道德水平的提高。

5. 加大国家审计人员职业道德水平的监督

（1）行政监察等部门要开展定期或不定期的审计职业道德监察活动

审计机关的监督活动是否依法进行，应接受社会各界和行政监察等政府职能部门的监督。行政监察等政府职能部门对审计人员违反审计职业道德的行为，应及时地进行督促纠正和处理。通过外部监督，有助于促使审计人员自觉保持较高的职业道德风范，树立良好的职业形象，赢得全社会的认同和支持。

（2）要重视被审计单位对提升审计人员职业道德水平的促进作用

为发挥被审计单位在提高审计人员职业道德水平过程中的促进作用，应根据鼓励举报、实事求是、依法处理、保护举报人权益等原则，积极鼓励被审计单位举报，从另一个角度促进审计人员提高审计职业道德水平。

6. 适当调整地方审计机关领导干部管理模式，建立国家审计行业救济制度，切实解决地方审计机关独立性不足的问题

2004 年 3 月 30 日，《人民日报》在第五版刊登记者周朗撰写的《一位优秀审计局长的遭遇（监督与思考）》文章①，文中详细叙述了 2001 年 11 月山西晋城市

① 周朗：《一位优秀审计局长的遭遇（监督与思考）》，载《人民日报》2004 年 3 月 30 日第五版。

审计局长杨林林由于坚持审计原则，查处晋城市主要领导的亲戚而遭贬职事件的起因、过程和截至发稿时的事件处理结果，令人深思。但颇为幽默的是，杨林林2001年卓越的工作业绩，让他当选为2001年山西省劳动模范和全国审计机关廉政勤政工作先进个人。这是一个典型的损害国家审计工作独立性的事件，由于情形较为特殊、媒体影响大，引起社会广泛关注。更应当看到，在国家审计工作过程中，损害审计人员原则性和独立性的情况时常发生，它在我国国家审计二十多年的发展历史中，很可能只是一个小小的缩影。

我们要从深层次来思考这个事件发生的原因和后果。其一，审计法的规定明确要求杨林林这样公正执法，我们不能以"杨林林工作方式不当"为由进行责备，应当保持对一个正直审计干部的应有尊敬，否则就是对宪法和审计法的亵渎；其二，杨林林遭贬职，这是国家审计系统内一个地市级审计局局长的个人权利遭损害，国家审计行业没有对杨林林进行必要的权利救济，《审计法》第十五条的规定没有得到切实执行①；其三，国家审计工作要求审计人员作出个人利益的牺牲，从个人来说，是奉献，但从国家审计行业看，如果不能从制度上保证审计人员免受因为审计职业行为可能给个人权益带来的伤害，我们怎么能要求国家审计人员提高审计职业道德水平，客观公正执法，履行国家审计"免疫系统"功能呢？其四，杨林林事件的负面影响比较严重，对国家审计人员提升审计职业道德水平的消极影响难以彻底消除，审计人员对是否需要客观公正执法存有疑虑，他们在执法过程中首先要想到的是如何有效保护好自己。

为此，我们建议：一是在宪法框架下，对地方审计机关的领导干部管理模式进行微调，增加地方审计机关主要领导的任免必须经过上级审计机关同意的规定，以保障地方审计机关工作的独立性；二是建立国家审计行业救济制度，对因公正执法遭受打击报复的审计人员实行国家审计行业救济，从制度上保障国家审计人员的个人权利不受损害，这将会有效地增强国家审计人员客观公正审计的意愿和决心，免除审计人员在政治待遇和职业上的"后顾之忧"，从制度上保障整体提升国家审计职业道德的水平。

国家审计职业道德建设是一个系统工程，我们相信，经过审计人员（个体）、审计机关（组织）、全社会（环境）三方面的共同努力，将会大大提升我国的国家审计职业道德建设水平。

---

① 新浪网站 http：//news. sina. com. cn/c/2006－03－01/09098330470s. shtml。《审计法》第十五条规定：审计人员依法执行职务，受法律保护。任何组织和个人不得拒绝、阻碍审计人员依法执行职务，不得打击报复审计人员。审计机关负责人依照法定程序任免。审计机关负责人没有违法失职或者其他不符合任职条件的情况的，不得随意撤换。

参考文献

[1] R. K. 莫茨，[埃] H. A. 夏拉夫著，杨树滋等译．审计理论结构 [M]．北京：中国商业出版社，1990.

[2] 安徽省审计文化研究课题组．以审计文化目标为逻辑起点的审计文化理论结构 [J]．审计研究，2004 (6)：50－54.

[3] 陈汉文，黄宗兰．审计独立性：一项理论研究 [J]．审计研究，2001 (4)：22－28.

[4] 陈汉文．注册会计师职业行为准则研究 [M]．北京：中国金融出版社，1999.

[5] 陈汉文，韩洪灵．注册会计师职业道德准则之变迁 [J]．审计研究，2005 (3)：10－17.

[6] 陈祺，戴蓬军等．会计专业学生会计职业道德教育情况的调查研究 [J]．财会通讯，2005 (9)：88－91.

[7] 崔宏．职业特征·规范定位·道德恪守：对“注册会计师为什么要遵守职业道德”问题的一个回答 [J]．审计研究，2006 (6)：37－41.

[8] 胡凯．道德进步与会计变革 [J]．会计研究，1998 (2)：15－17.

[9] 韩传模，郝景昭．会计职业道德的失范与重塑 [J]．会计研究，2002 (5)：29－33.

[10] 焦江才．审计职业道德建设与控制 [J]．审计与理财，2006 (2)：43－44.

[11] 简家进，李洁．会计环境与会计职业道德探析 [J]．经济师，2005 (7)：201.

[12] 蒋志林，胥朝阳，刘露．国外会计道德及其影响因素研究综述 [J]．商业现代化，2006 (12)：48－49.

[13] 会计人员职业道德与自律机制研究课题组．会计职业道德的自律机制 [J]．会计研究，2001 (1)：38－42.

[14] 刘力云．审计委员会制度述评 [J]．审计研究，2000 (3)：14－22.

[15] 刘华．审计治理：规范与案例 [M]．上海：复旦大学出版社，2007.

[16] 劳秦汉．会计道德的理性思考 [J]．会计研究，2003 (4)：49－54.

[17] 厉以宁．超越市场与超越政府——论道德力量在经济中的作用 [M]．北京：经济科学出版社，1999.

[18] 李桂玲，周恺．台湾地区内部稽核制度的发展及其对大陆的借鉴 [J]．审计研究，2005 (6)：74－78.

[19] 李素英，王淑珍．我国资产评估师职业道德建设研究 [J]．会计之友，2008 (4)：76－77.

[20] 李素英，王淑珍，梁建峰．中国资产评估师职业道德缺失影响因素探析 [J]．中国农业会计，2008 (11)：41－42.

[21] 梁杰．论会计诚信教育在会计诚信问题中的定位与实施 [J]．商业现代化，2007 (12)：326－327.

[22] 梁水源．会计职业道德教育的内涵分析与模型研究 [J]．会计研究，2006 (11)：30－36.

[23] 茅于轼．道德经济制度 [M]．郑州：河南人民出版社，2002.

[24] 莫茨，夏拉夫著，文硕等译．审计理论结构（中译本）[M]．北京：中国商业出版社，1990.

［25］潘序伦．潘序伦全集［M］．上海：立信会计出版社，2008.

［26］肖美英．谈谈会计教学中的职业道德教育［J］．财会月刊，2000（14）：28－29.

［27］龙文研，陈丽，焦宁．加强会计职业道德建设的思考［J］．经济与管理，2009（12）：36－38.

［28］谢君萍．会计从业人员的职业道德素养状况分析［J］．商业现代化，2007（18）：269.

［29］王立彦等．会计师职业道德与责任［M］．北京：北京大学出版社，2001.

［30］苏孜．以审计他律与自律的结合为起点构建审计职业道德［J］．审计研究，2005（3）：76－78.

［31］宋夏云．国家审计目标及实现机制研究［M］．上海：上海财经大学出版社，2008.

［32］审计署．审计机关审计人员职业道德准则．http：//www. audit. gov. cn，1996.

［33］审计署．审计机关审计人员职业道德准则．http：//www. audit. gov. cn，2001.

［34］孙澄生．内部审计应由"监督主导性"向"服务主导性"转变——兼议内部审计的职能定位演变［J］．审计研究，2002（3）：47－49.

［35］周艳枚．我国 CPA 职业道德规范研究［M］．硕士论文，2004.

［36］周旭君．审计职业道德问题分析［J］．经济师，2009（10）：167－168.

［37］王立彦，戴晓娟．中英会计职业道德规范比较［J］．中国注册会计师，2001（2）：5－9.

［38］于增彪．略论我国会计职业道德［J］．会计研究，1996（10）：10－15.

［39］叶陈刚．会计道德研究［M］．大连：东北财经大学出版，2002.

［40］中华人民共和国审计署官方网站 http：//www. audit. gov. cn.

［41］赵楠．审计人员职业道德分析［J］．经济研究导刊，2008（10）：228－229.

［42］张建军，林志伟．审计市场博弈——中国独立审计行为异化分析，深圳大学学报（人文社会科学版），2005（6）：23－29.

［43］张以宽．研究审计基础理论，建立审计科学体系［J］．审计研究，2002（1）：3－7.

［44］周恺，刘威．大陆与台湾内部审计制度的比较研究［J］．审计研究，2004（2）：78－82.

［45］AICPA. Rules of Professional Conduct . New York，1973.

［46］AICPA. Restructuring Professional Standards to Achieve Professional Excellence in a Changing Environment. New York，1986.

［47］AICPA. Serving the Public Interest ：A New Concept Framework for Auditor Independence. AICPA website，1997.

［48］AICPA. A History of Accounting & Auditing Standards. AICPA website，2002.

［49］AICPA. RE：PCAOB Rulemaking Docket Matter No. 004 —Statement Regarding the Establishment of Auditing and Other Professional Standards. AICPA website，2003.

［50］Bengt Larsson，Audit or regulation and economic crime policy in Sweden，1965—2000，Accounting，Organizations and Society，2005（30）：127 － 144.

［51］Bollom W. ，"Ethics and Self－Regulation for CPAs in the U. S. A"，Journal of Business Ethics，7（1988）：23－46.

［52］David J. Cooper，Keith Robson，Accounting，professions and regulation：Locating the sites of professionalization，Accounting，Organizations and Society，2006（31）：415 － 444.

［53］Dawn W. Massey，Linda Thorne，The Impact of Task Information Feedback on Ethical Reasoning，BEHAVIORAL RESEARCH IN ACCOUNTING Volume，2006（18）：103 － 111.

［54］Emmanouil Dedoulis，The Code of Ethics and the development of the auditing profession in Greece，the period 1992—2002，Accounting Forum，2006（30）：155 － 178.

[55] M. B. Armstrong, J1E1Ketz, D1Owsen. Ethics education in accounting: moving toward ethical motivation and ethical behavior. Journal of Accounting Education, 2003 (1): 1 - 16.

[56] Jev Everett , Dean Neu, Abu Shiraz Rahaman. Accounting and the global Wght against corruption, Accounting, Oraganizations and Society, 2007 (32): 513 - 542.

[57] John L. Carey. The Rise of the Accounting Profession : to Responsibility and Authority 1937 - 1969. American Institute of Certified Public Accountant , Inc, 1970.

[58] Joseph. E. Sterrett 1907 Professional Ethics. Journal of Ac2 countancy , 10. Michael Groom. 2002. ICAEW Code of Ethics—Approach to independence , oversight and U K developments post - Enron , speech to the International Forum on Professional Ethics for CPAs , Beijing.

[59] Leonard J. Brooks, Business and Professional Ethics for Accountants, Ohio, NJ: South—Western College Publishing, 2000.

Richard W. Hoyt, Michael J Wright and Cedric S Croft. . The Ethical Values of Registered Valuers in New Zealand [C] . Seventh PRRES Conference, Canterbury, January, 21 - 23 , 2002.

[60] Thorne, L. . The role of virtue in audit or spethical decision making: an integration of cognitive2 developmental and virtue2 ethics perspectives. Research on Accounting Ethics, 1998 (4): 291 - 308.

[61] William E. Shafer, Ethical climate in Chinese CPA firms, Accounting, Organizations and Society 33 (2008): 825 - 835.

[62] W. Steve Abrecht, Ethical Issues in the Practice of Accounting, South - Western Publishing Co. , 1992.

[63] Stephen Spector, Ethical Issues for Professional Accountants, Accounting Education and Competencies Framework in the New Century International Forum, October 18 - 19 , 2001.

[64] Werhar, S. M. , Comprehensive Auditing: A New Agenda for Accountability, CA Magazine; Jun; 123 , 6: Accounting Tax Periodicals, p. 50, 1990.

附录

国家审计人员职业道德建设及评价调查问卷

您好！非常感谢您能在百忙之中抽出时间阅读本问卷。

为了加强我国国家审计人员职业道德建设，审计署开展了系列课题研究工作，《国家审计机关职业道德建设研究：基本内容·评价标准·对策思考》是其重要课题之一。我们课题组为了全面了解国家审计人员审计道德存在的情况，制定了该调查问卷。请您在最符合您情况的选项上打“√”，您的补充请直接填写在横线上。

我们郑重声明：您所提供的所有信息都会被严格保密，所有资料仅作研究使用，您和贵单位的任何信息都不会在以后的调查结果中提及。

恳请您大力支持，据实填写问卷，在收到问卷一周内，将此调查表通过传真、E－mail或邮寄的方式尽快反馈给我们。如您需要本调查的分析结果或有其他要求，请与我们联系，我们十分乐意为您服务。

1. 您认为审计机关人员职业道德包含以下什么因素？（可多选）

A. 热爱审计工作，忠于岗位，认真履行应尽的审计职责

B. 廉洁自律，不利用职权谋取私利

C. 不违反“八不准”等相关审计纪律

D. 崇尚国家利益和公共利益

E. 坚持原则，不屈于外界压力，不隐瞒审计发现的问题、不歪曲审计结论

F. 勤勉高效，及时完成所承担的审计业务

G. 保守秘密

H. 应当具备与其从事审计业务相适应的专业知识、职业技能和工作经验

I. 实事求是地评价和处理审计发现的问题

2. 作为国家审计人员，您认为您的具体专业知识掌握得如何？

选择项目	请按照您对专业知识掌握的程度打分，在相应的得分栏打“√”					
	6	5	4	3	2	1
会计与审计知识						
财政与金融知识						
政策法规知识						
行政管理知识						
信息技术知识						
案例知识						

3. 作为国家审计人员，您认为您的专业技能水平如何？

选择项目	请按照您专业技能的水平打分，在相应的得分栏打“√”					
	6	5	4	3	2	1
逻辑思维能力						
审计信息化技术运用能力						
人际关系协调能力						
学习能力						
应变能力						
综合分析及判断能力						

4. 作为国家审计人员，您认为您的专业品质如何？

选择项目	6 为水平很高，1 为水平很低，在相应的得分栏打“√”					
	6	5	4	3	2	1
审计独立性						
客观公正						
职业谨慎						
保密原则						
廉洁奉公						
公共责任						
遵纪守法						
专业能力						
审计责任						

5. 您在实际审计工作中，是否存在以下的审计现象？（可多选）

A. 隐瞒审计发现的问题、歪曲审计结论

B. 工作的不作为

C. 利用职权谋取私利

D. 违反“八不准”等审计纪律

E. 泄露审计过程中知悉的秘密

F. 不具备从事审计业务相适应的专业知识、职业技能

G. 从轻评价和处理审计发现的问题

H. 审计效率不高

I. 其他，请填写________________。

6. 您所在的单位，是否出现过违反国家审计机关职业道德的现象？
A. 没有出现，比率为0
B. 非常少见，比率为小于1%但大于0
C. 偶尔出现，比率为小于5%但大于1%
D. 有点频繁，比率为小于10%但大于5%
E. 频繁，比率为小于20%但大于10%
F. 非常频繁，比率为大于20%
7. 您认为在公共场所吸烟这类现象是：
A. 违法行为，应予惩罚
B. 不良行为，应受到谴责
C. 只要不太过分，不必太认真
D. 只是个人修养欠佳，不一定要惩罚
E. 纯粹是个人习惯，根本不应谴责和惩罚
8. 您认为一个人的价值取决于什么？
A. 金钱的多少
B. 权力的大小
C. 社会名望的高低
D. 生活得是否舒适、潇洒
E. 对社会贡献的大小
F. 是否干出一番事业
G. 人格是否高尚
H. 其他，请指出____________________。
9. 您对工作的态度是________。
A. 爱岗敬业奉献
B. 例行公事，当作职业
C. 谋生手段
D. 尽可能多赚钱
10. 您为什么选择加入国家审计行业？
A. 神圣使命感，维护公共利益
B. 个人的兴趣爱好
C. 选择可靠稳定的职业
D. 相信命运安排
E. 部队转业
F. 其他，请填写____________________。

11. 如果遇到其他审计人员违背职业道德的现象，您的态度是？

A. 积极的揭露现象

B. 服从组织安排

C. 尽可能回避

D. 认为情有可原

12. 您所在的单位有没有专门进行审计职业道德教育？

A. 大约每周一次

B. 大约每月一次

C. 大约每半年一次

D. 大约每年一次

E. 基本没有

F. 其他

13. 您的工作环境中，有没有专门制定职业道德相关手册或条文规定？

（完全没有） 1 2 3 4 5 6（健全）

14. 在您的工作中，被审计单位对审计工作的重视程度如何？

（完全不重视）1 2 3 4 5 6（非常重视）

15. 在您的工作中，您的领导对您的审计工作的重视程度如何？

（完全不重视）1 2 3 4 5 6（非常重视）

16. 在您的工作中，您的领导是否需要对其负责的工作，承担相应的领导责任？

A. 是 B. 否

17. 在您的审计工作中，是否存在审计轮换现象？

A. 是 B. 否

如果存在审计轮换现象，一般________年轮换一次？

18. 在您的审计工作中，是否会对被审计单位进行审计纪律宣传？

A. 从没有进行宣传

B. 非常少宣传

C. 偶尔宣传

D. 有点频繁地宣传

E. 频繁宣传

F. 是一种制度，每一项业务都有进行宣传

19. 在您的审计工作中，是否要求您签署类似廉政承诺书的书面承诺？

A. 从没有签署

B. 非常少签署

C. 偶尔签署

D. 有点频繁地签署

E. 频繁签署

F. 是一种制度，每一项业务都要签署

20. 在您的审计工作中，审计机关是否对实施的审计工作建立了反馈、报告和回访等制度？

A. 是　　　　B. 否

21. 在您的工作中，一旦违反了职业道德，相关的处理是：

A. 自我反省

B. 组织内部通告

C. 向上级部门反映，将受到严重处罚

D. 向社会公众披露

22. 您对您的工资薪酬满意吗？

（完全不满意）　1　2　3　4　5　6（非常满意）

23. 请根据您当前所做工作的真实情况，在每个题目后面1～6中的某个数字上打"√"。

序号	工作情况	非常不同意	不同意	有点不同意	有点同意	同意	非常同意
1	我所在部门（或团队）的工作非常复杂	1	2	3	4	5	6
2	我在工作中所做的决策非常复杂	1	2	3	4	5	6
3	工作中，我常常需要解决没有明确答案的问题	1	2	3	4	5	6
4	工作中，我常常遇到意料之外的问题	1	2	3	4	5	6
5	我的工作在很大程度上属于常规性的工作（即按例行事）	1	2	3	4	5	6
6	我所在的组织规定了各种问题的处理程序	1	2	3	4	5	6
7	工作中出现问题时，我总是有制度或政策可循	1	2	3	4	5	6
8	我的工作总是涉及协调	1	2	3	4	5	6
9	我的工作常常涉及处理各种人际关系	1	2	3	4	5	6
10	我的工作往往涉及一些行业内的潜规则	1	2	3	4	5	6

24. 您认为外部的社会监督对审计职业道德水平是否有影响？

（没影响）1　2　3　4　5　6（很大影响）

25. 在加强国家审计人员职业道德建设过程中需要注意以下哪几个方面的问题？（可多选）

A. 外部因素对审计人员的影响
B. 自身素养的提高
C. 专业胜任水平的提高
D. 相关领导的支持
E. 监督处罚机制的发挥
F. 公共形象建设
G. 审计职业道德教育的加强
H. 其他，请指出________。

课题编号：09SJ04003

审计职业道德建设

天津财经大学课题组

课题负责人：张俊民

课题组成员：沈　征　李向前　王志楠　柳士明

【摘要】　本课题以加强我国审计机关审计职业道德建设为研究宗旨，着重研究了以下主要内容：第一，深入探讨了审计职业道德基本概念、本质特征等相关基础理论；第二，分析探讨了我国公务员职业道德、审计职业道德的历史沿革、2001年审计署颁布的《审计机关审计人员职业道德准则》以及“八不准”的内容体系；第三，分析考察了国际会计师联合会及相关国家审计职业道德体系内容设置；第四，总结研究了适合国家审计机关特点的审计职业道德规范框架和内容及相关理论，实证研究审计职业道德冲突；第五，研究提出重新拟订我国国家审计机关审计人员职业道德行为守则共五项草案建议，以便为审计署研究修订国家审计人员职业道德规范提供理论支持。

【关键词】　审计人员　职业道德　行为守则　建设研究　政策建议

目　录

引 言

本课题拟在总结已有研究成果的基础上，根据我国审计机关审计实践的特点，深入研究审计机关审计职业道德的基本内容，明确审计职业品德、职业操守、职业纪律、职业素养、职业能力、职业责任等的内涵，从而提出我国审计机关审计职业道德的基本要求和进一步加强审计职业道德建设的对策建议。

（一）研究背景

由于政府审计机关在社会上的特殊地位，对国民经济的重大影响，政府审计人员的职业道德问题也已经越来越引起社会公众的关注。近年来，审计署十分重视自身队伍建设中存在的问题，并完善问责机制，严格巡查下属单位的违纪违规问题，对问题单位进行班子集体诫勉谈话。在严厉查处已经发生问题的同时，审计署也加强了相关的制度建设。2008 年底，审计署适时修订出台了新的《审计署关于加强审计纪律的八项规定》。为进一步从制度上防范问题出现，又制定了《审计署审计项目质量责任追究办法》《违反审计法律法规行为处分暂行规定》《审计署贯彻落实问责规定的具体意见》，以及其他一些具体的规章制度，明确了审计人员依法应当承担的责任。这些制度是根据近期发生的新情况、新问题有的放矢地提出来的，既具创新意义，也有较强的可操作性，是纠正和查处违反科学发展观的行为，增强制度执行责任意识，保障法规规章制度执行有力的重要措施，是制度反腐在审计机关的具体落实。审计署 2001 年颁布实施的《审计机关审计人员职业道德准则》已经不能适应新时期对政府审计机关和审计人员职业道德进行有效规范的要求，形成全新的、更加全面的、自成体系、具有可操作性的审计机关审计人员职业道德规范显然是十分必要的。

（二）研究意义

审计职业道德是从事审计工作的人员应遵循的与其职业活动紧密联系的、具有审计人员职业特征并反映自身特殊要求的道德准则和规范。审计职业道德是在长期审计实践中逐步产生、形成和完善的，为审计人员共同认可的、具有无形的、强制约束力的成文和不成文的行为规范与行为准则。其行为规范与准则是通过审计目标、社会责任、道德义务来实现的，包括坚持原则、秉公办事、无私无畏、尽职尽责，认真履行《审计法》，严格审计监督，真实、正确、完整地反映财政、财务收支结果，依法纠正、处理和处罚各种违法违纪行为，净化社会风气，促进廉政建设。

审计工作关系到国家、集体和个人的合法权益和社会公正，妥善处理好这些关系，审计职业道德将起到极其重要的作用。同时，审计职业道德也是调整、理顺与社会各界的和谐关系，建立正常的工作秩序、工作环境以及赢得社会的尊重、关心、支持、理解和帮助，保证审计人员认真履行其职责、高质量地完成本职工作的重要保证。审计职业道德是无价的精神财富，时刻激励着广大审计人员胸怀共产主义远大理想，诚心诚意为人民谋利益，坚持自尊、自重、自律原则，牢固树立正确的世界观、人生观、价值观、荣辱观，实现自我完善。

由此可见，审计职业道德建设是关乎审计职业兴衰荣辱的关键环节，研究审计职业道德的规范内容和方式，寻求更加切实可行的审计职业道德的完善措施具有很高的理论意义和应用价值。

（三）现有研究成果综述

审计职业一直致力于保持较高的道德标准以维持其职业声誉，也正是因为审计职业的较高道德标准才使得审计职业得到广大公众的认可和信任。但是，近年来，审计职业却面临着严重的道德危机，因此有关审计职业道德的研究主题已经越来越受到研究人员的关注。任德新、丁德明的《审计实证中“道德风险”的防范》从财经伦理与审计实证的耦合切入，研究了“道德风险”的理论之维和生成机制，并将信息不对称、金融技术工具创新以及新经济条件下的环境嬗变、信息阻滞应用到审计实践中，提出了我国审计实务中防止审计主体“数字腐败”、助纣为虐的防范措施，使它不仅成为经济主体，而且成为道德主体，从而“不能作弊，不敢作弊，不愿作弊”。苏孜的《以审计他律与自律的结合为起点构建审计职业道德》在研究审计他律与自律特征的基础上，提出以审计他律与自律的结合为起点来构建审计职业道德。桂建平的《对权力的监督和制约与国家审计职能定位研究》从加强对权力的监督和制约的必要性及我国权力监督和制约机制的现状分析入手，通过对国家审计在对权力的监督和制约中所发挥的作用的研究，提出了应对国家审计的职能进行重新定位的观点，并对进一步发挥国家审计的职能作用进行了探讨。杨淑敏的《国家审计职业道德建设的探讨》指出审计工作质量和审计风险程度的高低，取决于审计人员开展审计工作的能力和所付出的努力以及真实报告审计查证事项的意愿。其中，开展审计工作的能力受制于审计人员的专业判断能力、审计程序、审计技术方法等，所付出的努力以及真实报告审计查证事项的意愿则取决于审计人员的职业道德水准。以审计职业道德为研究主题的研究成果还有很多，但大多集中在注册审计师审计领域，将研究重点放在国家审计领域的研究成果尚不多见。同时，2001 年，审计署重新修订了《审计机关审计人员职业道德准则》（以下简称“审计职业道德准则”），对国家审计人员的职业道德进行了规范，随着新形势的发展和变化，职业道德准则的内容也需要不断的更新与调整，而制定更加切实可行的确保规范有效实施的具体措施更是当务之急。这不仅对我们基于国家审计领域的职业道德建设开展研究提出迫切的要求，也为构建适合国家审计领域的审计职业道德的研究提供了广阔的研究空间。我们也可以在借鉴注册审计师审计领域职业道德建设研究成果的基础上，深入探讨国家审计领域的特殊性，并构建适合于国家审计领域的审计职业道德规范和实施框架。

（四）课题的研究思路

1. 课题研究的总体思路

本课题将以审计机关审计职业道德的基本内容作为研究核心，深入研究我国审计职业道德历史沿革以及 2001 年审计署颁布《审计机关审计人员职业道德准则》的内容体系及其实施情况，总结分析探讨适合国家审计机关特点的审计职业道德规范框架和内容。在此基础之上，研究审计职业品德、职业操守、职业纪律、职业素养、职业能力、职业责任的内涵及其在国家审计机关审计职业道德规范体系中的重要作用。本课题最终研究目标是提出对我国审计机关审计职业道德的基本要求及其内容体系和进一步加强审计职业道德规范建设的对策建议。

2. 课题研究的具体思路

本课题组希望在以下方面的理论与实务研究中具体贯彻课题研究的总体思路。

（1）构建适合于国家审计机关的审计人员职业道德框架

2001 年审计署修订的《审计机关审计人员职业道德准则》对国家审计人员的职业道德进行了很好的规范，但是从结构上来讲还是稍显层次单一，内容上也稍显过于简单，在适应审计环境飞速发展对国家审计人员职业道德建设要求方面有待进一步总结研究。为此，本课题拟构建适合于国家审计机关的审计职业道德框架作为第一个研究重点，深入分析国家审计机关的特点和对审计职业道德的特殊要求，借鉴注册审计师审计以及国外先进国家审计机关的审计职业道德规范的合理成分，构建层次分明、内容更加完整的国家审计人员职业道德规范框架，为进一步修订审计机关审计人员职业道德准则提供具有针对性的对策建议。

（2）运用组织行为学的分析方法探讨审计职业品德、职业操守、职业纪律、职业素养、职业能力、职业责任的内涵以及行为特征

在构建适合于我国国家审计机关审计职业道德框架的基础上，探讨这一框架的主要内容也是十分重要的，为此，本课题拟在框架之内填充适当的内容要素作为第二个研究重点。本课题组拟尝试运用组织行为学的研究方法探讨审计人员的道德心理和行为规律，并在此基础上探讨审计职业品德、职业操守、职业纪律、职业素养、职业能力、职业责任的内涵以及行为特征，为进一步完善审计机关审计人员职业道德准则的内容提供切合审计的政策建议。

(3) 寻求最为有效的审计职业道德的约束机制

从审计职业道德建设的内涵来看，有的属于来自审计主体外部的规范，也就是通常所说的他律；有的属于来自审计主体的自我约束，也就是通常所说的自律。审计职业道德建设既离不开完备的审计他律，也离不开有效审计自律的支撑和约束，它们共同规范着审计主体的行为和价值取向，只有两者共同作用，相互促进，才能保证高标准的审计质量和低水平的审计风险。审计职业道德建设的发展方向，应该是以审计他律与自律相结合作为逻辑起点，通过建立审计职业道德他律机制，并配置于审计职业道德自律机制，将他律的内容、要求和标准转化为审计人员内在的目标、标准和需要，使他律的执行通过自律的自我调节、自我约束以及自我判断来体现审计职业道德的内容和要求。为此，本课题拟将基于自律和他律相结合的审计职业道德约束机制研究作为第三个研究重点，为保证审计职业道德规范的有效实施提供完善措施。

(五) 课题的研究方法

本课题的研究拟采用规范研究和实证研究相结合的研究方法，广泛展开对中外相关文献的检索和归纳提炼，并尽可能多地走访国家审计机关进行充分的调研，与国家审计机关工作人员进行尽可能全面和深入的访谈，在广泛了解国家审计机关审计人员职业道德的现状基础上，对职业道德冲突采用统计分析方法进行分析研究，充分贯彻理论与实际相结合的研究思路，创造良好的研究氛围和条件。

(六) 课题的研究成果

审计署颁布实施《审计机关审计人员职业道德准则》已历时近十年，对于规范审计人员行为、强化审计人员队伍建设、提高审计质量、发挥审计职能作用等起到了十分重要的作用。为了确立我国审计职业道德规范的实施体制与机制，需要深入全面进行理论总结与分析。为进一步推动审计职业道德建设提供理论支持，本课题初步拟定提出以下主要观点：

(1) 政府审计具有与其他类型审计不同的特殊性，这些特殊性必定对审计职业道德的基本原则和主要内容存在特殊要求。

(2) 政府审计职业道德的内涵，明确审计职业品德、职业操守、职业纪律、职业素养、职业能力、职业责任等的内涵。

(3) 政府审计职业道德与注册审计师审计职业道德存在的相同和不同之处。

(4) 我国审计机关审计人员职业道德准则的框架和内容存在一些缺陷，在就我国《审计职业道德准则》内容体系的完整性进行社会调查与研究基础上，提出修订与完善的具体建议。

一、审计机关审计人员审计职业道德基本理论概述

（一）职业道德

1. 职业道德概念

职业是人们谋生的手段，是社会的分工。职业特征通常是良好的专业培训、为社会提供特定的服务、智力的；取得专业资格证书、组织严格的团体组织、较强的行业自我管理；强烈的道德价值观基础：道德性而非技术性。职业群体和职业个体具有共同的职业利益。职业人利益突出表现为以职业为牟利、生存手段的职业人的利益。职业道德是其职业生存与发展的道德以及根本。职业道德是同人们的职业活动紧密联系的、具有自身职业特征的道德准则和规范。由于从事某种特定职业的人们，有着共同的劳动方式，经受着共同的职业训练，因而往往具有共同的职业兴趣、爱好、习惯和心理传统，结成某些特殊关系，形成特殊的职业责任和执业纪律，从而产生特殊的行为规范和道德要求。自从社会出现分工以后，每一个从事着社会活动的人，都是在一定职业的界限、前提和条件下，能动地表现自己的才能和力量，同他人发生这样或那样的交往和关系，并在自己的活动和交往中，自觉地或不自觉地遵循着具有某种职业特征的道德行为准则。职业道德的存在，主要是同人们的职业实践相联系的，职业或行业的分工不同，从事不同职业的人们对社会所承担的责任不同，影响着人们对生活目标的确立和对人生道路的具体选择，以至于不同程度地影响着人们的人生观和道德思想。不同职业所具有的不同利益和义务以及对共同职业整体利益的认同，直接影响着人们的道德信念及其用以评价行为的道德标准，从而造成人们不同的“职业良心”，进而能够自觉地甚至习惯性地根据所从事的职业的整体利益，以及自己对职业整体的义务，来评价自己和他人的职业行为。职业活动的不同影响着人们的情趣、爱好以及性格和作风，职业道德表现为从事其职业的人所具有的特殊道德品质和人格特征，包括特定职业所要求的道德认识、道德情感、道德意志和道德习惯等。总之，职业道德准则和职业传统习俗是由各种职业的具体利益和义务以及具体活动的内容、方式等决定的①。

关于职业道德概念的看法常见的表述有以下几种：

认为职业道德是指从业人员在职业活动中应该遵守的行为准则，涵盖了从业人员与服务对象、职业与职工、职业与职业之间的关系。狭义的职业道德是指在一定

---

① 罗国杰，马博宣，余进：伦理学教程，中国人大学出版社 1986 年 2 月第 1 版，1998 年 12 月第 12 次印刷，第 293－308 页。

职业活动中应遵守的、体现一定职业特征的、调整一定职业关系的职业行为准则和规范。

认为职业道德就是同人们的职业活动紧密联系的符合职业特点所要求的道德准则、道德情操与道德品质的总和。每个从业人员，不论是从事哪种职业，在职业活动中都要遵守道德。如教师要遵守教书育人、为人师表的职业道德，医生要遵守救死扶伤的职业道德等。

职业道德是人们在职业活动中所遵守的行为规范的总和。

常见的另一个定义是，“所谓职业道德是某一职业组织以公约、规则等形式公布的，其会员自愿接受的职业行为标准。”① 从这个定义来看，职业道德强调的是“其会员自愿接受的职业行为标准”。

从职业道德与道德的关系来看道德是职业道德的基础，职业道德是道德的重要组成部分，是道德在职业活动领域中的具体体现。

可见，职业道德不仅是从业人员在职业活动中的行为标准和要求，而且是本行业对社会所承担的道德责任和义务。它是社会道德的重要组成部分，是社会道德在职业活动中的具体表现，是一种更为具体化、职业化、个性化的社会道德。人们普遍认为，在专业领域，对道德的要求是很重要的，这是因为职业人员向他们的客户提供技术性的服务，职业人员的品行水准应该高于社会其他大多数成员。例如，如果新闻报道医生、政府官员、律师或注册审计师被指控有罪，那么大多数人会觉得比非职业人员犯有同样罪行更令人失望。

职业道德同样体现了社会的精神风范，而社会精神风范正是由具有值得称道的道德主体所形成的。在一个文明的社会中，一个人应当在一定程度上保证具有正常的行为方式，而这种行为方式是其他人、组织、团体在一般意义上所能期望的。人们不可能坐下来制定或规定用以规范行为的所有基本准则，某些基本的原则或道德是被社会公众一致认定为公理，即这些原则或道德被认定是确实存在的、无可非议的，而且被引为依据。在世界范围内，这些公理性的原则基本上是一致和共同的。但对于每一种文化、每一个社会群体、团体、职业领域和组织而言，又都有其独特的道德体系、道德规则、荣誉标准和游戏规则，有其向外部世界展示的标准，外部世界以此为参照标准去理解他们，并对他们进行判断。

值得关注的是这样一些职业，它们或者提供具有公共性的产品或服务，或者其行为本身就具有不容忽视的公共影响。它们所承担的义务道德虽然也可以与社会常识相容，但其层次往往较其他职业高，比如注册会计师行业就当属其列。注册会计师是社会公众的普遍信任所派生出来的公共代理性质的职业。它使公众可以利用注

① 财政部注册会计师考试委员会办公室：审计，经济科学出版社，2002。

册审计师的技能和知识来参与经济活动，从而使他们从事经济决策活动的能力得到了极大的加强。毫无疑问，注册会计师职业也是基于经济活动的复杂性和社会分工的必要而产生，它可弥补社会公众精力、知识的不足，拓展其活动空间，提高其办事效率，并且极大地降低其交易成本。

对于一个社会职业而言，其存在的合理性在于它的行为应当符合社会公众的期望。与此相适应，一套职业的行为标准实际上源于公众对其义务道德的合理预期，而不仅仅是出于减少风险或者保护其自身利益的行业考虑。同时，应当注意到，由于行业的特点以及社会作用的差异，每一社会职业的义务道德是有所区别的。

2. 职业道德特点

职业道德具有行业性、广泛性、实用性、时代性、讲诚信等特点。

（1）行业性

行业性是指职业道德只适用于特定的职业活动领域。

（2）广泛性

广泛性是指只要有职业活动，就体现一定的职业道德，它渗透职业活动的方方面面。

（3）实用性

实用性是指职业活动的行为用条例、章程、守则、制度、公约等简明的形式作出规定，具有很强的针对性和可操作性。

（4）讲诚信

讲诚信是由职业的专业性特征所决定的，职业技术实施、职业服务内在质量常常为非职业的一般人难以观察，许多情况下只能通过接受专业服务的过程中或其后的感受才能体验或观察，因此，职业人必须讲职业诚信、讲职业质量，诚实守信是其立业之本，否则，职业人就会失去扎根存在的社会基础。

（5）持续性及时代性

职业活动代代相传，所以不同时代的职业道德有许多相同的内容。但随时代的变化，职业道德具有时代的特征。社会主义职业道德的核心是为人民服务。社会主义职业道德的基本原则是集体主义。集体主义是处理个人与社会利益关系的根本准则，是调节人们职业活动中相互关系的众多规范和范畴的基本的出发点和最重要的指导原则。

职业道德与法律既有紧密的关系又存在一定的差别，法律具有一定的滞后性、人性差、外在强制性、处罚严重等特点；职业道德相对于法律而言具有一定的超前性、职业人内心感悟性和觉悟性等特点。法律制度是职业道德的最低要求，同时法律制度又是职业道德的基本保证。

3. 职业道德规范

由于职业道德不是一个科学概念，其价值有时很难去判断和决定。职业道德的规范主要包括一般道德和其职业所需的特殊义务和责任。不同的行业，不同的公司，由于其不同的业务性质及其所伴随的营运方式与过程，都直接或间接蕴藏了不同的伦理问题，在制定公司或行业的行为守则时，这些特殊性必须反映在行为守则上；而该公司所属行业的一般伦理关注，在行为守则上也应占有一般原则性的位置。公司行为守则不管是一般的条文或特殊的条文，都只能关注一般的情况，在内容上无法作具体的规定，所以难免有一定的含糊性。很多时候是否违反道德规范的决定权留归作为个体的专业人员，但这就容许了很大的灰色地带，怎样才算违反守则，怎样才不算，就有很大的酌情余地，如很多行为守则中引用“公共利益”，“利益冲突”等词语，其内涵可宽可窄，不同的人有不同的诠释。

《中华人民共和国公民道德建设实施纲要》规定职业道德是所有从业人员在职业活动中应该遵循的行为准则，涵盖了从业人员与服务对象、职业与职工、职业与职业之间的关系。随着现代社会分工的发展和专业化程度的增强，市场竞争日趋激烈，整个社会对从业人员职业观念、职业态度、职业技能、职业纪律和职业作风的要求越来越高。要大力倡导以爱岗敬业、诚实守信、办事公道、服务群众、奉献社会为主要内容的职业道德，鼓励人们在工作中做一个好建设者。

（1）爱岗敬业

通俗地说就是“干一行爱一行”，它是人类社会所有职业道德的一条核心规范。它要求从业者既要热爱自己所从事的职业，又要以恭敬的态度对待自己的工作岗位，爱岗敬业是职责，也是成才的内在要求。

所谓爱岗，就是热爱自己的本职工作，并为做好本职工作尽心竭力。爱岗是对人们工作态度的一种普遍要求，即要求职业工作者以正确的态度对待各种职业劳动，努力培养热爱自己所从事工作的幸福感、荣誉感。

所谓敬业，就是用一种恭敬严肃的态度来对待自己的职业。任何时候用人单位只会倾向于选择那些既有真才实学又踏踏实实工作，持良好态度工作的人。这就要求从业者只有养成干一行、爱一行、钻一行的职业精神，专心致志搞好工作，才能实现敬业的深层次含义，并在平凡的岗位上创造出奇迹。一个人如果看不起本职岗位，心浮气躁，好高骛远，不仅违背了职业道德规范，而且会失去自身发展的机遇。虽然社会职业在外部表现上存在差异性，但只要从业者热爱自己的本职工作，并能在自己的工作岗位上兢兢业业工作，终会有机会创造出一流的业绩。

爱岗敬业是职业道德的基础，是社会主义职业道德所倡导的首要规范。爱岗就是热爱自己的本职工作，忠于职守，对本职工作尽心尽力；敬业是爱岗的升华，就是以恭敬严肃的态度对待自己的职业，对本职工作一丝不苟。爱岗敬业，就是对自己的工作要专心、认真、负责任，为实现职业上的奋斗目标而努力。

（2）诚实守信

诚实就是实事求是地待人做事，不弄虚作假。在职业行为中最基本的体现就是诚实劳动。每一名从业者，只有为社会多工作、多创造物质或精神财富，并付出卓有成效的劳动，社会所给予的回报才会越多，即“多劳多得”。

“守信”，要求讲求信誉，重信誉、信守诺言。要求每名从业者在工作中严格遵守国家的法律、法规和本职工作的条例、纪律；要求做到秉公办事，坚持原则，不以权谋私；要求做到实事求是、信守诺言，对工作精益求精，注重产品质量和服务质量，并同弄虚作假，坑害人民的行为进行坚决的斗争。

（3）办事公道

所谓办事公道是指从业人员在办事情处理问题时，要站在公正的立场上，按照同一标准和同一原则办事的职业道德规范。即处理各种职业事务要公道正派、不偏不倚、客观公正、公平公开。对不同的服务对象一视同仁、秉公办事，不因职位高低、贫富亲疏的差别而区别对待。

如一个服务员接待顾客不以貌取人，无论对于那些衣着华贵的大老板还是对那些衣着平平的乡下人，对不同国籍、不同肤色、不同民族的宾客能一视同仁，同样热情服务，这就是办事公道。无论是对于那些一次购买上万元商品的大主顾，还是对于一次只买几元钱小商品的人，同样周到接待，这就是办事公道。

（4）服务群众

服务群众是指听取群众意见，了解群众需要，为群众着想，端正服务态度，改进服务措施，提高服务质量。做好本职工作是服务人民最直接的体现。要有效地履职尽责，必须坚持工作的高标准。工作的高标准是单位建设的客观需要，是强烈的事业心责任感的具体体现，也是履行岗位责任的必然要求。

（5）奉献社会

奉献社会是社会主义职业道德的最高境界和最终目的。奉献社会是职业道德的出发点和归宿。奉献社会就是要履行对社会、对他人的义务，自觉地、努力地为社会、为他人作出贡献。当社会利益与局部利益、个人利益发生冲突时，要求每一个从业人员把社会利益放在首位。

奉献社会是一种对事业忘我的全身心投入，这不仅需要有明确的信念，更需要有崇高的行动。当一个人任劳任怨，不计较个人得失，甚至不惜献出自己的生命从事于某种事业时，他关注的其实是这一事业对人类、对社会的意义。

（二）政府审计的基本职责

审计职责是指宪法、法律、行政法规规定的审计机关应当完成的任务和承担的责任。《宪法》《审计法》规定了我国政府审计的职责，主要是对各级政府及其部门的财政收支、国有的金融机构和企业事业组织的财务收支的真实、合法和效益依法进行审计监督。具体来看，审计的职责主要有经济监督、经济评价和经济鉴证。审计职责是通过法律、行政授权或缔结契约等方式确定的。当客观条件发生变化时，审计的职责也应随时进行调整。1982 年的《中华人民共和国宪法》第九十一条规定：国务院设立审计机关，对国务院各部门和地方各级政府财政收支，对国家的财政、金融企业和企事业单位的财务收支进行审计监督。根据《中华人民共和国宪法》制定的《中华人民共和国审计法》进一步明确了审计机关要对上述财政、财务收支的真实、合法和效益依法进行审计监督。从我国国家审计工作近 30 年的开展情况来看，主要以监督财政、财务收支的合法为目标，这在我国审计力量不足、法治环境不完善、转轨经济情况复杂等大环境下，适应了环境的要求和时代的需要，作出了重要的贡献。2010 年新修订的《中华人民共和国审计法实施条例》规定审计机关的职责是“审计机关对本级人民政府财政部门具体组织本级预算执行的情况，本级预算收入征收部门征收预算收入的情况，与本级人民政府财政部门直接发生预算缴款、拨款关系的部门、单位的预算执行情况和决算，下级人民政府的预算执行情况和决算，以及其他财政收支情况，依法进行审计监督。经本级人民政府批准，审计机关对其他取得财政资金的单位和项目接受、运用财政资金的真实、合法和效益情况，依法进行审计监督”。同时规定“审计机关对国家的事业组织和使用财政资金的其他事业组织的财务收支，进行审计监督。”“审计机关对政府投资和以政府投资为主的建设项目的预算执行情况和决算，进行审计监督。”“对国有资本占控股地位或者主导地位的企业、金融机构的审计监督，由国务院规定。”“审计机关按照国家有关规定，对国家机关和依法属于审计机关审计监督对象的其他单位的主要负责人，在任职期间对本地区、本部门或者本单位的财政收支、财务收支以及有关经济活动应负经济责任的履行情况，进行审计监督。”“依法属于审计机关审计监督对象的单位，应当按照国家有关规定建立健全内部审计制度；其内部审计工作应当接受审计机关的业务指导和监督。”“社会审计机构审计的单位依法属于审计机关审计监督对象的，审计机关按照国务院的规定，有权对该社会审计机构出具的相关审计报告进行核查。”修订后的审计法实施条例还进一步明确了财政收支的含义，规定了财政收支涵盖的内容；增加了对财政资金运用实行跟踪审计的范围；明确了政府投资项目审计的范围。这些规定为审计机关依法履行职责，充分发挥“免疫系统”功能提供了法规依据和保障。

审计机关要履行好法定职责，必须发挥好三方面的功能：首先，必须充分发挥预防功能。作为一种制度安排，国家审计具有内生性的威慑作用，审计机关具有独立、客观、公正、超脱、涉及经济社会各方面的优势，因而有责任而且有条件及时发现苗头性、倾向性问题，及早感受风险，提前发出警报，起到预警作用。其次，必须充分发挥揭露功能。根据法律规定，审计的首要职责是监督，监督就必须查错纠弊。所以，审计必须查处违法违规、经济犯罪、损失浪费、奢侈铺张、损坏资源等各种行为，并依法对这些行为进行惩戒；必须揭示体制障碍、制度缺陷、机制扭曲和管理漏洞，以保护经济社会运行的安全健康。最后，必须充分发挥抵御功能。审计不仅要揭露问题，更要对产生这些问题从表象到内里、从个别到一般、从局部到全局、从苗头到趋势、从微观到宏观，进行深层次的原因分析，提出相关建议，提高经济社会运行质量和绩效，推动经济社会全面协调可持续发展。

现代国家审计作为经济社会运行的“免疫系统”，在规范国家公共财政支出、提高财政资金使用效益、揭露经济违法违纪事件、保障国家经济稳定运行等方面发挥着重要作用。从审计机关的实践来看，要充分发挥审计的“免疫系统”功能，就必须提高审计工作质量、降低审计风险，而审计人员的职业道德水平直接影响着审计监督作用的发挥。因此，加强审计职业道德建设是提高审计质量、规避审计风险的有效途径。

（三）公务员职业道德的特点

作为社会分工的产物，公务员职业具有特殊重要性。与其他职业相比，公务员职业具有地位突出、角色多样、对象特殊、责任重大四个主要特点，承担着对整个社会公共事务的管理任务，与一般职业道德相比，公务员职业道德具有以下几个特点：

1. 特别明显的政治性

公共行政首先与政府活动有直接关系，是围绕执行公共权力而展开的活动和关系，公务员的职责是依法行使国家行政权力、执行国家公务。公务员职业直接体现着国家意志。公务员道德本质上体现着政治的价值追求，体现着社会利益的分配。公务员道德的这种政治属性，明显地体现在具体的公务员职业道德规范之中。忠于国家、拥护政府无一例外地成为政府工作人员的义务和天职。在社会主义条件下，国家公务员是人民利益和意志的代表，是人民的公仆，他们所掌握的权力，从根本上说是人民赋予的，必须用来为人民谋福利。

2. 具有一定程度的强制性

一般而言，道德主要来源于社会的价值观念和信仰之中，一般也没有特定的形式，主要依靠社会舆论、习惯、良心、信仰来维持和保障实施。公务员职业道德却不完全相同。由于公务员职业是关系到一个部门、一个单位、一个国家的发展方向、前途和命运的职业，公务员在社会中担负的责任极其重大，社会公众对公务员的职业素养也赋予了极高的期望值；同时，公务员的职业道德也来源于国家和政府有关行政活动的法律、政策、规章、制度，而这些都具有法律的效力和行政的效力。由于道德与法一致性的存在，许多国家和政府既将公务员道德以法的形式规定下来，又将道德的规范纳入到法律条文之中，形成了公务员道德法制化的倾向。以身作则，廉洁自律，是各级公务员必备的品格，也是党和政府对他们的起码要求。因此，公务员道德在实现方式上，除了主要通过行为评价之外，也逐步通过强制的手段，从而与其他行业的职业道德相比，具有强制性与非强制性并举的特点。

3. 社会活动中的示范性

公务员职业与其他社会职业相比，其最大特点在于依法行使公共权力，对整个社会的公共事务进行管理。公务员既是公共利益的集中代表者和维护者，又是公共意志的体现者和执行者；既是公共活动的组织者和教育者，又是公共人际关系的协调者和设计者。在社会生活中，公务员的职业显然处于“组织”“协调”“控制”“管理”“服务”的地位。公务员的职业特性，使得公务员道德对公务员的行为和内心规范上，已超出了对于公务员个体的范围，而是通过公务员个体达到对全社会的调整。公务员的职业道德状况，也直接影响到其他各行各业乃至全社会的道德状况。实践证明，“上行则下效”“正人先正己”“身教重于言教”是合乎道德运行规律的。公务员的言行具有极大的教育示范性，公务员个人的思想品德、职业作风等，也极易引起人们的情感反应，并对他人有一种“引导”的作用。因此，公务员的职业道德在社会道德体系中，处于示范领导的地位。

(四) 国家公务员职业道德行为基本规范内容与要求

1. 忠诚诚信、实事求是

忠诚是指全心全意、不折不扣、毫无保留，无论在数量还是质量上均体现出完满的投入。有忠诚就有敬业，忠诚和敬业是相互融合在一起的。忠诚在于内心，敬业在于工作上尽职尽责、善始善终、一丝不苟。忠诚敬业是一种自发的最基本的职业态度，是珍惜生命、珍视未来的表现，同时也是我们工作的强大动力。一个人做事的效率在很大程度上取决于他的工作精神和态度。讲忠诚就讲敬业，要把工作当成一种享受，在工作中获得的除了应有的报酬之外，还从更高层次上获得了精神的需要。敬业首先是要乐业。应以主人的心态看待工作，对自己所从事的事业从内心生发出一种无限的热爱，当自己钟情于某一件事或干某一项工作的时候，就会矢志不渝，执著追求，以至于废寝忘食，如痴如醉，不达目的誓不罢休。除此之外，还有勤业，就是对事业高度的责任心。毛泽东说过：人是要有点精神的。其实工作也一样，也要有点精神，要有将身心彻底融入事业融入工作，尽职尽责处处为事业、为工作着想的精神，要有与事业与单位同舟共济、共赴艰难的信念。作为公务员讲忠诚不仅要“忠于”国家和人民利益，具体到日常工作中更要“诚信”履行自己的法定职责。公务员应忠于祖国、忠于人民、忠于公务员职业、较高的政治觉悟、牢固树立公仆意识、不忘为人民服务的宗旨是公务员应具备的基本政治素养。要求有坚定的信念和理想，有正确的世界观、人生观和价值观，自重、自省、自警、自励，反对拜金主义、享乐主义和个人主义；热爱祖国，维护国家的统一和民族的团结，积极投身于社会主义现代化建设事业；热爱人民，密切联系群众，听取群众呼声，一切从人民利益出发，向人民负责，反对特权思想和官僚主义。公务员要做到一心为公、公而忘私、公道正派。一心为公既是公务员与国家和政府关系的本质体现，也是公务员思想、行为、作风等各方面的最主要的道德规范，国家公务员是中央和地方各级人民政府行使国家行政权力、执行国家公务、实施国家行政行为的主体，这个根本属性决定了公务员的职业行为必须无条件服从国家意志，处处考虑和维护国家的尊严和政府的声誉。具体地说就是必须坚持四项基本原则，坚持改革开放，坚决贯彻执行党的路线、方针、政策以及正确的政治方向、政治立场、政治观点、政治纪律、政治鉴别和政治敏锐性等行为规范。公而忘私要求公务员要真正做到“一心为公”，必须正确处理好国家利益、人民利益和个人利益之间的关系。因为公务员在工作和生活过程中必然会面对着利益的取舍问题，尤其是当国家利益或人民利益与个人利益之间发生矛盾的时候，更加不可避免地迫使其作出抉择。作为一切言行都以合乎广大人民群众的最大利益为最高目标的公务员，个人利益必须服从于人民利益，只有在保障人民利益的前提下，才能实现个人利益与人民利益的统一。这是公务员职业道德规范中处理利益取舍问题时最起码、最经常的要求。而在个人利益和人民利益发生冲突的情况下，自觉地无条件地服从于人民利益，在人民需要的时候，为了人民的利益勇于牺牲个人利益甚至自己的生命，则是公务员职业道德原则最重要的归宿，也是衡量一个公务员职业道德水平高低的尺度。公务员的职业性质决定了不管他头上有没有“帽”，手中总会有点“权”，因此公务员应做到公道正派。要使公务员能够正确行使权力，切实保证全心全意为人民服务的宗旨不变，就必须具备执政为民、用权为公、奉法守理、正直无私、公事公办等职业道德规范，也只有这样才能真正做到处理问题，秉公办事；解决问题，主持公道；遇到干扰，铁面无私。从而杜绝“不给好处不办事，给了好处乱办事”等腐败现象。

2006 年 1 月 1 日起正式施行的《中华人民共和国公务员法》第十二条规定了公务员的各种义务，这些义务可以统称为公务员的忠诚义务。公务员忠诚义务的性质具有伦理道德和法律双重性。公务员忠诚义务的伦理道德属性表现为公务员自我约束的能力，这种自律性本质上是公务员对公共精神的价值判断和价值信仰，依赖社会舆论、行政惯例、良心发现等来维持和保障。法律属性表现为他律性，通过外在制度的强制性约束公务员的职务行为，不至于背叛忠诚义务。公务员是公法的执行者，公务员的忠诚义务就是要求公务员在执行公职以及与公职相关的行为中，要忠于职守、尽心履职。公务员是拿人民的纳税钱为国家和人民服务，尤其是常任文官，都是终身任职，替国家服务，不能像一般国民能尽一己之力谋求经济上的利益，所以国家应该要求公务员有最高的忠诚观。公务员首先是义务主体，然后才是权利主体，只有对国家承担了义务，才能担任公务员。身为公务员，必须将其全部精力、才智献给国家，必须效忠国家。在法律意义上，这种忠诚义务是一种制度，一种依赖他律才得以实现的制度，一种需要法律加以确认和保障的制度。公务员忠诚即忠诚于宪法以及宪法所体现的自由、民主、平等的价值。

公务员作为人民公仆应做到：光明磊落，言行一致，敢讲真话；从实际出发，深入调查研究，注重实效，反对主观主义和形式主义，一切从实际出发，说实话，办实事，做老实人。实事求是一切从实际出发，这是公务员在行使行政管理权力，执行公务时必须遵循的又一主要的职业道德行为规范。邓小平曾指出："实事求是是无产阶级世界观的基础，是马克思主义的思想基础。过去我们搞革命所取得的一切胜利，是靠实事求是，现在我们要实现四个现代化，同样要靠实事求是"。公务员肩负着上传下达以及管理政务的重任，要使政策"从群众中来又到群众中去"真正反映人民的意志，首要的是一切从实际出发，忠于事实，尊重客观规律。只有这样才能从中得出事物中固有的而不是臆造的规律性，才能制定出合乎实际的政策，否则就会贻误社会主义建设事业，损害人民的利益。说实话、办实事，做老实人，敢说实话的公务员往往敢于面对现实，不回避现实，不哄骗上级，不欺骗人民群众，勇于道出事实的真相，发现上级领导的缺点和错误，敢于理直气壮提出批评。也正因为这样，敢说实话的公务员最终总是得到群众的好评和赞扬。办实事，是要求公务员尤其是担任领导职务的公务员必须以全心全意为人民服务为出发点，想方设法为人民多办实事，真正做到"为官一任，造福一方"，切戒那种为了摆花架子、做表面文章而不惜劳民伤财的投机取巧行为。说实话、办实事、做老实人的根本要求就是"不唯书、不唯上、只唯实。"那种"干部出数字，数字出干部"的虚报浮夸、弄虚作假的作风再也不能维持下去了。

2. 遵纪守法，依法行政

遵纪守法、保守国家机密、文明执法是公务员应必备的基本素质。要求增强法制观念，提高遵纪守法和执行法律、政令的自觉性，严守纪律、严守机密；依法执行公务，不得以言代法、以权代法、徇私枉法。

3. 忠于职守，勤奋工作

爱岗敬业、勤奋工作、勤政为民、务实创新、解放思想、实事求是、勤于思考、与时俱进、克己奉公、淡泊名利、艰苦奋斗、勤俭节约、甘于奉献是公务员应具备的基本素质。要求有强烈的事业心和责任感，热爱本职工作，忠实履行职责，敢于承担责任，勇挑重担、开拓进取、严格要求自己，讲求工作效率和工作质量，按时完成工作任务，不得擅离岗位、玩忽职守和贻误工作。

4. 顾全大局，团结协作

互相尊重、通力合作、顾全大局、批评与自我批评、品行端正、向先进学习、助人为乐、谦虚谨慎是公务员应具备的基本素质。要求树立全局观念，识大体，顾大局，确保政令畅通，不得各行其是；团结协作，敢于负责，不推诿和扯皮。

5. 清正廉洁，艰苦朴素

主持正义、秉公办事、廉洁自律、克己奉公、自觉抵制歪风邪气，严格要求配偶子女和亲属；严禁以权谋私、损公肥私；厉行节约、勤俭办事；一身正气、两袖清风、洁身自好、不贪财、不利用职务和工作的便利中饱私囊，不利用职权索贿受贿、贪赃枉法。清正廉洁的职业道德规范既是公务员公正无私执行公务的需要，也是消除政府机构腐败现象的重要保证。公务员的职能是执行公务，职责是代表国家依法组织和管理国家的事务，维护国家和公众的利益。公务员要真正做到以一心为公，全心全意为人民服务为标准去执行公务，就必须保持洁身自好、清正廉洁，因为只有遵守清正廉洁的行为规范，公务员执行公务时才能理直气壮、公道正派。清正廉洁的对立面就是贪污腐败。古人云："不受曰廉，不污为洁"正是如此。因此，公务员不坚持清正廉洁就必然会导致贪污腐败。而政治上的贪污腐败可直接危及党和国家的生死存亡。我国是人民当家做主的社会主义国家，公务员不分职务大小都是人民的公仆，政府机关不分权力的大小都是人民的政府，绝不容许贪污腐败。当前，出现的个别行政机关和个别公务员，经受不起执政和改革开放的考验，走上了以权谋私，假公济私，搞权钱、权色交易的违法犯罪道路，既危害了国家和人民群众的利益，干扰了改革开放，损害了政府机关的形象，又违背了公务员的职业道德规范。由此可见，坚持公务员清正廉洁的道德行为规范是清除政府机关腐败现象的根本保证。各级公务员必须严格按照"自重、自省、自警、自励"的要求去规范自己的行为，确保公务员队伍永远清正廉洁。

6. 刻苦学习，精通业务

加强自身素质修养，不断学习理论知识、法律知识和本职位所需的业务知识，努力掌握现代办公技术，精通本职业务，提高服务本领。

7. 谦虚谨慎，文明礼貌

正确对待成绩和荣誉，不骄傲自满，随时纠正自己的缺点和错误；在执行公务或工作期间，仪表端庄，衣着整洁，言谈举止礼貌、热情、大方，提倡讲普通话。

二、国家审计人员职业道德行为守则理论框架

（一）审计职业道德框架

审计职业道德是指审计人员在从事审计职业行为或履行审计职责时应当遵守的行为规范和准则。审计职业道德以指导审计人员的行为为目的，对审计人员的思想观念和行为方式进行适当的约束。作为职业道德的一个分支，审计职业道德规范及其内容是由审计职业的具体利益和义务以及具体活动的内容、方式等决定的。审计职业道德规范框架内容应包括审计职业道德及职业纪律等内容。审计职业道德内容应由审计职业责任与义务、职业权利以及行使权力、承担责任、履行义务而必须具备的职业技能和职业专长等内容组成；审计职业纪律是审计职业自律的主要形式，审计职业自律是以职业良心、职业精神为核心的，同时辅以职业纪律处罚和职业道德谴责等内容。审计职业是审计人谋生的手段，是社会的分工。审计职业利益是审计职业人以审计职业为牟利、为生存手段的审计职业人的利益，分为审计职业群体利益和审计职业个人利益。审计职业利益包括审计职业群体及职业个人的社会地位、社会权利、法律地位、经济地位、经济收入及其水平、在经济组织中的角色方位等方面。具体而言，其主要权益包括：坚持按照既定的法规制度及职业标准提供受托服务；审计行业能以垄断者的身份执业；制定职业的入门标准，建立控制本职业的准入及考核机制；获得相对较高的收入；制定行业统一职业标准，实行行业自我管理及纪律惩戒即自律管理；实施同业协会仲裁；推动审计职业的业务不断扩展与发展，等等。审计在社会及经济管理分工中负有鉴证、监督经济活动的受托责任，随着社会的发展与进步，企业承担的社会责任越来越多，审计也由单纯承担鉴证审计企业投资人及管理当局的受托责任，发展为承担包括企业投资人及管理当局在内的更加广泛的社会受托责任。这种社会责任的扩展变化，不但对审计专业技术能力及水平提出更高的要求，而且引起审计职业道德理念全面发展与提升。因此，现代审计职业的社会责任通常应包括：审计专业领域的胜任能力，提供审计服务的客观性，正直诚实地处理利益相关者的事务，为所服务的企业单位保守必要的秘密，对没有按照审计标准履行职责的人员进行惩戒处罚，等等。履行上述审计职业职责，保持并维护上述审计职业权益，所必需的审计职业核心价值观应包括：客观、诚实、正直、保持应尽关注职责、胜任能力、保密、树立将社会公众、客户、职业的需要置于个人自身利益之上的信念，并以此作为职业承诺。

审计职业道德通常包括职业品德、职业纪律、职业胜任能力和职业责任，其中职业品德是基础，职业纪律是保证，职业胜任能力是前提，职业责任则是内在

动力。

1. 职业品德

作为最根本、最重要的职业素养，品德是人所有能力的导向与根基。职业品德是指从事某一行业的工作人员，要有其行业的道德，遵守行业规定，遵守国家对该行业相关内容的法律法规等。职业品德是担负着不同的社会责任的职工应遵循的道德准则。它通过人们的信念、传统、习惯和社会的舆论而起作用，成为人们评判是非、辨别好坏的标准，促使人们坚持正确的东西，追求美好的理想，抵制不良思想作风的影响，自觉地履行职业责任。

2. 职业纪律

职业纪律是劳动者在从业过程中必须遵守的从业规则和程序，它是保证劳动者执行职务、履行职责、完成自己承担的工作任务的行为规则。

3. 职业胜任能力

职业能力是人们从事某种职业的多种能力的综合。由于职业能力是多种能力的综合，因此，我们可以把职业能力分为一般职业能力、专业能力和综合能力。任何一个职业岗位都有相应的岗位职责要求，一定的职业能力则是胜任某种职业岗位的必要条件。因此，求职者在进行择业时，首先要明确自己的能力优势以及胜任某种工作的可能性。条件允许的情况下，可以由专业职业指导人员帮助分析，根据求职者的学历状况、职业资格、职业实践等来确定求职者的职业能力，必要时可以通过心理测试作为参考，在基本确定求职者的职业能力和发展的可能性的基础上帮助求职者进行职业选择。

4. 职业责任

职业责任是每一个职业从业人员分内应做的事情，每个职业从业者能应该承担应当承担的任务，完成应当完成的使命，做好应当做好的工作。职业责任是一种客观需要，也是一种主观追求；是自律，也是他律。一切追求文明和进步的人们，应该基于自己的良知、信念、觉悟，自觉自愿地履行责任，为国家、为社会、为他人做出自己的奉献。无论是道德责任，还是法定责任，都不以个人意志为转移。不履行道德责任，会受到道德的谴责和良心的拷问；不履行法定责任，会受到法律的追究和制度的惩处。

（二）政府审计职业道德的作用

审计职业道德作为社会职业道德的组成部分，在实际生活中发挥着约束个人行为、调整人们在审计工作中所形成的社会关系、促进社会主义市场经济的繁荣和市场秩序的良好运转等其他职业道德无法替代的作用。

1. 审计职业道德是政府审计工作质量的重要保障

审计人员的执业能力和主观能动作用的程度直接影响着政府审计工作质量的高低。只有拥有良好的职业道德信念和职业道德习惯，审计人员才能自觉正确地调整个人和职业、审计工作服务对象之间的关系，自觉地按照职业道德要求规范自己的行为，忠实地履行自己的职责，做到依法审计、客观公正、实事求是地处理问题，为审计工作的质量提供重要保障。

2. 审计职业道德有助于维护和提高政府审计行业信誉，促进政府审计的健康发展

一个行业的信誉，也就是它们的形象、信用和声誉，是指企业及其产品与服务在社会公众中的信任程度，提高行业的信誉主要靠产品的质量和服务质量。要维护和提高审计行业的信誉就必须提高审计工作的质量。而审计从业人员的职业道德水平高是审计工作质量的有效保证。审计职业道德可以向公众表明审计人员的专业品质，制定审计职业道德规范有助于取得外界理解与支持，增加外界对审计职业的信赖与支持。

3. 审计职业道德可以补充审计法规所缺，完善政府审计规范体系

审计规范包括审计法规和审计职业道德两类。审计法规能够限定审计人员必须做什么和不能做什么，却不能说明审计人员应该以怎样的精神状态和风貌去工作。审计人员的精神状态和风貌只能由审计职业道德提出。有些不宜纳入审计法规，但又有必要作出规定的事项，可以通过职业道德规范来加以约束，比如申明审计纪律、职业品德、专业胜任能力等要求。审计法规是对审计人员的最低要求，审计职业道德则是对审计人员升华了的要求。

(三) 政府审计职业道德与其他审计职业道德的异同

1. 审计职业道德的共性分析

(1) 独立性是审计职业道德的灵魂

审计人员在执行任务时，应当保持应有的独立性，不受其他行政机关、社会团体和个人的干涉。审计人员是按照《宪法》《审计法》等法律的职责进行工作的，独立编制审计计划，独立取证和审计检查，作出评价，独立作出审计结论，提出处理意见，不受其他行政机关、社会团体和个人的干涉，这种监督具有法律效力。政府审计独立性与民间社会审计独立性有所区别，不具有“超然”独立性特征，而是相对的独立性，它是就被审计对象而言的独立性，这种独立性决定于我国国家审计的行政管理体制。

(2) 客观性是审计职业道德的标准

审计人员在从事审计业务时对有关事项的判断、调查和意见的表述，应当基于客观立场，以客观事实为依据，实事求是，不掺杂个人的主观意愿，也不为委托单

位或其他人的意见所左右。客观性是指审计人员对审计工作的态度，是审计职能的需要，是正确发挥审计作用的根本保障。

(3) 公正是审计职业道德的基本标准

审计人员应具备正直、诚实的品质，不能故意损害任何一方的利益，也不能故意使某一方受益。公正是实现审计职能的前提条件，只有保持公正才能保障审计职能的顺利实现，才能促进国民经济的发展；只有保持公正的审计，鉴定证明的材料才可信，作出的评价才能真实有效。

(4) 保密是审计职业道德的要求

现在是信息高速发展的时代，有价值的信息对某些企业来说就是财富、就是金钱。审计人员在审计过程中掌握了被审计单位大量的会计资料和经济信息，有些属于被审计单位的商业机密。如若将企业拟议中的筹资、预期的股票分割和股利变更、即将签订的合同等一些重要信息外露，会给企业造成重大经济损失，给企业经营活动带来巨大不利影响。因此除被审计单位允许，或《证券法》等法律法规要求公开或协议公开的信息外，审计人员不得将被审单位的信息泄露给第三者，要为企业保守商业机密。

(5) 维护职业形象

政府审计、注册会计师审计和内部审计三种审计职业道德规范都从各自职业角度出发，对维护职业形象作出规范要求。

(6) 关于遵守审计技术规范、专业胜任能力的规范的规定

政府审计、注册会计师审计和内部审计三种审计职业道德规范都强调遵守各自发布的审计准则，社会审计的规范缜密周详，除遵守自身独立审计准则等职业规范之外，还要求合理运用会计准则及国家其他相关技术规范，而《内部审计人员职业道德规范》只是强调遵守内部审计协会发布的内部审计准则等规定。三种审计职业道德规范均强调"保持和提高专业胜任能力"，审计人员必须拥有实施审计活动所必需的知识、技能和其他能力。

(7) 关于后续教育的规范

国家审计关于后续教育的规范全面、具体，具有可操作性，不仅对内容、质量提出了要求，还规定了学习时间。社会审计对此的规定是由《中国注册会计师职业后续教育基本准则》进行规范。中国内部审计协会在《内部审计人员后续教育实施办法》也作了相应的规范。

2. 政府审计职业道德的个性分析

政府审计是由国家审计机关代表国家所实施的审计。按内容可分为财政收支审计、财务收支审计和经济效益审计三类。目前，我国审计机关主要开展财政收支审计和财务收支审计。随着我国经济增长方式由粗放型逐步向集约型转变，人们越来

越关注经济效益问题。这就需要有独立于企业以外的权威审计机关对其进行审查、监督，保证审计具有较大的权威性，使审计不受任何行政干涉，充分发挥审计的职能作用，有效地保障审计的深度和广度。另外，政府审计人员首先是国家公务员，这决定了国家审计人员职业道德行为标准的特殊性。由于政府审计的特殊地位以及审计人员的特殊身份，决定了政府审计职业道德还应具备一些特殊的要求。

（1）具有“双重”职业道德特征

政府审计人员既是国家公务员又是执行国家审计职能的审计人员，因此，国家审计人员审计职业道德必然具有国家公务人员伦理道德要求的烙印，这是政府审计职业道德与非国家审计职业道德的本质区别。这一区别进一步反映在由国家审计对象、审计职能作用等所决定的国家审计职业道德特征中。比如从审计对象内容上来看，国家审计对象是政府受托责任，现代国家审计是一种重要的政治工具，在实现对行政权力的制约中充当“经济警察”的角色，国家审计是现代国家政治的组成部分，是国家机器运转中的一部分，必须与整个国家功能、政府功能协调活动。同时，在执行国家功能的诸多机构中，国家审计机构又扮演着特殊的审计鉴证、监督、评价等职能，进而具有维护国家政治、经济秩序安全运行的“免疫”功能。因此，政府审计在审计内容、审计范围、审计作用、审计方式方法程序等诸多方面与非政府审计具有一定的区别和特殊性，从而形成政府审计职业道德上的一些特殊性。作为国家审计机关审计人员的职业道德要求首先应强调其“忠诚”性，即忠诚于国家、忠诚于人民、忠诚于审计职业，在执行审计公务时应忠诚老实，实事求是；其次是作为审计职业固有要求应强调其“诚信”，即诚实守信、讲究信用、讲究职业承诺，不弄虚作假。

（2）政府审计人员要清正廉洁、刚正不阿

政府审计代表国家对国有资金的使用者进行经济监督和评价，与注册会计师审计的市场行为存在本质上的区别，为保持自己的专业精神，更好地履行自己的职业责任就必须保持清正廉洁、刚正不阿的思想风貌。

（3）谦虚谨慎、平易近人、深入实际、调查研究、依靠群众，与群众搞好关系

政府审计机构是国家机关，直属中央领导，与群众接触较少，为了完成工作任务就必须做到谦虚谨慎、平易近人，搞好与群众的关系。

（4）依法审计、不徇私情

在政府审计中，依法审计的要求十分重要，特别是对领导人员的离任审计，更需要客观公正，实事求是。实施审计时要结合企业资产、负债、损益的真实性、合法性审计查证结果，分清企业领导人员对单位违反国家及有关部门的违法违纪问题应负有的责任。

（5）不滥用职权，徇私舞弊

根据相关法律法规，政府审计人员被赋予一定的职权，其目的是为了保证更好地履行其职业责任。这些权利如果被滥用，成为政府审计人员谋取一己私利的手段，或者徇私舞弊的借口都将对政府审计职业造成重大的影响。

（四）世界各国政府审计职业道德的比较研究

政府审计在世界范围内的发展可谓源远流长，文硕在《世界审计史》中就已经指出："国家审计起源的前提条件是经济责任关系的存在。没有经济责任关系的存在，便不可能在人的思维体系上产生现实的冲动和真正的负担，以及在人的行动中表现充分的责任诉求；没有经济责任关系的存在，便不可能有审计行为、审计思想和审计制度的产生。"① 随着经济责任关系在奴隶制社会的确立，国家统治者就在自觉或不自觉地利用政府审计为巩固其统治地位服务。因此，无论是古代罗马、古代希腊，也无论是西周时代的中国，都建立了一套具有独立性和权威性的政府审计监督制度。因为统治阶层十分清楚审计监督制度对于防范官吏的腐化堕落、巩固政权和稳定经济方面的作用十分巨大。

人类历史进入封建社会，专制政治的发展达到了极致，以神秘性、独裁性和随意性为特征的专制制度造就了政府审计向上的组织结构，监督权逐级向上负责，最后不可避免地集中于少数人甚至一人之手。直到十九世纪末和二十世纪初，国家现代化的进程带动一批国家建立了具有独立性和权威性的政府审计制度，现代政府审计发展的序幕开始在世界范围内展开。之后，现代国家的民主政治进程不仅改变了政府审计的发展走向，也极大地推动了现代政府审计制度的日臻完善。相对于专制政治，民主政治的特点是透明性、民意性和科学性，民主政治缔造了现代政府审计向下的组织结构，监督权对下负责，代表人民对各级官员进行审计监督。

纵观世界各国政府审计的发展历程，民主政治覆盖的范围越大，民主的权力就越真实，人民通过政府审计机构对政府经济责任的制约就越强。但是，当今世界，每个国家在地理位置、历史发展、民族文化等方面各不相同，在社会制度、政治制度和发展程度上也不可避免地存在巨大差异，因此世界各国政府审计机构的性质自然各不相同。本文拟从世界范围内具有代表性的政府审计机构的设置模式入手，探讨不同设置模式下政府审计职业道德在基本框架和具体内容上的差别，以期寻求更适合我国具体审计环境的政府审计职业道德的规范建设之路。

1. 政府审计机构设置模式与审计职业道德规范的关系

（1）政府审计机构设置模式的概念界定

① 文硕．世界审计史，北京，企业管理出版社，1996年11月第2版，第5页。

我们可以将模式理解为解决某一类问题的方法论，将解决某类问题的方法总结归纳到理论高度就是模式。模式标志着事物之间隐藏的规律关系，而这些事物并不必然是图像、图案，也可以是数字，抽象的关系，甚至思维的方式。模式强调的是形式上的规律，而非实质上的规律。模式是对前人积累经验的抽象和升华，研究模式的过程就是从不断重复出现的事件中发现和抽象规律，总结解决问题的经验的过程。只要是一再重复出现的事物，就可能存在某种模式。根据著名建筑设计师 Alexander 的经典定义，每个模式都描述了一个在我们的环境中不断出现的问题，然后描述了该问题解决方案的核心。通过这种方式，你可以无数次地使用那些已有的解决方案，无须再重复相同的工作。由于模式的指导作用，在任何领域对模式的研究都将有助于优良设计方案的形成，并进而达成解决问题的最佳办法。

政府审计机构的设置模式是政府审计组织制度中的核心内容，它直接决定着政府审计的工作质量与政府审计制度安排的有效性。政府审计机构的设置模式包括审计监督机构的总体构成、隶属关系、社会地位、机构设置、上下级关系和各自相对的职权范围，其中最为重要的内容是政府审计组织的隶属关系和审计组织内部上下级之间的领导与被领导关系。众所周知，世界各国的政府审计机构具有各自不同的设置模式，而不同的设置模式对审计职业道德是否具有重大影响以及影响方式又如何呢？本文希望在对世界各国政府审计机构设置模式进行比较的基础上，归纳不同设置模式下政府审计职业道德在框架和内容方面的异同，进而探讨不同设置模式对审计职业道德的影响规律。

（2）政府审计机构设置模式的观点回顾

①以地理位置作为划分依据

盎格鲁撒克逊模式。该模式的代表国家是美国、英国、爱尔兰和受英国传统影响的亚非国家。该模式的特点是设置统一的政府审计机构，不论政府审计机构是否由议会负责组建，均与议会保持密切的关系，审计结果向议会报告，对议会负责。

拉丁模式。该模式的代表国家是法国、意大利、比利时等。该模式的特点是政府审计机构属于社团性组织，一般不依附于议会，也不与议会产生直接联系。

日耳曼模式。该模式的代表国家是联邦德国和奥地利。该模式的特点是设置统一的政府审计管理机构，但是以社团方式开展工作。政府审计组织不论是否隶属于议会，其拥有审计决策权的官员都受法律规定的制约，并对议会和政府负责。

斯堪的纳维亚模式。该模式的代表国家是挪威、瑞典和丹麦。该模式与日耳曼模式有相似之处，所不同的是政府审计机构虽然各司其职，但更强调互相协作。

拉美模式。该模式的代表国家是西班牙和葡萄牙。该模式的特点是政府审计工作在一般情况下由一个专门机构负责，但有时在一个国家内部也可以有两个政府审计部门同时存在，其中一个部门负责审计工作，另一个部门负责司法监督工作。

东欧模式。该模式的代表国家是前苏联、匈牙利、捷克等。该模式的特点是在高度集中的政治经济体制下，政府审计机构由政府设立，政府审计机构既可以是部级单位，也可以是隶属于国家中央银行的司局级单位。

②以国家机构组织的分权制作为划分依据

按照国家机构组织的分权制对政府审计机构设置模式进行划分是较为流行的观点。文硕就曾指出根据国家机构组织的分权制，将政府审计机构分成具有立法性质、司法性质、行政性质和独立性质的四种模式是现代政府审计机构设置的基本模式。①

综观世界各国政府审计机构的设置，凡是采用“三权分立”结构的国家基本都建立了立法模式、司法模式或独立模式的政府审计机构。政府审计机构的设置目的在于从经济监督的角度，为分立权力体系构造一个相互制衡的机制，以保证国家资产的安全和有效，保障政府官员的廉洁奉公。在这三种模式中，立法模式偏重于审计监督对整个国家机器正常运转的制衡作用，并运用强化服务性的方法来保证政府审计机构的独立性。司法模式偏重于强调政府审计机构的权威性，在运用法律形式强化这种权威性的同时，通过这种权威性的扩大实现政府审计机构的独立性。独立模式则偏重于对分立的三权保持中立地位，在不受任何一方影响的前提下实施审计监督，以保护国家的最大利益。

立法模式的政府审计机构主要向议会提供服务，审计的重点基本上是围绕议会的财政权范围展开的，其核心是监督国家财产的收支和分配以保证预算和决算资金的合规性和有效性。独立模式的政府审计机构由于超脱于三权之外，将同时向立法机构和行政机构提供服务，但更倾向于立法机构。因此，在国家大量干预社会经济生活的当今世界，立法模式和独立模式的政府审计机构宏观服务的职能倾向更加明显，他们虽然并不直接干预政府和部门的决策，但其对国家公共资金使用情况的建设性批评会对议会的宏观决策产生积极的影响，并能通过审计结果的公开化对资金使用人产生有效的约束。相比之下，司法模式的政府审计机构虽然也向议会提供服务，但由于政府审计机构同时还负有一定的司法权力或司法职能，需要根据经济责任的履行情况确定对政府官员的奖励和惩戒，其提供的服务更多的是一种具有微观特征的服务。因此，司法模式的政府审计机构更侧重于审查和追究当事人的财务责任，而不仅仅局限于向议会提供建设性批评与建议。

与上述三种模式不同，行政模式大多是非“三权分立”政体的国家建立政府审计机构时选择的模式。这些国家的立法、行政和司法三大权力系统之间的关系并不是平衡制约的关系，而是一种相互隶属的层次结构关系。政府审计机构的本质是

---

① 文硕．现代国家审计，中国审计学会：审计研究资料，1989 (1)．

一种上级权力系统对下级权力系统的监督和管理，以致政府审计机构和被审计机构在整个政治权力管理系统中的关系其实是上下级之间的监督和制约关系，政府审计机构代表的是一种更高层次的权力体系。因此，行政模式政府审计机构提供的审计服务主要是围绕上级权力机构的决策需要展开的，上级机关的意志在相当大的程度上左右着政府审计机构的工作目标和范围。

③对分权制划分依据的修正

自我国审计署成立以来，国内审计理论研究者和实务工作者一直没有停止对政府审计设置模式的研究和探索。李金华就曾经指出："我认为独立型与立法型、司法型、行政型不能并列。世界上所有国家的审计都是独立的，不管是对议会负责还是对政府负责，都是独立的。即使德国是对法律负责，但实际上还是向议会负责，向议会报告工作。独立性是世界各国审计最基本的共同特征，把独立型跟司法型、立法型、行政型并列，在一个层面上对比是不科学的。世界上没有一个国家的审计机关是立法型，多数国家的审计机关是对立法机构负责，向立法机构报告工作，而不作为议会的下属单位。议会只有指导意义却不具有领导意义，他们之间是合作关系，不属于立法型。司法型确实存在，但不是完全意义上的司法型。行政型是存在的，隶属于政府。很多国家的审计机关隶属于政府，但又不完全是政府的职能部门，同时也要向议会报告工作，日本就是如此。"① 刘家义进而对政府审计机构设置模式的分权制划分依据进行了修正，将政府审计机构的设置模式修正为三类：第一类是政府审计机构对议会负责并向议会报告工作，这种类型占大多数且越来越多，尤其是市场经济发达国家大多如此；第二类是政府审计机构属于司法序列，拥有部分司法权，但要向议会报告工作并对议会负责，这些国家的审计法院，从组织架构来说属于司法序列，但同时必须对议会负责并向议会报告工作；第三类是政府审计机构属于政府序列，对政府负责并向政府和议会报告工作，典型的是中国。我国政府审计机构是政府的组成部门，但每年的预算执行审计和其他财政收支审计情况既要向政府报告，又要受政府委托向人大常委会报告。②

（3）政府审计机构设置模式与审计职业道德规范体系的关系

道德是调节人们相互关系的行为原则和规范的总和，职业道德是从事一定职业的人员在其工作过程中应遵循的、与其特定职业活动相适应的道德原则和行为规范，也是整个行业对社会及其公众所承担责任与义务的明确界定。根据安德鲁·阿伯特提出的职业理论，任何一项职业的产生、维系与发展都必须要构建一套随社会环境的变化而不断变化的抽象知识观念体系以保护和发展该职业的职责范围。审计

① 李金华. 加强我国审计监督工作的若干思考，中央财经大学学报，2003（8）：1-7.

② 刘家义. 世界主要国家审计制度的比较与思考，中国审计，2004（21）.

职业也不例外，对其职业道德的认识及其标准的制定和实施就是该职业的抽象观念体系的重要组成部分。而政府审计机构的设置模式正是该职业抽象观念体系的具象表现形式之一，那么政府审计机构的不同设置模式必然会对政府审计职业道德的基本原则和框架结构产生影响。不同设置模式的政府审计机构在选择审计职业道德框架、构建审计职业道德规范体系、确定审计职业道德基本原则和制定审计职业道德具体规则方面都会呈现出一些不同的考虑和侧重。

2. 政府审计职业道德框架的比较研究

对政府审计职业道德框架的比较研究将集中在外部框架和内部框架两个方面进行，外部框架是指政府审计职业道德在政府审计整个规范体系中的所处位置，内部框架则是指政府审计职业道德规范自身的框架结构。

（1）政府审计职业道德的外部框架比较

综观世界范围内各个国家政府审计职业道德在政府审计整体规范体系中的所处位置，可以归纳出以下几种模式：

①在政府审计相关法律中进行明确界定

为强调政府审计在国民经济监督体系中的重要地位，世界范围内很多国家都颁布了审计法。1901 年，澳大利亚联邦议会就通过了第四部法，即《1901 年审计法》，该法是一项关于公共资金的收支、公共账目的审计，以及公共财产的保护和赔偿的法律。1918 年，奥地利通过了《政府审计法》，规范了最高审计院的权力，1948 年的《审计院法》又进一步明确了最高审计院的职责。1921 年，美国颁布了《预算会计法》，根据该法在国会之下设立了独立的政府审计机构，即审计总署。1947 年，日本颁布了《会计检察院法》，改革和强化了会计检察院的法律地位、组织结构和职权范围。1955 年，肯尼亚政府颁布了《国库审计法》，对主计审计长公署的职责和权限进行了规定。1961 年，坦桑尼亚颁布了《财政和审计法》，为坦桑尼亚建立现代政府审计制度奠定了基础。1973 年，巴基斯坦颁布了《审计与会计令》，对审计长的职权进行了具体规定。1973 年，瑞典颁布了《国家审计法》，规定了国家审计局的职责和权限。1977 年，加拿大议会通过了《审计长法》，授予审计长更广泛的权力。1979 年，泰国颁布审计条例，并依据该条例对政府审计机构进行了改组。1982 年，西班牙通过了《审计法院组织法》，并依据该法成立了新的审计法院。1983 年，英国议会通过了《国家审计法》，并依据该法设立了国家审计署。1988 年，以色列以基本法的形式通过和颁布了《国家审计长法》，明确了国家审计长公署的地位。一些国家则是在国家宪法中确立了政府审计的地位，并对其进行了相应的规范，诸如塞浦路斯、巴西、德国、希腊、印度、意大利、韩国、荷兰、菲律宾等。我国在 1994 年颁布了《中华人民共和国审计法》，并于 2006 年对该法进行了修订。《中华人民共和国审计法实施条例》于 2010 年 2 月 2 日国务院第

100 次常务会议修订通过，自 2010 年 5 月 1 日起施行。

这些国家的政府审计法规中都或多或少地针对政府审计职业道德进行了规范。例如，在我国审计法中就有“审计机关和审计人员办理审计事项，应当客观公正，实事求是，廉洁奉公，保守秘密。”① 对比各国政府审计法规中对政府审计职业道德的界定可以看到两个方面的特征：第一，在政府审计相关法规中对政府审计职业道德的界定都是一些概括性的原则规定，以体现法律层面对政府审计职业道德的重视程度，而更具体的规定通常出现在法规实施条例或政府审计准则中；第二，在政府审计相关法规中提出政府审计职业道德基本观念的同时还明确了相应的法律责任和惩戒措施，彰显了各国在法律层面对政府审计职业道德基本原则的实施力度。例如，我国审计法规定：“审计人员滥用职权、徇私舞弊、玩忽职守或者泄露所知悉的国家秘密、商业秘密的，依法给予处分；构成犯罪的，依法追究刑事责任。”②

在法律层面上对政府审计职业道德进行的界定彰显了各国对政府审计职业道德的高度重视，特别是在法律层面对政府审计机构和人员违反职业道德的法律责任和惩戒措施的规定不仅营造了遵循职业道德的警示氛围，也更加强化了政府审计职业道德的实施力度。

②与政府审计准则合并进行统一规定

综观世界各国的政府审计机构，为对政府审计工作进行更加详细地规范和指导，都普遍制定和颁布了政府审计准则。职业道德方面的更细节规定也通常被纳入政府审计准则，与政府审计准则合并进行统一的规范。例如，美国审计总署的《政府审计准则》中的第二章就是《政府审计的道德原则》，其中明确指出：“由于政府审计对于政府履行对社会公众的受托责任是至关重要的，社会公众必然期望政府审计组织和审计人员在执行审计工作时按照一般公认政府审计准则遵循道德原则。”③

在法律层面对政府审计职业道德的界定凸显了其重要性和权威性，但是不可否认的是在法律层面对政府审计职业道德的界定通常都是原则性的、高度概括性的，以提出职业道德的基本观念和强调其重要性为主，不可能对职业道德的具体细节进行详尽的规定。相比之下，在政府审计准则层面就可以实现对政府审计职业道德更加详细的规范。将法律层面的道德观念进行更加明确的细化，不仅便于政府审计机

---

① 《中华人民共和国主席令第四十八号：中华人民共和国审计法》（2006 年 2 月 28 日颁布，2006 年 6 月 1 日生效）第六条。

② 《中华人民共和国主席令第四十八号：中华人民共和国审计法》（2006 年 2 月 28 日颁布，2006 年 6 月 1 日生效）第五十二条。

③ Government Auditing Standards, July 2007 Revision, Ethical Principles in Government Auditing, United States Government Accountability Office, p. 24.

构和人员对职业道德的深入理解，也便于其在实际工作中的遵照执行。美国政府审计准则第二章《政府审计的道德原则》中就指出："在这一章中提出的道德原则不仅为运用一般公认政府审计准则提供了基础、规则和结构，也营造了对该运用具有影响的氛围。"①

③自成体系进行相对独立的规范

虽然很多国家将政府审计职业道德纳入政府审计准则合并进行规定，但是政府审计职业道德和审计准则实际上并非是相同层面的规范。政府审计职业道德是所有政府审计机构和全部政府审计机构从业人员规范自身行为的标准，应该属于社会道德规范的范畴，相比政府审计准则的规范范畴要宽泛很多。第一，政府审计准则只是对政府审计机构和人员在完成政府审计工作时的行为规范，职业道德规范则不仅是对政府审计机构和人员在完成政府审计工作时的道德规范，而是对其自身行为的更广泛约束；第二，政府审计准则主要是对政府审计机构和审计人员的审计行为规范，而职业道德规范则将规范对象从政府审计机构和审计人员扩展到政府审计机构及其全体从业人员；第三，政府审计准则着重从技术的角度对政府审计机构和审计人员的行为提出要求，而职业道德规范则更侧重于从社会道德的角度对政府审计机构和审计人员的行为提出要求。

由此可见，在针对政府审计的规范体系中，政府审计职业道德规范是高于政府审计准则的，政府审计职业道德是对政府审计行业的全方位规范，因此在形成规范政府审计行为的政府审计准则时，必须以政府审计职业道德规范作为依据，在政府审计准则中充分体现政府审计职业道德规范的要求。有鉴于此，将政府审计职业道德与政府审计准则合并进行规定，使政府审计职业道德规范成为政府审计准则一部分的做法是不合理的。将政府审计职业道德独立出来，进行自成体系的规范，并置于政府审计规范体系的最高位置才能更好地体现政府审计职业道德对政府审计行业的重要约束机制以及对政府审计规范体系中其他类型规范的指导意义。

（2）政府审计职业道德的内部框架比较

如果要将政府审计职业道德进行自成体系的独立规范就必须合理安排其内部结构与框架，因为合理的内部结构与框架是构建良好职业道德规范体系的重要保证。对世界各国政府审计现有职业道德规范的比较研究显示，大多数国家的政府审计职业道德都是被纳入政府审计准则合并规定的，而且政府审计职业道德也多以原则性规定为主。同时，政府审计职业道德各项规定的层次和关系不明，也缺少更加详细的具体规定。由此可见，政府审计职业道德的内部框架不健全是世界范围内各个国

① Government Auditing Standards, July 2007 Revision, Ethical Principles in Government Auditing, United States Government Accountability Office, p. 24.

家普遍存在的问题。内部框架的不健全不仅阻碍了政府审计职业道德规范的建设进程，更加影响到政府审计职业道德规范对政府审计行业职业道德实施规范的力度，从而危及全行业职业道德水平的提高，甚至引发社会公众对政府审计行业的信任危机。

健全的政府审计职业道德规范框架应当既包括对职业道德观念的原则性规定，也包括对职业道德基本原则的具体实施具有指导作用的可操作规定。同时，在完善政府审计职业道德规范对道德行为实施具体指导的基础上，还必须将政府审计职业道德的作用方式和约束机制纳入政府审计职业道德规范的框架中来。为此，政府审计职业道德规范的框架应该包括政府审计职业道德的基本原则、政府审计职业道德的具体行为规则、对政府审计职业道德具体行为规则的解释以及政府审计职业道德的约束机制。按照这样的政府审计职业道德规范框架构建政府审计职业道德规范体系才能体现从抽象理念到具体规定，再从具体规定到实际执行的鲜明层次，才能在彰显政府审计职业道德重要作用的同时，形成易于理解和方便操作的明确指南。

（五）关于国家审计机关审计人员职业道德冲突

国家审计机关审计人员职业道德冲突的形式与内容：

1. 忠诚冲突

国家审计机关审计人员既要对他们的职业又要对他们的雇主（国家、国务院及各地方人民政府）负有忠诚的义务，有时这两方面会发生冲突。

2. 激励冲突

社会审计在履行审计职责时直接与其经济利益及报酬密切挂钩，存在一定程度的激励相容性，但是，国家审计机关审计人员履行审计职责与其经济利益和报酬是绝对不能直接相关的，存在相当程度的激励不相容性，因此，国家审计机关审计人员在履行审计职责时可能存在一定的“偷懒性”道德冲突，有时还可能存在极端的“徇私舞弊”“玩忽职守”等形式的冲突。

3. 职权冲突

按照《审计法》等相关法律要求，国家审计机关审计人员拥有国家审计“特权”，国家审计机关审计人员在履行国家审计职权过程中，有时会发生“滥用职权”的违法违纪行为，造成职权冲突。

4. 职务冲突

我国国家审计机关审计人员行政管理体制采取了“双重”管理模式，当国家审计机关对审计人员要求与同级人民政府要求不相一致时，国家审计机关审计人员在履行审计职责的过程中可能会为了职务的稳定或升迁而降低或放松审计规则要求，从而使审计质量受损，造成某种程度的职务冲突。

5. 其他道德冲突

除上述道德冲突外，国家审计机关审计人员职业道德冲突还有多种，如法律法规冲突、纪律冲突、保密冲突、利害关系冲突、谨慎性冲突、专业胜任能力冲突，等等。

三、研究结论与建议

（一）研究结论

1. 国家审计机关审计人员职业道德两重性特征

国家审计机关审计人员职业特点首先是国家公务员，其行为应符合国家公务员职业道德行为规范要求，其核心是代表国家行使公权力，维护国家形象和公民利益，应全心全意为人民服务，强调对国家、对人民事业、权益与利益的忠诚；其次国家审计机关审计人员又是公务员中分工负责国家审计职责的，其职业道德行为还必然要符合审计职业道德行为特征与要求，强调其独立性、诚信、客观、公正、谨慎性及专业胜任能力等要求。职业道德的两重性就决定了国家审计机关审计人员职业道德行为规范的基本特征与要求。

2. 国家审计机关及其审计人员独立性的相对性特征

在我国，国家审计机关在国务院总理领导下，依法组织领导全国的审计工作，对国务院各部门和地方各级政府的财政收支、对国家的财政金融机构和企事业组织的财务收支等进行审计监督。审计署对国务院负责，向其报告工作。县级以上各级人民政府设立审计机关，分别负责本级审计机关范围内的审计事项，对上级审计机关和本级人民政府负责并报告工作。这使得国家审计机关审计人员职业道德行为的独立性要求在一定程度上有别于社会审计独立性特征。

3. 修订完善审计职业道德规范的必要性

从我国审计职业道德发展情况来看，修改完善并制定一部完整的审计职业道德行为规范很有必要。1996 年审计署发布《审计机关审计人员职业道德准则》，2000 年审计署发布《审计署关于印发加强审计纪律的规定》，2001 年审计署颁布《审计机关审计人员职业道德准则》，2006 年审计署制定《审计机关文明礼仪公约》，2008 年底审计署修订出台新的《审计署关于加强审计纪律的八项规定》；审计职业道德行为规范有时还包括在如《审计署审计项目质量责任追究办法》《违反审计法律法规行为处分暂行规定》《审计署贯彻落实问责规定的具体意见》以及其他一些具体的规章制度中。规范内容分散、体例也不统一，对于规范、监督职业道德行为不够方便，因此，有必要修改完善并制定一部完整的审计职业道德行为规范。

4. 关于审计职业道德行为规范内容体系的政策建议

关于审计机关审计人员审计职业道德规范名称，我们建议使用“国家审计机关审计人员职业道德行为守则”。关于审计职业道德行为规范内容体系，建议分为五个部分，即第一部分为基本原则，规定国家审计人员审计职业道德行为的基本原则；第二部分为基本概念框架，规范对遵循职业道德基本原则所产生的不利影响因素、应对措施及道德冲突解决；第三部分为财政审计事项中职业道德的具体要求；第四部分为独立性要求；第五部分为非财政审计业务事项职业道德要求。

本课题研究的主要局限性，一是对国家审计机关审计人员职责、行为特征及具体行为内容等基础理论问题的探讨不够深入，致使对审计机关审计人员职业道德行为守则具体内容的理论分析缺少深度；二是研究方法的运用主要采用规范研究及文献、制度、历史演变分析比较研究方法，实证研究方法除对部分审计职业道德冲突中行政处罚、法律处罚的实证分析运用外，其他部分内容缺乏实证研究，使得课题研究依据及相应结论缺乏理论论证力和说服力，有待进一步完善与补充。

（二）政策建议

总结以上各章研究内容，本课题组认为完善我国审计职业道德建设的当务之急，是在深入研究已经快速变化发展的我国国家审计理论与实践需要的基础上，将原有的《审计机关审计人员职业道德准则》和“八不准”等职业道德规范进行必要整合，依据新的《中华人民共和国审计法实施条例》及《中华人民共和国公务员法》等法规要求，重新拟订我国国家审计职业道德规范体系。为此本课题组提出以下政策建议。

1. 关于国家审计机关审计人员职业道德行为守则名称建议

2001 年审计署颁布《审计机关审计人员职业道德准则》使用了“准则”一词，从汉语词典的解释来看，“准则”的解释是“言论、行动等所依据的原则”；“守则”的解释是“共同遵守的规则”。作为规范、约束职业人道德行为标准的规则显然不能仅规范基本原则，更应该对职业人的职业道德行为作出具体明确的规范，以便于贯彻执行，因此，我们采用了“行为守则”。

2. 关于国家审计机关审计人员职业道德行为守则内容结构建议

2001 年审计署颁布《审计机关审计人员职业道德准则》一款十八条，执行已经十年，在提高审计人员素质、加强职业道德修养、严肃审计纪律、贯彻《中华人民共和国审计法》和《中华人民共和国国家审计基本准则》等法规制度要求方面，都发挥了积极的重要作用；同时，为进一步完善国家审计机关审计人员职业道德行为守则内容建设奠定了实践与理论基础。

综合以上研究结果，本课题提出以下关于国家审计机关审计人员职业道德行为守则规范内容体系及其相应规范草案，分为五个部分，包括“中国国家审计机关审计人员职业道德行为守则第 1 号——职业道德行为基本原则”“中国国家审计机关审计人员职业道德行为守则第 2 号——职业道德概念框架”“中国国家审计机关审计人员职业道德行为守则第 3 号——审计人员履行审计职责的具体要求”“中国国家审计机关审计人员职业道德行为守则第 4 号——财政审计业务对独立性的要求”“中国国家审计机关审计人员职业道德行为守则第 5 号——非财政审计业务对独立性的要求”。

参考文献

［1］文硕．世界审计史［M］．北京：企业管理出版社，1996.

［2］李金华．加强我国审计监督工作的若干思考［J］．中央财经大学学报，2003（8）：16.

［3］刘家义．世界主要国家审计制度的比较与思考［J］．中国审计，2004（21）：35－36.

［4］杨时展．国家审计的本质［J］．当代审计，1982（2）：62.

［5］秦荣生．受托经济责任论［M］．大连：东北财经大学出版社，1994.

［6］廖洪，余玉苗．审计比较研究［M］．武汉：武汉大学出版社，1996.

［7］李齐辉，吕先锫，许道俊，刘新琳．试论我国审计制度的构建与创新［J］．审计研究，2001（2）：34－39.

［8］王少华，吕建平．新编公务员行为规范读本．中国人事出版社，2009.6，257－267.

［9］尹平．现行国家审计体制的利弊权衡与改革抉择［J］．审计研究，2001（4）：43－52.

［10］项俊波．论我国审计体制的改革与重构［J］．审计研究，2001（6）：18－23.

［11］吴联生．政府审计机构隶属关系评价模型［J］．审计研究，2002（6）：14－18.

［12］杨肃昌，肖泽忠．中国国家审计制度：调查，问题，改革［J］．内蒙古财经学院学报，2004（3）：25－31.

［13］萧英达，张继勋，刘志远．国际比较审计［M］．北京：立信会计出版社，2000.

［14］D. C. 诺思．制度变迁的理论：概念与原因［A］．财产权利与制度变迁，产权学派与新制度学派译文集［M］．上海：三联书店，1991.

［15］项俊波．国家审计法律制度研究［M］．北京：中国时代经济出版社，2002.

［16］章显中．审计的社会政治观［M］．香港：新时代出版社，1997.

［17］中华人民共和国审计署．审计工作重要文件选编［C］．北京：中国审计出版社，1993.

［18］李金华．中国审计史（第三卷，上）［M］．北京：中国时代经济出版社，2005.

［19］D. C. 诺思．制度、制度变迁和经济绩效［M］．上海：三联书店，1994.

［20］李金华．中国审计史（第一卷）［M］．北京：中国时代经济出版社，2004.

［21］杨肃昌，肖泽忠．论宪法思想对审计制度的影响［J］．审计研究，2004（1）：44－51.

［22］李士梅．信誉的经济学分析．经济科学出版社，2005.

［23］本书编写组．公民道德建设实施纲要学习读本．红旗出版社，2001.11.

［24］审计署．审计机关审计人员职业道德准则（2001）审计署令第3号，2001.

［25］刘家义．以科学发展观为指导 推动审计工作全面发展［J］．审计研究，2008（3）．

［26］石爱中．加强审计理论研究——坚持审计实践，注重研究方法［J］．审计研究，2008（3）．

［27］宋夏云．中国国家审计独立性的损害因素及控制机制研究——基于246位专家调查的初步证据［J］．审计研究，2007（1）．

［28］吴建友．审计师道德决策模型比较及启示：基于准则与基于认知发展阶段［J］．审计研究，2007（2）.

［29］干胜道，王磊．基于信息不对称的政府审计风险的控制研究［J］．审计研究，2006.

[30] 蔡春，陈孝．现代审计功能扩展研究的概念框架［J］．审计研究，2006. 4.

[31] 国际会计师联合会（中国注册会计师协会组织翻译）．职业会计师道德守则，北京：中国财政经济出版社，2003. 4.

[32] 黄明哲等．加强我国审计职业道德建设的策略思考．当代经济管理，2007. 4.

[33] 胡晓明．论审计职业道德失范与监管模式重构［J］．改革，2003. 2.

[34]［加］莱昂纳多·J. 布鲁克斯（Leonard J. Brooks）著，刘霄仑，等译．商务伦理与会计职业道德［M］．北京：中信出版社，2004. 1.

[35] 李树华．审计独立性的提高与审计市场的背离［M］．上海：三联书店，2000.

[36] 黄世忠，张胜芳，叶丰滢．会计舞弊之反思［M］．大连：东北财经大学出版社，2004.

[37] 王玉珍．道德秩序的经济学分析［M］．北京：经济科学出版社，2005.

[38] 刘小兵．政府管制的经济分析［M］．上海：上海财经大学出版社，2004.

[39] 刘燕．会计师民事责任研究［M］．北京：北京大学出版社，2004.

[40] 廖进，赵东荣．诚信与社会发展［M］．成都：西南财经大学出版社，2004.

[41] 林钟高，魏立江．会计再造：美国 2002 年萨班斯—奥克斯利法案启示录［M］．北京：经济管理出版社，2004. 4，52－53.

[42] 赵德武，马永强．管理层舞弊、审计失败与审计模式重构［J］．会计研究，2006. 4

[43] 财政部赴加拿大培训考察团．加拿大注册会计师行业管理及会计审计准则的国际协调［J］．会计研究，2006. 5.

[44] 何立慧．论我国会计信用法律体系的构建．会计研究［J］. 2006. 10.

[45]《注册会计师执业环境问题研究》课题组．注册会计师执业环境与审计质量问题研究［J］．会计研究，2006. 10.

[46] 龙晓海等．注册会计师独立性的微观动机和宏观行为：综述、分析和展望［J］．会计研究. 2006. 8.

[47] 中国注册会计师协会．中国注册会计师职业道德守则．北京：中国财政经济出版社，2009. 10.

[48] 韩传模．关于会计职业道德的认识问题［J］．财会通讯，2006. 7.

[49] 雷光勇，王立彦．投资秩序与利益相关者审计［J］．审计研究，2006. 1.

[50] 魏朱宝．注册会计师审计独立性弱化：市场缺陷与政府失灵［J］．审计研究，2005. 5.

[51] 吴水澎，刘启亮．会计制度公共领域与会计职业道德［J］．会计研究，2005. 11.

[52] 黎来芳．商业伦理诚信义务与不道德控制．会计研究［J］. 2005. 11.

[53] 黄世忠．扭转造假成本与效益失衡的重要砝码［J］．会计研究，2005. 5.

[54] 吴联生．审计意见购买：行为特征与监管策略［J］．经济研究，2005. 7，66－75.

[55] 耿建新等．对 2004 年台湾会计舞弊案的思考［J］．审计研究，2005. 4，p. 20－25.

[56] 雷光勇．企业会计契约：动态过程与效率［J］．经济研究，2004. 5.

[57] 马骏．体制不协调与监管瓶颈：我国会计监管体制的演变及路径选择［J］．会计研究，2005. 8. 15－20.

[58] 陈建明．注册会计师行业质量控制体系研究［J］．会计研究，2004. 3.

[59] 吴联生，王亚平．有效会计监管的均衡模型［J］．经济研究，2004. 6.

[60] 王化成．多管齐下建设中国注册会计师的诚信环境［J］．中国审计，2004（4）：28.

[61] 刘永泽，陈艳．政府与监管与行业自律导向的现实选择［J］．会计研究，2002（11）.

[62] 郝振平．审计监管体系的构建与完善［J］．审计研究，2001. 6.

［63］ Arieh Goldman and Benzion Barlev，“The Auditor – Firm Conflict of Interests：Its Implications for Independence”. The Accounting Review，October，1974：707 – 718.

［64］ Craswell，A，J. Francis，S. Taylor. Auditor brand name reputations and industry specializations［M］. Journal of Accounting and Economics，1995.

［65］ Palmrose. An analysis of auditor litigation and audit service quality［M］. The Accounting Review，1988.

附录

中国国家审计机关审计人员职业道德行为守则第1号

——职业道德行为基本原则

第一章 总 则

第一条 为了规范国家审计机关审计人员职业行为，提高国家审计机关审计人员职业道德水平，维护国家审计机关审计人员职业形象，根据《中华人民共和国审计法》、《中华人民共和国公务员法》和《中华人民共和国国家审计基本准则》，制定本守则。

第二条 国家审计机关审计人员应当遵守本守则，履行相应的国家审计公职和社会责任，维护国家和公众利益。

第三条 国家审计机关审计人员应当遵循忠诚和诚信原则、客观和公正原则，在办理审计事项时保持独立性，不受其他行政机关、社会团体和个人的干涉。

第四条 国家审计机关审计人员应当获取和保持专业胜任能力，保持应有的关注，勤勉尽责。

第五条 国家审计机关审计人员应当履行保密义务，对职业活动中获知的涉密信息保密。

第六条 国家审计机关审计人员应当维护职业声誉，树立良好的职业形象。

第二章 忠诚和诚信

第七条 国家审计机关审计人员应当在所有的职业活动中，忠诚于国家和审计职业，保持正直，诚实守信。

第八条 国家审计机关审计人员如果认为业务报告、申报材料或其他信息存在下列问题，则不得与这些有问题的信息发生牵连：

（一）含有严重虚假或误导性的陈述；

（二）含有缺少充分依据的陈述或信息；

（三）存在遗漏或含糊其辞的信息。

国家审计机关审计人员如果注意到已与有问题的信息发生牵连，应当采取措施消除牵连。

第九条 在审计业务中，如果存在本守则第八条第一款的情形，国家审计机关审计人员依据执业准则出具了恰当的审计业务报告，不被视为违反第八条的规定。

第三章 独立性

第十条 国家审计机关审计人员办理审计事项时，应当从实质上和形式上保持独立性，不得因任何利害关系影响其客观性。

第十一条 各级审计机关在执行审计业务事项时，应当从整体层面和具体业务层面采取措施，以保持审计机关和项目组的独立性。

第四章 客观和公正

第十二条 国家审计机关审计人员应当公正处事、实事求是，不得由于偏见、利益冲突或他人的不当影响而损害自己的职业判断。

第十三条 如果存在导致职业判断出现偏差，或对职业判断产生不当影响的情形，国家审计机关审计人员不得办理相关专业业务。

第五章 专业胜任能力和应有的关注

第十四条 国家审计机关审计人员应当通过教育、培训和职业实践获取和保持专业胜任能力。

第十五条 国家审计机关审计人员应当持续了解并掌握当前法律、技术和实务的发展变化，将专业知识和技能始终保持在应有的水平，确保办理审计事项时具有专业水准。

第十六条 在应用专业知识和技能时，国家审计机关审计人员应当合理运用职业判断。

第十七条 国家审计机关审计人员应当保持应有的关注，遵守审计准则和职业道德规范的要求，勤勉尽责，认真、全面、及时地完成工作职责与任务。

第十八条 国家审计机关审计人员应当采取适当措施，确保在其领导下工作的人员得到应有的培训和督导。

第十九条 国家审计机关审计人员在必要时应当使各级人民政府以及业务报告的其他使用者了解审计专业的固有局限性。

第六章 保 密

第二十条 国家审计机关审计人员应当对职业活动中获知的涉密信息保密，不得有下列行为：

（一）未经审计机关授权或法律法规允许，向审计机关以外的第三方披露其所获知的涉密信息。

（二）利用所获知的涉密信息为自己或他人谋取利益。

第二十一条 国家审计机关审计人员应当对拟接受的审计单位向其披露的涉密信息保密。

第二十二条 国家审计机关审计人员应当对所在审计机关的涉密信息保密。

第二十三条 国家审计机关审计人员在社会交往中应当履行保密义务，警惕无意中泄密的可能性。

第二十四条 国家审计机关审计人员应当采取措施，确保下级员工以及提供建议和帮助的人员履行保密义务。

第二十五条 在终止与被审计单位的关系后，国家审计机关审计人员应当对以前职业活动中获知的涉密信息保密。

如果获得新的被审计单位，国家审计机关审计人员可以利用以前的经验，但不得利用或披露以前职业活动中获知的涉密信息。

第二十六条 在下列情形下，国家审计机关审计人员可以披露涉密信息：

（一）法律法规允许披露，并取得客户的授权；

（二）根据法律法规的要求，为法律诉讼、仲裁准备文件或提供证据，以及向监管机构报告所发现的违法行为。

（三）法律法规允许的情况下，在法律诉讼、仲裁中维护自己的合法权益。

（四）接受国家审计机关或监管机构的执业质量检查，答复其询问和调查；

（五）法律法规、执业准则和职业道德规范规定的其他情形。

第二十七条 在决定是否披露涉密信息时，国家审计机关审计人员应当考虑下列因素：

（一）被审计单位同意披露的涉密信息，是否为法律法规所禁止；

（二）如果被审计单位同意披露涉密信息，是否会损害利害关系人的利益；

（三）是否已了解和证实所有相关信息；

（四）信息披露的方式和对象；

（五）可能承担的法律责任和后果。

第七章 良好职业行为

第二十八条 国家审计机关审计人员应当遵守相关法律法规，避免发生任何损害职业声誉的行为。

第二十九条 国家审计机关审计人员在向公众传递信息以及介绍自己和工作时，应当客观、真实、得体，不得损害职业形象。

第三十条 国家审计机关审计人员应当诚实、实事求是，不得有下列行为：

（一）夸大宣传自己的工作、拥有的资质或获得的经验；

（二）贬低或无根据地比较其他国家审计机关审计人员的工作。

第八章 附 则

第三十一条 本守则自 年 月 日起施行。

中国国家审计机关审计人员职业道德行为守则第2号
——职业道德概念框架

第一章 总 则

第一条 为了规范国家审计机关审计人员职业行为，建立职业道德概念框架，指导国家审计机关审计人员遵循职业道德基本原则，制定本守则。

第二条 职业道德概念框架是指解决职业道德问题的思路和方法，用以指导国家审计机关审计人员：

（一）识别对职业道德基本原则的不利影响；

（二）评价不利影响的严重程度；

（三）必要时采取防范措施消除不利影响或将其降低至可接受的水平。

第三条 在运用职业道德概念框架时，国家审计机关审计人员应当运用职业判断。

第四条 如果发现存在可能违反职业道德基本原则的情形，国家审计机关审计人员应当评价其对职业道德基本原则的不利影响。在评价不利影响的严重程度时，国家审计机关审计人员应当从性质和数量两个方面予以考虑。

第五条 如果认为对职业道德基本原则的不利影响超出可接受的水平，国家审计机关审计人员应当确定是否能够采取防范措施消除不利影响或将其降低至可接受的水平。

第二章 对遵循职业道德基本原则产生不利影响的因素

第六条 国家审计机关审计人员对职业道德基本原则的遵循可能受到多种因素的不利影响。不利影响的性质和严重程度因国家审计机关审计人员类型的不同而不同。

可能对遵循职业道德基本原则产生不利影响的因素包括自身利益、自我评价、过度宣传、密切关系和外在压力。

第七条 自身利益导致不利影响的情形主要包括：

（一）审计人员办理审计事项，与被审计单位或者审计事项有直接利害关系的；

（二）审计人员过分期望得到审计机关或被审计单位的工作肯定、褒奖或赞许；

（三）审计项目组成员与被审计单位或者审计事项存在重要且密切的利害关系；

（四）审计人员担心可能失去某项重要工作；

（五）审计人员或审计项目组成员办理审计事项过程中或之前曾经接受被审计单位的住宿费、餐费等的支付或补贴；

（六）审计人员或审计项目组成员办理审计事项过程中或之前曾经参加被审计单位安排的宴请、旅游、娱乐和联欢等活动；

（七）审计人员或审计项目组成员办理审计事项过程中或之前曾经接受被审计单位的任何纪念品、礼品、礼金、消费卡和有价证券；

（八）审计人员或审计项目组成员办理审计事项过程中或之前曾经在被审计单位报销任何因公因私费用；

（九）审计人员或审计项目组成员办理审计事项过程中或之前曾经使用被审计单位的交通工具、通讯工具等办公条件办理与审计工作无关的事项；

（十）审计人员或审计项目组成员办理审计事项过程中或之前曾经向被审计单位提出任何与审计工作无关的要求；

（十一）国家审计机关审计人员在评价所在审计机关以往办理审计事项时，发现了重大错误。

第八条 自我评价导致不利影响的情形主要包括：

（一）审计机关在向被审计单位推介财务系统及其设计或操作指导或建设性意见后，又对系统的运行有效性办理审计事项；

（二）审计人员或审计项目组成员担任或最近曾经担任被审计单位领导或高级管理人员；

（三）审计机关为被审计单位提供直接影响审计对象信息的其他业务。

第九条 密切关系导致不利影响的情形主要包括：

（一）项目组成员的近亲属担任被审计单位的董事或高级管理人员；

（二）项目组成员的近亲属是被审计单位的员工，其所处职能能够对业务对象施加重大影响；

（三）被审计单位的董事、高级管理人员或所处职位能够对业务对象施加重大影响的员工，最近曾担任审计项目成员；

（四）国家审计机关审计人员接受客户的礼品或款待。

第十条 外在压力导致不利影响的情形主要包括：

（一）审计机关受到变更审计业务项目关系的威胁；

（二）被审计单位的上级或同级机关或单位表示，如果审计机关不同意对某项交易或事项的会计处理，则变更审计机关或将作不利评价；

（三）被审计单位威胁将起诉审计机关；

（四）审计机关被不恰当地缩小工作范围；

（五）由于被审计单位对讨论的事项更具有专长，国家审计机关审计人员面临服从其判断的压力；

（六）被审计单位或相关上级机关及人员告知审计机关审计人员，除非同意被审计单位不恰当的会计处理，否则将影响其晋升。

第三章　应对不利影响的防范措施

第十一条　国家审计机关审计人员应当运用判断，确定如何应对超出可接受水平的不利影响，包括采取防范措施消除不利影响或将其降低至可接受的水平，或者终止审计事项或拒绝接受业务委托。

在运用判断时，国家审计机关审计人员应当考虑：一个理性且掌握充分信息的第三方，在权衡国家审计机关审计人员当时可获得的所有具体事实和情况后，是否很可能认为这些防范措施能够消除不利影响或将其降低至可接受的水平，以使职业道德基本原则不受损害。

第十二条　应对不利影响的防范措施包括下列两类：

（一）法律法规和职业规范规定的防范措施；

（二）在具体工作中采取的防范措施。

第十三条　法律法规和职业规范规定的防范措施主要包括：

（一）取得国家审计机关审计人员资格必需的教育、培训和经验要求；

（二）持续的职业发展要求；

（三）审计机关方面的规定；

（四）执业准则和职业道德规范的要求；

（五）国家监管机构或相应机构的监控和惩戒程序；

（六）有依法授权的第三方对国家审计机关审计人员编制的业务报告、申报材料或其他信息进行外部复核。

第十四条　在具体工作中，应对不利影响的防范措施包括审计机关层面的防范措施和具体业务层面的防范措施。

第十五条　审计机关层面的防范措施主要包括：

（一）领导层强调遵循职业道德基本原则的重要性；

（二）领导层强调审计事项项目组成员应当维护国家及公众利益；

（三）制定有关政策和程序，实施项目质量控制，监督业务质量；

（四）制定有关政策和程序，识别对职业道德基本原则的不利影响，评价不利影响的严重程度，采取防范措施消除不利影响或将其降低至可接受的水平；

（五）制定有关政策和程序，确保遵循职业道德基本原则；

（六）制定有关政策和程序，识别审计机关或项目组成员与被审计单位之间的利益或关系；

（七）制定有关政策和程序，监控审计人员对其工作成效评价的依赖程度；

（八）向被审计单位提供非审计事项时，指派项目组以外的其他审计人员和项目组，并确保审计事项项目组和非审计业务项目组分别向各自业务主管报告工作；

（九）制定有关政策和程序，防止项目组以外的人员对审计报告施加不当影响；

（十）及时向所有审计人员传达审计机关的政策和程序及其变化情况，并就这些政策和程序进行适当的培训；

（十一）指定高级管理人员负责监督质量控制系统是否有效运行；

（十二）向审计人员提供被审计单位及其关联实体的名单，并要求审计人员与之保持独立；

（十三）制定有关政策和程序，鼓励审计人员就遵循职业道德基本原则方面的问题与领导层沟通；

（十四）建立惩戒机制，保障相关政策和程序得到遵守。

第十六条 具体业务层面的防范措施主要包括：

（一）对已执行的非审计事项，由未参与该审计事项的审计机关审计人员进行复核，或在必要时提供建议；

（二）对已执行的审计事项，由审计项目组以外的审计机关审计人员进行复核，或在必要时提供建议；

（三）向被审计单位内部审计机构或审计委员会、监管机构或审计专业学会咨询；

（四）与被审计单位管理者或治理层讨论有关的职业道德问题；

（五）向被审计单位管理者或治理层说明执行审计事项的性质和范围；

（六）由其他审计机关执行或重新执行部分业务；

（七）轮换审计业务项目组成员和高级管理者。

第十七条 下列防范措施也有助于识别或制止违反职业道德基本原则的行为：

（一）监管机构（如纪检监察）、相关专业学会或协会建立有效的公开投诉系统，使审计机关和审计人员以及政府、公众能够注意到违反职业道德基本原则的行为；

（二）法律法规、职业规范或审计机关政策明确规定，审计机关审计人员有义务报告违反职业道德基本原则的行为。

第十八条 国家审计机关审计人员可以根据经办审计等业务的性质考虑依赖被审计单位采取的防范措施，但是仅依赖被审计单位的防范措施，不可能将不利影响降低至可接受的水平。

第十九条 被审计单位通过制定政策和程序采取的防范措施主要包括：

（一）要求由管理层以外的人员负责配合审计机关开展审计工作；

（二）聘任具备足够经验和资历的工作人员或员工，确保其能够作出恰当的管理决策；

（三）执行相关政策和程序，确保在接受非审计业务时作出客观选择；

（四）建立完善的单位内部治理结构或公司治理结构，与审计机关进行必要的沟通，并对其审计事项进行适当的监督。

第四章　道德冲突问题的解决

第二十条　在遵循职业道德基本原则时，审计机关审计人员应当解决遇到的道德冲突问题。

第二十一条　在解决道德冲突问题时，审计机关审计人员应当考虑下列因素：

（一）与道德冲突问题有关的事实；

（二）涉及的道德问题；

（三）道德冲突问题涉及的职业道德基本原则；

（四）审计机关制定的解决道德冲突问题的程序；

（五）可供选择的措施。

在考虑上述因素并权衡可供选择措施的后果后，审计机关审计人员应当确定适当的措施。如果道德冲突问题仍无法解决，审计机关审计人员应当考虑向审计机关内部的适当人员咨询。

第二十二条　如果与所在审计机关或外部单位存在道德冲突，审计机关审计人员应当确定是否与审计机关领导层或外部单位治理层讨论。

第二十三条　国家审计机关审计人员应当考虑记录涉及的道德冲突问题、解决问题的过程，以及作出的相关决策。

第二十四条　如果某项重大道德冲突问题未能解决，审计机关审计人员可以考虑向上级审计机关或法律顾问咨询。

第二十五条　如果所有可能采取的措施都无法解决道德冲突问题，审计机关审计人员不得再与产生道德冲突问题的事项发生牵连。在这种情况下，审计人员应当确定是否退出项目组或不再承担相关责任，或者向审计机关提出更换审计人员。

第五章　附　则

第二十六条　本守则自　年　月　日起施行。

中国国家审计机关审计人员职业道德行为守则第3号
——审计人员履行审计职责的具体要求

第一章　总　则

第一条　为了规范国家审计机关审计人员职业行为，指导国家审计机关审计人员运用职业道德概念框架，解决履行审计职责时遇到的具体职业道德问题，制定本守则。

第二条　在履行审计职责的过程中，可能存在许多对职业道德基本原则产生不利影响的情形，国家审计机关审计人员应当对此保持警觉，并按照本守则的规定办理。

第三条　国家审计机关审计人员在明知的情况下从事任何损害或可能损害诚信原则、客观和公正原则以及职业声誉的活动。

第二章　接受专业任务

第一节　与被审计单位关系

第四条　国家审计机关审计人员应当考虑被审计单位（如国家机关、事业单位和国有控股企业等）的主要领导、股东，关键管理人员是否诚信，以及被审计单位是否涉足非法活动或存在可疑的财务问题等。

第五条　被审计单位存在的问题可能对国家审计机关审计人员遵循诚信原则或良好职业行为原则产生不利影响，国家审计机关审计人员应当评价不利影响的严重程度，并在必要时采取防范措施消除不利影响或将其降低至可接受的水平。例如，对被审计单位及其主要股东、关键管理人员进行了解等。

第二节　接受任务

第六条　如果项目组不具备或不能获得执行任务所必需的胜任能力，将对专业胜任能力和应有的关注原则产生不利影响。国家审计机关审计人员应当评价不利影响的严重程度，并在必要时采取防范措施消除不利影响或将其降低至可接受的水平。

防范措施主要包括：

（一）了解被审计单位的性质、结构的复杂程度及其基本情况；

（二）了解任务的具体要求以及国家审计机关审计人员拟执行任务的目的、性质和范围；

（三）了解相关监管要求或报告要求；

（四）分派足够的具有胜任能力的审计人员；

（五）必要时利用专家的工作。

第七条 当利用专家的工作时，国家审计机关审计人员应当考虑专家的声望、专长及其可获得的资源，以及适用的执业准则和职业道德规范等因素，以确定专家的工作结果是否值得依赖。

第三章 利益冲突

第八条 国家审计机关审计人员应当采取适当措施，识别可能产生利益冲突的情形。

国家审计机关审计人员执行两个以上任务，而这些任务之间存在利益冲突或者对某一事项或交易存在争议，可能对客观和公正原则或保密原则产生不利影响。

第九条 国家审计机关审计人员应当评价利益冲突产生不利影响的严重程度，并在必要时采取防范措施消除不利影响或将其降低至可接受的水平。

第十条 国家审计机关审计人员可以采取下列一种或多种防范措施：

（一）分派不同的项目组执行相关的审计任务；

（二）实施必要的保密程序，防止未经授权接触信息。做好数据文档的安全保密工作；

（三）向项目组成员提供有关安全和保密问题的指引；

（四）由未参与执行审计任务的其他人员定期复核防范措施的执行情况。

第四章 专业任务宣传

第十一条 在向公众传递信息时，国家审计机关审计人员应当维护职业声誉，做到客观、真实、得体。

第十二条 国家审计机关审计人员在宣传专业任务时，不得有下列行为：

（一）夸大宣传执行的审计任务；

（二）暗示有能力影响有关主管部门、监督机构或类似机构；

（三）作出其他欺骗性的或可能导致误解的声明。

第十三条 国家审计机关审计人员不得对其能力进行广告宣传，但可以利用媒体、网站等刊登审计机关机构设置、政策法规制度等符合国家机关管理要求的信息。

第五章 礼品和款待

第十四条 如果被审计单位向国家审计机关审计人员（或其近亲属）赠送礼品或给予款待，将对职业道德产生不利影响。

第十五条 国家审计机关审计人员不得向被审计单位索取财物或酬金，或者利用执行任务之便，谋取其他不正当的利益。

第十六条 国家审计机关审计人员不得有以下行为：

（一）不准由被审计单位安排住宿。异地审计，一般由被审计单位所在地审计机关按照规定的住宿标准，本着安全、方便、节约的原则安排住宿，或由审计组视具体情况自行安排；

（二）不准接受被审计单位安排的就餐和宴请。因特殊情况确需在被审计单位就餐的，费用自理，据实支付；

（三）不准参加被审计单位安排的旅游、娱乐和联欢等活动；

（四）不准接受被审计单位任何纪念品、礼品、礼金和各种有价证券；

（五）不准向被审计单位提出与审计工作无关的要求。

（六）不准在被审计单位报销任何因公因私的费用。

第六章　对客观和公正原则的要求

第十七条　在执行审计任务时，国家审计机关审计人员与被审计单位或审计事项有经济利益关系的，或者与被审计单位、审计事项、被审计单位负责人或有关主管人员存在家庭和私人关系以及其他利害关系的，应当确定是否对客观和公正原则产生不利影响。

第十八条　在执行审计任务时，对客观和公正原则的不利影响及其严重程度，取决于任务的具体情形和国家审计机关审计人员所执行任务的性质。

第十九条　国家审计机关审计人员应当评价不利影响的严重程度，并在必要时采取防范措施消除不利影响或将其降低至可接受的水平。

防范措施主要包括：

（一）退出项目组；

（二）实施督导程序；

（三）终止产生不利影响的经济利益或商业关系；

（四）与审计机关内部较高级别管理人员讨论有关事项；

（五）与被审计单位讨论有关事项。

第二十条　客观公正地提出结论，并且从外界看来没有偏见、无利益冲突、不受他人的不当影响。

中国国家审计机关审计人员职业道德行为守则第4号

——财政审计业务对独立性的要求

第一章　总　则

第一条　为了规范国家审计机关审计人员职业行为，指导国家审计机关审计人员运用独立性概念框架，解决执行审计任务时遇到的独立性问题，制定本守则。

第二条　客观和公正原则要求审计机关、审计项目组成员与被审计单位保持独立。在执行审计任务时，审计机关、审计项目组成员应当维护公众利益，独立于被审计单位。

第三条　在执行审计任务的过程中，可能存在多种对独立性产生不利影响的情形，国家审计机关审计人员应当对此保持警觉，并按照本守则的规定办理。当遇到本守则未列举的情形时，国家审计机关审计人员应当运用独立性概念框架评价具体情形对独立性的影响，并采取防范措施消除不利影响或将其降低至可接受的水平。

第二章　基本要求

第一节　独立性概念框架

第四条　独立性包括实质上的独立性和形式上的独立性：

（一）实质上的独立性。实质上的独立性是一种内心状态，使得国家审计机关审计人员在完成审计报告时不受损害职业判断的因素影响，诚信行事，遵循客观和公正原则，保持职业怀疑态度；

（二）形式上的独立性。形式上的独立性是一种外在表现，使得一个理性且掌握充分信息的第三方，在权衡所有相关事实和情况后，认为审计机关或审计项目组成员没有损害忠诚、诚信原则、客观和公正原则或职业怀疑态度。

第五条　独立性概念框架是指解决独立性问题的思路和方法，用以指导国家审计机关审计人员：

（一）识别对独立性的不利影响；

（二）评价不利影响的严重程度；

（三）必要时采取防范措施消除不利影响或将其降低至可接受的水平。

在运用独立性概念框架时，国家审计机关审计人员应当运用职业判断。

第六条　在确定是否执行，或者某一特定人员能否作为审计项目组成员时，国家审计机关应当识别和评价各种对独立性的不利影响。

如果不利影响超出可接受的水平，在确定是否执行某项审计任务或某一特定人员能否作为审计项目组成员时，国家审计机关应当确定能否采取防范措施以消除不利影响或将其降低至可接受的水平。

在执行审计任务过程中，如果注意到对独立性产生不利影响的新情况，审计机关应当运用独立性概念框架评价不利影响的严重程度。

第七条 在评价不利影响的严重程度时，国家审计机关审计人员应当从性质和数量两个方面予以考虑。

第二节 公众利益实体

第八条 公众利益实体包括国有控股上市公司和下列实体：

（一）法律法规界定的公众利益实体；

（二）法律法规规定按照上市公司审计独立性的要求接受审计的实体。

第九条 如果公众利益实体以外的其他实体拥有数量众多且分布广泛的利益相关者，国家审计机关审计人员应当考虑将其作为公众利益实体对待。

需要考虑的因素包括：

（一）实体业务的性质（如金融业务等）；

（二）实体的规模。

第三节 关联实体

第十条 在被审计单位是国有控股上市公司的情况下，本守则所称被审计单位包括该被审计单位的所有关联实体。

在被审计单位不是上市公司的情况下，本守则所称被审计单位仅包括其直接或间接控制的关联实体。如果认为被审计单位存在的关系或情形涉及其他关联实体，且与评价审计机关独立性相关，审计项目组在识别、评价对独立性的不利影响以及采取防范措施时，应当将其他关联实体包括在内。

第四节 被审计单位管理层

第十一条 国家审计机关审计人员应当根据职业判断，定期就可能影响独立性的关系和其他事项与被审计单位管理层沟通。

上述沟通使被审计单位管理层能够：

（一）考虑审计机关在识别和评价对独立性的不利影响时作出的判断是否正确；

（二）考虑审计机关为消除不利影响或将其降低至可接受的水平所采取的防范措施是否适当；

（三）确定是否有必要采取适当的措施。

对于因外在压力和密切关系产生的不利影响，这种沟通尤其有效。

第五节 工作记录

第十二条 国家审计机关审计人员应当记录遵守独立性要求的情况，包括记录形成的结论，以及为形成结论而讨论的主要内容。

第十三条 如果需要采取防范措施将某种不利影响降低至可接受的水平，国家审计机关审计人员应当记录该不利影响的性质，以及将其降低至可接受的水平所采取的防范措施。

第十四条 如果需要对某种不利影响进行大量分析才能确定是否有必要采取防范措施，而国家审计机关审计人员认为由于不利影响未超出可接受的水平不需要采取防范措施，国家审计机关审计人员应当记录不利影响的性质以及得出不需采取防范措施结论的理由。

第六节 国有控股上市公司合并与收购

第十五条 如果由于合并或收购，某一实体成为被审计单位的关联实体，审计机关应当识别和评价其与该关联实体以往和目前存在的利益或关系，并在考虑可能的防范措施后确定是否影响独立性，以及在合并或收购生效日后能否继续执行审计任务。

第十六条 审计机关应当在合并或收购生效日前采取必要措施终止目前存在的利益或关系。

如果在合并或收购生效日前不能终止目前存在的利益或关系，审计机关应当评价产生的不利影响。

不利影响的严重程度取决于下列因素：

（一）利益或关系的性质和重要程度；

（二）审计客户与该关联实体之间关系的性质和重要程度，例如，关联实体是被审计单位的子公司还是母公司；

（三）合理终止该利益或关系需要的时间。

审计机关应当与国有控股上市公司管理层讨论，在合并或收购生效日前不能终止利益或关系的原因，以及对由此产生不利影响严重程度的评价结果。

第七节 其他方面的考虑

第十七条 国家审计机关审计人员可能无意中违反本守则的规定。如果审计机关具有维护独立性的适当控制政策和程序，并且能够立即纠正发现的违规情况，并采取必要的措施消除不利影响或将其降低至可接受的水平，通常不被视为损害独立性。审计机关应当决定是否就该情况与被审计单位讨论。

第三章 经济利益

第十八条 在被审计单位中拥有经济利益，可能因自身利益导致不利影响。不利影响存在与否及其严重程度取决于下列因素：

（一）拥有经济利益人员的角色；

（二）经济利益是直接还是间接的；

（三）经济利益的重要性。

第十九条 受益人可能通过投资工具拥有经济利益。确定经济利益是直接还是间接的，取决于受益人能否控制投资工具或具有影响投资决策的能力。

如果受益人能够控制投资工具或具有影响投资决策的能力，本守则将这种经济利益界定为直接经济利益。

如果受益人不能控制投资工具或不具有影响投资决策的能力，本守则将这种经济利益界定为间接经济利益。

第二十条 如果审计项目组成员或其主要近亲属在被审计单位中拥有直接经济利益或重大间接经济利益，将因自身利益产生非常严重的不利影响，导致没有防范措施能够将其降低至可接受的水平。

审计项目组成员或其主要近亲属不得在被审计单位中拥有直接经济利益或重大间接经济利益。

第二十一条 如果审计项目组某一成员的其他近亲属在被审计单位中拥有直接经济利益或重大间接经济利益，将因自身利益产生非常严重的不利影响。不利影响的严重程度主要取决于下列因素：

（一）审计项目组成员与其他近亲属之间的关系；

（二）经济利益对其他近亲属的重要性。

审计机关应当评价不利影响的严重程度，并在必要时采取防范措施消除不利影响或将其降低至可接受的水平。

防范措施主要包括：

（一）其他近亲属尽快处理全部经济利益；

（二）由审计项目组以外的审计机关人员复核该成员已执行的工作；

（三）将该成员调离审计项目组。

第二十二条 当一个实体在被审计单位中拥有控制性的权益，并且被审计单位对该实体重要时，如果审计项目组成员或其主要近亲属在该实体中拥有直接经济利益或重大间接经济利益，将因自身利益产生非常严重的不利影响，导致没有防范措施能够将其降低至可接受的水平。

审计项目组成员或其主要近亲属不得在该实体中拥有直接经济利益或重大间接经济利益。

第二十三条 审计项目组成员或其主要近亲属在某一实体拥有经济利益，并且被审计单位也在该实体拥有经济利益，可能因自身利益产生不利影响。

如果经济利益并不重大，并且被审计单位不能对该实体施加重大影响，则不被视为损害独立性。

如果经济利益重大，并且被审计单位能够对该实体施加重大影响，则没有防范措施能够将不利影响降低至可接受的水平。拥有此类经济利益的人员，在成为审计项目组成员之前，应当处理全部经济利益，处理足够数量的经济利益，使剩余经济利益不再重大。

第二十四条 审计项目组成员或其主要近亲属在某一实体拥有经济利益，并且知悉被审计单位的董事、高级管理人员或具有控制权的所有者也在该实体拥有经济利益，可能因自身利益、密切关系或外在压力产生不利影响。不利影响存在与否及其严重程度主要取决于下列因素：

（一）该项目组成员在审计项目组中的角色；

（二）实体的所有权是由少数人持有还是多数人持有；

（三）经济利益是否使得投资者能够控制该实体，或对其施加重大影响；

（四）经济利益的重要性。

国家审计机关审计人员应当评价不利影响的严重程度，并在必要时采取防范措施消除不利影响或将其降低至可接受的水平。

防范措施主要包括：

（一）将拥有该经济利益的审计项目组成员调离审计项目组；

（二）由审计项目组以外的审计机关人员复核该成员已执行的工作。

第二十五条 如果审计项目组成员或其主要近亲属作为受托管理人在被审计单位中拥有直接经济利益或重大间接经济利益，将因自身利益产生不利影响。

只有在同时满足下列条件时，才允许拥有上述经济利益：

（一）审计项目组成员及其主要近亲属均不是受托财产的受益人；

（二）委托人在被审计单位中拥有的经济利益对委托人并不重大；

（三）委托人不能对被审计单位施加重大影响；

（四）针对委托人在被审计单位中拥有的经济利益，受托管理人及其主要近亲属对其任何投资决策都不能施加重大影响。

第二十六条 审计项目组成员应当确定下列人员在被审计单位中拥有已知的经济利益是否因自身利益产生不利影响：

（一）除本章前面条款提及的人员外，审计机关的专业人员或其主要近亲属；

（二）与审计项目组成员存在密切私人关系的人员。

国家审计机关审计人员应当评价不利影响的严重程度，并在必要时采取防范措施消除不利影响或将其降低至可接受的水平。

防范措施主要包括：

（一）将存在密切私人关系的审计项目组成员调离审计项目组；

（二）不允许该审计项目组成员参与有关审计任务的任何重大决策；

（三）由审计项目组以外的审计机关人员复核该审计项目组成员已执行的工作。

第二十七条 如果审计机关主要负责人或其主要近亲属、员工或其主要近亲属，从审计客户获得直接经济利益或重大间接经济利益（如通过继承、馈赠等），而根据本守则的规定不允许拥有此类经济利益，则应当采取下列措施：

（一）如果审计机关主要负责人获得经济利益，应当立即处理全部经济利益，或处理全部直接经济利益并处理足够数量的间接经济利益，以使剩余经济利益不再重大；

（二）如果审计项目组成员或其主要近亲属获得经济利益，应当立即处理全部经济利益，或处理全部直接经济利益并处理足够数量的间接经济利益，以使剩余经济利益不再重大；

（三）如果审计项目组以外的人员或其主要近亲属获得经济利益，应当在合理期限内尽快处理全部经济利益，或处理全部直接经济利益并处理足够数量的间接经济利益，以使剩余经济利益不再重大。在完成处理该经济利益前，会计师事务所应当确定是否需要采取防范措施。

第二十八条 当无意中违反本守则有关经济利益的规定时，如果审计机关同时满足下列条件，不被视为损害独立性：

（一）审计机关已经制定政策和程序，要求所有专业人员在因购买、继承或其他方式拥有被审计单位的经济利益而违反规定时，立即向审计机关报告；

（二）按照本守则第二十七条的规定采取了适当的措施；

（三）审计机关在必要时已采取其他防范措施将剩余的不利影响降低至可接受的水平。防范措施主要包括由审计项目组以外的审计机关人员复核该成员已执行的工作，或不允许该成员参与任何有关该审计任务的重大决策。

审计机关应当确定是否就该事项与被审计单位讨论。

第四章 贷款和担保

第二十九条 审计项目组成员或其主要近亲属从银行或类似金融机构等被审计单位取得贷款，或获得贷款担保，可能对独立性产生不利影响。

如果被审计单位不按照正常的程序、条款和条件提供贷款或担保，将因自身利益产生非常严重的不利影响，导致没有防范措施能够将其降低至可接受的水平。审计项目组成员或其主要近亲属不得接受此类贷款或担保。

第三十条 审计项目组成员或其主要近亲属从银行或类似金融机构等被审计单位取得贷款，或由被审计单位提供贷款担保，如果按照正常的程序、条款和条件取得贷款或担保，则不会对独立性产生不利影响。

第三十一条 审计项目组成员或其主要近亲属从不属于银行或类似金融机构的被审计单位取得贷款，或由被审计单位提供贷款担保，将因自身利益产生非常严重的不利影响，导致没有防范措施能够将其降低至可接受的水平。

第三十二条 审计机关、审计项目组成员或其主要近亲属在银行或类似金融机构等被审计单位开立存款或交易账户，如果账户按照正常的商业条件开立，则不会对独立性产生不利影响。

第五章 商业关系

第三十三条 审计项目组成员主要近亲属与被审计单位或其高级管理人员之间，由于商务关系或共同的经济利益而存在密切的商业关系，可能因外在压力产生严重的不利影响。

如果审计项目组成员的主要近亲属与被审计单位或其高级管理人员存在此类商业关系，国家审计机关审计人员应当评价不利影响的严重程度，并在必要时采取防范措施消除不利影响或将其降低至可接受的水平。

第三十四条 如果审计机关、审计项目组成员的主要近亲属，在某股东人数有限的实体中拥有经济利益，而被审计单位或其董事、高级管理人员也在该实体拥有经济利益，在同时满足下列条件时，这种商业关系不会对独立性产生不利影响：

（一）这种商业关系对于审计机关、审计项目组成员的主要近亲属以及被审计单位均不重要；

（二）该经济利益对一个或几个投资者并不重大；

（三）该经济利益不能使一个或几个投资者控制该实体。

第三十五条 审计机关、审计项目组成员或其主要近亲属从被审计单位购买商品或服务，如果按照正常的商业程序公平交易，通常不会对独立性产生不利影响。

如果交易性质特殊或金额较大，可能因自身利益产生不利影响。审计机关应当评价不利影响的严重程度，并在必要时采取防范措施消除不利影响或将其降低至可接受的水平。

防范措施主要包括：

（一）取消交易或降低交易规模；

（二）将相关审计项目组成员调离审计项目组。

第六章 家庭和私人关系

第三十六条 如果审计项目组成员与被审计单位的董事、高级管理人员存在家庭和私人关系，可能因自身利益、密切关系或外在压力产生不利影响。

不利影响存在与否及其严重程度取决于多种因素，包括该成员在审计项目组的角色、其家庭成员或相关人员在被审计单位中的职位以及关系的密切程度等。

第三十七条 如果审计项目组成员的主要近亲属是被审计单位的董事、高级管理人员或特定员工，只有把该成员调离审计项目组，才能将对独立性的不利影响降低至可接受的水平。

第三十八条 如果审计项目组成员的主要近亲属在被审计单位中所处职位能够对被审计单位施加重大影响，将对独立性产生不利影响。不利影响的严重程度主要取决于下列因素：

（一）主要近亲属在被审计单位中的职位；

（二）该成员在审计项目组中的角色。

审计机关应当评价不利影响的严重程度，并在必要时采取防范措施消除不利影响或将其降低至可接受的水平。

防范措施主要包括：

（一）将该成员调离审计项目组；

（二）合理安排审计项目组成员的职责，使该成员的工作不涉及其主要近亲属的职责范围。

第三十九条 如果审计项目组成员的其他近亲属是被审计单位的董事、高级管理人员或特定员工，将对独立性产生不利影响。不利影响的严重程度主要取决于下列因素：

（一）审计项目组成员与其他近亲属的关系；

（二）其他近亲属在被审计单位中的职位；

（三）该成员在审计项目组中的角色。

审计机关应当评价不利影响的严重程度，并在必要时采取防范措施消除不利影响或将其降低至可接受的水平。

防范措施主要包括：

（一）将该成员调离审计项目组；

（二）合理安排审计项目组成员的职责，使该成员的工作不涉及其他近亲属的职责范围。

第四十条 如果审计项目组成员与被审计单位的员工存在密切关系，并且该员工是被审计单位的董事、高级管理人员或特定员工，即使该员工不是审计项目组成员的近亲属，也将对独立性产生不利影响。拥有此类关系的审计项目组成员应当按照国家审计机关的政策和程序的要求，向审计机关内部或外部的相关人员咨询。

不利影响的严重程度主要取决于下列因素：

（一）该员工与审计项目组成员的关系；

（二）该员工在被审计单位中的职位；

（三）该成员在审计项目组中的角色。

审计机关应当评价不利影响的严重程度，并在必要时采取防范措施消除不利影响或将其降低至可接受的水平。

防范措施主要包括：

（一）将该成员调离审计项目组；

（二）合理安排该成员的职责，使其工作不涉及与之存在密切关系的员工的职责范围。

第四十一条 审计机关中审计项目组以外的员工，与被审计单位的董事、高级管理人员或特定员工之间存在家庭或私人关系，可能因自身利益、密切关系或外在压力产生不利影响。审计机关或员工在知悉此类关系后，应当按照国家审计机关的政策和程序进行咨询。不利影响存在与否及其严重程度主要取决于下列因素：

（一）该员工与被审计单位的董事、高级管理人员或特定员工之间的关系；

（二）该员工与审计项目组之间的相互影响；

（三）该员工在审计机关中的角色；

（四）董事、高级管理人员或特定员工在被审计单位中的职位。

审计机关应当评价不利影响的严重程度，并在必要时采取防范措施消除不利影响或将其降低至可接受的水平。

防范措施主要包括：

（一）合理安排员工的职责，以减少对审计项目组可能产生的影响；

（二）由审计项目组以外的审计机关人员复核已执行的相关审计工作。

第四十二条 当无意中违反本守则有关家庭和私人关系的规定时，如果审计机关同时满足下列条件，不被视为损害独立性：

（一）审计机关已经制定政策和程序，要求所有专业人员在其近亲属或与其存在私人关系的员工因工作变动而违反规定时，立即向审计机关报告；

（二）审计项目组成员因其主要近亲属成为被审计单位的董事、高级管理人员或特定员工而无意中违反规定时，将该成员调离审计项目组；

（三）审计机关在必要时已采取其他防范措施将剩余不利影响降低至可接受的水平。防范措施主要包括由审计项目组以外的审计机关人员复核该成员已执行的工作，不允许该成员参与任何有关该审计任务的重大决策等。

审计机关应当确定是否就该事项与被审计单位讨论。

第七章　与被审计单位发生雇用关系

第四十三条 如果被审计单位的董事、高级管理人员或特定员工，曾经是审计项目组的成员或审计机关的员工，可能因为密切关系或外在压力产生不利影响。

第四十四条 如果审计项目组前任成员或审计机关前任主要负责人因工作调动加入被审计单位，担任董事、高级管理人员或特定员工，并且与审计机关仍保持重要交往，将产生非常严重的不利影响，导致没有防范措施能够将其降低至可接受的水平。

如果审计项目组前任成员或审计机关前任主要负责人因工作调动加入被审计单位，担任董事、高级管理人员或特定员工，除非同时满足下列条件，否则将被视为损害独立性：

（一）前任成员或前任主要负责人无权从审计机关获取报酬或福利；

（二）前任成员或前任主要负责人未继续参与，并且在外界看来未参与审计机关的专业活动。

第四十五条 如果审计项目组前任成员或审计机关前任主要负责人加入被审计单位，担任董事、高级管理人员或特定员工，但前任成员或审计机关前任主要负责人与审计机关已经没有重要交往，因密切关系或外在压力产生的不利影响存在与否及其严重程度主要取决于下列因素：

（一）前任成员或前任主要负责人在被审计单位中的职位；

（二）前任成员或前任主要负责人在其工作中与审计项目组交往的程度；

（三）前任成员或前任主要负责人离开审计机关的时间长短；

（四）前任成员或前任主要负责人以前在审计项目组或审计机关中的角色，例如，前任成员或前任主要负责人是否负责与被审计单位管理层保持定期联系。

审计机关应当评价不利影响的严重程度，并在必要时采取防范措施消除不利影响或将其降低至可接受的水平。

防范措施主要包括：

（一）修改审计计划；

（二）向审计项目组分派经验更丰富的人员；

（三）由审计项目组以外的审计人员复核前任审计项目组成员已执行的工作。

第四十六条 如果审计项目组某一成员参与审计任务，当知道自己在未来某一时间将要或有可能因调动加入被审计单位时，将因自身利益产生不利影响。审计机关应当制定政策和程序。审计机关应当评价不利影响的严重程度，并在必要时采取防范措施消除不利影响或将其降低至可接受的水平。

防范措施主要包括：

（一）将该成员调离审计项目组；

（二）由审计项目组以外的审计人员复核该成员在审计项目组中作出的重大判断。

第八章 临时借出员工

第四十七条 如果审计机关向被审计单位借出员工，可能因自我评价产生不利影响。审计机关只能短期向被审计单位借出员工，并且借出的员工不得为被审计单位提供本守则禁止提供的服务，也不得承担被审计单位的管理层职责。被审计单位有责任对借调员工的活动进行指导和监督。

第四十八条 审计机关应当评价借出员工产生不利影响的严重程度，并在必要时采取防范措施消除不利影响或将其降低至可接受的水平。

防范措施主要包括：

(一) 对借出员工的工作进行额外复核;

(二) 合理安排审计项目组成员的职责，使借出员工不对其在借调期间执行的工作进行审计;

(三) 不安排借出员工作为审计项目组成员。

第九章　兼任被审计单位的董事或高级管理人员

第四十九条　如果审计机关的主要负责人或员工兼任被审计单位的董事或高级管理人员，将因自我评价和自身利益产生非常严重的不利影响，导致没有防范措施能够将其降低至可接受的水平。审计机关的主要负责人或员工不得兼任被审计单位的董事或高级管理人员。

第五十条　审计机关提供日常和行政事务性的服务，或提供与行政事项有关的建议，只要所有相关决策均由被审计单位管理层作出，通常不会损害独立性。

第十章　与被审计单位长期存在审计任务关系

第五十一条　审计机关长期委派同一名负责人或高级员工执行某一被审计单位的审计任务，将因密切关系和自身利益产生不利影响。不利影响的严重程度主要取决于下列因素:

(一) 该人员加入审计项目组的时间长短;

(二) 该人员在审计项目组中的角色;

(三) 审计任务的性质;

(四) 被审计单位的管理层是否发生变动;

(五) 被审计单位的审计报告问题的性质或复杂程度是否发生变化。

审计机关应当评价因密切关系和自身利益产生的不利影响的严重程度，并在必要时采取防范措施消除不利影响或将其降低至可接受的水平。

防范措施主要包括:

(一) 将该人员轮换出审计项目组;

(二) 由审计项目组以外的审计人员复核该人员已执行的工作;

(三) 定期对该任务实施独立的质量复核。

第五十二条　执行其审计任务的关键审计负责人任职时间不得超过五年。

在任期结束后的两年内，该关键审计负责人不得再次成为该被审计单位的审计项目组成员或关键审计负责人。在此期间内，该关键审计负责人也不得有下列行为:

(一) 参与该被审计单位的审计业务;

(二) 为该被审计单位的审计任务实施质量控制复核;

(三) 就有关技术或行业特定问题，或事项向项目组或该被审计单位提供咨询;

（四）以其他方式直接影响审计任务结果。

第五十三条 在极其特殊的情况下，审计机关可能因无法预见和控制的情形而不能按时轮换关键审计负责人。如果关键审计负责人的连任对审计质量特别重要，并且通过采取防范措施能够消除对独立性产生的不利影响或将其降低至可接受的水平，则在法律法规允许的情况下，该关键审计负责人在审计项目组的时限可以适当延长。

第五十四条 审计项目组的其他人员与被审计单位之间长期存在审计任务关系，将因密切关系和自身利益产生不利影响。不利影响的严重程度主要取决于下列因素：

（一）该审计人员与被审计单位存在审计任务关系的时间长短；

（二）该审计人员在审计项目组中的角色；

（三）该审计人员与被审计单位管理层交往的性质、频率和范围。

审计机关应当评价不利影响的严重程度，并在必要时采取防范措施消除不利影响或将其降低至可接受的水平。

防范措施主要包括：

（一）将该审计人员轮换出审计项目组，或终止其与被审计单位存在的审计任务关系；

（二）定期对该审计任务实施独立的质量控制复核。

第十一章　礼品和款待

第五十五条 审计机关或审计项目组成员接受被审计单位的礼品或款待，可能因自身利益和密切关系产生不利影响。

第五十六条 如果审计机关或审计项目组成员接受被审计单位的礼品，将产生非常严重的不利影响，导致没有防范措施能够将其降低至可接受的水平。审计机关或审计项目组成员不得接受礼品。

第五十七条 审计机关或审计项目组成员应当评价接受款待产生不利影响的严重程度，并在必要时采取防范措施消除不利影响或将其降低至可接受的水平。如果款待超出审计任务活动中的正常往来，审计机关或审计项目组成员应当拒绝接受。

中国国家审计机关审计人员职业道德守则第 5 号
——非财政审计业务对独立性的要求

第一章 总 则

第一条 为了规范国家审计机关审计人员职业行为，指导国家审计机关审计人员运用独立性概念框架，解决执行非财政审计业务时遇到的独立性问题，制定本守则。

第二条 客观和公正原则要求非财政审计业务项目组成员、审计机关与被审计单位保持独立。在执行非财政审计业务时，非财政审计业务项目组成员、审计机关应当维护公众利益，独立于被审计单位。

如果非财政审计业务项目组知悉或有理由相信，涉及被审计单位某一关联实体的情形与评价审计机关与被审计单位的独立性有关，则在识别和评价独立性以及采取适当防范措施时，应当将该关联实体包括在内。

第三条 在执行非财政审计业务的过程中，可能存在多种对独立性产生不利影响的情形，国家审计机关审计人员应当对此保持警觉，并按照本守则的规定办理。当遇到本守则未列举的情形时，国家审计机关审计人员应当运用独立性概念框架评价具体情形对独立性的影响，并采取防范措施消除不利影响或将其降低至可接受的水平。

第二章 基本要求

第一节 独立性概念框架

第四条 独立性包括实质上的独立性和形式上的独立性：

（一）实质上的独立性。实质上的独立性是一种内心状态，使得国家审计机关审计人员在完成审计报告时不受损害职业判断的因素影响，诚信行事，遵循客观和公正原则，保持职业怀疑态度；

（二）形式上的独立性。形式上的独立性是一种外在表现，使得一个理性且掌握充分信息的第三方，在权衡所有相关事实和情况后，认为审计机关或非财政审计业务项目组成员没有损害诚信原则、客观和公正原则或职业怀疑态度。

第五条 独立性概念框架是指解决独立性问题的思路和方法，用以指导国家审计机关审计人员：

（一）识别对独立性的不利影响；

（二）评价不利影响的严重程度；

（三）必要时采取防范措施消除不利影响或将其降低至可接受的水平。

如果无法采取适当的防范措施消除不利影响或将其降低至可接受的水平，国家审计机关审计人员应当消除产生不利影响的情形。

在运用独立性概念框架时，国家审计机关审计人员应当运用职业判断。

第六条 在确定是否保持某项业务，或者某一特定人员能否作为非财政审计业务项目组成员时，审计机关应当识别和评价各种对独立性的不利影响。

如果不利影响超出可接受的水平，在确定是否保持某项业务或某一特定人员能否作为非财政审计业务项目组成员时，审计机关应当确定能否采取防范措施以消除不利影响或将其降低至可接受的水平。

在执行非财政审计业务过程中，如果注意到对独立性产生不利影响的新情况，审计机关应当运用独立性概念框架评价不利影响的严重程度。

第七条 在评价不利影响的严重程度时，国家审计机关审计人员应当从性质和数量两个方面予以考虑。

第二节 多个责任方

第八条 某些非财政审计业务，可能存在多个责任方。这种情况下，在确定是否有必要将本守则的规定应用于每个责任方时，审计机关应当根据审计对象信息的具体情况，评价审计机关或非财政审计业务项目组成员与特定责任方之间的利益和关系对独立性产生的不利影响是否微小。在作出评价时，审计机关应当主要考虑下列因素：

（一）由特定责任方负责的审计对象信息的重要性；

（二）非财政审计业务涉及公众利益的程度。

如果确定与特定责任方之间的利益和关系对独立性产生的不利影响微小，审计机关不必将本守则的所有规定应用于该责任方。

第三节 工作记录

第九条 国家审计机关审计人员应当记录遵守独立性要求的情况，包括记录形成的结论，以及为形成结论而讨论的主要内容。

第十条 如果需要采取防范措施将某种不利影响降低至可接受的水平，国家审计机关审计人员应当记录该不利影响的性质，以及将其降低至可接受的水平所采取的防范措施。

第十一条 如果需要对某种不利影响进行大量分析才能确定是否有必要采取防范措施，而国家审计机关审计人员认为由于不利影响未超出可接受的水平不需要采取防范措施，国家审计机关审计人员应当记录不利影响的性质以及得出不需采取防范措施结论的理由。

第四节 其他方面的考虑

第十二条 国家审计机关审计人员可能无意中违反本守则的规定。如果审计机关具有维护独立性的适当质量控制政策和程序，并且能够立即纠正发现的违规情况，并采取必要的措施消除不利影响或将其降低至可接受的水平，通常不被视为损害独立性。审计机关应当决定是否就该情况与被审计对象讨论。

第三章 经济利益

第十三条 在非财政审计对象中拥有经济利益可能因自身利益导致不利影响。不利影响存在与否及其严重程度取决于下列因素：

（一）拥有经济利益的人员的角色；

（二）经济利益是直接还是间接的；

（三）经济利益的重要性。

第十四条 受益人可能通过投资工具拥有经济利益。确定经济利益是直接还是间接的，取决于受益人能否控制投资工具或具有影响投资决策的能力。

如果受益人能够控制投资工具或具有影响投资决策的能力，本守则将这种经济利益界定为直接经济利益。

如果受益人不能控制投资工具或不具有影响投资决策的能力，本守则将这种经济利益界定为间接经济利益。

第十五条 如果非财政审计业务项目组成员或其主要近亲属在被审计对象中拥有直接经济利益或重大间接经济利益，将因自身利益产生非常严重的不利影响，导致没有防范措施能够将其降低至可接受的水平。

非财政审计业务项目组成员或其主要近亲属不得在被审计对象中拥有直接经济利益或重大间接经济利益。

第十六条 如果非财政审计业务项目组某一成员的其他近亲属在被审计对象中拥有直接经济利益或重大间接经济利益，将因自身利益产生非常严重的不利影响。不利影响的严重程度主要取决于下列因素：

（一）非财政审计业务项目组成员与其他近亲属之间的关系；

（二）经济利益对其他近亲属的重要性。

审计机关应当评价不利影响的严重程度，并在必要时采取防范措施消除不利影响或将其降低至可接受的水平。

防范措施主要包括：

（一）其他近亲属尽快处理全部经济利益，或处理全部直接经济利益并处理足够数量的间接经济利益，以使剩余经济利益不再重大；

（二）由非财政审计业务项目组以外的审计人员复核该成员已执行的工作；

（三）将该成员调离非财政审计业务项目组。

第十七条 当一个实体在被审计对象中拥有控制性的权益，并且被审计对象对该实体重要时，如果非财政审计业务项目组成员或其主要近亲属在该实体中拥有直接经济利益或重大间接经济利益，将因自身利益产生非常严重的不利影响，导致没有防范措施能够将其降低至可接受的水平。

非财政审计业务项目组成员或其主要近亲属不得在该实体中拥有直接经济利益或重大间接经济利益。

第十八条 如果非财政审计业务项目组成员或其主要近亲属作为受托管理人在被审计对象中拥有直接经济利益或重大间接经济利益，将因自身利益产生不利影响。

只有在同时满足下列条件时，才允许拥有上述经济利益：

（一）非财政审计业务项目组成员及其主要近亲属和审计机关均不是受托财产的受益人；

（二）委托人在被审计对象中拥有的经济利益对委托人并不重大；

（三）委托人不能对被审计对象施加重大影响；

（四）针对委托人在被审计对象中拥有的经济利益，受托管理人及其主要近亲属和审计机关对其任何投资决策都不能施加重大影响。

第十九条 非财政审计业务项目组成员应当确定下列人员在被审计对象中拥有已知的经济利益是否因自身利益产生不利影响：

（一）除本章前面条款提及的人员外，审计机关其他负责人、专业人员或其主要近亲属；

（二）与非财政审计业务项目组成员存在密切私人关系的人员。

这些经济利益是否因自身利益产生不利影响主要取决于下列因素：

（一）审计机关的组织结构和沟通机制；

（二）本条前款提及人员与非财政审计业务项目组成员之间的关系。

国家审计机关审计人员应当评价不利影响的严重程度，并在必要时采取防范措施消除不利影响或将其降低至可接受的水平。

防范措施主要包括：

（一）将存在密切私人关系的非财政审计业务项目组成员调离审计业务项目组；

（二）不允许该非财政审计业务项目组成员参与有关非财政审计业务的任何重大决策；

（三）由非财政审计业务项目组以外的审计人员复核该审计业务项目组成员已执行的工作。

第二十条 如果审计机关主要负责人或其主要近亲属、员工或其主要近亲属，从被审计对象获得直接经济利益或重大间接经济利益（如通过继承、馈赠而获得经济利益），而根据本守则的规定不允许拥有此类经济利益，则应当采取下列措施：

（一）如果审计机关主要负责人获得经济利益，应当立即处理全部经济利益，或处理全部直接经济利益并处理足够数量的间接经济利益，以使剩余经济利益不再重大；

（二）如果非财政审计业务项目组成员或其主要近亲属获得经济利益，应当立即处理全部经济利益，或处理全部直接经济利益并处理足够数量的间接经济利益，以使剩余经济利益不再重大。

第二十一条 当无意中违反本守则有关经济利益的规定时，如果审计机关同时满足下列条件，不被视为损害独立性：

（一）审计机关已经制定政策和程序，要求所有专业人员在因购买、继承或其他方式拥有被审计对象的经济利益而违反规定时，立即向审计机关报告；

（二）按照本守则第二十条的规定采取了适当的措施；

（三）审计机关在必要时已采取其他防范措施将剩余的不利影响降低至可接受的水平。防范措施主要包括由非财政审计业务项目组以外的审计人员复核该成员已执行的工作，或不允许该成员参与任何有关该审计业务的重大决策。

审计机关应当确定是否就该事项与被审计对象讨论。

第四章 贷款和担保

第二十二条 非财政审计业务项目组成员或其主要近亲属从银行或类似金融机构等被审计单位取得贷款，或获得贷款担保，可能对独立性产生不利影响。

如果被审计单位不按照正常的程序、条款和条件提供贷款或担保，将因自身利益产生非常严重的不利影响，导致没有防范措施能够将其降低至可接受的水平。非财政审计业务项目组成员或其主要近亲属不得接受此类贷款或担保。

第二十三条 非财政审计业务项目组成员或其主要近亲属从银行或类似金融机构等被审计单位取得贷款，或由被审计单位提供贷款担保，如果按照正常的程序、条款和条件取得贷款或担保，则不会对独立性产生不利影响。

第二十四条 非财政审计业务项目组成员或其主要近亲属从不属于银行或类似金融机构的被审计单位取得贷款，或由被审计单位提供贷款担保，将因自身利益产生非常严重的不利影响，导致没有防范措施能够将其降低至可接受的水平。

第二十五条 审计机关、非财政审计业务项目组成员或其主要近亲属在银行或类似金融机构等被审计单位开立存款或交易账户，如果账户按照正常的商业条件开立，则不会对独立性产生不利影响。

第五章 商业关系

第二十六条 审计机关、非财政审计业务项目组成员的主要近亲属与被审计对象或其高级管理人员之间，由于商务关系或共同的经济利益而存在密切的商业关系，可能因外在压力产生严重的不利影响。

审计机关不得介入此类商业关系；如果存在此类商业关系，应当予以终止。

如果此类商业关系涉及非财政审计业务项目组成员，审计机关应当将该成员调离非财政审计业务项目组。

如果非财政审计业务项目组成员的主要近亲属与鉴证客户或其高级管理人员存在此类商业关系，国家审计机关审计人员应当评价不利影响的严重程度，并在必要时采取防范措施消除不利影响或将其降低至可接受的水平。

第二十七条 审计机关、非财政审计业务项目组成员或其主要近亲属从被审计单位购买商品或服务，如果按照正常的商业程序公平交易，通常不会对独立性产生不利影响。

如果交易性质特殊或金额较大，可能因自身利益产生不利影响。审计机关应当评价不利影响的严重程度，并在必要时采取防范措施消除不利影响或将其降低至可接受的水平。

防范措施主要包括：

（一）取消交易或降低交易规模；

（二）将相关非财政审计业务项目组成员调离非财政审计业务项目组。

第六章 家庭和私人关系

第二十八条 如果非财政审计业务项目组成员与被审计单位的董事、高级管理人员或特定员工存在家庭和私人关系，可能因自身利益、密切关系或外在压力产生不利影响。

不利影响存在与否及其严重程度取决于多种因素，包括该成员在非财政审计业务项目组的角色、其家庭成员或相关人员在被审计单位中的职位以及关系的密切程度等。

第二十九条 如果非财政审计业务项目组成员的主要近亲属是被审计单位的董事、高级管理人员或特定员工，只有把该成员调离非财政审计业务项目组，才能将对独立性的不利影响降低至可接受的水平。

第三十条 如果非财政审计业务项目组成员的主要近亲属在被审计单位中所处职位能够对被审计对象施加重大影响，将对独立性产生不利影响。不利影响的严重程度主要取决于下列因素：

（一）主要近亲属在被审计单位中的职位；

（二）该成员在非财政审计业务项目组中的角色。

审计机关应当评价不利影响的严重程度，并在必要时采取防范措施消除不利影响或将其降低至可接受的水平。

防范措施主要包括：

（一）将该成员调离非财政审计业务项目组；

（二）合理安排非财政审计业务项目组成员的职责，使该成员的工作不涉及其主要近亲属的职责范围。

第三十一条 如果非财政审计业务项目组成员的其他近亲属是被审计单位的董事、高级管理人员或特定员工，将对独立性产生不利影响。不利影响的严重程度主要取决于下列因素：

（一）非财政审计业务项目组成员与其他近亲属的关系；

（二）其他近亲属在被审计单位中的职位；

（三）该成员在非财政审计业务项目组中的角色。

审计机关应当评价不利影响的严重程度，并在必要时采取防范措施消除不利影响或将其降低至可接受的水平。

防范措施主要包括：

（一）将该成员调离非财政审计业务项目组；

（二）合理安排非财政审计业务项目组成员的职责，使该成员的工作不涉及其他近亲属的职责范围。

第三十二条 如果非财政审计业务项目组成员与被审计单位的员工存在密切关系，并且该员工是被审计单位的董事、高级管理人员或特定员工，即使该员工不是非财政审计业务项目组成员的近亲属，也将对独立性产生不利影响。拥有此类关系的非财政审计业务项目组成员应当按照审计机关的政策和程序的要求，向审计机关内部或外部的相关人员咨询。

不利影响的严重程度主要取决于下列因素：

（一）该员工与非财政审计业务项目组成员的关系；

（二）该员工在被审计单位中的职位；

（三）该成员在非财政审计业务项目组中的角色。

审计机关应当评价不利影响的严重程度，并在必要时采取防范措施消除不利影响或将其降低至可接受的水平。

防范措施主要包括：

（一）将该成员调离非财政审计业务项目组；

（二）合理安排该成员的职责，使其工作不涉及与之存在密切关系的员工的职责范围。

第三十三条 审计机关中非财政审计业务项目组成员以外的员工，与被审计单位的董事、高级管理人员或特定员工之间存在家庭或私人关系，可能因自身利益、密切关系或外在压力产生不利影响。审计机关员工在知悉此类关系后，应当按照审计机关的政策和程序进行咨询。不利影响存在与否及其严重程度主要取决于下列因素：

（一）该员工与被审计单位的董事、高级管理人员或特定员工之间的关系；

（二）该员工与非财政审计业务项目组之间的相互影响；

（三）该员工在审计机关中的角色；

（四）董事、高级管理人员或特定员工在被审计单位中的职位。

审计机关应当评价不利影响的严重程度，并在必要时采取防范措施消除不利影响或将其降低至可接受的水平。

防范措施主要包括：

（一）合理安排该员工的职责，以减少对非财政审计业务项目组可能产生的影响；

（二）由非财政审计业务项目组以外的审计人员复核已执行的相关审计工作。

第三十四条 当无意中违反本守则有关家庭和私人关系的规定时，如果审计机关同时满足下列条件，不被视为损害独立性：

（一）审计机关已经制定政策和程序，要求所有专业人员在其近亲属或与其存在私人关系的员工因工作变动而违反规定时，立即向审计机关报告；

（二）非财政审计业务项目组成员因其主要近亲属成为被审计单位的董事、高级管理人员或特定员工而无意中违反规定时，将该成员调离非财政审计业务项目组；

（三）审计机关在必要时已采取其他防范措施将剩余不利影响降低至可接受的水平。防范措施主要包括由非财政审计业务项目组以外的审计人员复核该成员已执行的工作，不允许该成员参与任何有关该审计业务的重大决策等。

审计机关应当确定是否就该事项与被审计单位讨论。

第七章　与被审计单位发生雇用关系

第三十五条 如果被审计单位的董事、高级管理人员或特定员工，曾经是非财政审计业务项目组的成员或审计机关的负责人，可能因密切关系或外在压力产生不利影响。

第三十六条 如果非财政审计业务项目组前任成员或审计机关前任负责人因工作调动加入被审计单位，担任董事、高级管理人员或特定员工，因密切关系或外在压力产生的不利影响存在与否及其严重程度主要取决于下列因素：

（一）前任成员或前任负责人在被审计单位中的职位；

（二）前任成员或前任负责人在其工作中与非财政审计业务项目组交往的程度；

（三）前任成员或前任负责人离开审计机关的时间长短；

（四）前任成员或前任负责人以前在非财政审计业务项目组或审计机关中的角色，例如，前任成员或前任负责人是否负责与被审计单位管理层保持定期联系。

在任何情况下，前任成员或前任负责人均不得继续参与审计机关的业务或专业活动。

审计机关应当评价不利影响的严重程度，并在必要时采取防范措施消除不利影响或将其降低至可接受的水平。

防范措施主要包括：

（一）作出安排，使得前任成员或前任负责人无权从审计机关获取报酬或福利；

（二）修改非财政审计业务计划；

（三）向非财政审计业务项目组分派经验更丰富的人员；

（四）由非财政审计业务项目组以外的审计人员复核前任非财政审计业务项目组成员已执行的工作。

第三十七条 如果非财政审计业务项目组某一成员参与非财政审计业务，当知道自己在未来某一时间将要或有可能加入被审计单位时，将因自身利益产生不利影响。审计机关应当制定政策和程序，要求非财政审计业务项目组成员向审计机关报告。在接到报告后，审计机关应当评价不利影响的严重程度，并在必要时采取防范措施消除不利影响或将其降低至可接受的水平。

防范措施主要包括：

（一）将该成员调离非财政审计业务项目组；

（二）由非财政审计业务项目组以外的审计人员复核该成员在非财政审计业务项目组中作出的重大判断。

第八章 兼任被审计单位的董事或高级管理人员

第三十八条 如果审计机关的负责人或员工兼任被审计单位的董事或高级管理人员，将因自我评价和自身利益产生非常严重的不利影响，导致没有防范措施能够将其降低至可接受的水平。审计机关的负责人或员工不得兼任被审计单位的董事或高级管理人员。

第三十九条 审计机关提供日常和行政事务性的服务以支持被审计单位秘书职能，或提供与被审计单位行政事项有关的建议，只要所有相关决策均由被审计单位管理层作出，通常不会损害独立性。

第九章 礼品和款待

第四十条 审计机关或非财政审计业务项目组成员接受被审计单位的礼品或款待，可能因自身利益和密切关系产生不利影响。

第四十一条 如果审计机关或非财政审计业务项目组成员接受被审计单位的礼品，将产生非常严重的不利影响，导致没有防范措施能够将其降低至可接受的水平。审计机关或非财政审计业务项目组成员不得接受礼品。

第四十二条 审计机关或非财政审计业务项目组成员应当评价接受款待产生不利影响的严重程度，并在必要时采取防范措施消除不利影响或将其降低至可接受的水平。如果款待超出审计业务活动中的正常往来，审计机关或非财政审计业务项目组成员应当拒绝接受。

课题编号：09SJ05001

央行会计制度对货币政策的影响

西南财经大学课题组

课题负责人：刘锡良

课题组成员：董青马　齐稚平　吴婷婷　胡　正

【摘要】　中央银行的会计信息对分析货币政策效果，提高央行透明度，防范金融风险有着重要意义。目前我国中央银行会计反映和监督的能力远远不能满足人民银行对外公开会计信息的要求，更不能真实有效地反映货币政策的实施效果。因此，探讨完善央行会计政策的改革思路，不断提高信息的有效性，对货币政策的科学决策具有重要理论和现实意义。本课题遵循会计制度决定会计信息质量，会计信息影响货币政策效果的逻辑思路，探寻央行会计制度与货币政策之间的相关性及影响机制。首先，通过中央银行财务会计制度的国际比较，结合中国人民银行会计制度现状，指出我国中央银行会计制度在会计标准、会计科目设置、会计报表编制、会计信息汇总与传递等方面存在的问题。其次，通过各种货币政策工具的实施在中央银行会计科目及财务报表中的体现，研究中央银行会计信息对货币政策的反映能力。再次，通过研究货币政策的资产负债表传导渠道、内外两方面的影响机制分析，揭示货币政策信息准确性对货币政策的影响。最后，在中央银行会计制度对货币政策的影响机制研究的基础上，提出我国中央银行会计制度的改革思路。我们所倡导的改革路径是在承认现行人行会计制度在预算管理中发挥积极作用的基础上，按照提高货币政策有效性的原则，更好地为货币政策决策、传导、实施服务。考虑到现行制度的优势及改革的成本与现实条件，此改革路径是在现实基础上的完善，而非根本性的革命。

【关键词】　中央银行　会计制度　货币政策

目　录

一、问题的提出：我国央行会计制度现状、存在的问题

本章从中央银行会计制度对货币政策效果影响的相关文献入手，考察这一问题的最新研究进展。在对各国中央银行会计制度的国际比较，尤其是美联储的会计系统在货币政策实施中作用的分析基础上，研究了我国中央银行——中国人民银行的会计制度特点及其存在的问题。

（一）相关文献综述

1. 中央银行会计问题的研究进展

按照马克思的两分法，会计的基本职能是核算和控制，这点在国内取得了广泛的共识（葛家澍，1998；阎达五，2004）。中央银行作为一国唯一货币发行、以制定和实施货币政策调控宏观经济，进行宏观监管的特殊机构，同样离不开会计的核算和控制职能所提供的信息。由于央行职能、地位、目标、业务等的特殊性，其会计政策又与一般金融企业具有巨大差别。在过去相当长的一段内，我国实行计划经济体制，货币发行量、信贷的投放量等都按指令性计划行事，而非市场原则，同时央行执行的大一统的运行模式，对信贷资源使用上坚信“肉是烂在锅里”，所以对中央银行的会计核算和控制职能的重视不足，致使相当长时间内对于中央银行会计政策、标准等的研究不够。20 世纪 80 年代人民银行开始真正执行央行职能以后，中央银行会计问题才受到理论工作者的重视。面对央行改革，中央银行会计职能开始由“核算型”向“管理型”转变。如史煦、刘莉（1987）认为在新的历史条件下中央银行会计应该加强宏观金融监管的职能。邓贵安（1986）将央行的会计职能归结为五个方面：一是核算职能，二是控制职能，三是信息职能，四是稽查职能，五是协调职能。其中，核算是前提职能，控制、信息、稽查是基本职能，协调是补充职能。它们相互联系和制约，共同构成人民银行会计职能的统一体。

20 世纪 90 年代以后，对这一问题的研究文献多是一些基层央行的工作者对实际工作中面临的问题的反思与总结。如金世辉、陈希福（1995）以江西省基层央行的实际出发，提出在央行系统内部建立统一的会计操作规程、加强会计分析、参与宏观决策、强化会计监管、改进和完善央行资金清算五个方面的建议。赵永彩（1997）从河南中央银行基层行会计实践出发，提出要加强央行会计的服务和监督的两大职能，并就如何改进提出了五条对策。杨庆华（1997）提出认为中央银行基层行对会计检查辅导重视不够，导致一些老问题屡查屡犯，不能得到彻底纠正，

并从实践经验出发，提出了整改的建议。

进入21世纪以后，随着我国市场经济体制的不断发展和完善，中央银行开始更多地运用市场化手段、严格的会计核算和控制功能服务于央行货币政策的制定和实施，实行审慎金融监管。这一时期的文献较为丰富，但主要还是实务部门工作者对问题的总结，纯理论学术性的探讨文献不多。已有的文献主要从三个方面展开讨论：一是央行会计的核算职能；二是央行会计的内控职能（控制）；三是央行会计的监督职能。具体而言，随着人民银行会计集中核算系统的开发、使用和完善，对集中核算模式运行中存在的问题进行了探讨，如李财智（2002）发现目前央行会计集中核算系统在大幅提高交易记录日志功能的同时，在打印分户账的电子签名方面存在明显缺陷，即记账员和复核员均显示为同一操作员。王泉（2009）详细考察了央行集中核算系统存在的七个方面的问题，并提出了改进的建议。应该说对于会计核算职能的讨论，随着会计信息系统的电子化趋势，主要侧重系统软件的开发与完善。在内控职能方面，王德业（2002）分析了基层央行存在的内控风险，以及可能产生的后果，并从优化组织结构、实行恰当的职责分离、建立严格的授权审批制度等几个方面提出了对策建议。杜晓春（2003）指出，央行会计系统中应用了先进电子技术，但会计电算化的配套措施没有及时的跟进完善，从而容易形成内控的盲点，导致利用电脑作案的案件时有发生，因此应该从制度建设和人员素质两方面提高央行会计的内控职能。在央行会计监督职能方面，王斌（2004）对央行会计"集中事后监督模式"存在的问题进行探讨，提出央行会计实行集中核算监督模式的必要性。袁泳辉（2005）、雷萍（2006）、岳淑华（2007）等的分析大致支持了上述结论。

关于央行会计信息的披露方式、立法等问题，是国内研究者关注较多的问题之一。沈明、袁欣等（2004）考察了芬兰、丹麦的会计信息披露和资产风险管理问题，发现丹麦和芬兰央行的会计标准和信息披露上有个共同之处，即坚持审慎①的会计制度，采用国际先进的会计核算和信息披露标准。随着世界经济金融一体化进程的加速和会计标准国际化趋势的进展，各国会计标准在逐渐协调统一，全世界的中央银行也越来越倾向于使用这些标准进行核算和披露。沈明(2006)进一步研究了英格兰银行和匈牙利国民银行的会计信息披露和国民核算的具体做法，在会计信息披露方面，英格兰银行遵循1998年颁布实施的《英格兰银行法》的有关规定，对于年报的披露标准，与英国一般公司年报披露的要求类似，同样遵循《公司法》(1985年版)和英国通用会计准则的规定，需要披露经中介机构（目前为普华永道

① 国际会计准则委员会对审慎概念的定义是："在不确定的情况下进行估计、作出判断时应有的一定程度的谨慎，既不高估资产或收入，也不低估负债或费用"。

公司）审计过的财务报表。实际上，英格兰银行自 1971 年起就对外披露其财务报表，多年来，只是报表格式有所变化。英格兰银行披露的年报，主要包括会计政策、风险管理情况、资产负债状况、预算安排、交易成本、经营成果、董事会成员薪酬等信息，但不包括经济状况等相关信息，这些信息在其他形式的报告，如公告、通货膨胀报告中披露。值得注意的是，为了维护金融机构、中介机构和社会公众监督英格兰银行的管理效率，财政部有权要求英格兰银行披露信息，但如果信息披露有害于整个国家金融稳定，英格兰银行依法（《英格兰银行法》）有权拒绝披露信息。匈牙利国民银行的会计信息披露主要形式是年报。年报在内容上主要分为业务报告和会计财务报告两部分。业务报告的主要内容是在会计年度内影响匈牙利国民银行财务状况的重要事件，包括其组织结构、主要目标和任务、货币政策的实施、提供金融服务以及金融稳定等方面的内容；会计财务报告主要包括审计报告、资产负债表、损益表以及报表注释等内容。与英格兰银行有限信息披露相类似，尽管匈牙利央行披露外汇储备构成、币种等信息，但涉及国家机密的内容，如救助金融机构具体情况、钞票防伪技术等事项是不披露的。沈明、储稀梁等（2009）考察了俄罗斯、西班牙等国的央行会计标准和信息披露，在借鉴国外央行先进经验的基础上，鉴于我国央行运行的实际环境，作者提出改进我国央行信息披露和会计核算的具体措施可以有三：一是改革人民银行会计核算标准，逐步与国际会计准则靠拢；二是改进会计核算手段，提高会计核算集中化和网络化程度；三是建立和健全会计信息披露机制，实现会计信息披露的标准化和程序化。

2007 年美国金融危机以来，公允价值的会计准则成为理论关注的热点。与此相应，中央银行会计标准问题，也成为学者重点关注的热点之一。来元元、陈荣国（2007）借鉴国际会计准则，考察了我国央行会计标准存在的问题，指出当前我国会计标准与国际准则相比在谨慎性原则、记账原则、计价原则、信息披露原则几个方面存在差异，文章分析认为由于我国缺乏良好的与国际会计准则相适应的环境机制，以及国内会计法规制度不健全等原因，使得我国在完善会计标准上仍有很长的道路要走。俞亚光（2008）详细比较了国际会计准则（IAS）、主要发达国家的会计标准和国际通行会计标准的主要内容，发现我国现行的会计标准在六个方面存在缺陷：一是央行会计信息披露不完善；二是收付实现制的会计报告编制方法过时，不能准确反映央行实际财务资产状况；三是准备计提不足，存在风险隐患；四是外部审计的重点集中于预算执行情况和财经纪律的遵守上，对非财务报告的真实性、有效性监督不足；五是会计标准不明确；六是会计科目不合理。上述缺陷的存在无法真实反映央行资产负债状况、形成失真信息，无法为科学的宏观决策提供依据。具体差别见表 1－1：

表 1-1 代表性国家（地区）中央银行会计制度

主要会计制度	欧洲央行	日本银行	英格兰银行	新加坡货币厅
会计基础	权责发生制	公司会计一般公认原则	权责发生制	权责发生制
资产计价	会计账务处理以历史成本为基础，但有价证券、黄金和其他表内、表外外汇资产和负债以市值计价	证券计价一般按照成本与市价孰低原则	以历史成本为基础，不动产按专业评估价值加上之后的追加成本减去累计折旧反映	固定资产以成本减去累计折旧反映，有价证券、黄金、国外资产以成本反映
准备计提	回购交易中年末未入库的市值上涨债券计提损失准备	每半年计提贷款损失普通准备金，必要时可计提专项准备金	普通准备金按贷款月估算后计提，特别准备金为不良贷款提取	有价证券、黄金、国外资产发生减值时计提减值准备
财务报表	按欧洲中央银行理事会要求的会计政策编制	财务报表、净收入分配表、财务报表附表	资产负债表、现金流量表、财务报表附注等有一定的保密限制	根据新加坡货币厅法，遵循新加坡会计准则编制
收入确认	收入和费用在获得或发生当期确认，未实现的收益不确认为收入，而是直接转入一个重估账户	公司会计一般公认原则	由于汇率变动产生的未实现净收益计入证券投资重估准备，未实现净亏损计入损益账户	利息收入按责权发生制原则确认，股利收入在宣布发放的会计年度确认，债券溢折价按直线法摊销

资料来源：俞亚光．中央银行会计标准研究，金融纵横，2008. 5.

此外，据中央银行出版社 2003 年调查，被调查的 44 家中央银行中，超半数中央银行已采纳了国际会计准则（IAS）标准或结合国际会计准则的其他标准作为其会计标准。IMF 关于中央银行货币政策透明度良好规范以及保障评估政策的主要基准也标明是对 IAS 或同等标准的采纳。国际会计准则（IAS）由国际会计标准委员会（IASC）制定和公布，目前已公布 41 项准则，其中与中央银行财务报表相关的准则包括“银行和类似金融机构财务报表的披露（IAS30）”“金融工具：资料的公开和提出（IAS32）”“金融工具的确认和计量（IAS39）”“财务报表的列报（IAS1）”“汇率变动的影响（IAS21）”等。但目前我国中央银行现行会计标准与国际会计标准存在较大差距，特别是在金融市场迅速发展，对央行透明度有更高要求的情况下，现行会计标准的弊端愈发显现。如目前，人民银行会计核算所遵循的标准是特殊的会计标准，会计信息披露制度还不够健全，对外披露的只是统计信息，而非严格意义上的会计信息。这些与国外中央银行相比较为落后，与国际会计准则以及国际货币基金组织等国际组织的要求相比更是存在很大差距。按照 IMF 关于提高透明度的要求以及我国加入世界贸易组织后金融业对外开放的承诺，人民银行应借鉴国外中央银行会计信息披露的先进做法，逐步改进人民银行会计信息披露制度，增加信息透明度。

中国人民银行海口中心支行课题组（2009）的最新的一项研究，也将目光关注于我国会计标准如何改革的问题。文章认为在国际金融危机的背景下，中央银行作为银行的银行，肩负着挽救各国金融的重任。而中央银行会计标准质量的高低，决定了信息披露的透明度，从而影响着金融危机发生的可能性及处理的效果。然而，由于长期以来，我国企事业单位一直执行的是按行业（或部门）和所有制关系分别制定的统一会计制度。这种模式是和实行中央集权管理的产品经济条件相适应的，而没有与国际标准相接轨。直到 1993 年 11 月财政部、人民银行才联合发布了《金融企业会计制度》。2001 年 11 月，财政部重新修订《金融企业会计制度》。该制度充分吸收了具体会计准则的精神实质，按照会计要素的定义，借鉴国际金融会计的最新惯例，在总结我国金融企业特别是上市金融企业经验教训的基础上制定的，到 2006 年 2 月又进行了修改和完善。但是，总体而言，这部现行的《金融企业会计制度》过多地考虑了普遍适用性，对中央银行会计核算的规范作用不够。随着时间的推移，中央银行的会计业务发生了巨大的变化，会计制度越来越不适应现代中央银行资产负债管理的需要，主要表现在：一是央行会计实际上是预算会计和财务会计的混合体，其中预算导向特征明显，会计被视为预算管理的附属；二是收付实现制的财务报表的编制基础收付实现制无法真实、完整地反映我国央行多样化资产的实际状况，不利于加强对我国央行的资产负债管理；三是历史成本的计价方式，使得有价证券、黄金、外汇储备等由于资产价值在面临市场波动风险时，无法反映出真实资产状况；四是会计信息披露只对内不对外。有鉴于此，当前我国央行会计改革应通过适度分离财务会计与预算会计，预算会计改革遵循政府会计改革的路径，而长期来看，央行会计标准的改革应纳入我国会计准则范畴内，与国际会计准则趋同。未来应通过整合与协调两个会计系统，建立起预算系统、支出和成本系统以及管理系统，实现央行会计在解除公共受托责任过程中的信息传递目标。

2. 货币政策与央行资产负债表的有关研究

随着各国对央行宏观调控职能的普遍重视，运用市场化手段及货币政策和财政政策的合理配置进行宏观调控，是当前世界各国共同的政策选择。在此背景下，中央银行会计信息的及时、准确和科学对分析货币政策效果，提高央行透明度，防范金融风险有着重要意义。从目前国内有关央行会计研究的文献来看，鲜有文献同时将会计和货币政策两者结合来考虑，大量的文献要么谈会计制度的建设和完善，要么谈货币政策的传导机制、货币政策规则效果等。随着各国货币当局越来越多的开始关注货币政策的微观基础（李扬，2009），从会计信息角度研究货币政策的效果，开始受到越来越多学者的关注，但是国内这方面的文章，还过多的局限于从央行资产负债表的角度来分析货币政策（徐彦，1997；陆前进，2007；刘胜会，2009）。

徐彦（1997）从货币供给的一般货币乘数模型（$M = m \cdot B$）出发，通过对1992—1995 年我国央行资产负债表的观察，分析了基础货币 B 以及货币乘数 m 的变化趋势，及广义货币 M_2 的变化对货币政策宏观调控的影响，提出我国央行可以借鉴西方国家的做法，将政府存款、邮储存款存入政策性银行或商业银行，充当这些银行的一般性资金来源的政策建议，认为这样既能缓解政策性银行资金来源不够的危机，又可减少 m 的波动因素，便于中央银行的宏观调控。陆前进（2007）通过中央银行的资产负债表研究我国中央银行的货币控制和冲销干预，首先分析了货币供给的构成，强调外汇占款是货币供给增加的重要来源；其次从我国中央银行资产负债表的角度考察了影响货币供给的因素，指出我国控制基础货币的主要政策手段；最后分析了中央银行的冲销干预，指出我国目前综合运用提高存款准备金率、买卖国债和发行央行票据作为冲销措施，但发行央行票据是我国货币控制的主要手段，并强调从长远来看，中央银行应该更多地通过买卖国债来冲销。刘胜会（2009）从央行资产负债表的视角，对定量宽松货币政策实施的背景、具体措施进行了阐述，并重点考察了定量宽松货币政策对央行资产、负债及其构成、货币政策决策的影响。研究表明，急剧膨胀的央行资产、大量投放的流动性必然造成将来通胀压力，定量宽松货币政策如何顺利退出，事关经济金融的稳定和货币政策的效果，也是央行在经济复苏阶段面临的新的课题。中国人民银行南昌中心支行课题组（2009）以 2000 ~2008 年央行资产负债表为研究对象，采用定量研究的方法，探讨货币政策对其影响的方式和程度，并得出货币政策对央行资产负债表的多个重要科目都有显著影响的结论。这也表明，尽管我国的货币政策还受很多因素的制约，但其传导渠道基本畅通，近年来所实施的货币政策卓有成效，并以此为基础提出了：减轻央行票据发行的压力；调整我国经济发展结构，促进国内消费水平；增强各种货币政策工具的协调配合等政策建议。

3. 简要述评

中央银行会计制度与货币政策效果的关系问题，是近年来研究货币政策的新视角，尤其是美国金融危机以来，以美联储为首的各国央行，运用宽松的货币政策以刺激经济的做法，取得了显著的成效。一方面，货币政策的调控方式引起了央行资产负债种类、期限结构的相应变动，改变了央行资产负债的安全性和稳健性；另一方面，央行资产负债的期限、结构等制约了货币当局可以运用货币政策工具的方式和限度。这使得在宏观调控越来越强调货币政策与财政政策相配合的今天，对央行资产负债的关注，成为人们寻求货币政策微观基础的突破口。尽管，已经有相当一部分文献在这方面做了有益的探索（徐彦，1997；陆前进，2007；刘胜会，2009；等），但现有文献大多依据过去若干年央行资产负债表的变动，来观测基础货币、货币乘数、广义货币量等货币数量指标，分析货币政策的基础没有脱离货币数量论的窠臼，得出的政策建议也多从控制货币供应量出发，难以得到更具深度和新意的结论。

美国金融危机以来，关于货币政策与金融监管的关系问题是理论争论最热烈的问题之一。其中基于公允价值的会计标准在金融监管中的作用、资产减值准备计提的原则、方法等问题又是争论的重中之重。这些问题对机构重要，对央行同样重要，而后者恰好构成了货币政策和金融监管的微观基础，这就是从会计政策视角研究货币政策的重要理论意义之一。遗憾的是现有文献，谈央行会计的很多，谈货币政策的也很多，但将两者结合来谈的文献尚不多见。在这些为数不多的文献中，多从央行的资产负债表的变化来观测货币政策的效果，从会计标准的视角研究货币政策的文献则寥若星辰，这恰恰可能是未来研究取得突破和创新的切入点。

（二）中央银行财务会计制度的国际比较

各国中央银行在法律性质、财务及管理体制等方面都不尽相同，这也决定了各国中央银行会计制度存在差异。本章在总结主要代表性国家中央银行法律性质、财务及管理体制的基础上，对美联储会计系统及其在货币政策实施中的作用进行了重点分析。

1. 各国中央银行财务及管理体制比较

世界各国中央银行的法律性质是不尽相同的。有的中央银行是国有机构，如《法兰西银行法律及信贷机构的业务和管理法》第六条规定：法国中央银行是一个国有机构；《瑞典国家银行法》第一条规定：瑞典国家银行是直属国会的官方组织；《墨西哥银行组织法》第一条规定：墨西哥银行是联邦政府下属的具有独立法人和产权的公共机构。有的中央银行是法人机构，如《日本银行法》第一条规定：日本银行为法人；《韩国银行法》第一条和第四条规定：韩国银行作为法人行使各种权利和承担各种义务，它是无资本的特殊法人。还有的个别中央银行是股份公司，如《荷兰银行法》第二条规定：荷兰银行是一个股份有限公司。法律性质的不同，决定了各国中央银行在财务及管理体制方面都存在较大的差异。

（1）中央银行的收入来源

中央银行与其他国家机关不同。无论是从商业银行演变而来的中央银行（如英格兰银行），还是专门设立的中央银行，它们都首先是银行，中央银行可从银行业务中获取收入。因此，中央银行的经费一般自行解决，而不依赖于财政拨款。这是各国中央银行不同于其他国家机关的一个明显区别。

另一方面，中央银行是一国政府的银行，但不是政府的附庸。中央银行在政府内具有相对的独立性。也可以说中央银行既受国家控制，又独立于政府。如美联储是独立于政府行政管理系统和财政管理系统的中央银行。国会只对美联储的货币政策最终目标确定总体原则，在具体货币政策操作过程中，美联储拥有自主权。

①美联储的收入来源

美联储的经费来源独立。不是来自国会拨款，而是在公开市场操作中所持有的政府债券利息收入（该项收入约占美联储总收入的95%），扣除各项费用支出后，剩余的业务收入上缴财政部。正是这种经费的独立性使美联储不会有来自“财政权利”的压力。美联储收入来源主要有以下几部分：a. 在公开市场操作中所持有政府债券的利息收入；b. 向金融机构、公众、财政部和其他政府部门提供服务的收费；c. 其他收入，如外汇的利息收入、给存款机构的贷款利息收入等；d. 代理国库的有偿服务收入。根据法律规定，美联储除向金融机构和公众提供服务外，在代理美国财政性事务时，可向美国联邦政府及其部门提供有偿服务，费用标准是根据实际的费用成本计价；e. 为金融机构、公众、财政部及政府有关机构提供服务的收入，如支付清算系统服务。1980 年美国国会颁布的《货币控制法》规定，美联储应在全国性支付系统中发挥更大作用，服务对象的范围由会员银行扩大到所有的存款机构及政府各部门，联储可对所有提供的服务收取服务费，收费标准由联储根据实际提供服务的成本确定，收费应抵偿其成本；f. 对国际性机构或政府机构提供有偿服务的收入。

②英格兰银行财务收入来源

英格兰银行没有享受铸币税收入，在货币发行收入扣除费用后，剩余利润全部交财政部，这在外国中央银行中是少见的。英国的外汇储备由财政部持有、英格兰银行管理和经营，所需的经营费用由财政部支付，外汇储备的收益完全归财政部。英格兰银行的收入主要有三部分：a. 运用资本金的收入。英国政府是英格兰银行的唯一股东。对资本金使用的要求是有盈利，但受到控制。b. 运用存款准备金的收入。英格兰银行不给商业银行上缴的存款金支付利息。这项收入每年与财政部商定。c. 向客户提供服务收取的费用。收取的原则是以收抵支，不得出现亏损。若收取的费用入不敷出，由财政部批准，允许用存款准备金的收入抵补，但只限于抵补日常业务开支的不足，不得用作其他方面。英格兰银行向客户收取的费用主要包括：向政府收取的费用有发钞、印钞、保管、销毁等各项费用；管理、办理政府账户、资金清算的费用；国债发行登记费用；外汇储备经营管理的收费等。向商业银行收取的费用有：账户管理费用、往来交易收费、清算支付收费。

（2）中央银行内部财务管理机构

一般中央银行都设有财务管理机构或委员会。美联储理事会中设有“联储财务管理政策委员会”，负责管理和指导 12 家联邦储备银行的财务管理和相关服务的支持。委员会下设 5 个办公室。

英格兰银行设有财务管理委员会，由行长、两位副行长和 16 名成员组成。该委员会负责预算编制工作，且有独立自主权。英格兰银行还设有薪酬委员会，负责对英格兰银行高层管理人员和财长任命的货币政策委员会成员的薪酬及奖金进行审定，并向非执行理事会提出建议。

日本银行设立政府委员会，其任务之一是：决定有关日本银行的经费预算、资产评估、决算及其他会计事项。政府委员会由 7 人组成：总裁，大藏省 1 人，经济企划厅 1 人，对金融业有丰富经验和见识者 2 人，对工业、商业有丰富经验和见识者 1 人，对农业有丰富经验和见识者 1 人。委员的工资及政策委员会的其他经费由日本银行负担。委员任期为 4 年，可以连任。

（3）财务预算制度

美联储的财务预算分为两个独立的部分：联储理事会预算和联邦储备银行预算。联储理事会实行双年度预算制，以便尽早确定联储的费用支出、收入分配以及减少财务部门的工作负担。联邦储备银行的预算首先由各联邦储备银行根据各自业务的运作情况，预测第二年各项费用的需求并报联储理事会审议。各联邦储备银行制定的预算，经联邦储备银行事务委员会审议后，由联储理事会批准执行。

日本银行法规定银行实行预算制。日本银行必须在每个会计年度开始前，编制经费预算，并报大藏大臣审批，修改时亦同。日本银行在会计年度结束时，必须计算损益。如有税后利润，一是可从中提取准备金（一般为5%，必要时经大藏大臣批准可适当提高比例）；二是用于对出资者分红（不超过5%提取）。扣除以上两项支出后，剩余利润必须在会计年度结束后两个月内上缴国库。政府根据政令规定，将日本银行上缴国库部分列入当年度概算。若日本银行发生亏损，由大藏省拨款弥补。

英格兰银行预算编制的原则是：①英格兰银行不以利润为目标；②政府拨付的资本金要有盈利（但不是追求利润，只是保证资本金的增值）；③收费与成本平衡，不能通过收费来满足自己的需要；④存款准备金的收入，由财政部和英格兰银行管理委员会商定一个 5 年的收益率。

英格兰银行预算制度的三个主要部分是：一是两个指标：费用率和盈利率；二是按费用与成本平衡原则制定收费标准；三是分业务类别制定费用支出总额。预算编制后报财政部。由于有英格兰银行法的约束和事先已与财政部讨论过收益率，财政部一般对预算没有异议。

（4）中央银行的利润分配

美联储在其总收入扣除各项费用支出后，剩余的业务收入上缴财政部。英格兰银行缴纳所得税后的利润，与财政部各按50%的比例分配。英格兰银行留下的50%利润作为资本公积金。

(5) 中央银行与财政部的关系

外国中央银行与财政部的关系有些在银行法中有规定，有些没有规定。但一般中央银行与财政部都保持较好的协作与合作关系，中央银行接受财政部的审查，剩余利润上缴财政部。但中央银行在财务、工资及福利方面保持相对独立权利。

美联储与财政部保持协作关系，但在财务上完全独立。1951年美联储与财政部签订了《美联储——财政部协议》，结束了20世纪40年代的利率与财政债券挂钩的“盯住制”，从而使美联储彻底脱离了财政部的控制，开始实行独立的政策财务管理。为尊重美联储的独立性，美国财政部一般由财长与联储主席每周2~3次交换有关监管、债务管理和国际经济问题的看法。美联储的财务则完全是其内部事务，财政部无权干涉。美联储对自己的财务具有自主权。

英国财政部对英格兰银行财务实行原则管理，给英格兰银行很大自主权。财政部主要管理：审定盈利率、协商确定向政府收费的标准、共同商定英格兰银行自留利润的使用、财政部有要求英格兰银行向社会披露财务信息的权力。

日本银行法确立了日本银行作为中央银行的地位和权威，但受到日本传统财政金融体制的制约，日本银行法在很大程度上保留了大藏省对日本银行的控制权。如大藏大臣持有日本银行理事和参事的任命权、经费预算审批权、全体职员工资福利标准的审批权、业务审批权及外汇买卖指令权等。

2. 美联储的会计系统

每个国家中央银行的组织体系和作用都是为了服务于国家的需要。要理解美联储的会计系统就必须首先了解多年来法律所确定的美联储的独特的结构和作用。

(1) 美联储体系的结构

美联储体系由理事会和12个地区性联储银行及25个分行构成。该体系是由国会于1913年通过的《联邦储备法》确立的，其目的在于对银行实施更为有效的监督，并建立更为安全、更为灵活的银行和货币体系。作为美国的中央银行，美联储体系的工作是要保证货币和信贷的增长足以鼓励经济的合理扩张和价格稳定。由于良好的金融结构是有效货币政策中的一项基本内容，联储被赋予了一系列的监督和管理职能。联储还通过发行货币和硬币、加工支票和处理电子支付等方式在美国的支付机制中起着一个十分重要的作用。此外，该体系还是美国财政部的财政事务代理，并向财政部和政府的其他机构提供一系列的金融服务。

(2) 美联储的会计系统

①美联储会计系统的法律基础

最初的《联邦储备法》的第11节明确授予联储理事会以下权力：一是可自行对每个储备银行和每个成员行的账目、账簿和经营进行检查；二是在理事会认为必要时可要求提交报告；三是每周出版一次报告，说明每个储备银行状况，并出版一份反映所有联邦储备银行状况的综合报告。这种报告应详细地反映联邦储备银行的资产、负债（单独和合并），并提供关于储备货币和账户特点、票据的性质和到期日以及联邦储备银行所拥有（或持有）的其他形式的投资的情况。

②美联储会计系统遵循的会计原则——GAAP

从美国全国范围而言，其采用了两种基本的会计系统——一是为私营部门所使用的公认会计原则（GAAP）；二是对普遍会计原则进行概括并用于联邦、州和地方政府机构的会计系统。联储的会计和报告体系就是在私营部门使用的GAAP的基础上形成的。公认会计原则是一系列的规则和惯例，为会计做法提供了一个准绳。会计行业人员的实践运用和专业协会与管理机构提出的意见和作出的裁决都形成了对GAAP带有权威性的支持。就一般公布之用而编制的财务报表而言，GAAP必须依赖如下三个关键性的假设：a. 应付应收基础：应在应收应付的基础上编制财务报表。即要求应在经济事件发生之时，记录交易或其他活动的效应，而不考虑收款或付款的时间和数目。这些交易或活动要在会计账目中予以记载，并反映在交易发生期的财务报表中；b. 业务持续性问题：GAAP假定会计实体的活动将无限期地持续下去，除非有明确迹象表明并非如此；c. 实体概念：会计人员必须就商业活动的各个部分单独设立一系列账目，并要特别小心不得将各个部分的交易混淆在一起。此外，GAAP还须确保所提供的信息含有易懂性、相关性、可靠性和可比性这四个量性特征。这四个量性特征决定了财务报表中的信息对用户具有相应的使用价值。

具体而言，根据GAAP进行的会计工作就是试图将支出和支出的收益期间联系起来。因此，按照GAAP，为未来期间带来收益的资本支出将会在其预期的有用期内进行折旧；类似地，如若在资本偿还之前即已得到了收益，对这些收益（或未来支付）的成本的估计值则应为“应计额”，并应作为一种现时费用计入会计系统。总体而言，美联储采用的会计系统基本上与GAAP相同，只是在对中央银行等特有的少数情况下才有所区别。

③美联储会计系统的构成

联储会计系统的构造是为了适应组织结构的要求（尤其是储备银行独立性的要求），履行其法定责任并支持其控制需要。其设计是为了便利独立的审计人员对交易进行审核，并对储备银行的业务提出综合报告。它包括财务会计、费用会计、计价服务会计、综合会计等内容，所有这些方面都援用私营部门使用的普遍会计原则。以下就美联储会计系统的四个主要构成部分，分别予以详述。

a. 联储的财务会计系统。

财务会计手册（Financial Accounting Manual，FAM）规定了美联储银行所遵循的会计原则和统一的会计标准。它还概述了标准化的资产负债表科目图并指明了其如何使用。该手册规定了美联储银行须按时向理事会递交日、周、月度、季度和年度报告，以供后者对前者的经营状况进行监督和分析。FAM 还规定了资金的收取与动用及其在资产负债表中的位置。此外，它还对资本化、折旧率和损益记录等方面作出了相应的规定。以下着重对在美联储财务会计系统中起到至关重要作用的美联储资产负债表进行介绍。

由联邦储备银行及其分行编制的日资产负债表是联储会计系统中编制的最基本的财务文件之一。此表有着多方面的作用：第一，该表将每个联邦储备银行所从事的财务活动综合起来提供给理事会，从而使理事会能够有效地对联邦储备银行的状况予以监督；第二，该表详细地反映了联储银行的资本、负债、资本项目以及其他的一些信息（如美国政府储蓄、担保、抵押等情况）；第三，该表便于储备银行进行有效的内部控制。联储体系中的每个储备银行都须建立一般分类账和必要的辅助分类账，并编制资产负债表以进行令人满意的内部控制。储备银行的所有交易都须记录在资产负债表上，历年所适用的会计原则也须保持一致性。

b. 美联储的费用会计系统——被应用于支出控制。

1979 年美联储实施了一项新的会计和预算体系，规定须对各项费用、一项费用的审计线索和费用可解释性进行有效的审核。计划和控制体系（PACS）是一个统一了费用会计、成本会计与报告的体系，它可使理事会对各储备银行的财务状况进行比较。它是一个使用于储备银行提供所有服务的基本会计系统，不论这种服务是收费的还是不收费的。通过对特定费用与特定服务的绩效和预算的比较，PACS 还可以起到控制作用。此外，PACS 还提供生产率统计（基本的数量、单位成本和每人小时工件计量）、环境统计（对储备银行经营环境差异进行比较）和质量统计。这些统计可以帮助管理人员判断经营的效益并对质量标准进行监督。此外，PACS 还对成本和费用的分类、固定资产的购置和预算、向外支付资本和经营性支出等方面进行了相应的规定。

就成本和费用的分类方面：根据 PACS，所有的成本和费用均按费用目标和服务目标来分类。这两种分类都有单独的科目表，从而可以进行汇总。费用和服务目标结构在储备银行体系中都是标准化的。以下举例说明这两种分类下的科目概况，见表 1 - 2。

表1－2　成本和费用分类下的科目概况

费用目标分级	举例	服务目标分级	举例
汇总目标	交通	服务行业	对金融机构的服务
目标	电话费用	服务	支票
明细目标	长途	活动	支票调整

此外，PACS 规定了将所有的服务都打入成本。如储备银行向诸如美国财政部、储蓄性金融机构等储备银行的客户提供服务都将被视做是“产出”服务。所有为了支持内部客户或间接活动的费用都将按单独的预估成本分配到适当的“产出”服务。如此一来，就得将向外界客户提供服务的活动完全计入成本。尽管这种成本和报告体系比较烦琐，但却有很多好处。主要的益处在于：有利于进行预算控制，可以对所有储备银行相同活动的成本进行总计，还可对所有储备银行的绩效予以比较。

固定资产的购置和预算方面：按 PACS 的会计原则，固定资产的折旧是包括在储备银行的费用之中的。通常的资本购置包括计算机及有关设备采购、新的基建或大规模的建筑翻新等。理事会将对作为预算过程一部分的预定的固定资产的购置安排（即那些涉及跨年计划）进行认真、审慎的审核。对于重要的资本项目，即使预算得到了批准，在采购前都还须得到理事会的专门批准。

向外支付资本和经营性支出方面：每个联储银行都有一个管理应付账款的单位，它负责在得到必要的批准后对外界所提供的产品和服务进行支付。这种支付或是以电子方式，或是采用支票形式。每项支付都与预算单位、费用目标和服务挂钩。每日费用估计都被记入储备银行的一般分类账，日后则转入资产负债表。

c. 联储的计价服务会计系统。

《1980 年货币控制法》（MCA）规定：联储须对某些服务“计价”并在一定时间内收回服务成本。目前，大约有 40% 的服务成本是计价的，而且必须与提供类似服务的私营部门相争。MCA 还规定：提供计价服务的成本应包括所有的直接和间接成本。其中，包括所提供资本的推算收益和私营企业提供服务时所计征的税收。对计价服务成本和收益的报告需要按月给出。此处不需要应收账款单位，因为对联储银行的欠账将从存款单位清算余额或储备账户中直接扣除。

d. 联储的综合会计系统。

对于每日在联邦储备体系中发生的大量交易和资金流动，如果不采取现代化的电脑和先进的应用软件，要想进行控制根本是不可能的。联邦会计系统的核心是“综合会计系统”（IAS）——它既对每个分体系进行反馈，同时也从各分体系中吸收信息。其主要的目的是：第一，记录所有通过储备银行进行的金融交易；第二，按所发生的交易调整金融机构所持有的储备和清算余额；第三，记录储备银行所有方面活动的汇总情况；第四，编制每个储备银行的日资产负债表；第五，向管理当局提供所有产出服务活动方面的信息，并对信息进行维护。

e. 联储会计系统的变更。

为了适应新的情况，联储会计系统总是在不断地变化着。财务会计的变化（例如，资产负债表的编制或项目变动）将由理事会决定，并被通知到各储备银行。实际上，12 个储备银行通过常设委员会和临时小组有着广泛的合作关系，并对费用和计价服务会计政策和做法及其科目表进行讨论，提出建议。理事会对所有这些小组都派有代表，理事会对所提出的会计系统的调整建议拥有最终的批准权。所有的调整都将在每个日历年年初予以实施。调整时往往也会对过去的数据进行公布，以反映会计准则上的重大变化。

（3）美联储会计系统在货币政策实施中的作用

运用联邦储备银行资产负债表的最重要的目的是实现由联邦公开市场委员会（FOMC）制定的货币政策目标。国民经济的增长幅度受到利率水平的影响，或者说是取决于企业取得市场资金的价格。联邦储备通过控制市场资金对利率进行控制。

每天 12 个联邦储备银行的资产负债表都要在理事会进行汇总。资产负债表账户的整体变动表明了国民经济中资金的增减程度。对资金影响最大的资产负债表账户有美国财政部的总账户、流通中的货币、可流通支票及金融机构在联储的存款。理事会的经济学家对资产负债表账户的总量及变动进行分析，据此对未来利率作出预测。根据分析结果，联邦公开市场委员会将授权纽约联邦储备银行在公开市场上买卖债券：当联储卖出债券时，它通过借记存款银行的储备账户而取得付款，如此一来，储备总额就随之减少了，这便导致货币供应量下降了；当联邦储备购买债券时，它通过贷记存款银行的准备金账户进行付款，这样一来，储备总额便随之增加，进而扩大了货币供应量。而储备总额的变动将直接影响到联邦基金利率①，其是一种基准利率，对其他利率会产生很大的影响。联邦储备根据资产负债表情况来制定联邦基金指标利率，并决定公开市场操作规模，以便取得并保持这一利率。按此方法，联邦储备的会计系统既能为联储货币政策的实施提供所需信息，又能为政策的执行提供必要的机制。

---

① 联邦基金是金融机构在联邦储备银行的超额存款准备金，由中间商在二级市场上进行买卖。存款类金融机构（Depository Institutions）可以买进隔夜资金以补充存款准备金头寸，也可以出售超过法定存款准备金额度的超额储备。这些存款类金融机构对隔夜资金买卖收取的年度利率即被称为“联邦基金利率”。

（三）我国央行现行会计制度特点

1. 我国央行的基本会计制度概述

中国人民银行实行“统一领导，分级管理”的会计管理体制。总行负责制定统一的会计规章制度，各分行、营业管理部、省会（首府）城市中心支行、副省级城市中心支行负责组织实施，并根据总行统一的会计规章制度，制定辖区适用的补充规定和实施细则。

（1）人民银行会计核算的基本规定

人民银行的会计制度规定其会计核算应以持续、正常的经营活动为前提，按规定的会计处理方法进行，坚持客观性、相关性、一贯性、及时性、明晰性、重要性和谨慎性原则。以下对其基本的会计核算规定予以简述。

①对会计年度的规定

人民银行的会计核算划分会计期间，按期结转账目和编制会计报告。会计期间按公历起讫日期，分为年度、季度和月度。会计年度自公历 1 月 1 日起至 12 月 31 日止。12 月 31 日为年终决算日，如遇该日为节假日，仍作为决算日。

②对会计核算基础的规定

人民银行会计核算以收付实现制为基础，当期的各项收入和支出按当期实际发生的收支金额确认。具体而言，人民银行遵循收付实现制的会计核算原则，人行财务收入与支出的确认采用收付实现制（又名现收现付制），这是一种按照收益（或费用）是否已经收到（或付出）为标准来确定本期收益和费用的一种方法。按照收付实现制，凡是本期内实际收到或实际付出的一切收益或费用，无论是否属于本期，都作为本期的收入和支出进行处理。对于现金收入和支出的记账，遵循“现金收入，先收款后记账；现金支出，先记账后付款”的原则。

③对资产、负债计价原则的规定

《中国人民银行会计基本制度》规定“各项财产按取得时的实际成本入账，在存续期间不对财产价值进行调整”。因此，人民银行对各项资产的计量遵循历史成本原则，但如果有特殊事项的，应遵循特殊的规定进行处理。

④对记账方法的规定

资产负债表表内业务根据复式记账原理，采用“借贷记账法”。凡资产或支出增加、负债或所有者权益减少时记“借方（Debit）”，凡负债、所有者权益或收入增加、资产减少时记“贷方（Debit）”。而表外业务则根据单式记账原理，采用“收付记账法”，凡表外事项增加时记“收入”，减少时记“付出”。

⑤对计价货币和记账单位的规定

人民银行会计核算以人民币为记账本位币，人民币业务以“元”为记账单位。而外汇业务采用外币分账制，以外币原币记账，以某外币基本单位的个位为记账单位。

(2) 中国人民银行会计科目的设置

①人民银行会计科目的类型

人民银行依据资金性质、业务特点和核算管理的要求设置了一系列会计科目，总体分为“表内科目”和“表外科目”两大类：表内科目包括资产类、负债类、资产负债共同类、所有者权益类、损益类。表外科目核算业务确已发生而尚未涉及资金增减、需要记载实物库存数量变化和备忘登记的事项。以下将人民银行设置这六大类会计科目的主要目的归纳见表1-3。

表1-3 人民银行六类会计科目设置的目的

科目类型		科目设置目的
表内科目	资产类科目	该类科目是用来核算和反映人民银行资产变动及其结存情况的，它是人行资金占用或投放的形态，表现为一项实物或债权
	负债类科目	该类科目是用来核算和反映人民银行负债增减变动情况的
	资产负债共同类科目	该类科目是银行特有的会计科目，用于核算银行机构之间的代收代付业务。人民银行设置该科目主要是为其履行清算职能服务的
	所有者权益类科目	该类科目是用来反映人民银行所有者权益增减变动及其结存情况的
	损益类科目	该类科目是用于核算人民银行经营状况的会计科目，因而下设了收入和支出两个科目
表外科目		该类科目是为了登记备忘而设定的一些项目，用于记载人民银行确已发生却尚未涉及资金增减的业务和实物库存数量变化，并记录一些备忘登记的事项

②人民银行会计科目的级别与相应的设置归属权

人民银行设置的会计科目分为一级科目和二级科目，科目下设置账户。人民银行总行统一设置一级会计科目和在全国范围内使用的二级会计科目和损益类账户。各人民银行分行、营业管理部、省会（首府）城市中心支行、副省级城市中心支行可设置在辖内使用的二级科目。

为适应人民银行业务发展和会计核算的需要，进一步加强会计信息反映和披露工作，人民银行总行于2007年10月修订了人民银行会计科目，并于2008年1月1日起正式启用修订之后的新会计科目。人民银行的新会计科目共有表内一级科目75个、二级科目71个，表外一级科目18个、二级科目19个。表内科目中资产类一级科目22个、二级科目37个，负债类一级科目27个、二级科目21个，资产负债共同类一级科目12个、二级科目10个，所有者权益类一级科目5个、二级科目3个，损益类一级科目9个且无二级科目。

（3）中国人民银行会计科目的余额性质及平衡关系

为清晰地反映人民银行各类会计科目期末余额的性质及其平衡关系，试将按表内、外科目分类并再按表内科目的五种类型，分门别类地将科目的期末余额所记入的方向与本期余额的计算公式归纳见表1-4：

表1-4　人民银行表内、外会计科目的余额性质与平衡关系

科目类型		科目期末余额性质（记入的借贷方向）	平衡关系（计算公式）
表内科目	资产类	期末余额在借方反映	上期借方余额+本期借方发生额-本期贷方发生额=本期借方余额
	负债类	期末余额在贷方反映	上期贷方余额+本期贷方发生额-本期借方发生额=本期贷方余额
	资产负债共同类	期末余额在借贷双方反映并不得轧差或借贷双方轧差后余额反映在借方（或贷方）①	上期借方余额-上期贷方余额+本期借方发生额-本期贷方发生额=本期借方余额-本期贷方余额
	所有者权益类	科目余额一般在贷方反映（特例：利润科目在本年发生亏损时，其余额在借方反映）	上期贷方余额+本期贷方发生额-本期借方发生额=本期贷（借）方余额
	损益类	收入科目余额在贷方反映	上期贷方余额+本期贷方发生额-本期借方发生额=本期贷方余额
		支出科目余额在借方反映	上期借方余额+本期借方发生额-本期贷方发生额=本期借方余额
表外科目		表外事项增加的余额在收入方	上期收入余额+本期收入发生额-本期付出发生额=本期收入余额

2. 我国央行会计制度与会计报表的编制：从会计科目到会计报表

会计制度主要在讲记账方法，但最后需要落实到会计报表的具体编制上。这是因为会计工作的主要任务之一是“会计报告”②，而“报告”就必须要将相应的会计信息真实、完整、及时地反映到会计报告中。会计报告是反映业务活动、财务状况和经营成果的书面文件，包括“会计报表”与“会计报表附注或说明”③（其中，

---

① 一般而言，如果净余额出现在借方，表示该项目属于资产性质；反之，若净余额出现在贷方，则表示该项目属于负债性质。

② 会计工作的主要任务有会计确认、会计计量、会计记录和会计报告。

③ “会计报表附注或说明”的主要内容包括：1. 会计报告期间发生的重要会计政策和会计处理原则的变更情况，变更的原因及其对会计报表数据的影响；2. 报告期间发生的重大会计调整事项的背景和依据，以及重大会计差错的内容、产生原因和更正结果；3. 会计报表主要项目的构成、变动情况、影响变动的因素等；4. 有助于理解和分析会计报表的其他事项。

会计报表附注或说明是对会计报表的编制基础、编制依据、编制方法及主要项目所作出的解释和说明)。由于会计报表是会计报告最主要的组成部分。这便涉及如何将设置的一系列会计科目与会计报表的编制结合起来，并最终实现会计科目与会计报表项目中的“一一对应”或“多一对应”关系。

按照核算内容，人民银行的会计报表分为资产负债表、损益明细表、业务状况报告表和其他相关附表；按照核算时间，分为日计表、月计表和年度决算表。以下按第一种分类方法，将人民银行这四种会计报表的编制予以逐一概述。由于从理论上而言，货币政策的制定与实施与中央银行资产负债表之间存在密切的联系，因此以下重点对人民银行资产负债表的编制进行详述。

(1) 中国人民银行资产负债表的编制

资产负债表是一种静态报表，它反映了某一特定时期人民银行全行的资产、负债和所有者权益的现状及其变化情况。人民银行的资产负债表由表头、表体和脚注（或附注）三个部分组成。其中，表头部分列示了报表的名称、编制单位、编制日期和货币计量单位①等内容；表体部分用于列示资产负债表中包含的各个项目的具体内容，其依据“资产 = 负债 + 所有者权益”这一会计恒等式，按照“T”形账户的形式设计，将整个表分为左、右两方，左、右两方分别表示借方和贷方，并且按照一定的次序，将资产、负债和所有者权益项目予以排序编制而成；脚注部分的数据依据备查簿中的记录和有关账户分析计算填列，在有必要时加以文字说明与解释。

资产负债表是根据当期业务状况报告表各科目上期余额、本期余额分类归并汇总后填制的。这里值得特别注意的一点是，在编制资产负债表时，需要根据当期业务状况报告表中各科目与资产负债表中各个项目的归属关系来编制，即资产负债表中的每个项目都对应着表内科目中的一个或多个一级会计科目。如前所述，人民银行的表内会计科目分为五大类一级科目，分别是资产类、负债类、资产负债共同类、所有者权益类和损益类会计科目。在人民银行的资产负债表中，这些科目所包含的绝大多数一级会计科目分别与资产负债表中的资产项目、负债项目和所有者权益项目存在着“一对一”或“多对一”的对应关系。为更加清晰、直观地反映出这种对应关系，现将其归纳见表 1 - 5。

---

① 人民银行资产负债表一般是以“百万元”为货币计量单位。这便存在由于四舍五入而导致的数字上的差异。对于这类差异，将根据“资产 = 负债 + 所有者权益”这一会计恒等式的要求，在资产类或负债类的“调整项”中进行相应的项目调整。

表 1－5　一级会计科目与人民银行资产负债表中项目的对应关系

<table>
<tr><th>资产负债表项目</th><th>资产负债表各项目的个数</th><th>资产负债表内所包含的会计科目类别</th><th>该类别的会计科目本身包含的一级科目个数</th><th>表中各项目对应的一级科目个数</th><th>备注</th></tr>
<tr><td rowspan="2">资产项目</td><td rowspan="2">14</td><td>资产类会计科目</td><td>22</td><td>21</td><td>资产负债表中所少的资产类一级科目是“101 存放金融机构款项”①</td></tr>
<tr><td>资产负债共同类会计科目</td><td>12</td><td>10</td><td>12 个资产负债共同类一级会计科目中有 2 个没有与资产项目相对应，这两个科目分别是“370 国库内部往来”和“371 国库待结算款项”。其余 10 个资产负债共同类科目的余额是由轧差反映，如为借方余额就归入对应的资产项目</td></tr>
<tr><td rowspan="2">负债项目</td><td rowspan="2">12</td><td>负债类会计科目</td><td>27</td><td>27</td><td>—</td></tr>
<tr><td>资产负债共同类会计科目</td><td>12</td><td>12</td><td>负债项目中的“支付清算贷方汇差”、“经理国库款项”、“其他负债”三个项目对应着全部的资产负债共同类会计科目。除“国库内部往来”和“国库待结算款项”两个科目之外的其余 10 个科目，若其轧差反映为贷方余额，则就应归入其各自对应的负债项目。比较特别的一点是，“国库内部往来”和“国库待结算款项”两个资产负债共同类会计科目，即使在其轧差余额为借方余额时，仍然记入负债方，只不过是作为其对应的负债项目“经理国库款项”的减项出现，反之若为贷方余额，则构成该项目的增项</td></tr>
<tr><td rowspan="2">所有者权益项目</td><td rowspan="2">4</td><td>所有者权益类会计科目</td><td>5</td><td>5</td><td>—</td></tr>
<tr><td>损益类会计科目</td><td>9</td><td>9</td><td>—</td></tr>
</table>

① “存放金融机构款项”的二级科目有两个，分别为“存放金融机构定期款项”和“存放金融机构活期款项”。

(2) 中国人民银行损益明细表的编制

损益明细表是一种动态报表，其反映了某一特定期间（月份或年度）人民银行的经营成果。它是根据当期损益各会计科目分户账结转前的余额填列的。人民银行的损益明细表由表头和表体两部分组成。表头部分列示了损益明细表的名称、编制单位、编制日期、报表编号和货币计量单位；表体部分列示了损益明细表的具体项目，表内项目的形成依据是“收入－支出＝利润”方程式中包含的经济内容。

具体而言，损益明细表表体中的具体项目有收入、支出和利润项目三类。按照项目排列的不同方式，损益表可分为单步式和多步式损益表。人民银行的损益明细表采用的是单步式损益表的形式，即在编制时首先将人民银行本期所有的收入项目加总在一起，然后再将所有的费用支出项加总在一起，最后用全部的收入减去全部的支出，这样通过一次性计算，便可得出本期利润额或亏损额的数值，分别将在“纯益、纯损”栏内反映。

(3) 中国人民银行业务状况报告表的编制

业务状况报告表是综合反映人民银行全年业务动态及其状况的报表，根据各会计科目总账编制而成。具体而言，是根据当期各会计科目总账上期末余额、本期累计发生额和期末余额①填列。

该表中的会计科目共分为资产类、负债类、资产负债共同类、所有者权益类、损益类五大表内科目和表外科目，共六大类，并按照会计科目表的顺序依次排列。表内科目分“上期借方余额”“上期贷方余额”；“本期借方发生额”“本期贷方发生额”；“本期借方余额”“本期贷方余额”六栏；表外科目则以收付形式反映，分为“上期余额”“本期收入”“本期支出”“本期余额”四栏。

业务状况表按照业务所采用的货币分币种进行编制，即分别要编制人民币业务状况报告表、外汇业务状况报告表和各种货币汇总业务报告表。值得注意的一点是，外币业务应按规定的汇率折算成美元进行填列。

其他相关附表是对某一时期特定会计事项补充说明的报表，一般根据人民银行总行的相关要求填列。主要包括暂收、暂付款项科目明细表，业务量情况统计表，固定资产明细表，机构人员情况统计表，会计人员情况统计表，财务决算附表和再贷款与准备金明细表。

3. 我国央行会计制度主要特点

(1) 人民币业务未遵循权责发生制原则

① 业务状况表上期余额反映上年末的余额，必须与上年度相衔接；本期发生额反映本年累计发生额；本期余额反映年末结转损益后的余额。

由于人民银行业务的特殊性，人民银行的会计核算采取权责发生制与收付实现制并行的原则，即人民银行的外汇储备营运业务以权责发生制为基础，而日常的人民币业务则以收付实现制为基础。由于采用收付实现制为会计核算的基础，因此在人民银行人民币业务的会计科目设置中，没有“应收利息”“待摊费用”等科目，而“暂收款项”“暂付款项”等科目的性质也与一般企业会计中相应科目的性质不同，计入这些科目的资金的性质是临时性、过渡性的，最终并不结转至人民银行的收入和费用当中。

（2）不完全符合配比原则

人民银行对生息资产（如金融机构贷款）按季结息，对计息负债（如金融机构准备金存款）按季付息，实现了利息收支的配比。但是其他收支（如储备资产按年结转收益）则不完全符合配比原则。

（3）划分收益性支出和资本性支出原则未体现在人民银行会计核算中

由于人民银行实行的是预算制，要求支出必须分年度安排，因此该原则也没有充分体现在人民银行的会计核算当中。

（4）会计核算遵循历史成本原则

《中国人民银行会计基本制度》规定“各项财产按取得时的实际成本入账，在存续期间不对财产价值进行调整”。因此，人民银行对各项资产的计量遵循历史成本原则，但如果有特殊事项的，应遵循特殊的规定进行处理。

（5）遵循谨慎性原则的程度偏低

尽管人民银行在其颁布的《中国人民银行会计基本制度》规定会计核算要坚持谨慎性原则。然而，目前人民银行的会计核算却并没有完全遵循谨慎性原则或者说其遵循该原则的程度还比较低，这体现在对再贷款等风险性资产没有计提减值准备。人民银行的部分再贷款是为了维护金融稳定而发放的，再贷款的发放对象主要是发生流动性危机和濒临破产清算的金融机构，因此很大一部分再贷款收回的可能性较小。如果从谨慎性原则出发，就要求人民银行对该部分资产计提减值准备，但由于目前人民银行的会计核算采用的是收付实现制，在现金收付基础上，并没有“预提费用”“待摊费用”之类的说法，因此没有设置相关的科目来对再贷款呆、坏账予以预提或对可能损失的资产进行计提减值准备。从这一点来看，在人民银行现行的会计制度下的会计科目设置及报表编制并没有充分体现会计确认和计量应遵循的谨慎性原则。

（6）不完全遵循重要性原则

人民银行的会计核算也不完全遵循重要性原则，而是更侧重于全面性原则，即要求人民银行的会计核算尽可能全面准确地反映人民银行的经济业务和财务收支情况，不能有意忽略或隐瞒重要的会计和财务数据。

(四) 我国央行会计制度存在的问题及对会计信息的影响

1. 我国央行会计制度存在的主要问题

(1) 有关会计标准存在的问题

中国人民银行现阶段实行的会计标准不太明确，既不是企业会计标准，也不是国际会计标准，而是特定的会计标准，在会计概念框架、会计准则的制定导向、公允价值计价模式等重大问题上与国际会计准则还存在差距，在某些方面也滞后于中国企业会计标准。总体来讲，人民银行现行会计标准主要存在以下四个方面的不足：

①人民银行会计实际上是预算会计和财务会计的混合体

人民银行会计并非单纯的财务会计，而是财务会计与预算会计两种会计类型的混合体，其中预算导向特征明显，因此人民银行会计被视为其预算管理的附属物。人民银行对会计判断行为不是借助会计准则进行规范，而是根据会计法等法规制定会计核算制度对会计的凭证、账簿和报表编制的程序和方法进行规范，通过各项财务规定对会计确认、计量和评估等内容进行规范。

②会计核算原则采用收付实现制

我国会计准则与国际会计准则一致采用权责发生制。而我国央行的收支核算必须服从预算管理的需求，其会计核算主要是以收付实现制为基础，无法真实、完整地反映我国央行多样化资产的实际状况，不利于加强对我国央行的资产负债管理。由于人民银行对与人民币业务有关的会计要素的确认和计量仍采用收付实现制的原则，尚不能准确反映会计主体在特定会计期间真实的财务状况和经营成果，会计信息的相关性较低。

③会计计量属性采用历史成本计价

人民银行会计的计量基础是历史成本。有价证券、黄金、外汇储备等交易性资产的价值面临着巨大的市场波动风险，却仍按历史成本计价原则入账，很容易低估或高估这类资产的真实价值。因而，目前人民银行资产负债表上这类资产的账面价值无法真实反映出其价值状况。另外对一些市值变化较大的资产，也没有按谨慎性要求进行计提减值准备。

④会计信息披露不足，会计信息透明度低

我国会计标准关于会计信息披露方面与国际会计准则相一致。但人民银行会计报告没有对外披露，其编制的会计报告只是作为内部管理需要。例如，其只对外公布货币当局的资产负债表，而人民银行本身的资产负债表并不向外公布。

(2) 有关会计科目设置存在的问题

会计科目是会计核算的一种基本方法，是按照会计要素的具体构成进行科学分类而确立的会计核算项目。会计科目设置是会计制度的一个重要组成部分，是指导和规范银行会计核算的必要前提，是进行会计、财务分析的基础。随着我国经济金融环境的变化和人民银行职能的调整，现行会计科目已不能满足当前核算和信息反映的需要，在使用中存在着一些问题，亟待修订。

①现行会计科目不适应人民银行新增业务的需要

目前，人民银行已新增部分新业务，但未设置相应的会计科目进行核算。如人民银行新增发行专项票据支持商业银行和农村信用社等金融企业改革业务，采取定期存款方式运用国库资金等业务，均未专门设置科目进行核算，不利于统一核算。

②部分科目核算内容不能适应人民银行服务和监控的需要

例如，准备金存款科目既核算法定准备金又核算超额准备金，不利于对存款准备金的分类管理和信息反映，也不利于资产负债表使用者通过准备金账户的变化来直观地看出货币政策操作方向。因为人民银行上调法定存款准备金时，商业银行也许只是将部分超额存款准备金移做了法定存款准备金，若单从人民银行资产负债表的“金融机构准备金存款”这一负债项目来看，其数值可能并未发生改变，改变的只是准备金的构成结构，因此难以判断出货币政策的操作方向及其效果。

③会计科目变更滞后于核算业务变化

2005 年以来，人民银行会计核算方式和核算内容发生了较大变化，但会计科目及核算内容没有进行相应变更。例如，人民银行会计集中核算系统（ABS）中“同城票据交换”这一资产负债共同类一级科目，不仅核算包括人民银行同城票据交换的提出、提入款项，还核算参加同城票据交换单位的交换差额款项，这不利于反映资金性质。

④人民银行资产负债表中未设有“累计折旧”项目，难以有效反映人民银行固定资产净值

根据《中国人民银行财务制度》及有关管理规定，人民银行在资产负债表中对所有的固定资产都不计提折旧。但为了反映现有固定资产的净值，仍要求会计财务部门设立“固定资产折旧登记簿”，并设置“固定资产折旧”表外科目，进行相应的登记和财务核算。“固定资产折旧”作为表外科目的第三个科目，未记入人民银行资产负债表，因此在人民银行资产负债表中的“固定资产”这个项目所反映的数值并不是人民银行固定资产的实际净值。而在权责发生制下，其应列为“累计折旧”项目作为“固定资产”项目的减项归入央行资产负债表中。在收付实现制下，由于不存在“待摊销费用”这类科目，人民银行没有计提固定资产折旧，因此会高估人民银行的固定资产额，从而存在人行资产规模被人为夸大的可能性，这在一定程度上为直观地通过人民银行资产负债表规模来衡量某段时期内货币政策操作取向及效果造成了阻滞。

⑤“应收未收利息”未记入资产负债表，低估了人民银行资产规模

“应收未收利息”作为表外科目的第一科目，未记入人民银行资产负债表，而仅仅作为资产负债表的补充资料。然而，在权责发生制下，其应作为“应收利息”项目归入央行资产负债表的资产项目中的“应收款项”，记入借方。因此，收付实现制下未设有有关预期收入的有关科目，使得本应记入人民银行资产负债表资产方的应收利息，因为没有对应的项目，从而不能归入资产负债表中，这便在一定程度上低估了人民银行资产负债表的规模。

⑥未对央行票据的财务成本设置相应的会计科目予以体现

人民银行自2002年开始使用央行票据[①]，将其作为一个从市场回收流动性的短期工具。目前其已成为人民银行公开市场业务操作的一个主要对象，每周发行的央行票据累积起来已具有相当大的规模。巨大的规模对于人民银行而言，面临的一个最突出的问题就是人民银行所要负担的央行票据对应的大量利息支出。这对于人民银行来说，是一笔极大的财务成本，人民银行最终只能通过发行货币来解决。如此一来，这个巨额财务成本的存在便直接关系到了央行票据这一货币政策操作工具是否具有可持续性的问题。从这一角度来说，央行票据实际已付的利息以及待付的利息总计多少，与人民银行的货币政策操作密切相关。然而，时至今日，人民银行的负债类会计科目中也没有设置一个单独反映央行票据利息支出的科目。这严重制约了对人民银行中央银行票据操作可持续性问题的客观判断。

⑦人民银行持有的大量外汇资产面临的汇率风险没有设立相应的会计科目予以反映

由于我国外汇储备近年来的不断累积，人民银行资产负债表上资产方中的外汇资产规模呈现出不断攀升的态势，其在货币当局资产规模中的占比[②]也相应呈现出上升趋势——自2009年初以来，外汇资产在货币当局资产规模中的占比从2009年1月末的72.40%一路跃升至2009年12月末的76.98%（如图1-1所示）。由于我国货币当局资产规模中外汇资产的占比如此之高，使得人民银行的资产面临着巨大的汇率风险。然而，在收付实现制下，采用的是历史成本计价的会计计量属性，因此未设立相应的科目对因汇率变动引起的外汇资产价值的变动进行计量。如此一来，从会计科目设置乃至人民银行最终的资产负债表编制上都难以体现出人民银行

---

① 央行票据即中央银行票据，是中央银行为调节商业银行超额准备金而向商业银行发行的短期债务凭证，其实质是中央银行债券。之所以叫“中央银行票据”，是为了突出其短期性特点，中央银行发行的央行票据是中央银行调节基础货币的一项货币政策工具，目的是减少商业银行可贷资金量。商业银行在支付认购央行票据的款项后，其直接结果就是可贷资金量的减少。

② 由于中国人民银行的资产负债表并未公布，只公布了货币当局的资产负债表，因此此处无法获知外汇资产在人民银行资产负债表规模中的占比，而只能根据公布的货币当局资产规模，计算出外汇资产在货币当局资产规模中的占比。

面临的汇率风险。

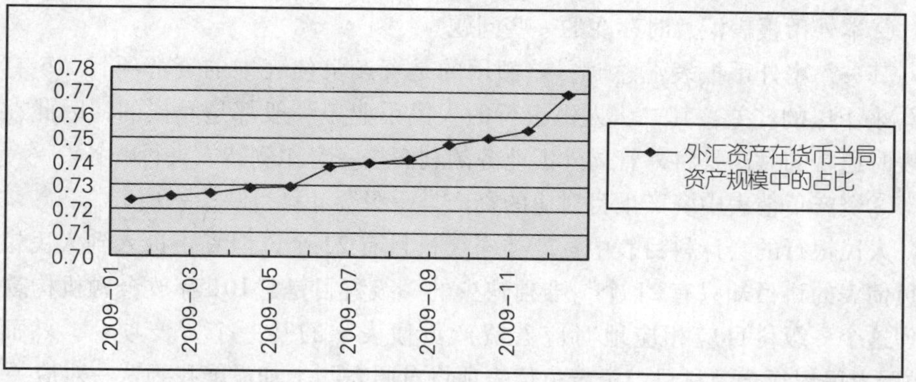

图1-1 外汇资产在货币当局资产规模中的占比

(3) 有关会计报表编制存在的问题

中央银行无论是进行货币政策操作，还是提供金融服务，每天都要发生各式各样的业务活动，对这些业务活动均需要进行日常的核算、归纳和登记，日常的会计凭证和账户所反映的信息只是个别的、分散的，不能集中地概括反映出中央银行的债权、债务结构和资金来源与运用的具体情况，因此，需要编制会计报表，据以全面地反映中央银行各项货币政策工具的实施和各类业务活动情况以及与之相应的财务状况和经营成果。从理论上来讲，中央银行会计报表的有效编制对于货币当局货币政策的制定与实施以及中央政府有关当前阶段与未来一段时期内经济运行的系列宏观决策，有着举足轻重的作用。这是因为好的中央银行会计报表能提供有效的货币、信贷信息，从而为货币政策效果的检验提供有益的参照，并能为下一阶段的货币政策操作方向与力度提供重要的依据；此外，好的中央银行会计报表能提供社会资金运行信息，这一方面能为社会经济统计提供有用信息，另一方面更能为中央政府的宏观经济决策服务。然而，就现实而言，由于我国中央银行在编制会计报表时采用的收付实现制而非权责发生制，因此，存在着诸多问题，各种问题在不同程度上都削弱了人民银行会计报表对货币政策的反映能力。我们认为比较突出的有以下几个问题：

①收付实现制下各类型会计报表相对重要性不同的问题

在收付实现制下，资产负债表和损益表相对于在权责发生制下而言，其重要性大为降低，并且相对于现金流量表来说，资产负债表并不太重要。事实上，资产负债表对于一国货币当局乃至其货币政策操作而言具有举足轻重的作用，然而在收付实现制下，资产负债表的相对弱势地位将难以使其充分、有效地发挥出其本应为央行货币政策制定者提供重要参考依据的功效。从另一方面来讲，在收付实现制下，需要不断记录每日实际发生的收入与支出，因此现金流量表的地位就十分重要，然而在我国人民银行编制的四大类会计报表中却没有现金流量表，这很是令人费解。

②本外币报表汇总时存在的一些问题

其一，本外币报表汇总时，差额用的是资产负债表中的资产项目“6 有价证券”来予以的轧差；其二，人民银行的人民币业务一般都是亏损的，因此在编制报表时通常的做法是将外管局外汇业务的利润按一定比例转入央行账务。

③资产负债表中资产项目对应的资产类一级会计科目缺少一项

人民银行的会计科目表中资产类一级科目有 22 个，但真正进入到人民银行资产负债表的科目却只有 21 个，唯独缺少的一级科目是“101 存放金融机构款项”。按理这个一级科目应相应地对应着资产负债表中的某一个资产项目。然而，在“中国人民银行会计科目与资产负债表项目对照表”上却没能找到这一对应关系。

④再贷款的损失未能在资产负债表中反映出来

十多年来，人民银行在维护金融稳定方面采取积极措施，先后牵头或参与处置了农村合作基金会、供销社股金服务部等不合规金融机构，对部分城市信用社、信托投资公司进行了清理整顿，对部分证券公司、保险公司和国有大型企业财务公司的金融风险进行了处置，投入了大量贷款，部分贷款已经形成了实际损失，目前呈不良资产形态挂列在账上。下一步，仍然面临着处置金融风险的压力，还会产生不良资产和损失。这些不良资产和损失，在收付实现制会计核算基础下，没有合理的处置机制予以消化。如果不建立良好的拨备体系，任由其长期挂列在账面并逐年累积，必然影响人民银行的资产质量，也不利于人民银行处置金融风险能力的可持续。

就目前的情况来看，人民银行目前对商业银行等金融机构进行再贷款时，并没有对再贷款进行风险评级。由于人民银行的部分再贷款的发放目的是未来维护金融机构的稳定经营，因此一些再贷款的发放对象主要是出现流动性危机的金融机构，这一部分再贷款很大程度上都难以回收。然而，由于目前人民银行尚未设置相应的“计提减值准备”类的会计科目，从而无法反映再贷款中出现的不良贷款，这不符合会计的谨慎性原则。目前的做法是，将再贷款中出现的不良贷款转给汇达资产托管有限责任公司①，财政部同意其以利润的形式抵销掉这部分不良贷款额，而在资产负债表上“4 金融机构贷款”这一项目的数额不变，而将不良贷款对应的数额反映在“13 其他资产”这一资产项目的减少上。

---

① 汇达资产托管有限责任公司在国家确定的业务范围内，负责接受委托管理和处置中国人民银行历史遗留的不良资产，公司以市场化处理方式对承接资产进行债务领导追偿、债务重组、资产置换、转让与销售，以实现承接资产处置回收价值最大化，最大限度地保全国有资产，减少损失。

(4) 有关会计信息汇总统计与传递存在的时滞问题

在人民银行整个会计信息汇总统计与传递的过程中，有两个比较突出的时滞问题：其一，各级行在层层上报会计报表至人民银行总行的过程中存在时滞。人民银行大区分行分别制作报表，并报至人民银行总行，由总行统一将各分行报表予以汇总。然而由大区分行上报至总行这一过程中，存在的一个严重问题就是报表传递不及时。其二，会计信息汇总统计不够及时，存在严重时滞。统计信息每旬汇总统计一次，而会计信息每月才进行汇总。然而，很多时候货币政策操作（尤其是在公开市场上）比较频繁，通常都是每旬甚至每周都可能有新的操作，这与会计信息统计汇总的时滞性形成鲜明的反差和明显的矛盾。

上述两个时滞问题严重导致了会计信息的时效性不足。然而，央行在进行下一阶段的货币政策操作时，其决策依据应该是会计信息而非统计信息。但会计信息汇总、传递的严重时滞使得人民银行不得不依靠统计信息，有时甚至是在没有依靠任何信息的基础上进行货币政策操作。例如，人民银行每周都要通过央行票据发行与正回购来对增加的外汇进行对冲操作。理论上，在进行对冲操作之前，应该根据当时的外汇占款规模数据来确定应发行的央行票据净额。然而，由于“外汇占款规模”这一会计信息每月才汇总一次，因此在很多时候人民银行在进行央行票据操作时都是对外汇占款规模进行一个大致的估计，并在预估的规模上进行每周的央行票据发行。

2. 会计制度对央行会计信息反映和对央行会计报表编制的影响

(1) 会计核算原则对央行会计信息的影响：是权责发生制，还是收付实现制？

会计制度有关会计核算原则的规定会影响到会计科目的设置，不同会计制度下编制的会计科目不同（如在权责发生制下设有“应收利息”和“应付利息”，但在收付实现制下却没有），从而影响到会计报表的编制。

①权责发生制

权责发生制又称应计制或应收应付制。它是以权利或责任的发生与否为标准，来确认收入和费用。不论是否已有现金的收付，按其是否体现各个会计期间的经营成果和收益情况，确定其归属期。就是说凡属本期的收入，不管其款项是否收到，都应作为本期的收入；凡属本期应当负担的费用，不管其款项是否付出，都应作为本期费用。反之，凡不应归属本期的收入，即使款项在本期收到，也不作为本期收入；凡不应归属本期的费用，即使款项已经付出，也不能作为本期费用。

②收付实现制

收付实现制又称现金制或实收实付制，它是以现金的实际收付为标准来处理经济业务，确定本期收入和费用。在现金收付的基础上，凡在本期实际以现款付出的费用，不论其应否在本期收入中获得补偿均应作为本期应计费用处理；凡在本期实际收到的现款收入，不论其是否属于本期均应作为本期应计的收入处理；反之，凡本期还没有以现款收到的收入和没有用现款支付的费用，即使它归属于本期，也不作为本期的收入和费用处理。换而言之，按照收付实现制，收入和费用的归属期间将与现金收支行为的发生与否紧密地联系在一起。现金收支行为在其发生的期间全部记作收入和费用，而不考虑与现金收支行为相连的经济业务实质上是否发生。

③权责发生制和收付实现制的比较：二者的主要区别

权责发生制和收付实现制在处理收入和费用时的原则是不同的，所以同一会计事项按不同的会计处理基础进行处理，其结果可能是相同的，也可能是不同的。将二者进行对比分析，可知道采用应计基础或现金收付基础主要存在以下四个方面的区别：

第一，因为在应计基础上存在费用的待摊和预提问题等，而在现金收付基础上不存在这些问题，所以在进行核算时他们所设置的会计科目不完全相同。

第二，因为应计基础和现金收付基础确定收入和费用的原则不同，因此，它们即使是在同一时期同一业务计算的收入和费用总额不完全相同。

第三，由于在应计基础上是以应收应付为标准来作收入和费用的归属、配比，因此，计算出来的盈亏较为准确。而在现金收付基础上是以款项的实际收付为标准来作收入和费用的归属、配比，因此，计算出来的盈亏不够准确。

第四，在应计基础上期末对账簿记录进行调整之后才能计算盈亏，所以手续比较麻烦，而在现金收付基础上期末不要对账簿记录进行调整，即可计算盈亏，所以手续比较简单。

④人民银行现行的会计核算原则及其对会计科目设置及会计信息反映的影响

一直以来，人民银行在对日常的人民币业务进行会计核算时是以收付实现制作为核算的基础。由于在现金收付基础上，会计在处理经济业务时并不会考虑预收收入、预付费用以及应计收入和应计费用的问题，因此在人民银行人民币业务的会计科目设置中，没有“应收利息”“应付利息”“待摊费用”等科目，而资产负债表中列入资产方的“暂付款项”项目和列入负债方的“暂收款项”项目的性质也与一般企业会计中相应科目的性质不同，计入这些科目的资金的性质是临时性、过渡性的，最终并不结转至人民银行的收入和费用当中。

（2）会计计量属性对会计要素的影响：是历史成本，还是公允价值?

1984 年美国财务会计准则委员会（FASB）第 5 号财务会计概念公告《企业财务报表的确认与计量》中，提出五种会计计量属性：历史成本、现行成本、现行市价、可实现清偿净值以及未来现金流量的现值。这五种会计计量属性分别指：历史成本（historical cost）指取得资源的原始交易价格；现行成本（current cost）又称为重置成本（replacement cost）或现时投入成本（current input cost），它通常表示在本期重置或重建持有资产的一种计量属性；现行市价（current market value）

指在正常清算情况下，销售各项资产时渴望获得的现金数额或其他等值。现行市价往往在管理会计进行生产和投资决策中被用以考虑机会成本等因素；可实现清偿净值（net realizable value）又称为预期脱手价值（expected exit value），它是指在正常经营过程中可带来的未来现金流入或将要支付的现金流出，但不考虑货币的时间价值；未来现金流量现值（present value of future cash flow）[①] 是指企业持有资产通过生产经营，或者持有负债在正常的经营状态下可望实现的未来现金流量的折现值。

20 世纪 70 年代美国金融行业利得交易以及始终以历史成本计量某些金融资产的价值导致了金融危机，因此提出适合金融行业的计量属性——公允价值。近年来资产减值问题、创新金融业务和所谓“资产负债表外业务问题”以及或有事项确认问题等现实问题使得历史成本受到前所未有的挑战，引入公允价值迫在眉睫。20 世纪 90 年代初，SEC 前主席 Douglas Breeden 公开倡议所有的金融机构都按市场价格报告所有的金融投资，认为公允价值是金融工具最相关的计量属性。由于会计界大多将公允价值视作与历史成本对应的计量属性，因此，下面我们将对二者予以分别详述并将二者进行一个对比分析。

①历史成本计量

历史成本计量是建立在币值稳定假设的基础上，要求资产和负债按其取得或交换时的实际交易价格入账，入账后的账面价值在该资产存续期内一般不作调整。历史成本计量强调会计信息的客观性、可靠性和可验证性，往往只对实际交易活动产生的结果进行确认，而不对尚未发生的交易进行估计。它所反映的是当时市场交易实际价格，可靠性强。但其优点也是其缺点，它所反映的价格只是一个固定的时间点上的，而不能反映企业在持有资产期间因为经营环境变化而引发的企业持有资产的价值变化，从而相关性比较差。

特别是在 20 世纪以来现行币值不稳定、通货膨胀时时存在且物价总是处于不断变化的经济条件下，资产以历史成本计价往往与其重置成本有差异，虽然在这种计价方式下对资产采取了提取累计折旧和减值准备以弥补其缺陷，但是仍然不能准确反映资产的现实价值。尤其近年来通货膨胀一直居高不下，因此历史成本的会计报表由于物价总体水平的上涨使其部分项目的计量变得不真实，资产的账面价值明显脱离现实价值。在物价上涨和通货膨胀经济下，按历史成本原则计提的固定资产累计折旧会导致固定资产已耗价值补偿不足，补偿的价值不足购买与原有质量数量相同的资产，从而造成企业资本保全无法实现，这些都是历史成本法的缺点。

---

① 这在 FASB 的 7 号通告中得到了修改，即该通告指出：“未来现金流量现值其实并不是一种计量属性而是一种资产或负债成本价值的一种摊销方法”。

②公允价值计量

公允价值会计（Fair Value Accounting)，是指以市场价值或未来现金流量的现值作为资产和负债的主要计量属性的会计模式，它直接区别于传统的历史成本法。在2004年6月FASB的征求意见稿中，将“公允价值”的定义修正为“知情的、不相关的、自愿的各方之间，在当前交易中交换一项资产或负债所能达到的价格”①。这一方法在近十多年发展迅速，目前国际财务报告准则和美国公认会计原则中都要求金融机构对其特定的财务报表项目以公允价值计量。要求金融机构应用公允价值会计的基本经济学原理在于：市场价格通常是最优的可获取的经济价值的度量，反映了未来和累计的私有信息。市场价值可以很容易地从交易价格中推断得到，在活跃的金融市场中，相对难于操纵。

③历史成本计量和公允价值计量的比较：二者的主要区别

公允价值是资产与负债以市场价值或未来现金流量的现值作为计价依据的计量属性。公允价值与历史成本相比有以下几个有优点：首先，公允价值具有很强的相关性，直接客观反映企业资产的价值，并保持“随行随市”保证企业会计信息有用性。其次，有利于我国企业的资本保全，当企业的生产能力采用公允价值计量时，不管何时耗费，均按现行市价和未来现金流量现值核算。最后，有利于解决经营者的短期行为与企业长期发展的问题，在成本模式下，企业过分注重当期利润、忽视企业资本积累容易造成短期行为。在公允价值模式下，使经营者以单纯的利润为中心转变为以提升企业的市场价值为中心，立足于长期发展。与历史成本相比，公允价值也有其缺点：首先，公允价值的难以获得性。这主要是由于目前还有相当一部分资产和负债缺乏完善的市场，难以通过市场获取资产的完备信息；其次，公允价值获取方法的难量化性，确定公允价值的方法主要有：市价法和现值估价法。当存在市场交易价格的情况下采用市价法。当一项资产和负债能够在成熟活跃的市场上存在，或与一项资产或负债相同或类似的同等效用的替代品在市场上存在时，则采用其交易价格作为其公允价值。但当一项资产和负债不存在活跃市场或者同等效用的替代品时，就需采用现值估价法，而目前估价技术还不成熟，估价的准确性还有待提高；最后，公允价值的采用需要会计师具有高超的判断能力，从技术上来讲公允价值的获得需要会计师具有丰富的会计理论与实践素质，而且需要会计师了解评估、金融资本市场等相关知识。

为更加清晰、直观地将二者进行对比分析，找出其区别点，现将二者的主要特征归纳见表1－6。

① 之前FASB对其的定义是“资产和负债按照公平交易中熟悉情况的双方自愿进行资产交换或债务清偿的金融计量”。

表 1-6 历史成本与公允价值计量属性的特征比较

特征对比 / 计量属性	会计计量类型	与会计核算原则的关系	各自强调的重点	表内、外反映情况
历史成本	静态计量	继承权责发生制原则和收付实现原则	强调成本与收入配比	仅在表内反映
公允价值	动态计量	违背权责发生制原则和收付实现原则	强调资产负债的价值变化	表内反映加表外披露

④人民银行现阶段采用的会计计量属性及其对会计信息反映的影响

目前，人民银行在进行会计核算时采用的会计计量属性是历史成本原则，即对人民银行拥有的各项财产，是以该财产取得时实际发生的成本来记入会计报表中的。对于会计信息而言，会计计量属性的不同选择，会使相同的计量对象表现为不同的货币金额。例如，2003 年末购入的一栋购价为 100 万元的办公楼，假如不计算残值并按 50 年折旧，如果采用历史成本计量，那么到 2008 年末其价值为 90 万元；如果以现行成本计量，假设 2003 年末到 2009 年该地区该类房地产价格上涨了一倍，那么 2009 年末按以现行成本计量的价值可能 180 万元。从此不难看出，计量属性的不同对于会计信息反映的最大影响就是会使得同一个会计要素表现为不同的货币数量，从而使会计信息反映的财务状况和经营成果建立在不同的计量属性上。

事实上，并没有一个适用于所有情况下的好的会计计量属性，到底更适宜采用历史成本会计还是公允价值会计应该是根据环境的不同而具有差异。这是因为当市场存在不完美时，公允价值会计与历史成本会计的优势就不再是非常明确的了。在金融市场中，不充分的流动性是市场不完备的主要因素。当流动性不足时，公允价值可能导致资产负债表的变化没有合理反映其基本面的状况，历史成本则可以避免这样的问题；而当价格变化反映了基本面的状况时，历史成本劣于公允价值的计量。因此，每一种计量属性，在某些情况下优于其他属性，但在某些情况又出现相反的情况。在这种背景下，到底应选用哪种会计计量属性，更多是依赖于我们进行会计报告的目的或者说是会计信息的用途。

会计界关于会计目标的研究，主要有“受托责任学派”和“决策有用学派”两个流派。受托责任学派认为，由于社会资源（主要是资本）所有权和经营权的分离，资源的受托者就负有了对资源的委托者解释、说明其活动及结果的义务。因此，会计的目标就是“向资源的提供者报告资源受托管理的情况”。为了有效地协调委托和受托的关系，客观、公正地反映受托责任的履行情况，在会计信息质量方面应强调客观性，在会计确认上只确认企业实际已发生的经济事项，在会计计量上，由于历史成本具有客观性和可验证性，因此坚持采用历史成本计量模式以有效反映受托责任的履行情况。决策有用学派认为会计的目标就是“向信息使用者提供有利于其决策的会计信息”，更强调会计信息的相关性和有用性。在会计确认上，其认为会计不仅应确认实际已发生的经济事项，还要确认那些虽然尚未发生但对企业已有影响的经济事项，以满足信息使用者决策的需要；在会计计量上，主张以历史成本为主，鼓励在物价变动情况下多种计量属性的并行。那么，在会计实务中，究竟应该在何时采用何种会计计量属性呢？这个问题最终还得回到会计目标上来并最终服务于会计目标。如果信息使用者要求以反映经营者的受托责任为目标，可能历史成本便成为会计计量属性的主导模式；如果会计目标更多地倾向于决策有用观时，特别是对于那些在持有期间，价格波动较大，历史成本难以追踪诸如股票之类的具有波动性市场价值的资产。当信息使用者会计目标开始更多地倾向于决策有用观时，一些其他计量属性，例如，公允价值可能成为会计计量属性的首选模式。由此可见，一方面不同的会计目标理论会产生不同的会计计量观点；另一方面，会计计量是实现会计目标的重要环节，不同的会计计量模式提供的会计信息侧重点不同，由此决定了会计系统运行的终极目标不同。

就人民银行的会计目标而言，我们认为其强调“决策有用”胜于评估“受托责任”，即人民银行编制会计报表并向报表使用者提供会计信息的目的更多的是为了将会计信息作为后续货币政策操作乃至未来一段时期内宏观经济决策的依据，而相对不太重视对人行受托责任履行情况进行评估的目标。因此，从人民银行的会计目标出发，我们认为在一些会计科目对应的会计要素的确认上，逐步采用公允价值具有其重要意义。

二、中央银行会计信息对货币政策的反映

（一）货币政策实施在央行会计信息中的反映

央行的货币政策是货币当局运用包括价格型工具和数量工具在内的各种调节手段，实现宏观经济目标和策略的重要方式。不同的货币政策工具选择和实施，都将引起央行相应会计科目增减变化，并通过资产负债表等重要的会计信息方式反映出来。从实践来看，货币政策工具的选择旨在影响基础货币的变化，这种变化可以从央行的资产和负债两个视角来观察。其一，从资产方来看，央行再贷款和再贴现政策主要影响社会信用规模和市场利率；央行的公开市场操作旨在对冲基础货币投放；央行买卖外汇旨在干预本国汇率的稳定；其二，从负债方来看，央行除了直接控制基础货币和货币乘数，还可以通过发行央票来控制货币供应量的弹性大小。下面我们将分析五种常用的货币政策工具实施在央行会计信息中的反映。

1. 再贴现率政策

再贴现业务为央行向商业银行体系注入流动性提供了有效工具。如果商业银行

以现金形式接受中央银行的部分信贷，商业银行持有的库存现金会增加，再融资使得银行储备和基础货币扩张。相反，偿还现有中央银行贷款会减少商业银行的储备，同时减少中央银行对他们的债权，基础货币收缩。

再贴现政策在央行资产负债表中对应会计科目为“再贴现”（124），再贴现贷款的增加，一方面使得资产方“再贴现”增加，另一方面使的负债方金融机构准备金存款增加，对应负债方的会计科目为“政策性银行存款”（210）、“商业银行存款”（211）、“信用社存款”（212）、“其他金融机构存款”（219）。

2. 公开市场操作

公开市场操作对中央银行资产负债表的影响与再融资的作用时相同的。公开市场买入债权，提高银行储备和基础货币；公开市场卖出债券减少银行储备和基础货币。在一次性交易的证券买入或售出中，根据作为交易基础的证券，可以解释为对政府、存款货币银行或其他部门债权变化。

公开市场操作的标的一般为有价证券，对应在央行资产负债表的科目为“有价证券”（130），央行买卖有价证券体现为资产方“有价证券”科目的变动，同时引起负债方“流通中的货币”（200）、“政策性银行存款”（210）、“商业银行存款”（211）、“信用社存款”（212）、“其他金融机构存款”（219）等的变动。

3. 法定存款准备金率

提高法定存款准备金率，既可以降低货币乘数又可以减少商业银行的超额准备，是一种紧缩效应剧烈的操作工具。通过法定存款准备金率的调整，改变商业银行存放于央行准备金存款的结构。提高法定存款准备金率使金融机构的准备金存款降低，对应的会计科目为“政策性银行存款”（210）、“商业银行存款”（211）、“信用社存款”（212）、“其他金融机构存款”（219），同时，央行“其他资产”减少。

4. 汇率政策

中央银行在外汇市场通过银行体系的一次性操作，影响中央银行资产负债表的资产和负债方，改变银行储备和基础货币水平。购买或售出外汇，将增加或减少央行对非居民的债权，银行储备也会相应的上升或下降，同时影响基础货币同方向变动。买卖外汇的政策，导致央行资产负债表资产方外汇资产的变动，对应的会计科目为“国家外汇储备占款”（105），同时引起负债方储备货币变动，对应的会计科目为“流通中的货币”（200）、“政策性银行存款”（210）、“商业银行存款”（211）、“信用社存款”（212）、“其他金融机构存款”（219）。

5. 买卖央票

央行在公开市场上买进或者卖出央票是对冲外汇占款的重要手段。在央票市场上央行和金融机构相互交易的对手方，央行通过买入或者卖出央票来调节社会经济体中的货币投放。央行买卖央票的行为将直接引起央行和金融机构资产负债表的变动。买入央票同时注入流动性，卖出央票回笼货币。这一政策引起的资产负债表的变动，对应的会计科目分别为“发行票据”（230）和“政策性银行存款”（210）、“商业银行存款”（211）、“信用社存款”（212）、“其他金融机构存款”（219）。

（二）代表性国家中央银行会计报表对货币政策反映能力的研究：以美国为例

所谓“会计制度”是指能够影响企业会计报表的内容、形式和编制程序的一切规定。其中既包括政府主管部门所规定的会计规章或会计条例，也包括会计团体如会计协会所规定的会计准则或会计原则。会计制度极为重要，因为它决定了会计信息的质量。如果会计报表所披露的会计信息对企业财务状况和经营成果的相关性和可靠性很差，那么它就不可能起到多大的作用，也就不能满足投资者、债权人、政府机构和企业管理人员的信息需要。另一方面，会计制度对于减少不同组织机构会计报表的分歧，增加其可比性，亦起着很大的作用。因此会计制度在使会计报表充分发挥筹集资金和管理控制等职能方面起着重大作用。

国际会计标准委员会（IASC）自1973年创立以来，发布了多项国际会计标准（IAS）。专业机构制定的这些会计标准为各方前后一致地解释各实体和各国的金融活动提供了基准。这对于中央银行而言是很重要的，因为中央银行在国内和国际上都发挥着独特的作用。但是中央银行甚或是各国立法部门要求实施的会计原则和做法很可能与国际会计标准（International Accounting Standards，IAS）不同。鉴于国际上对各国中央银行金融报告中提供的信息均有兴趣，各国提供这些信息时就应遵循国别会计标准和公认会计原则（Generally Accepted Accounting Principles，GAAP）①，并尽量与国际会计标准相一致，这是很重要的。有时，尽管会计做法符合本国的惯例，但未能满足国际会计标准的要求，甚至与后者的要求背道而驰，则应说明这种差别对报告中相关事实的具体影响。从国际比较来看，我国央行现行的会计制度与国际会计准则（IAS）标准存在较大差异。从会计基本职能的发挥情况来看，目前我国中央银行会计反映和监督的能力远远不能满足人民银行对外公开会计信息的要求，更不能真实有效地反映货币政策的实施效果。鉴于此，本课题拟选择代表性国家的中央银行作为研究对象，尝试在研究其会计制度构成及央行资产负债表编制方法的基础，总结出值得中国人民银行学习并可在会计政策实践中予以借鉴的有益经验。

---

① 1937年美国会计程序委员会（CAP）发表第一号会计研究公告，开创了由政府机关或行业组织颁布“公认会计原则”的先河。

在次贷危机的大背景下，美联储资产负债表的编制发生了一系列变化，这为我们研究发达国家中央银行的会计制度及报表的编制提供了一个新鲜的案例。基于此，本章选用美国作为代表性国家来进行针对性研究，并尝试以下述思路来对美联储会计报表对其货币政府反映能力予以深入分析：首先，梳理出美国会计制度的系列特点；其次，研究美联储的会计系统（包括其会计系统形成的法律基础、遵循的会计原则、会计系统的构成及其变更）；在此基础上，进一步地研究美联储会计系统对其货币政策实施的作用与影响；接着，运用2008 年美联储的资产负债表对其整体结构及其编制方法予以剖析；最后，在前述文献整理和相关分析的基础上，结合美联储资产负债表科目与结构自次贷危机爆发以来的变化，来分析联储资产负债表对货币政策的反映情况及其反映能力。

1. 美联储资产负债表的编制及其结构

与通常的资产负债表的编制方法相同，根据公认会计原则（GAAP），美联储的资产负债表分为了资产、负债和资本三大项目，资产项目列于资产负债表的左方，负债项目和资本项目一起列于右方。资产项目划分为一至四级科目，负债项目划分为一至二级科目，资本项目只有一级科目。以下以美联储官方网站 2010 年 1 月 14 日最新更新的资产负债表为例，来刻画出美联储资产负债表的具体结构（见表 2－1）。

由于美联储资产负债表所包含的信息是决定从事公开市场业务（Open Market Operations，OMOs）以支持联邦公开市场委员会制定的利率目标的关键性因素。因此，理事会要求各家储备银行须每日编制资产负债表，并在当日进行合并。换而言之，每个联邦储备区须在其总行和分行公开营业的每个工作日编制合并资产负债表，并在不晚于下一营业日下午 1：30 之前将此表以电子形式传呈理事会。合并资产负债表上的数据是按日合并，并用于系统内部机密的每日报告。

表 2－1　美联储最新资产负债表的结构图示①

资产项目	负债项目与资本项目
资产（Assets）	负债（Liabilities）
黄金凭证账户（Gold certificate account）	美联储发行的联邦储备券未清偿的净额（Federal Reserve notes，Net of F. R. Bank Holding）②

① 源自美联储官方网站（http：//www. federalreserve. gov/）2010 年 1 月 13 日联储资产负债表。由于此处探讨的重点是美联储资产负债表的结构，因此在此表中略去了各个项目对应的数据。

② 该项等于未清偿的联邦储备券总额（Federal Reserve notes outstanding）扣减去联邦储备银行持有的联邦储备券数额（notes held by F. R. Banks）后得到的净额（备注：联邦储备券即美联储公开发行的钞票）。

续表

资产项目	负债项目与资本项目
特别提款权凭证账户（Special Drawing Rights Certificate Account）	反向回购协议（Reverse Repurchase Agreements）
硬币（Coin）	存款（Deposits）
有价证券、回购协议、定期竞标信贷及其他贷款（Securities，Repurchase Agreement，Term Auction Credit，And Other Loans）	存款类金融机构在美联储的存款账户余额（Depository Institutions）
联储直接持有的有价证券（Securities Held Outright）	美国财政部在美联储的一般性账户余额（U. S. Treasury，General Account）
联储持有的美国国债（U. S. Treasury Securities）	美国财政部在美联储的补充性金融账户余额（U. S. Treasury，Supplementary Financing Account）
短期国债（Bills）	外国央行、货币当局、外国政府及其他外国官方机构在美联储的存款账户余额（Foreign Official）
名义中长期国债（Notes And Bonds，Nominal）	其他存款账户（Other）①
通胀指数化的中长期国债（Notes And Bonds，Inflation - indexed）	被美联储延期支付的存款类金融机构应获得的现金项目（Deferred Availability Cash Items）
通货膨胀补偿（Inflation Compensation）②	其他负债和应付股息（Other Liabilities And Accrued Dividends）
美联储持有的联邦政府机构发行的债券（Federal Agency debt Securities）③	总负债（Total Liabilities）
住房抵押贷款证券（Mortgage - Backed Securities）④	资本（Capitals）
回购协议（Repurchase Agreements）	实收股本（Capital Paid In）
定期竞标信贷（Term Auction Credit）⑤	资本盈余（Surplus）

① 其他存款账户包括：诸如国际货币基金组织、联合国、世界银行等的国际组织和多边组织在联邦储备银行纽约分行的存款，以及一些美国政府机构（如：房利美和房地美）在美联储的存款。

② “通货膨胀补偿”反映了对受到通货膨胀影响的通胀指数化债券本金的一种调整。

③ 这些证券是房利美、房地美和联邦住房贷款银行的直接债务。

④ 这些证券由房利美、房地美或吉利美所担保。

⑤ 定期拍卖贷款：在定期拍卖工具（Term Auction Facility，TAF）计划下，美联储拍卖定期资金给存款类金融机构。所有的存款类金融机构须经由当地储备银行判断其财政状况是否稳健，并且只有那些有资格在“一级信贷贴现窗口计划”（primary credit discount window program）下借款的存款类金融机构才有资格参与到TAF的拍卖中。

续表

资产项目	负债项目与资本项目
其他贷款（Other Loans）①	其他资本（Other capital）
CPFF LLC 持有的资产净额（Net Portfolio Holdings of Commercial Paper Funding Facility LLC）②	总资本（Total Capital）
Maiden Lane LLC 持有的资产净额（Net Portfolio Holdings of Maiden Lane LLC）③	
Maiden Lane II LLC 持有的资产净额（Net Portfolio Holdings of Maiden Lane II LLC）④	
Maiden Lane III LLC 持有的资产净额（Net Portfolio Holdings of Maiden Lane III LLC）⑤	

① “其他贷款”是以下各类贷款的总和：“一级信贷”（Primary Credit）、“次级信贷”（Secondary Credit）、“季节性信贷”（Seasonal Credit）、“一级交易商和其他经纪人－交易商信贷”（Primary Dealer and Other Broker－Dealer Credit）、“资产支持商业票据货币市场共同基金流动性工具”（Asset－Backed Commercial Paper Money Market Mutual Fund Liquidity Facility）、“对美国国际集团的信贷”（Credit Extended to American International Group，Inc.，net）、“定期资产支持证券贷款工具”（Term Asset－Backed Securities Loan Facility，net）和“其他信贷扩展”（Other Credit Extensions）。

② 该项目用于反映商业票据融资工具（Commercial Paper Funding Facility，CPFF）发放的信贷。

③ Maiden Lane LLC 是美国救助贝尔斯登的产物。具体而言，美登兰（Maiden Lane）有限责任公司是在 2008 年初，JP 摩根大通（JP Morgan Chase & Co.）接管贝尔斯登（Bear Stearns）时所创立的控股公司。该公司持有一个资产组合，JP 摩根认为这个资产组合风险非常大以至于难以由其全部承担。因此，联邦储备银行纽约分行向美登兰有限责任公司发放了一笔 300 亿美元的贷款，以期促进这些资产随着时间的推移而得以平仓。

④ Maiden Lane II LLC 是美国救助美国国际集团的产物。具体而言，美登兰第二（Maiden Lane II）有限责任公司是在 2008 年 9 月，美国政府接管美国国际集团（AIG）时所创立的一家有限责任公司。由于美国国际集团的子公司持有大量风险非常大的住房抵押贷款支持证券，因此美国政府成立了 Maiden Lane II LLC，通过其来购买这些住房抵押贷款支持证券。2008 年 12 月 12 日，联邦储备银行纽约分行开始向该公司发放贷款。

⑤ Maiden Lane III LLC 也是美国救助美国国际集团的产物。具体而言，美登兰第三（Maiden Lane III）有限责任公司是在 2008 年 9 月，美国政府接管美国国际集团（AIG）时所创立的一家控股公司。与美登兰第二（Maiden Lane II）有限责任公司类似的是，该公司的目标是购买多部门的债务抵押义务（collateralized debt obligations，CDO）。而在此之前，AIG 的金融产品集团已对该债务抵押义务签发了信用违约互换合约（credit default swap contracts，CDS）。2008 年 11 月 25 日起，联邦储备银行纽约分行开始向其发放贷款。

续表

资产项目	负债项目与资本项目
TALF LLC 持有的资产净额（Net Portfolio Holdings of TALF LLC）①	
纽约储备银行拥有的对友邦保险极光有限责任公司和美国人寿保险控股有限责任公司的优先权益（Preferred interests in AIA Aurora LLC and ALICO Holdings LLC）②	
应收项目（Items In Process of Collection）③	
银行房屋建筑及附属场地（Bank Premises）	
中央银行流动性互换（Central Bank Liquidity Swaps）④	
其他资产（Other Assets）	
总资产（Total Assets）	

资料来源：http：//www. federalreserve. gov/monetarypolicy/bst_ table10popup. htm.

2. 美联储资产负债表的变动：基于次贷危机的视角

由于市场参与者可通过中央银行资产负债表中各项目的规模及其变化的识别，较清晰地掌握央行货币政策的实施情况，并在此基础上判断未来货币政策操作方向的变动趋势。因此，一国货币当局的资产负债表所包含的信息对于各市场参与方而

① TALF 有限责任公司（TALF LLC）是在次贷危机以来专门创立的一个公司，其设立与定期资产支持证券贷款工具（Term Asset - Backed Securities Loan Facility，TALF）紧密联系在一起。该公司购买基于 TALF 发放的贷款所创造的资产支持证券。而这个公司的资金来源于其投资的收益。

② 友邦保险极光有限责任公司（AIA Aurora LLC）和美国人寿保险控股有限责任公司（ALICO Holdings LLC）是两家直接或间接持有美国友邦保险有限公司（AIA）和美国人寿保险公司（ALICO）所有未清偿普通股的有限责任公司。AIA 和 ALICO 均是美国国际集团（AIG）旗下的两家人寿保险子公司，AIG 将继续保有对友邦保险极光有限责任公司和美国人寿保险控股有限责任公司的控股权；而美联储纽约储备分行将对这两家有限责任公司的优先股股息（Preferred Interests）享有一定的同意、处置和转换权。

③ 应收项目（Items In the Process of Collection）是指那些向联储银行提示并请其代为收取的支票和其他见票即付的票据。在报告日，这类票据正处于转移给受票人的进程中。这些应收项目包括可转让支付命令（negotiable orders of withdrawal）、成熟企业发行的债券和市政债券。尽管美国政府支票（U. S. government checks）、邮政汇票（postal money orders）和食品券（food coupons）也被划分为现金项目，但并不包含在此处的应收项目中，因为其在美联储收到它们的那一天就会被记入财政部的账户中。

④ 联邦公开市场委员会已对美联储与某些外国中央银行之间进行临时性的互惠货币安排（即“中央银行流动性互换”，又名“中央银行货币互换”）予以了授权，以期以美元形式为海外市场提供流动性。

言均不可小觑。这也是货币当局资产负债表为什么如此重要、如此关键的原因之一。

美联储每周都要公布其资产负债表的最新变动情况，通常是在每周四下午的4：30公布截止到头一个工作日的最新数据。由于美联储更新资产负债表的速度十分迅速，加之其资产负债表本身就包含了有关货币政策操作规模及范围的大量信息，这便十分有利于报表使用者观测并分析美联储操作工具及手段的变化。正是由于如此，多年以来，各类市场参与者都密切关注并跟踪着美联储资产负债表的变化，以期通过对其的研究分析来更有效地了解到有关美联储货币政策实施的重要信息。在此部分我们将基于次贷危机的视角，分析次贷危机爆发前后美联储资产负债表结构的变动情况，为下文研究资产负债表对美联储货币政策的反映能力奠定好基础。

（1）次贷危机爆发前的美联储资产负债表结构与项目构成

次贷危机正式引爆之前，美联储资产负债表都相当地简洁，其表现有二：一是资产负债表的构成项目相对于危机爆发之后少很多项；二是在次贷危机发生之前的一段相当长的时期以来，资产负债表各构成项目的相对占比均比较稳定。由于自2007年2月起，美国住房抵押贷款风险开始逐步浮出水面，因此以2007年1月31日的美联储资产负债表为例来分析次贷危机爆发之前的联储资产负债表的结构特征，见表2－2。

表2－2　美联储2007年1月31日的资产负债表（单位：百万美元）①

资产	负债
黄金凭证账户 11037	美联储发行的联邦储备券未清偿的净额 765586
特别提款权凭证账户 2200	反向回购协议 32379
硬币 1069	存款 30657
有价证券、回购协议与贷款 812189	存款类金融机构在联储的存款账户余额 24228
美联储直接持有的有价证券 778863	美国财政部在联储的一般性账户余额 6053
美联储持有的美国国债 778863	外国央行、货币当局、外国政府及其他外国官方机构在联储的存款账户余额 90
短期国债 277019	其他存款账户 285

① 备注：由于各家储备银行在合并报表时四舍五入的原因，各子科目加总得到的数值与总数之间并不相等。此表的资产项目和负债项目中就各存在829百万美元的差额。

续表

资产	负债
名义中长期国债 466675	被美联储延期支付的存款类金融机构应获得的现金项目 4211
通胀指数化的中长期国债 31776	其他负债和应付股息 5568
通货膨胀补偿 3393	总负债 838400
联储持有的联邦政府机构发行的债券 0	资本
回购协议 32000	实收股本 15358
贷款 1326	资本盈余 15127
	其他资本 674
应收项目 2729	
银行房屋建筑及附属场地 1962	
其他资产 38373	总资本 31159
总资产 869559	

资料来源：美联储官方网站（http：//www. federalreserve. gov/）.

由表 2－2 可以清晰地看到，次贷危机爆发之前，美联储资产负债表从规模上而言，仅为 869559 百万美元；从结构上而言，美联储资产负债表构成项目简单、结构清晰——资产方的前三大构成项目及其各自在总资产中的占比分别为联储持有的美国国债 89. 57%、其他资产 4. 41%、回购协议 3. 68%；负债方的前三大构成项目及其各自在总负债中的占比分别为美联储发行的联邦储备券未清偿的净额 91. 32%、反向回购协议 3. 86%、存款类金融机构在联储的存款账户余额 2. 89%；资本的构成项目更为简单明了，仅由实收资本、资本盈余和其他资本三个项目所构成，且各占 49. 29%、48. 55%、2. 16%。

（2）次贷危机爆发后的美联储资产负债表的变化

次贷危机的爆发使美联储的资产负债表发生了两个较大的变化：其一，从数量上而言，美联储资产负债表的规模较之次贷危机前陡增。在不到两年的时间内，美联储资产负债表的规模（即总资产数量）迅速膨胀——从 2007 年 1 月 31 日的 869559百万美元陡增至 2010 年 1 月 13 日的 2294942 百万美元，增长率高达 163. 92%；其二，随着次贷危机的逐步演进，美联储为了其货币政策操作的需要，对资产负债表的项目进行了不断的更新，尤其是在资产方上增加了许多应对次贷危机后果的针对性项目（下文中将逐一对其予以详述）。这些针对性的项目对美联储资产负债表的影响有二：第一，这些针对性项目规模大多随着危机的进一步升级而得以扩张，其不断膨胀的规模是美联储资产负债表规模剧增的重要原因；第二，这些针对性项目中有很多是源于美联储为应对本次金融危机而创造的新型金融工具——各类型的贷款工具（Lending Facilities）[①]，而这些基于创新型货币政策工具的资产项目在很大程度上加大了美联储资产负债表的复杂性。

①美联储资产负债表最新的会计科目

以下以美联储2010年1月13日最新更新的资产负债表为例，说明美联储资产负债表构成科目相对于次贷危机之前发生的变化。下表中部分会计科目即为次贷危机以来美联储陆续在其资产负债表上增设的科目（见表2.3）。

表2－3　美联储2010年1月13日的资产负债表（单位：百万美元）[②]

资产	负债
黄金凭证账户 11037	美联储发行的联邦储备券未清偿的净额 879220
特别提款权凭证账户 5200	反向回购协议 64366
硬币 2098	存款 1276233
有价证券、回购协议、定期竞标信贷及其他贷款 2067 699	存款类金融机构在联储的存款账户余额 1135245
美联储直接持有的有价证券 1906022	美国财政部在联储的一般性账户余额 124175
美联储持有的美国国债 776603	美国财政部在联储的补充性金融账户余额 5001
短期国债 18423	外国央行、货币当局、外国政府及其他外国官方机构在联储的存款账户余额 2884
名义中长期国债 707649	其他存款账户 8927
通胀指数化的中长期国债 44643	被联储延期支付的存款类金融机构应获得的现金项目 2879
通货膨胀补偿 5889	其他负债和应付股息 19920
美联储持有的联邦政府机构发行的债券 160829	总负债 2242618
住房抵押贷款证券 968590	资本
回购协议 0	实收股本 25652
定期竞标信贷 75918	资本盈余 25296
其他贷款 85760	其他资本 1375

① 关于各类型的“Facilities”，现有文献对其的翻译共有三种：一是“便利”，二是“机制”，三是“工具”。由于这些都是美联储为向市场注入流动性而创造出的新型货币政策工具，因此我们认为该词译作“工具”更为恰当。

② 备注：由于各家储备银行在合并报表时四舍五入的原因，各子科目加总得到的数值与总数之间并不相等。此表的资产项目和负债项目中就各存在389百万美元的差额。

续表

资产	负债
CPFF LLC 持有的资产净额 14092	总资本 52324
Maiden Lane LLC 持有的资产净额 26742	
Maiden Lane II LLC 持有的资产净额 15404	
Maiden Lane III LLC 持有的资产净额 22401	
TALF LLC 持有的资产净额 298	
纽约储备银行拥有的对友邦保险极光有限责任公司和美国人寿保险控股有限责任公司的优先权益 25106	
应收项目 328	
银行房屋建筑及附属场地 2242	
中央银行流动性互换 5895	
其他资产 96400	
总资产 2294942	

资料来源：美联储官方网站（http：//www. federalreserve. gov/）.

②次贷危机以来美联储资产负债表构成科目的变动情况

为了更清晰地反映出美联储资产负债表中会计科目自次贷危机以来的变动情况，我们拟采用列表的方式，将一系列的科目变动内容及导致其变动的原因与事件按时间先后顺序列于下表中（见表2－4）。

表2－4　美联储资产负债表科目变化情况一览表：自次贷危机以来

资产负债表报告期	资产负债表的变动	变动原因与事件
2007－12－26	①资产方中增加了一个二级科目“定期竞标信贷（Term Auction Credit）”，由此原来的一级科目“有价证券、回购协议与贷款”（Securities，Repurchase Agreement，and Loans）改为了一级科目“有价证券、回购协议、定期竞标信贷及其他贷款”（Securities，Repurchase Agreement，Term Auction Credit，and Other Loans）； ②在未设置“定期拍卖贷款”（Term Auction Credit）之前，资产负债表中的“贷款”（Loans）项中包含的“对存款类金融机构的贷款”（Loans to Depository Institutions）由一级信贷（Primary Credit）、次级信贷（Secondary Credit）和季节性信贷（Seasonal Credit）三项组成。之后，由于增设了“定期拍卖贷款”（Term Auction Credit），因此在资产负债表中原先的“贷款（Loans）”另设成了“其他贷款（Other Loans）”	为了缓解银行资金周转不畅的问题，美联储于2007年12月12日推出了一个新的货币政策工具——定期竞标工具（Term Auction Facility，TAF），以便向市场更好地注入流动性。TAF拍卖的是短期美元贷款。如此一来，需要资金短期周转的银行，可在美联储规定的竞标期，以暗标的形式竞投短期贷款利率，当美联储宣布竞标结果后，中标银行须根据其获批的贷款额度，向美联储缴存抵押品。美联储会依据抵押品的市场价值，经过贴现之后计算该中标银行最终可获得的信贷额度。在贷款期间，如若银行提交的抵押品的市值下降，则美联储可向银行追收额外的抵押品，以便符合贷款要求

续表

资产负债表报告期	资产负债表的变动	变动原因与事件
2008-03-19	资产方二级科目“其他贷款”中所包含的子项目就由原来的一级信贷、次级信贷和季节性信贷三项，增设了“一级交易商信贷工具”（Primary Dealer Credit Facility）和“其他信贷扩展”（Other Credit Extensions）两个子项目，至此“其他贷款”科目中共包括了五个子项目	美联储理事会同意从2008年3月17日开始实行一级交易商信贷工具（Primary Dealer Credit Facility，PDCF），因此在资产负债表的“其他贷款”科目中增设了此新型贷款工具的对应项，即“一级交易商信贷工具”；与此同时，理事会也通过了关于JP摩根大通和贝尔斯登贷款安排的决议，而这些贷款项目将作为“其他信贷扩展”进入到资产负债表中的“其他贷款”（Other Loans）科目
2008-07-2	资产方增加了一个一级科目“美联储持有的Maiden Lane LLC的资产净额”（Net Portfolio Holdings of Maiden Lane LLC）	2008年6月26日美联储纽约储备银行开始向Maiden Lane LLC发放贷款
2008-09-17	资产方二级科目“其他贷款”中所包含的子项目“其他贷款扩展”在记账时开始将美联储对美国国际集团的贷款包括在内	2008年9月16日，美联储宣布其将对美国国际集团（AIG）进行贷款。这项担保性贷款将帮助美国国际集团履行其即将到期的负债义务，并有助于美国国际集团以一种有序的方式出售其部分业务，以期尽可能地减少其对整个经济造成的创伤程度
2008-09-24	①负债方的一级科目“存款”中增加了一个二级科目“美国财政部在联储的补充性金融账户余额”（U. S. Treasury，Supplementary Financing Account）； ②“其他贷款”（Other Loans）科目包含的子项目有两个变化：其一，增加了一项“资产支持商业票据货币市场共同基金流动性工具”（Asset-backed Commercial Paper Money Market Mutual Fund Liquidity Facility）；其二，2008年3月19日设立的“一级交易商信贷工具”（Primary Dealer Credit Facility）与另一类信贷形式一起合并为“一级交易商和其他经纪人-交易商信贷”（Primary Dealer and Other Broker-Dealer Credit）	①2008年9月17日，美国财政部公布了补充性融资计划（the Supplementary Financing Program），在该计划下，美国财政部发行市场化债券，并将发行所得收入存入美联储，因此美联储专门为此项收入创设了一个新的科目“美国财政部在联储的补充性金融账户余额（U. S. Treasury，Supplementary Financing Account）”，以区别于传统的美国财政部一般性账户（U. S. Treasury，General Account）； ②2008年9月19日，美联储公布了一项新的贷款工具，用以向美国的存款类金融机构和银行控股公司发放无追索权的贷款，以便从资金上支持他们向货币市场共同基金购买高质量的资产支持商业票据（Asset-Backed Commercial Paper）。这一贷款项目以“资产支持商业票据货币市场共同基金流动性工具”（Asset-Backed Commercial Paper Money Market Mutual Fund Liquidity Facility，AMLF）的名义，记进了美联储资产负债表“其他贷款（Other loans）”的科目中；

续表

资产负债表报告期	资产负债表的变动	变动原因与事件
2008-09-24		③2008年9月21日，美联储理事会授权纽约储备银行向高盛（Goldman Sachs）、摩根斯坦利（Morgan Stanley）和美菱（Merrill Lynch）在美国的经纪人-交易商子公司发放担保贷款，担保品可以是能质押在美联储为存款类金融机构设立的一级信贷工具（Primary Credit Facility）下或能质押在已经存在的一级交易商信贷工具（PDCF）下的各类型担保物。此外，理事会还授权纽约储备银行向高盛、摩根斯坦利、美菱在伦敦的经纪人-交易商子公司发放担保性贷款，担保品的类型须是有资格质押在PDCF下的担保物。从2008年9月24日起，这两类理事会授权下的贷款和之前在PDCF项下发放的一级交易商信贷，在联储的资产负债表上便一起合并为"一级交易商和其他经纪人-交易商信贷"（Primary Dealer and Other Broker-Dealer Credit），作为"其他贷款"科目中的一个新的子项目记入美联储的资产负债表中。至此，"其他贷款"科目便包含了一级信贷、次级信贷、季节性信贷、一级交易商和其他经纪人-交易商信贷、资产支持商业票据货币市场共同基金流动性工具和其他信贷扩展六个子项目
2008-10-29	资产方增设了一个一级科目"商业票据融资工具有限责任公司持有的净资产"（Net portfolio holdings of Commercial Paper Funding Facility LLC）	2008年10月27日，美联储纽约储备分行向商业票据融资工具有限责任公司（Commercial Paper Funding Facility LLC, CPFF LLC）① 发放贷款。由于纽约储备银行是该公司的唯一受益人，因此根据公认会计原则（GAAP），在编制美联储资产负债表时，CPFF LLC的资产和负债应与纽约储备银行的资产、负债相合并。基于此，CPFF LLC持有的资产净额（Net Portfolio Holdings of CPFF LLC）将出现在美联储资产负债表的资产方

① 创立CPF LLC的目的是让CPFF LLC充当一个特殊目的机构（SPV），向合格的发行者购买其发行的以美元标价的三月期的商业票据，以期提升短期融资市场上的流动性并提高企业、家庭贷款的可获得性。

续表

资产负债表报告期	资产负债表的变动	变动原因与事件
2008－11－26	①资产方的二级科目“其他贷款”包含的子项目有变化：“对美国国际集团的贷款”（Credit Extended to American International Group，Inc.）被单独作为一个子项目，计入了“其他贷款”中。在这之前，对AIG的贷款是被计入在其他贷款科目中的“其他贷款扩展”（Other Credit Extensions）这一子项目中的。至此，“其他贷款”科目又增加了一个子项目，共包括了七个子项目； ②资产方增设了两个一级科目：一是“美登兰第三有限责任公司持有的资产净额”（Net Portfolio Holdings of Maiden Lane III LLC），二是“由货币市场投资者融资工具提供资金支持的一系列有限责任公司①所持有的资产净额”（Net Portfolio Holdings of LLCs Funded Through the Money Market Investor Funding Facility）	①2008年11月10日，美联储公布了对AIG贷款条件的修正。与这个贷款条件修正方案有关的是两家新有限责任公司的成立——一是美登兰第二有限责任公司（Maiden Lane II LLC），二是美登兰第三有限责任公司（Maiden Lane III LLC）。2008年11月25日，美联储纽约储备银行开始向美登兰第三有限责任公司发放贷款。相应地，美联储资产负债表上开始出现“美登兰第三有限责任公司持有的净资产”这一对应科目。此时，虽然美登兰第二有限责任公司已经创立，但由于纽约储备银行此时尚未向其发放贷款，因此在2008年11月26日的美联储资产负债表上的资产方还没有“美登兰第二有限责任公司持有的净资产”（Net Portfolio Holdings of Maiden Lane II LLC）这一个科目； ②2008年11月21日，美联储创造了一项新的金融工具——“货币市场投资者融资工具”（Money Market Investor Funding Facility，MMIFF）。该工具的创立目的是为了向一系列有限责任公司提供融资，以助其购买以美元标价的短期存单、银行券和未清偿的资产支持商业票据
2008－12－17	资产方增设了一级科目“美登兰第二有限责任公司持有的资产净额”（Net portfolio holdings of Maiden Lane II LLC）	2008年12月12日，美联储纽约储备银行开始向Maiden Lane II LLC发放贷款

① 美联储为缓解次贷危机影响设立的一系列特殊目的机构有：Maiden Lane LLC、CPFF LLC、Maiden Lane II LLC、Maiden Lane III LLC和TALF LLC（截至2008年11月26日的美联储资产负债表中的这个一级科目中仅包含了前四个有限责任公司，因为当时TALF尚未创立）。由于美联储纽约储备银行是所有这一系列有限责任公司主要的受益人，根据公认会计原则（GAAP），在编制美联储资产负债表的时候，所有这些有限责任公司的资产、负债都必须分别与纽约储备银行的资产、负债相合并。如此一来，合并的结果便是纽约储备银行向这些有限责任公司发放的贷款和这些贷款应付的利息将被对销掉。

续表

资产负债表报告期	资产负债表的变动	变动原因与事件
2009-01-14	资产方在二级科目"美联储直接持有的有价证券"(Securities Held Outright)中增设了一个三级科目——"住房抵押贷款证券"(Mortgage-Backed Securities)	2008年11月25日，美联储公布了一项购买由房利美、房地美和吉利美担保的住房抵押贷款证券的计划。这个计划的目的是为了降低购房贷款的成本并提高购房贷款的可获得性，这将反过来支持到住房抵押贷款市场并能更普遍地改善金融市场的条件。美联储对该住房抵押贷款证券的购买始于2009年1月5日。由于美联储2009年1月5日购买的在一周之内结算的住房抵押证券①将在2009年1月12日结算，因此反映在美联储1月14日的资产负债表上，而在前一周报告日（即2009年1月7日）的资产负债表上却没有体现
2009-01-28	资产方增设了一个一级科目——"中央银行流动性互换"(Central Bank Liquidity Swaps)	2007年12月12日，美联储启动了一项临时性的流动性互换计划。当时联邦公开市场委员会（the Federal Open Market Committee）授予美联储与欧洲中央银行和瑞士国家银行进行互换交易的权力。后来，这项计划扩展到包括了其他多国的中央银行。自次贷危机爆发以来，美联储已先后与14家外国中央银行签订了这种双边货币互换协议②。
2009-03-25	构成二级科目"其他贷款"的子项目增加了一项"定期资产支持证券贷款工具"(Term Asset-Backed Securities Loan Facility)。至此，"其他贷款"科目的构成项目已增至八项	2009年3月25日，纽约储备银行首次在定期资产支持证券贷款工具（Term Asset-Backed Securities Loan Facility, TALF)③项下，向某些高信用等级资产支持证券的持有者发放贷款（这些证券由近期发放的消费贷款和企业贷款提供担保），以期为市场购买合格的资产支持证券提供融资。如果借款者不能归还在TALF项

① 该住房抵押证券交易的结算期可以延伸至未来数月。

② 唐欣语. 次贷危机以来美联储资产负债表的变化[N]. 21世纪经济报道，2009-05-01.

③ 定期资产支持证券贷款工具（Term Asset-Backed Securities Loan Facility，TALF）是2008年11月25日美联储创设的一个新型货币政策工具。在TALF项下，纽约储备银行向高质量的资产支持证券的持有者发放的贷款是无追索权的，这意味着当借款人将贷款抵押品交由纽约储备银行处置时，即可解除掉其还款义务。如此一来，该货币政策工具可以通过支持由各类消费者贷款、企业贷款所担保的资产支持证券（ABS）的发行，来帮助市场满足家庭和企业的信贷需求。

续表

资产负债表报告期	资产负债表的变动	变动原因与事件
2009-03-25		下发放的贷款，那么纽约储备银行将强制执行其对贷款担保品的权力，并向TALF有限责任公司（TALF LLC）① 变卖这些担保品。值得注意的是，由于当时美联储正在评估将TALF LLC的资产和负债合并到纽约储备银行的资产负债表上合适与否，因此在2009年3月25日的美联储资产负债表上该公司持有的资产净额（Net Portfolio Holdings of TALF LLC）并未作为一个一级科目进入到表中
2009-11-04	资产方删除了一个在2008年11月26日设立的一级科目："由货币市场投资者融资工具提供资金支持的一系列有限责任公司所持有的资产净额"（Net Portfolio Holdings of LLCs Funded Through The Money Market Investor Funding Facility）	该一级科目自2008年11月26日设立以来，到2009年10月28日为止，在这近一年的时间内，其在每周公布的美联储资产负债表上的数额一直为零。2009年11月4日的美联储资产负债表中并未对删除该科目作出相关解释。我们认为删除一个一直没有发生交易额的会计科目，可以提高中央银行会计报表的编制效率，这或许是美联储决定删除该科目一个可能的原因
2009-11-18	资产方增设了一个一级科目"TALF LLC持有的资产净额"（Net Portfolio Holdings of TALF LLC）	至此，美联储完成了对TALF LLC的评估。虽然美国财政部的"问题资产救助计划"（TARP）项下的资金将对纽约储备银行在TALF项下发放的贷款提供信用保护（credit protection），但由于纽约储备银行指导着TALF LLC的重大融资活动，因此其仍是一个与TALF LLC紧密相关的受益人。基于此，根据公认会计原则（GAAP），在编制美联储资产负债表时，TALF LLC的资产、负债应分别并入纽约储备银行的资产、负债项目中。报表合并的结果是，"TALF LLC持有的资产净额"（Net Portfolio Holdings of TALF LLC）作为一级科目记入美联储的资产负债表中，TALF LLC对除纽约储备银行之外的实体组织的负债被记入了联储资产负债表负债方的一级科目"其他负债和应付股息"（Other Liabilities and Accrued Dividends）

① TALF LLC是美联储为管理诸如此类的资产而设立的一个特殊目的机构（Special Purpose Vehicle，SPV）。2009年3月25日，美国财政部运用"问题资产救助计划"（the Troubled Asset Relief Program，TARP）项下的资金向TALF LLC购买了10亿美元的次级债券，由此为该公司提供了初始运行资金。

续表

资产负债表报告期	资产负债表的变动	变动原因与事件
2009-12-02	资产方增设了一个一级科目“纽约储备银行拥有的对友邦保险极光有限责任公司和美国人寿保险控股有限责任公司的优先权益”（Preferred Interests in AIA Aurora LLC and ALICO Holdings LLC）	为了协助联邦政府在2009年3月2日宣布的求助AIG的重建工作（the Restructuring of the Government's Assistance to AIG），纽约储备银行向AIG发放的循环贷款（Revolving Credit）未偿付的余额被予以削减。与此同时，纽约储备银行将凭此获得对友邦保险极光有限责任公司（AIA Aurora LLC）和美国人寿保险控股有限责任公司（ALICO Holdings LLC）的优先权益（Preferred Interests）。这两家有限公司是在次贷危机中为求助AIG而专门创立的两家特殊目标机构（SPVs），他们直接或间接持有美国友邦保险有限公司（AIA）和美国人寿保险公司（ALICO）所有未清偿的普通股。股息的增长将作为纽约储备银行对AIA Aurora LLC和ALICO Holdings LLC的优先权益中的一部分。每一季度应付股息将被资本化，并添加至纽约储备银行对AIA Aurora LLC和ALICO Holdings LLC的优先权益中

3. 美联储资产负债表对货币政策的反映能力

自2007年8月次贷危机正式引爆以来，次贷危机不断升级，演变成了一场全球性的金融危机。起初，美联储为缓解信贷紧缩采用传统的货币政策操作方式：其一，通过公开市场操作（Open Market Operations，OMOs）巨量买入美国国债；其二，对存款类金融机构使用一级信贷、次级信贷、季节性信贷计划以及定期贴现窗口计划（Term Discount Window Program）① 在内的各类贴现窗口（Discount Window）；其三，连续调低联邦基金利率并确定了0～0.25%的联邦基金利率目标。前两项货币政策操作无疑直接向银行体系注入了流动性，使得商业银行的贷款能力得以提升，而降息的举措也刺激着市场信贷需求的膨胀。按理来说，这些传统的货币政策操作应该是有效的。然而，事与愿违的是，在次贷危机演进的过程中，尽管有美联储扩张性的货币政策导向，美国银行体系却出现了甚为严重的“惜贷”现象。如此一来，美联储向存款类金融机构注入的流动性被大量囤积在了银行体系内，致使美国主要的信贷市场一度严重地陷入了运转失灵的困境。为此，美联储调整政策操作思路，陆续创造出TAF、PDCF、互惠性货币安排、TSLF、ABCPMMLIF、

① “定期贴现窗口计划”始于2007年8月17日。

CPFF、MMIFF、TABSLF 等各类新型的货币政策工具，改传统地向银行体系注入流动性为直接向市场注入流动性，以此充分发挥中央银行“最后贷款人”（Lender of Last Resort）的职能。

以下我们将从美联储处理危机的一系列货币政策操作的视角，来分析美联储资产负债表对货币政策信息的反映能力，以期进一步得到有益于我国人民银行资产负债表编制改革的有关启示。

（1）美联储资产负债表的科目随美联储新型货币政策工具的实施更新速度快，且基本保持一一对应关系

随着美联储新型货币政策工具的陆续实施，美联储在资产负债表的编制上也紧随货币政策工具更新的步伐，迅速、及时地在资产方增设新科目，以高效地反映货币政策操作的有关信息。除了会计科目快速的更新速度之外，联储资产负债表上资产方的科目与实施的每一项货币政策工具几乎保持着一一对应关系。为了清晰地反映美联储资产负债表中的科目与联储货币政策工具实施的这种对应关系，我们根据美联储官方网站公布的次贷危机以来联储使用的主要货币政策操作工具的有关信息，见表 2-5。这种报表中会计科目与货币政策工具一一对应的关系，有利于有效地反映出美联储实施的货币政策措施。

表 2-5　美联储货币政策工具的操作与资产负债表科目的对应关系列表

货币政策工具的实施	在资产负债表中的反映
传统的公开市场业务	联储买卖美国国债：反映在资产方三级科目“联储持有的美国国债”的增减上
贴现窗口	联储为存款类金融机构打开贴现窗口：反映在资产方二级科目“其他贷款”子构成项目“一级信贷”“次级信贷”和“季节性信贷”的增加上
2007 年 12 月 12 日：TAF	TAF 项下发放的贷款：反映在资产方新设的二级科目“定期竞标信贷”的增加上
2007 年 12 月 12 日：互惠性货币安排（Reciprocal Currency Arrangements）	反映在资产方新设的一级科目“中央银行流动性互换”的增减上
2008 年 3 月 16 日：PDCF	资产方二级科目“其他贷款”中所包含的子项目就由原来的“一级信贷”“次级信贷”和“季节性信贷”三项，增设了“一级交易商信贷工具”（Primary Dealer Credit Facility）和“其他信贷扩展”（Other Credit Extensions）两个子项目，至此“其他贷款”科目中共包括了五个子项目
2008 年 9 月 19 日：AMLF	反映在资产方二级科目“其他贷款”（Other Loans）中包含的子构成项目“资产支持商业票据货币市场共同基金流动性工具”中

续表

货币政策工具的实施	在资产负债表中的反映
2008 年 9 月 21 日：过渡期信贷扩展（Transitional Credit Extensions，TCE）	TCE 的增加反映在资产方二级科目“其他贷款”中的子构成项目“其他信贷扩展”的增加上
2008 年 10 月 7 日：CPFF	反映在资产方新设的一个一级科目“商业票据融资工具有限责任公司持有的净资产”中
2008 年 10 月 21 日：MMIFF	反映在资产方新设的一级科目“由货币市场投资者融资工具提供资金支持的一系列有限责任公司所持有的资产净额”（Net Portfolio Holdings of LLCs Funded Through the Money Market Investor Funding Facility）中。该科目在 2009 年 11 月 4 日的资产负债表中被删除
2008 年 11 月 25 日：TALF	起初仅反映在资产方二级科目“其他贷款”的子构成项目“定期资产支持证券贷款工具”中；后来，在美联储完成了对 TALF LLC 的评估后，根据 GAAP，在编制联储资产负债表时，将 TALF LLC 的资产、负债与纽约储备银行予以合并，因此，该项目也同时反映在资产方新设的一级科目“TALF LLC 持有的资产净额”中

（2）资产负债表的高更新频率有利于市场参与者掌握有关信息，从而引导公众合理的预期

美联储承诺增加货币政策的透明度，其中一个重要的做法的就是：不断增加美联储 H.4.1 统计表中的信息含量，每周定时披露联储每种贷款计划项下未清偿的贷款余额以及资产负债表的详细内容。次贷危机以来，美联储向国会和公众提供了大量有关贷款计划和资产负债表各个科目的相关信息。美联储通过每周一次资产负债表的定期公布并持续强化这方面的工作，这在增加货币政策信息透明度的基础上，改善了与公众之间的沟通，并能以此有效地对公众的预期进行引导，从而能更好地实现特定时期的货币政策目标。可以说，增强资产负债表信息的披露是显示美联储非传统的新型货币政策工具得到良好管理并产生巨大公共利益的一种最好的方式①。

（3）美联储资产负债表资产方丰富的科目为细化其对货币政策措施和效果的反映能力奠定了良好的基础

由于美联储资产负债表科目较丰富，能较全面地反映出次贷危机以来美联储实施的货币政策措施。从另一个角度而言，资产负债表会计科目规模和结构的增减变

① 本·伯南克．美联储的信贷放松政策及其对资产负债表的影响［J］．《中国金融》，2009（7）：34－36.

动可以直观、清晰地反映出美联储在会计报表报告期内，在各个备选的货币政策工具中如何进行的选择。这是因为资产方增设的会计科目很细致，故而能将对货币政策操作的反映细化到每一个货币政策工具的运用效果上。例如，美联储在某一段时期内重点运用的是哪个工具，则该工具在资产负债表上的对应项目的规模在该阶段便会随着该货币政策工具的运用而得以相应扩大，从而也使得整个资产负债表各项目的相对比例发生变化。资产负债表的使用者变能从对联储资产负债表各科目结构的变化，迅速地分析出该时期美联储货币政策操作工具的选择与侧重。

（三）2003 年以来我国央行会计信息对货币政策影响的实证研究

1. 近年来我国货币政策操作的特征及主要货币操作

（1）近年来我国货币政策操作的走势

回顾近年来我国货币政策操作，基本上遵循了以稳健操作为主，灵活的应用包括利率、汇率、公开市场操作，法定存款准备金等工具，对货币政策的宽松或者紧缩进行微调的原则。2003 年是中国经济形势发生变化的重要转折点。在此之前，由于中国经济体制改革的纵深推荐，以及 1997 东南亚金融危机的深刻影响，国内经济要实现软着陆，对外要维持“负责任”大国形象，中国经济面临内外交困的艰难局面。这一时期的宏观调控主要以扩张性财政政策和宽松货币政策相结合的方式，刺激经济增长，以实现平稳过渡，这一过程大约经历了七年（1996—2002）。2003 年以后，中国经济实现了平稳过渡，加之世界经济形势好转，前期双松的宏观调控政策，逐渐导致投资过热、消费结构性矛盾突出、有效需求不足等问题。从信贷投放货币政策而言①，2003 年以后货币政策以宽松为主，但是开始更多的应用利率、法定存款准备金率、公开市场操作等进行微调。2007—2009 年间，受美国金融危机的影响，从 2008 年 10 月份开始执行“宽松”的货币政策。适度宽松的货币政策配合积极财政政策在危机救助过程中，起到了良好的效果，有效地遏制了国内经济的进一步下滑。随着 2009 年底至 2010 年初，整个世界经济形势企稳，国内经济再次出现投资过热的反弹势头，自 2010 年开始货币当局开始逐渐收缩“宽松”货币政策的力度，而更加强调货币政策操作的连续性、稳定性和灵活性，执行“宽中有紧”的“适度宽松”的货币政策。

（2）2003 年以来我国央行主要的货币政策操作

2003 年以来，为遏制投资过快可能引致的“投资过热”，我国货币当局开始有步骤地执行“宽中有紧”的货币政策，在利率和法定存款准备金率这两项常用货

---

① 长期以来，中国的货币政策主要通过信贷投放的总量控制，来实现宽松或者紧缩的效果，因此研究中国货币政策，信贷指标是判断总体政策操作的关键因素。

币政策工具上体现得最为明显，2003 年以来央行多次使用这两项工具进行宏观调控，具体的事件见表 2-6。

表 2-6　2003 年以来央行利率和存款准备金率操作一览表

时间	央行的货币政策操作
2003 年	7 月 2 日，下调美元等外币小额存款利率，其中 1 年期存款利率由 0.8125% 下调到 0.5625%；放开了境内英镑、瑞士法郎、加拿大元的小额存款利率管理，由各商业银行自行确定并公布 8 月 23 日，经国务院批准，中国人民银行宣布从 2003 年 9 月 21 日起，将金融机构存款准备金率由原来的 6% 调高至 7%，城市信用社和农村信用社暂时执行 6% 的存款准备金率不变 12 月 21 日，下调超额存款准备金利率，金融机构在人民银行的超额存款准备金利率由现行年利率 1.89% 下调到 1.62%，法定存款准备金利率维持 1.89% 不变
2004 年	10 月 29 日，报经国务院同意，上调金融机构存贷款基准利率，放开金融机构（城乡信用社除外）人民币贷款利率上限并允许人民币存款利率下浮。金融机构一年期存款基准利率上调 0.27 个百分点，由现行的 1.98% 提高到 2.25%；一年期贷款基准利率上调 0.27 个百分点，由现行的 5.31% 提高到 5.58%。其他各档次存、贷款利率也相应调整，中长期存贷款利率上调幅度大于短期。金融机构（不含城乡信用社）的贷款利率不再设定上限，贷款利率下限仍为基准利率的 0.9 倍。对金融竞争环境尚不完善的城乡信用社贷款利率仍实行上限管理，最高上浮系数为贷款基准利率的 2.3 倍。实行人民币存款利率下浮制度。所有存款类金融机构对其吸收的人民币存款利率，可在不超过各档次存款基准利率的范围内浮动
2006 年	4 月 28 日，上调金融机构贷款基准利率。其中一年期贷款基准利率上调 0.27 个百分点，由 5.58% 提高到 5.85%。其他各档次贷款利率也相应调整。金融机构存款利率保持不变 7 月 21 日，经国务院批准，中国人民银行决定从 8 月 15 日起提高存款类金融机构人民币存款准备金率 0.5 个百分点，执行 8.5% 的存款准备金率，农村信用社（含农村合作银行）暂不上调 8 月 19 日，上调金融机构人民币存贷款基准利率。金融机构一年期存款基准利率上调 0.27 个百分点，由 2.25% 提高到 2.52%；一年期贷款基准利率上调 0.27 个百分点，由 5.85% 提高到 6.12%；其他各档次存贷款基准利率也相应调整，长期利率上调幅度大于短期利率上调幅度。同时，商业性个人住房贷款利率的下限由贷款基准利率的 0.9 倍扩大为 0.85 倍，其他商业性贷款利率下限保持 0.9 倍不变 11 月 3 日，经国务院批准，中国人民银行决定从 11 月 15 日起提高存款类金融机构人民币存款准备金率 0.5 个百分点，执行 9% 存款准备金率

续表

时间	央行的货币政策操作
2007年	1月5日，中国人民银行决定从1月15日起提高存款类金融机构人民币存款准备金率0.5个百分点 2月16日，中国人民银行决定从2月25日起提高存款类金融机构人民币存款准备金率0.5个百分点 3月18日，中国人民银行决定上调金融机构人民币存贷款基准利率。金融机构一年期存款基准利率上调0.27个百分点，由现行的2.52%提高到2.79%；一年期贷款基准利率上调0.27个百分点，由现行的6.12%提高到6.39%；其他各档次存贷款基准利率也相应调整 4月5日，中国人民银行决定从2007年4月16日起提高存款类金融机构人民币存款准备金率0.5个百分点，执行10.5%存款准备金率 4月29日，中国人民银行决定从2007年5月15日起提高存款类金融机构人民币存款准备金率0.5个百分点，执行11%存款准备金率 5月18日，中国人民银行决定从2007年6月5日起提高存款类金融机构人民币存款准备金率0.5个百分点，执行11.5%存款准备金率 5月19日，中国人民银行决定小幅上调金融机构人民币存贷款基准利率。金融机构一年期存款基准利率上调0.27个百分点，由现行的2.79%提高到3.06%；一年期贷款基准利率上调0.18个百分点，由现行的6.39%提高到6.57%；其他各档次存贷款基准利率也相应调整。个人住房公积金贷款利率相应上调0.09个百分点 7月21日，中国人民银行决定上调金融机构人民币存贷款基准利率。金融机构一年期存款基准利率上调0.27个百分点，由3.06%提高到3.33%；一年期贷款基准利率上调0.27个百分点，由6.57%提高到6.84%；其他各档次存贷款基准利率也相应调整。个人住房公积金贷款利率相应上调0.09个百分点 7月30日，中国人民银行决定从2007年8月15日起提高存款类金融机构人民币存款准备金率0.5个百分点，执行12%的存款准备金率 8月22日，中国人民银行决定上调金融机构人民币存贷款基准利率。金融机构一年期存款基准利率上调0.27个百分点，由3.33%提高到3.60%；一年期贷款基准利率上调0.18个百分点，由6.84%提高到7.02%；其他各档次存贷款基准利率也相应调整。个人住房公积金贷款利率相应上调0.09个百分点 9月6日，中国人民银行决定从2007年9月25日起提高存款类金融机构人民币存款准备金率0.5个百分点，执行12.5%存款准备金率 9月15日，中国人民银行决定上调金融机构人民币存贷款基准利率。金融机构一年期存款基准利率上调0.27个百分点，由3.60%提高到3.87%；一年期贷款基准利率上调0.27个百分点，由7.02%提高到7.29%；其他各档次存贷款基准利率也相应调整。个人住房公积金贷款利率相应上调0.18个百分点 10月13日，中国人民银行决定从2007年10月25日起提高存款类金融机构人民币存款准备金率0.5个百分点，执行13%存款准备金率 11月10日，中国人民银行决定从2007年11月26日起提高存款类金融机构人民币存款准备金率0.5个百分点，执行13.5%存款准备金率 12月8日，中国人民银行决定从2007年12月25日起提高存款类金融机构人民币存款准备金率1个百分点，执行14.5%存款准备金率 12月21日，中国人民银行决定上调金融机构人民币存贷款基准利率，一年期存款基准利率上调0.27个百分点，由现行的3.87%提高到4.14%；一年期贷款基准利率上调0.18个百分点，由现行的7.29%提高到7.47%；其他各档次存贷款基准利率也相应调整。个人住房公积金贷款利率保持不变

续表

时间	央行的货币政策操作
2008 年	1 月 16 日，中国人民银行决定从 2008 年 1 月 25 日起提高存款类金融机构人民币存款准备金率 0.5 个百分点，执行 15% 的存款准备金率 3 月 18 日，中国人民银行决定从 2008 年 3 月 25 日起提高存款类金融机构人民币存款准备金率 0.5 个百分点，执行 15.5% 的存款准备金率 4 月 16 日，中国人民银行决定从 2008 年 4 月 25 日起提高存款类金融机构人民币存款准备金率 0.5 个百分点，执行 16% 的存款准备金率 5 月 12 日，中国人民银行决定从 2008 年 5 月 20 日起提高存款类金融机构人民币存款准备金率 0.5 个百分点，执行 16.5% 的存款准备金率 6 月 7 日，中国人民银行决定上调存款类金融机构人民币存款准备金率 1 个百分点，执行 17.5% 的存款准备金率，于 2008 年 6 月 15 日和 25 日分别按 0.5 个百分点缴款。地震重灾区法人金融机构暂不上调 9 月 15 日，中国人民银行宣布从 2008 年 9 月 25 日起，除中国工商银行、中国农业银行、中国银行、中国建设银行、交通银行、中国邮政储蓄银行暂不下调外，其他存款类金融机构人民币存款准备金率下调 1 个百分点，汶川地震重灾区地方法人金融机构存款准备金率下调 2 个百分点 9 月 16 日，中国人民银行决定下调金融机构人民币贷款基准利率。金融机构 1 年期贷款基准利率下调 0.27 个百分点，由 7.47% 下调至 7.20%，其他各档次贷款基准利率相应调整。同时下调个人住房公积金贷款利率。五年期以下由 4.77% 下调到 4.59%，下调 0.18 个百分点；五年期以上由 5.22% 下调到 5.13%，下调 0.09 个百分点。存款基准利率保持不变
截至 2010 年 3 月	2010 年 1 月，大型金融机构上调存款准备金率，0.5 个百分点，执行 16% 的法定存款准备金率，中小型金融机构暂不调整

资料来源：根据中国人民银行网站资料整理而成。

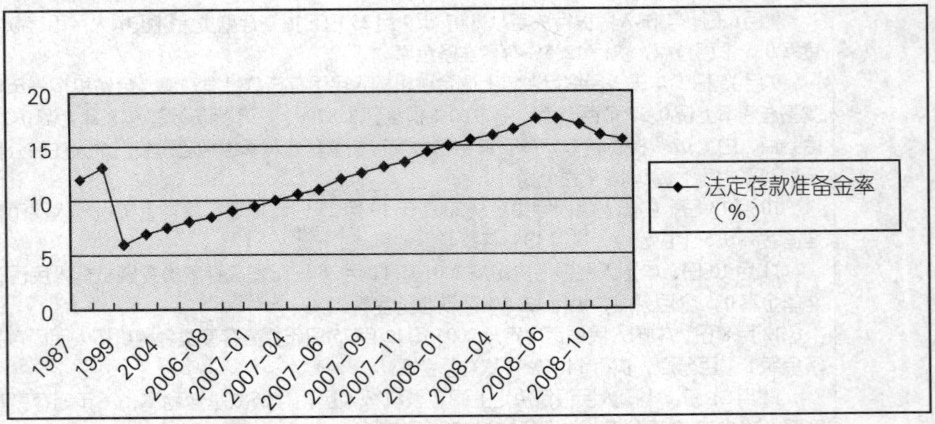

图 2-1　近 20 年来大型金融机构存款准备金率调整及趋势

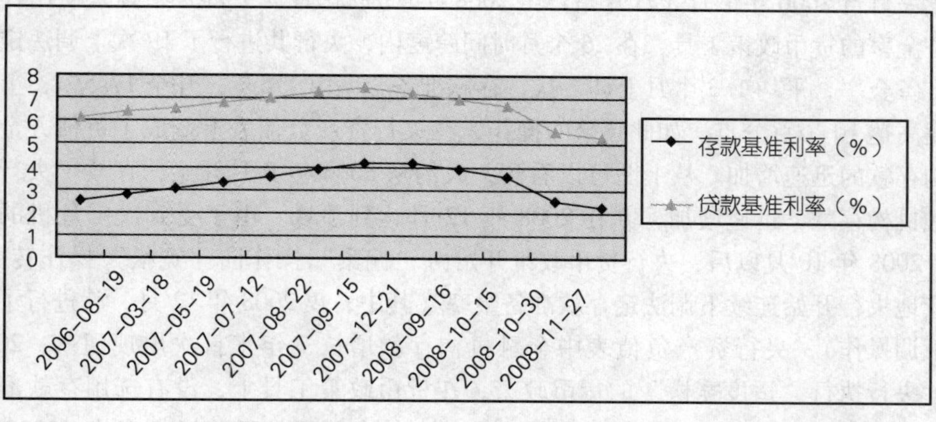

图 2－2　近三年来存贷款利率变化及走势

数据来源：新浪财经频道。

2. 我国央行会计信息对货币政策的反映

中国人民银行自 2003 年 9 月 21 日起至 2009 年 12 月，共进行了 24 次存款准备金率操作，法定存款准备金率一度从 2003 年 9 月 21 日的 6%，升至 2008 年 9 月 25 日的 17.5%。从理论上说，央行上调法定存款准备金率，金融机构在央行的存款将增加，货币发行相应增加。表现为中央银行资产负债表负债方金融机构存款的增加，同时储备货币同步增加。根据人民银行公布的货币当局资产负债表的月度数据，可以划出 2003 年 9 月 21 日至 2009 年 12 月央行资产负债表中负债方“金融机构存款”的变动情况，如图 2－3 所示。

图 2－3　金融机构存款变动趋势

资料来源：中国人民银行网站。

央行自2006年7月5日开始，至2008年9月25日，央行开始频繁使用存款准备金率的货币政策工具，在26个月时间跨度内，央行共进行了19次上调法定存款准备金率，平均1.3个月上调一次，存款准备金率由7.5%，升至17.5%，上调幅度高达10个百分点。如此频繁的操作，在央行资产负债表上造成了负债方金融机构存款的迅速增加。从上图可以看到，大约从2006年8月开始，存放于央行的金融机构存款，迅速增加，并在2008年12月达到顶峰。由于受到次贷危机的影响，2008年10月以后，央行货币政策开始由"偏紧"操作向"宽松"操作转变，相应地央行开始连续下调法定存款准备金率（其中，仅2008年12月，就进行了两次下调操作），央行资产负债表中金融机构存款增长7年来首次出现回落，2009年，央行执行"适度宽松"的货币政策，在货币政策工具上，没有选用存款准备金率调整方法，因此，央行资产负债表中的存款余额保持平稳增长态势。2009年末，由于全年10万亿元规模银行贷款，增加了商业银行存款基数，金融机构在央行的存款在2009年底再次达到一个历史高点。

从上一部分分析中，可以得出如下结论：央行资产负债表基本上能够反映货币政策的变化，但是，由于我国央行资产负债表信息发布的滞后性，使得央行资产负债表信息不能成为制定货币政策的依据，而只能运用于科学研究中的回溯性检验。

三、中央银行会计信息对货币政策的影响

（一）货币政策的资产负债表传导渠道

央行货币政策是现代市场经济国家最重要的宏观调控手段之一。已有研究中主要从企业资产负债表视角来研究货币政策传导的"资产负债表渠道"问题，对货币当局——中央银行自身资产负债表关注不多。Jeanne和Svensson（2004）则研究了央行资产负债表信息可信度对避免陷入流动性陷阱的问题。Tuker（2004）探讨了央行资产负债表管理对于维护金融稳定的重要作用。我国学者也开始尝试从资产负债表视角研究货币政策问题。如陆前进（2007）通过中央银行的资产负债表研究我国中央银行的货币控制和冲销干预，首先分析了货币供给的构成，强调外汇占款是货币供给增加的重要来源；其次从我国中央银行资产负债表的角度考察了影响货币供给的因素，指出我国控制基础货币的主要政策手段；最后分析了中央银行的冲销干预，指出我国目前综合运用提高存款准备金率、买卖国债和发行央行票据作为冲销措施，但发行央行票据是我国货币控制的主要手段，并强调从长远来看，中央银行应该更多地通过买卖国债来冲销。刘胜会（2009）从央行资产负债表的视

角，对定量宽松货币政策实施的背景、具体措施进行了阐述，并重点考察了定量宽松货币政策对央行资产、负债及其构成、货币政策决策的影响。研究表明，急剧膨胀的央行资产、大量投放的流动性必然造成将来通胀压力，定量宽松货币政策如何顺利退出，事关经济金融的稳定和货币政策的效果，也是央行在经济复苏阶段面临的新的课题。中国人民银行南昌中心支行课题组（2009）以2000~2008年央行资产负债表为研究对象，采用定量研究的方法，探讨货币政策对其影响的方式和程度，并得出货币政策对央行资产负债表的多个重要科目都有显著影响的结论。这也表明，尽管我国的货币政策还受很多因素的制约，但其传导渠道基本畅通，近年来所实施的货币政策卓有成效，并以此为基础提出了：减轻央行票据发行的压力；调整我国经济发展结构，促进国内消费水平；增强各种货币政策工具的协调配合等政策建议。

应该说，现代市场经济中无论政府、企业、个人都不可避免地被纳入到货币政策中，并成为货币政策传导的重要环节。因此，从“资产负债表”渠道研究货币政策提供了研究货币政策问题的新的视角，但不应该局限于企业和央行两个部门的资产负债表，而应该拓展至包括商业银行、非金融企业、个人等社会各部门的资产负债表的研究上。本课题将货币政策的变化所引起的社会各部门资产负债表变化的一般原理入手，尝试研究央行货币政策在社会各部门中传导的“资产负债表渠道”。

1. 货币政策影响央行资产负债表变动的一般原理

（1）央行负债业务的构成

中央银行的负债主要包括政府及特定机构所持有的中央银行债权，负债业务主要包括货币发行业务、存款业务、其他负债业务和资本业务等几块组成。在央行资产负债表中，货币发行主要指流通中的现金和库存现金两部分；存款业务由金融机构存款、非金融机构存款、政府存款三块构成，其中金融机构存款主要指法定存款准备金、超额准备金和邮政储蓄存款三块，前两种存款与货币发行一块构成了一国基础货币，央行货币政策往往通过对基础货币量的改变来影响整个社会的货币供应量，从而影响社会总需求。第三块负债业务则主要由中央银行发行的债券、国外负债、其他负债及自由资本组成。用公式可以表示为：

央行负债=货币发行+金融机构存款+非金融机构存款+政府存款+发行债券+国外负债+其他负债+资本金

（2）中央银行资产业务构成

中央银行的资产是指中央银行所持有的各种债权，主要包括再贴现贷款、贷款、证券和黄金外汇等。所谓中央银行的资产业务就是如何通过对这些债权的处理，履行中央银行的职能，其主要包括：国外资产、对政府债权、对存款货币银行债权、对特定存款机构债权、对其他金融机构债权、对非金融机构债权、其他资产等几部分组成。用公式可以表示为：

资产 = 国外资产 + 对政府债权 + 对金融机构债权 + 对非金融机构债权 + 其他资产

(3) 货币政策影响基础货币变动的理论分析

根据资产负债表资产和负债两方相等原则，即“负债 = 资产”，对上述两个公式进行合并移项可得：

货币发行 + 金融机构存款 = （国外资产 + 对政府债权 + 对金融机构债权 + 对非金融机构债权 + 其他资产） -（政府存款 + 非金融机构存款 + 发行债券 + 国外负债 + 其他负债 + 资本金）

上式的左边构成了基础货币，央行选择不同的货币政策工具所引致的资产或负债业务的变动，都将在资产负债表以增减方式表现出来，这些变动可能[①]会引起基础货币变化，通过货币乘数作用引起货币供应量的变化，从而实现货币政策宏观调控的目的，其作用的路径为：

货币供给量→社会总需求→社会总供给→真实货币需求→货币供给量

在这一过程中，基础货币的变化是货币政策“资产负债表”渠道的关键所在[②]。按照货币外生的观点：货币供应量不是由经济体系中的实际变量和微观经济主体的行为决定，而是由中央银行的货币政策决定的。根据货币供应量的公式：$Ms = m \times B$。其中 Ms 为货币供应量，m 为货币乘数，取决于法定存款准备金率、超额准备金率、现金漏损率等众多因素，B 为基础货币。

根据定义，基础货币由现金和准备金存款两部分构成，即：

$$B = C + R \tag{3-1}$$

其中 C 为流通中现金，R 为金融机构和非金融机构在央行的准备金存款。货币供应量由流通中的现金和整个社会所有存款构成，即：

$$Ms = C + D \tag{3-2}$$

其中 D 为存款总额。

由货币供应量公式可得：

$$m = Ms/B = (C + D) / (C + R) \tag{3-3}$$

进一步变形得：

$$m = \frac{Ms}{B} = \frac{C + D}{C + R} = \frac{(C/D) + 1}{(C/D) + (R + D)} \tag{3-4}$$

---

① 这里的“可能”并非一定会引发基础货币变动，具体分析将在下一节展开。

② 货币供应量作为央行货币政策的目标隐含了内在假设：即货币外生性的假定。

$$Ms=\frac{(C/D)\ +1}{(C/D)\ +\ (R+D)}\times B \qquad (3-5)$$

其中 C/D 称为现金存款比率，R/D 称为准备金存款比率。

由上式可知，一定时期内一国的货币供应量取决于两大要素：一是货币乘数 m；二是基础货币 B，不同的货币政策工具通过对这两大要素的影响，改变货币供应量的状况，影响宏观经济运行。如当市场利率比较高的时候，央行可以通过利率政策改变整个社会存款，进而引起货币乘数的变化，达到货币政策调控目的；央行也可以直接调整法定存款准备金率来影响 R/D 进而影响货币乘数的变化。

2. 货币政策影响各部门资产负债表的传导路径

（1）再贴现政策

再贴现政策是央行三大基础货币工具之一，通过对再贴现率的调整，一方面改变存款货币银行及其他金融机构从央行再融资的成本增加或减少，另一方面向市场传递货币政策紧或松的信号，并通过货币市场传递至债券市场，进而影响市场利率水平，因而再贴现率的调整实质上是一种间接调整利率的货币政策。再贴现率的调整，将影响存款货币银行获取央行贷款的成本，银行将调整再贴现行为，银行调整势必引发对企业和个人发放贷款的成本和可贷资金的数量，进而影响企业和个人的资产负债表状况。根据财富效应理论，企业和个人资产负债表的变动将影响他们的消费和投资行为，最终影响到实体经济的发展。这一过程，如果传导渠道没有发生梗阻，将实现央行预期调控的目的。以央行提高再贴现率为例，各部门的资产负债的变动见表 3-1。

表 3-1 央行提高再贴现率后的资产负债表变动

资产	负债
对存款货币银行债权（-） 对特定存款机构债权（-） 对其他金融机构的债权（-） 对非金融机构债权（-）	储备货币（-） 金融机构的存款（-） 非金融机构的存款（-）

央行提高再贴现率的政策，使得金融机构和非金融机构融资成本增加，后者将减少再贴现操作，在资产方引起央行对各机构债权减少，同时负债方储备货币减少，两者减少的数目相同，资产负债表两边实现平衡，见表 3-2。

表 3-2　提高再贴现率后商业银行资产负债表变动

资产	负债
准备金存款（-） 贷款（-）	对中央银行负债（-） 个人或企业存款（-）

融资成本增加，引起商业银行获得央行贷款成本增加，商业银行减少再贴现行为，使得再央行的准备金存款减少，同时收缩贷款，负债方则一方面表现为对中央银行负载减少，另一方面表现为个人或企业存款减少，见表 3-3。

表 3-3　提高再贴现率后个人或企业资产负债表变动

资产	负债
货币资金（-） 投资（-）	对商业银行负债（-）

央行提高再贴现率的政策，使得社会资金吃紧，个人和企业的融资成本和难度都增加，可以用以消费和投资的资金减少，通过乘数效应使得宏观经济呈现收缩态势。

（2）公开市场操作

央行通过在公开市场上买入或者卖出债券来调节一定时期内，整个社会的货币投放。如果央行在公开市场上买入有价证券，其交易对手可能是商业银行，也可能是个人或非金融企业。

如果是银行则中央银行的资产方有价证券增加，同时需要通过货币发行来支付等值价款，即负债做等值增加，资产负债表变动，见表 3-4。

表 3-4　央行购买有价证券资产负债表变化

资产	负债
证券（+）	货币发行（+） 准备金存款（+）

商业银行售出证券的行为导致商业银行证券资产减少，但是在中央银行的资产——准备金存款增加，负债方不做变动，资产负债表变动见表 3-5。

表3－5　商业银行卖出有价证券资产负债表变化

资产	负债
有价证券（－） 准备金（＋）	

如果售出有价证券的一方是个人或者金融企业，央行的资产负债表变化亦如上图，但是个人或金融企业的资产方中有价证券将减少，存款将增加，这一过程中商业银行吸收了个人或者企业售卖证券所得，使得自身资产和负债都做变动，具体表示见表3－6、表3－7。

表3－6　个人或企业售卖有价证券资产负债表变化

资产	负债
有价证券（－） 存款（＋）	

表3－7　商业银行资产负债表变动

资产	负债
准备金（＋）	存款（＋）

（3）央行买入外汇操作所引起部门资产负债变动

在实行汇率管制的国家，央行通常会在外汇市场上买入或卖出外汇来干预本国汇率，熨平汇率波动，维护汇率稳定。在外汇市场上，央行可能从商业银行手中购买外汇也可能从非金融企业和个人手中购买外汇。

首先来看央行从商业银行手中购买外汇的情形：央行的购买行为导致央行资产方国外资产中外汇资产增加，同时央行需要向商业银行支付等值款项，通常表现为商业银行在央行存款的增加，即央行负债方做等值的增加。见表3－8、表3－9。

表 3-8　央行购买外汇资产负债表变动

资产	负债
外汇资产（+）	货币发行（+） 准备金存款（+）

表 3-9　商业银行卖出外汇资产负债表变化

资产	负债
外汇资产（-） 准备金存款（+）	

其次，如果卖出外汇的是个人或者金融企业，央行的资产负债表不做变化，个人或者非金融企业的资产负债见表 3-10。

表 3-10　个人或非金融企业卖出外汇导致资产负债表变化

资产	负债
外汇资产（-） 存款（+）	

由于个人或企业将其售卖外汇所得存入往来商业银行账户中，商业银行的资产负债见表 3-11。

表 3-11　商业银行吸收了个人或企业售卖外汇所得

资产	负债
准备金（+）	存款（+）

（4）央行买卖央票的政策

央行在公开市场上买进或者卖出央票是对冲外汇占款的重要手段。在央票市场上央行和金融机构相互交易的对手方，央行通过买入或者卖出央票来调节社会经济体中的货币投放。央行买卖央票的行为将直接引起央行和金融机构资产负债表的变动。以央行买入央票为例，资产负债表的变动情况见表 3-12。

表 3-12 央行买入央票资产负债表变动

资产	负债
准备金存款（+）	发行债券（-）

买入央票的同时，释放出基础货币，属于宽松的货币操作，同时回笼发行在外的央票。反之，则是收回基础货币，属于紧缩的货币操作，同时以央票对冲外汇占款，见表 3-13。

表 3-13 商业银行卖出央票资产负债表变动

资产	负债
准备金（+） 央行票据（-）	

商业银行卖出央票获得准备金存款，放贷能力增强，个人及企业的资产负债表变化见表 3-14。

表 3-14 个人及企业资产负债表

资产	负债
现金（+） 投资（+）	对商业银行负债（+）

商业银行由于贷款增加，资产负债表变化见表 3-15。

表 3-15 商业银行资产负债表

资产	负债
贷款（+）	存款（+）

(5) 法定存款准备金政策

法定存款准备金政策是指中央银行对商业银行等存款货币机构的存款规定存款准备金率，强制性地要求商业银行等存款货币机构按规定比率上缴存款准备金。央行通过调整法定存款准备金率以增加或减少商业银行的超额准备以收缩或扩张信用，实现货币政策所要达到的目标。与调整再贴现率政策相类似，央行通过调整法定存款准备金率，以控制商业银行可贷资金的状况，进而控制整个社会的信用规模，调节投资和消费，最终影响宏观经济运行。由于存款准备乘数具有“倍扩”或“倍缩”的放大功能，因此法定存款准备金政策具有较大的调控力度。以央行提高法定存款准备进率为例，各部门的资产负债表的传导见表3-16。

表3-16 提高法定存款准备金率央行资产负债表的变化

资产	负债
其他资产（-）	储备货币（-） 准备金存款（-）

法定存款准备金率提高，使得商业银行必须减少存放于央行的超额准备金，超额准备金减少减低了存款派生创造能力，整个社会派生存款将减少，这反过来影响了央行准备金存款的增加，因此，在央行的资产负债表上负债方表现为基础货币减少，同时在资产方，表现为其他资产减少（包括现金等其他资产），见表3-17。

表3-17 提高法定存款准备金率商业银行资产负债表变化

资产	负债
法定准备金（+） 超额准备金（-） 贷款（-）	存款（-）

与中央银行资产负债表变化相对应，商业银行资产方的法定准备金存款增加，但是超额准备金存款下降，放款能力下降，贷款减少，同时吸收存款也将减少，见表3-18。

表3-18 提高法定存款准备金率企业和个人资产负债表变化

资产	负债
货币资金（-） 投资（-）	对商业银行负债（-）

在个人和企业的资产负债表中，由于法定存款准备金率提高使得整个社会信用紧缩，从商业银行获得贷款的难度和成本都将增加，因此对商业银行负债也减少，同时货币资金和投资减少。

（二）会计信息对货币政策决策的影响

现代会计具有核算和监督的两大职能。会计的核算职能就是为经济管理收集、处理、存储和输送各种会计信息。会计监督职能则是指通过调节、指导、控制等方式，对客观经济活动的合理、合法有效地进行考核与评价，并采取措施施加一定的影响，以实现预期的目标。与这两大职能相对应，现代会计至少可以分为财务会计和管理会计。前者的目的在于为外界使用者提供信息，后者则是为内部的管理者决策提供信息。中央银行作为一国制定货币政策，实施宏观调控的这样一个特殊的机构，其会计信息也有上述两大功能，即对外披露信息并对内提供内部管理和决策的依据。在越来越强调货币政策制定和执行透明度的今天，从理论上来说，会计信息的科学、完整、及时对货币政策的制定、执行到产生效果具有重要的影响。

1. 会计信息对央行制定和执行货币政策的重要意义

会计信息是现代经济主体进行管理、决策的重要依据。从广义来说，包括会计报表包含的信息、会计报表附注及其他财务报告所披露的信息、审计相关报告信息、证券监管部门要求提供的文件，是经济管理的重要信息资源。对一般企事业单位如此，对央行亦是如此。央行的会计信息为货币政策制定、执行分析提供真实可靠的第一手会计资料，它不同于其他行业会计信息，有其特殊性和重要性。央行作为宏观经济管理的重要调控部门，其会计工作不仅关系央行核算体系的正常运转，而且管理着金融机构乃至全社会的资金流转；不仅关系着中央银行的资金安全而且关系着经济流转。人民银行的会计信息反映出货币投放与回笼、国家预算收入、支出和其他各项存款、贷款、再贴现、存款准备金增减变化、金银占款和国家外汇人民币资金等筹集分配情况和数据，对研究拟定金融管理工作方针、政策、法令和基本制度，加强金融运行预测、调整市场货币流通、管理货币市场、预测经济前景等具有十分重要的参考价值。如果央行会计信息失真，就会给国家宏观调控政策决策带来失误风险，给经济带来重大损失。因而，会计信息的真实、及时、有效，会计政策的科学、合理对于央行制定和执行货币政策具有重要的现实意义。

2. 我国央行会计信息在货币政策决策时的使用现状及其对货币政策决策的影响

目前，我国央行会计信息系统主要由以下五个子系统构成：一是中央银行会计核算系统；二是固定资产管理系统；三是会计报表系统；四是财务报表管理系统；五是会计报表辅助分析系统。通过这五大会计信息系统的协调和配合为货币当局提供辅助决策的会计信息。从理论上而言，央行的会计信息应该具有集合性（集成各个子系统会计数据的处理和输出）、及时性（及时反映资产和负债变化）、准确性、高度相关性的特征，可以为货币政策的决策提供科学的依据，但是在人民银行的实际操作中，情况却并非如此。

（1）人民银行会计信息系统存在的问题影响到了央行货币政策决策时对会计信息的充分运用

就我国央行会计信息系统及其涉及的会计信息数据处理来看，会计信息尚难以担当央行货币政策决策依据的重任。原因在于[①]：第一，人民银行会计信息系统整体性不够。会计信息系统的内容应包括会计核算系统和财务管理决策系统两方面。目前人民银行的会计信息系统具备较完备的会计核算系统，但财务管理决策系统尚未健全：一是现有的财务管理信息系统功能尚待完善。目前的财务管理信息系统仍然沿用手工会计的处理程序，并没有建立数学模型和方法库，本质上仍处于手工操作状态；二是不具备规范的预算管理系统和基建管理系统。第二，各业务系统相关性不高。人民银行会计信息系统中各个子系统相关性不够，导致了大量数据的冗余和非一致性，形成了互相没有联系的信息“孤岛”，其主要弊端表现为会计信息资源很难共享。第三，信息分类标准单一。由于我国央行会计信息系统严重依赖于会计科目表，只按照会计科目表这一种分类标准组织数据以编制人行的各类会计报表，外在和内部的用户都得不到组织业务活动更多的信息，不能从多角度分析会计事项的货币计量结果，原本就很有限的信息也未能得以充分利用，浪费了来之不易的信息资源。人民银行会计信息系统存在的以上问题从不同途径上都负面地影响到了货币政策决策时对人民银行会计信息的充分运用。

（2）会计信息采集、加工、报告缺乏时效性

会计信息是全面反映组织经济活动各个环节的信息。信息的采集依赖于组织的各个业务职能部门，但由于人行会计信息系统与各职能部门的信息系统彼此割裂，信息传递不畅，使得人行会计信息的采集滞后于业务事件的发生。另外，受信息处理能力的限制，加工会计信息需要较长的时间，人民银行的会计报表缺乏时效性。这便不利于人民银行及时地运用前期的会计信息，对后一阶段的货币政策宏观调控的方向和力度作出相应的准确决策。

（3）会计信息汇总统计与传递存在严重时滞，不利于后续货币政策的决策

在人民银行整个会计信息汇总统计与传递的过程中，有两个比较突出的时滞问题：其一，各级行在层层上报会计报表至人民银行总行的过程中存在时滞。人民银行大区分行分别制作报表，并报至人民银行总行，由总行统一将各分行报表予以汇总。然而由大区分行上报至总行这一过程中，存在的一个严重问题就是报表传递不及时；其二，会计信息汇总统计不够及时，存在严重时滞。统计信息每旬汇总统计一次，而会计信息每月才进行汇总。然而，很多时候货币政策操作（尤其是在公开市场上）比较频繁，通常都是每旬甚至每周就都可能有新的操作，这与会计信

---

① 程福庆．浅谈人民银行会计信息系统的构建［J］．财政监督，2007（10）．

息统计汇总的时滞性形成鲜明的反差和明显的矛盾。

上述两个时滞问题严重导致了会计信息的时效性不足。然而，央行在进行下一阶段的货币政策操作时，其决策依据应该是会计信息而非统计信息。但会计信息汇总、传递的严重时滞使得人民银行不得不依靠时效性更好的统计信息，有时甚至是在没有依靠任何信息来基础上进行的货币政策操作。例如，人民银行每周都要通过央行票据发行与正回购来对增加的外汇进行对冲操作。理论上，在进行对冲操作之前，应该根据当时的外汇占款规模数据来确定应发行的央行票据净额。然而，由于“外汇占款规模”这一会计信息每月才汇总一次，因此，在很多时候人民银行在进行央行票据操作时都是对外汇占款规模进行一个大致的估计，并在预估的规模上进行每周的央行票据发行。

（4）重要会计科目的缺失，使得货币政策的决策欠缺参考的有效依据

由于人民银行现行的会计制度仍然采用的收付实现制，因此很多应收、应付款项便难以得到有效地记录。有些应付项目（比如，人民银行发行的央行票据对应的“央行票据应付利息”）的缺失会严重地影响到人民银行对未来货币政策工具可持续性乃至可操作性的判断，从而会间接影响到人行对后续货币政策操作工具的选择问题。由于央行票据对应的应付利息对于人民银行来说是一笔巨大的财务成本，但现行的人民银行资产负债表上却无法将其及时、准确地反映出来，因此人民银行在进行货币政策工具选择的决策时，便存在着无法根据尚未偿付的央行票据累积利息来判断，未来使用央行票据这一政策工具是否具有可持续性的问题，使得货币政策决策欠缺相应的参考依据，从而影响到货币政策后续操作的准确性。

3. 会计信息在货币政策决策中应发挥的作用

尽管我国央行在货币政策的制定和实施过程中，更多地依赖于统计信息来作出决策，但这并不表明会计信息对于货币当局的作用不大，甚至可有可无。事实上，从理论而言，从会计的核算和管理功能看，会计信息应该最能够及时、准确、真实地传达货币当局资产负债、现金流量及损益情况，从而为货币政策实施提供微观基础。美联储在此次金融危机中通过对央行会计信息的分析和把握，而采取相应的金融危机救助性货币政策的经验值得我们研究和借鉴。

2009 年 2 月 18 日，美联储主席伯南克在华盛顿全国新闻俱乐部发表演讲，在演讲中重点分析了次贷危机以来，美国宽松的货币政策所导致的资产负债表的扩张是如何货币政策决策机构——联邦公开市场委员会（FOMC）的决策行为。众所周知，次贷危机以来，美联储和财政部紧密配合，采取宽松货币政策和积极财政政策相配合以遏制经济进一步恶化，刺激经济增长。财政部方面采取大幅减税、问题资产纾困、巨额经济刺激计划，美联储方面在无法进一步降低短期利率以刺激经济复苏的条件下，通过直接向金融机构贷款、直接向主要信贷市场提供流动性、购买长

期债券，这三种方式为市场提供流动性支持。就货币政策的救助而言，应该说是有效果的。但直接的后果是造成了资产负债表规模的急剧增加。根据张明①（2009）的统计，从2008年9月初到2009年4月中旬，美联储资产负债表的总规模由9000亿美元左右飙升至2.2万亿美元左右。其中，美联储流动性贷款由零上升至2009年4月中旬的1.2万亿美元；美联储直接持有的证券数量也有所上升（如图3-1所示）。

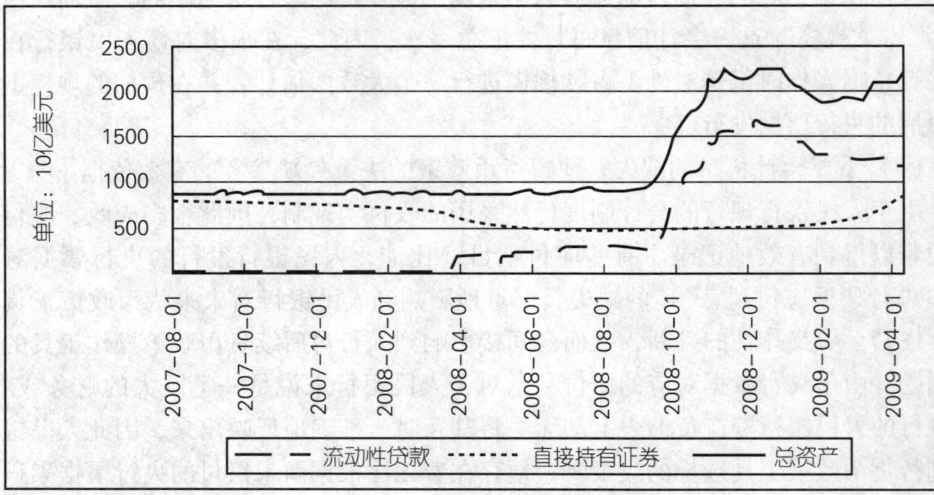

图3-1 次贷危机以来美联储资产负债变动趋势

资料来源：张明，《金融危机的发展历程和未来走向》，RCIF，Working paper，2009。

应该说，美联储的各项政策措施，在会计信息中的反映是准确及时的，正是基于这种特性，资产负债表规模的变化，可以成为FMOC决策的依据。正如伯南克②（2009）在演讲中，深刻分析了这种变化机制，因为无论是通过贴现窗口和其他工具给金融机构，还是以某种方式（如商业票据工具）给其他借款人——都会在美联储的资产负债表记录为资产，就像在公开市场上购买证券一样，如美联储正在购买的政府支持企业的证券。因此，各种信用政策都会同时增加美联储资产负债表的资产和负债规模。例如，购买10亿美元的政府支持证券，需要贷记出售银行在美联储的存款账户，这会增加美联储资产负债表10亿美元，购买的证券出现在资产方，而出售银行的存款出现在负债方。所以会计信息能够及时地反映不同的政策所导致的结果，这种结果又进一步成为FMOC进行宏观调控决策的依据，比如说，

① 张明．金融危机的发展历程和未来走向，RCIF，Working paper. 2009.

② 本·伯南克．美联储的信贷放松政策及其对资产负债表的影响．中国金融，2009.7.

如果仅从资产负债的规模的急剧扩张上，我们可以一般的推定未来面临较为严重的通货膨胀的风险，从而采取预防性的措施。但如果从资产负债变化的结构上看，可能结论并非如此。例如，从2008年到2009年4月，美联储的资产负债表几乎扩大了一倍，很多观察家都认为存在通胀的风险，但是从结构上看，美联储所增加的负债主要是基础货币的扩张（M_0），M_1、M_2 的增长幅度很小，这样做的结果其实将大部分的流动性仍然以准备金的形式“闲置”于美联储，而且美联储的资产方主要持有的1年以内短期资产，因此其资产负债规模缩减的速度也可能很快，所以通胀的风险并不大。根据这种分析，FMOC在决策时候可以更准确地制定货币政策，否则将可能出现与实际情况相反的预测，这样就不仅不能救助危机，反而会进一步恶化危机。由此可见，会计信息在货币政策决策中的重要性。基于此，虽然目前我国央行在进行货币政策决策时主要依赖的是与会计信息来源一致的统计信息，但由于会计信息本应具有的可获得性、便利性和及时性，如果能更好地提高其时效性并增强其对货币政策操作的反映能力，对其加以更好地运用，便可为提高人民银行货币政策决策的科学性奠定良好的信息基础。

（三）央行会计信息透明度对货币政策传导的影响——基于市场预期的分析

央行会计信息的功能除了为货币当局制定政策提供依据、影响货币政策工具、时机等选择外，还会影响市场的预期。市场的主体（如企业、个人等投资者）根据央行发布的会计信息，分析和推断央行可能会采取的政策措施，并依此决定自身的投资和消费一系列行为，以规避政策风险，实现收益最大化或者损失最小化。理性预期学派认为，货币当局政策效果的有无、强弱，是当局与公众博弈的结果，只有当市场预期是一种非理性预期时候，货币政策才有效果，换而言之，因为市场主体大多是理性的，因而货币政策不管从短期和长期来看，都是无效的，从而得出货币超中性的结论（Lucas，1973）。新凯恩斯学派则坚持人具有有限理性，而非完全理性的假设，认为由于有限理性存在，因而对市场预期不可能完全与当局意图吻合，所以存在价格或工资黏性，换而言之，货币政策并非中性。尽管，理论观点存在分歧，但有一点是明确的，即货币政策的效果有赖于市场的预期，而市场预期是建立在理性或有限理性基础之上，央行会计信息则是市场进行预期最重要的前提，因而，央行会计信息透明度对市场预期具有重要影响。

1. 市场预期与货币政策有效性理论

（1）卢卡斯理性预期理论

关于货币政策有效性及效果问题的相关讨论，在相当长一段时间内，研究者大多遵从凯恩斯主义的AD－AS模型，正如弗里德曼所说，只要一涉及货币、价格、供求均衡等问题，大多数经济学家的大脑中会自动地开启 AD - AS 机器。20 世纪六七十年代，货币主义者对凯恩斯主义分析框架、结论发起了冲击。1972—1973 年间，罗伯特·卢卡斯相继在《经济理论杂志》和《美国经济评论》上分别发表了题为《预期和货币中性》，以及《产量—通货膨胀替代的若干国际证据》两篇文章，将市场预期因素和货币政策的效果结合起来研究，得出了只有预期是非理性时候，货币政策才有效果的结论。

卢卡斯认为，市场上的个人和企业，能够从自己所处市场上获取所有的信息，即满足完全信息的假定，因此，可以作出理性预测，并根据预测展开行动。由于不同市场之间存在着分割，但是个人和企业容易混淆本地市场价格和一般市场价格，因为存在着这样的错觉，所以也容易造成行动的误判。最终，货币供给的预期变化（货币政策），并不会影响真实产出（货币政策目标），而只对一般价格水平产生影响。这个理论最重要的成果是卢卡斯供给函数：

$$y' = b\ (p' - E\ [p' \mid I']) \qquad (3-6)$$

式中 y' 表示名义产出的自然对数，b 是一般参数，p' 表示名义价格水平的自然对数，$E\ [p' \mid I']$ 表示基于所有的可以获得市场信息的预期价格，$(p' - E\ [p' \mid I'])$ 表示未被市场预期的价格。

卢卡斯供给函数的结论表明：产出是价格未预期部分，即：$(p' - E\ [p' \mid I'])$ 的递增函数。

（2）新凯恩斯学派有限预期理论与货币政策效果

与理性预期理论不同，新凯恩斯学派的理论前提是，存在理性预期，但是有限理性预期，因此，只存在 T 黏性工资和黏性价格，即有：

$E\ [m \mid I]\ \neq m$ 或 $m - E\ [m \mid I]\ \neq 0$

其中 m 表示货币供应链，I 表示所有市场信息集。根据供求原理，就有如下的均衡产出和均衡价格：

$$y' = \beta'\ (1 + \beta')^{-1}\ (m \pm \Delta m - E\ [m \pm \Delta m]\ \mid I) \qquad (3-7)$$

$$p' = \ (1 + \beta')^{-1}\ (\beta' E\ [m \pm \Delta m \mid I]\ + m \pm \Delta m) \qquad (3-8)$$

上式结果表明：当只存在有限理性、以及黏性工资和黏性价格情况下，货币政策对实际总产出有影响，即货币政策有效。

2. 央行会计信息透明与模糊

会计信息披露的公开透明为市场预期提供有效的信息集，也是有效市场假说的基础。芝加哥大学教授 Fama（1970）①，证实了会计信息能够对投资者的投资决策

① Eugene Fama. Efficient Capital Markets. A Review of Theory & Empirical Work. Journal of Finance, 1970, May.

产生影响，为会计信息披露的理论建立了基础。这样一个理论是否也适应于中央银行的会计信息披露，中央银行会计信息的透明与模糊对央行的货币政策会产生何种影响，等等，这些问题需要进一步深入探讨。

（1）中央银行透明度内涵

近年来，中央银行透明度问题，受到越来越多的关注。越来越多的央行开始增加了其信息的披露，提高了货币政策透明度。例如，在加拿大、新西兰、英国和瑞典等实行通货膨胀目标制的国家，通过法定的政策目标和沟通机制，使货币政策具有很强的透明度和可信性。在实行隐含中介目标法的美国，美联储在每次联邦公开市场委员会会议的当天，宣布利率是否变化以及变化的幅度，两周后公布会议纪要以及对某一项措施的投票率。同时美联储主席还经常就货币政策、经济状况等发表演说，表明美联储对经济的看法和货币政策取向，阐述可以影响未来政策的风险。即使一直被人们认为透明度不够的德国中央银行也非常重视向公众表达政策意愿，通过一切可能的途径向公众宣传、解释货币政策的策略。

那么究竟什么是中央银行的透明度？根据国际货币基金组织 1999 年颁布的《货币与金融政策透明度良好做法准则》要求，央行透明度应该集中于四个方面[①]（陈利平，2005）：①明确中央银行和金融监管机构的作用、责任和目标；②公开中央银行制定和报告货币政策决策的过程，以及金融监管机构制定和报告金融政策的过程；③公众对货币和金融政策信息的可获得性；④中央银行和金融监管机构的责任性和诚信保证。其中与央行会计信息披露相关的是第三条，即公众对货币和金融政策信息的可获得性。可见，央行会计信息的披露影响到央行的透明度，进而影响了货币政策发挥作用的过程。这里又涉及货币政策透明度的概念。按照陈利平（2005）观点，货币政策透明度大致可以分为三类：一是目标透明度（goal transparency），即关于中央银行目标的透明程度，这种透明度的提高可以通过公布通货膨胀率目标、产出目标和中央银行在稳定通货膨胀及产出上的相对权重达到。二是认识透明度（knowledge transparency），即中央银行在公布其内部使用的经济数据、经济模型上的透明程度。这些数据和模型包括关于未来通货膨胀的预测值、银行监管信息、实际经济数据和用来预测通货膨胀率的经济模型等。三是操作透明度（operational transparency），指中央银行在诸如短期利率目标、外汇市场干预等决策公告及这些决策如何达到信息上的透明程度。按照这个划分方法，央行会计信息披露问题属于认识透明度范畴，理应属于央行透明度的范畴。

（2）中央银行货币政策：透明抑或模糊

由于中央银行自身目标的特殊性，有效市场理论假说不能完全适应于央行。换

---

① 陈利平．中央银行货币政策的透明与模糊．世界经济，2005（2）．

而言之，央行的透明度问题，应该取决于央行货币政策的目标而相应的在透明与模糊之间进行模式切换。传统理论认为：认识透明度（knowledge transparency）的提高可以诱导公众形成更为精确的预期，作出更优的决策，同时提高中央银行货币政策的可信性，可带来福利收益。但很多实证研究的结论并不支持上述结论。如比较早的 Rogoff（1985）① 的权重保守中央银行框架中发现，在一定条件下，货币政策模糊性一方面可以提高公众的通货膨胀预期，降低社会福利；另一方面模糊性的引入有助于稳定产出，提高社会福利。当中央银行比较保守时，后一种效应占优于前一种效应，一定程度的货币政策模糊性提高了整个社会的福利。Cukierman 和 Meltzer（1986）② 发现，一定程度的货币政策模糊性为货币当局提供了更强的控制能力，使得货币当局可以产生较长时期的非预期通货膨胀变动：当货币当局更关心产出增长时，可以产生一个较大的、非预期的正通货膨胀率；在希望严控通货膨胀时产生负的非预期通货膨胀，从而提高社会福利。在此基础上，Lewis（1991）、Faust 和 Svensson（2001）等作了进一步的研究。人们发现，总的说来，如果建立一个低通货膨胀声誉是重要的，则中央银行应该提高货币政策的认识透明度，否则保持适度模糊性，可以提高社会福利。

（3）我国中央银行会计信息透明度的现状

从上述分析中，央行的透明度应该服务于货币政策目标，灵活地在透明与模糊之间切换。如德国中央银行经常被认为是相当不透明的（至少在形式上），美联储的货币政策也存在一定程度的不透明。美联储主席格林斯潘曾说过："当你们感觉到对我所说的已经理解得很清楚时，你们一定误解了我的意思。"他惯用的这种模糊语气，充分表明美联储在货币政策制定和执行中存在着某种程度的模糊性。但就我国目前央行的透明度来说，主要的问题不是过度透明，二是透明不足。体现在会计信息公布的程度不够，时间不及时，这就造成了为什么我们的货币政策的制定主要依赖于金融统计数据，而非会计信息。具体披露状况可见表3－19。

① Rogoff, K.. "The Optimal Degree o f Commitment to an Intermediate Monetary Target." Quarterly Journal of Economics100, 1985, pp. 1169－1190.

② Cukierman, A. and Meltzer, A.. "A Theory of Ambiguity, Credibility and Inflation under Discretion and Asymmetric Information." Econometri－ca54, 1986, pp. 1099－1128.

表 3-19 央行会计信息披露状况表

披露内容	中国人民银行网页	金融时报	中国人民银行季报	中国人民银行年报	金融年鉴
货币供应量统计表	月后15日	月后15日	季后8周	年后5月	年后10月
货币当局资产负债表	月后4周		季后8周	年后5月	年后10月
货币概览	月后4周		季后8周	年后5月	年后10月
银行概览	月后4周		季后8周	年后5月	年后10月
存款货币银行资产负债表			季后8周	年后5月	年后10月
特定存款机构资产负债表			季后8周	年后5月	年后10月
国有商业银行资产负债表			季后8周	年后5月	年后10月
其他商业银行资产负债表			季后8周	年后5月	年后10月
城市商业银行资产负债表			季后8周	年后5月	年后10月
外资银行资产负债表			季后8周	年后5月	年后10月
城市信用社资产负债表			季后8周	年后5月	年后10月
农村信用社资产负债表			季后8周	年后5月	年后10月
财务公司资产负债表			季后8周	年后5月	年后10月

资料来源：根据陈利平（2005）数据整理而成。

3. 央行信息透明度、理性预期和社会福利

由上面的分析，我们大致可以得出如下的逻辑关系：在具有理性预期的市场上，央行会计信息披露质量优劣，决定央行信息透明度的高低，央行信息透明度引导公众对未来货币政策调整的预期，公众依据效用最大化的原则选择最佳的决策行为，公众的决策行为将影响货币政策的效果，央行作出相应的调整。下面我们将构建一个基于社会福利最大化的宏观经济模型，推导并说明具有理性预期的市场上，央行信息披露如何影响社会福利的变化。

根据 Lucas（1973）的理性预期模型中对理性预期的定义，所谓理性预期就是给定行为人 $t-1$ 时刻掌握的一切信息集合 I_{t-1} 下，他能作出的关于变量在 t 时期的最好决定。我们假设一定时期内，社会总的效用函数具有与 Lucas 方程相同的形

式，则其损失最小化函数形式如下：

$$MIN\ (Loss_t)\ =\frac{1}{2}\ (\pi_t^e-\pi_0)^2+\frac{1}{2}b\mid y_t^e-\ (y^*+k)\ \mid^2 \quad (3-9)$$

式中 π_t^e、π_0 分别为 t 时期的预期通货膨胀率与目标通货膨胀率（target inflation ratio）。y_t^e、y^* 分别表示 t 时期的预期经济产出与潜在产出。b 表示中央银行给出的社会产出相对于通货膨胀的偏好，且 $b>0$。k 代表经济中由于存在一些诸如税收、失业保险等扭曲人们劳动与闲暇决定的因素，导致市场就业率低于社会最优值的产出偏离。

在上述模型中，作为货币当局的央行具有比公众更多的信息集，不仅知道 k 值与 b 值，而且对 y_t^e、π_t^e 的预期相对于公众来说具有更多的信息和技术优势，而公众仅仅持有在 t 时期所有信息，如当期的通胀率 π_t，公告的目标通胀率 π_0，当期的产出 y_t，并通过 $m=k+\theta$，$\beta=b+\psi$ 猜测 k 值与 b 值，其中 θ、ψ 均服从均值为零，方差分别为 σ_θ^2，σ_ψ^2 的正态分布。平均来说公众能够猜透 k、b，即 $E\ (m)\ =k$，$E\ (\beta)\ =b$。随着中央银行透明度的提高，公众能更准确预测 k，b，此时，σ_θ^2、σ_ψ^2 越小。假设市场具有理性预期，即存在：$E_t\ (\pi_{t+1})\ =\pi_t^e$，$E_t\ (y_{t+1})\ =y_t^e$，在公告的目标通胀率 π_0，和潜在产出 y^* 稳定不变的条件下，随着 σ_θ^2、σ_ψ^2 越来越小，全社会的福利函数损失最小值的波动性（volatility）越来越小，社会福利函数发生损失的风险值越来越小。

上述分析基于这样一种假设，即在比较长的一段时间内，公众能够完全预测 b 和 k 的值，换而言之，货币当局在较长的一段时间内信息披露是非常充分的，只有这样公众通过不断调整自身预期与真实值之间的差值。反之，如果货币当局信息披露不充分，信息质量不高，即使在较长时间段内，公众也无法准确的预测 b 和 k 的值，因而也就不能有效地降低社会福利损失。

四、我国央行会计制度改革思路——基于货币政策有效性视角

（一）我国央行会计制度改革的方向与路径选择

1. 我国央行会计制度的改革方向：以“政府受托责任”为导向

从国际上的政府财务报告模式来看，存在两个导向，一是内部管理导向，即为内部使用者服务；二是政府受托责任导向，为外部使用者服务。由于央行职能为制定和执行货币政策，维护金融稳定，提供金融服务，其职能着眼全局，政策业务变

化直接影响金融市场参与者与其他利益相关者，央行的财务报表应当便于不同的个人、机构、政府内部和外部（央行本身、政府、他国央行、国际金融机构）及金融市场参与者使用，能否满足外部使用者的需要将是衡量央行会计透明度的主要标准。同时，按 IMF 与其他国际金融组织的要求，以及考虑到与主要国家央行会计报告的可比性，逐步采纳国际会计标准无疑是我国央行会计标准最佳选择。因此，央行会计标准改革的导向应做到以满足外部使用者如市场经济主体、政府经济部门、国外投资者等需求为主，兼顾内部管理需要，逐步实现与国际会计标准接轨。

2. 改革路径选择：分离预算会计和财务会计

从现阶段来看，人民银行所实施的央行会计实际上是预算会计和财务会计的混合体，其中预算导向特征明显，会计被视为预算管理的附属。我国未来的央行会计改革既要以提供完整的财务信息为目标，又不能以削弱会计系统的预算管理功能为代价，笼统地探讨央行会计改革问题将无法兼顾上述目标。因此，借鉴政府会计改革经验，分别构建人民银行财务会计系统与预算会计系统，分离央行财务会计与预算会计，采取不同会计核算基础，针对不同的会计报表使用者和使用目的生成两套会计报表，以此发挥两类不同会计系统各自的优势功能——让财务会计更好地为货币政策制定与实施服好务，是我国未来央行会计改革的一种现实路径选择。值得指出的是，我们所倡导的改革路径是在承认现行人民银行会计制度在预算管理中发挥积极作用的基础上，按照提高货币政策有效性的原则，更好地为货币政策决策、传导、实施服务。考虑到现行制度的优势及改革的成本与现实条件，此改革路径是在现实基础上的完善，而非根本性的革命。

（二）我国央行会计制度的改革思路与政策建议

1. 针对会计标准存在的问题

（1）制定统一的央行会计标准指导性意见

由于现行的人民银行会计标准不明确，会计基本制度又侧重于会计核算管理和会计实务的操作，适用于初、中级会计人员进行实际操作。而会计标准层次相对较高，理论性较强，常需要会计人员的职业判断，更能满足央行一些特色业务对会计确认、计量的特殊需要。在央行引入权责发生制后，对许多交易或事项进行计量需要更加充分的规定。因此，制定统一的央行会计标准将更有利于央行会计工作的开展。

（2）逐步采纳权责发生制，将其作为人民银行财务会计的核算原则

权责发生制是国际会计准则的基础，能准确衡量央行为其业务使用资金的情况，合理反映不同会计期间财务收支状况，有利于评价央行履行其职责的成本和效率。但由于引入权责发生制涉及的面较广，对央行会计工作影响较大，如果处理不

当，将导致严重后果。所以具体实施时要结合实际，充分考虑到政府会计财务改革的进程和央行的实际承受能力，分步推进。可选择的路径建议设置一个过渡期，期间先采用收付实现制和权责发生制并存的制度，试行编制以权责发生制为基础的会计报表；其次根据会计科目特点，选择一些合适的会计科目执行权责发生制，如证券投资、利息收入、央行债权债务等，最后再全面过渡到权责发生制。

(3) 在逐步推行权责发生制的基础上，引入公允价值计量属性，采用以“历史成本计量为主、公允价值计量为辅”的混合型会计计量属性

按照国际惯例，中央银行持有的储备资产和证券类资产应按照市场价值反映，因为真正体现这类资产实际价值的是市场价值而不是历史成本。因此，截至目前，发达国家的中央银行均全面引入了“公允价值”计量属性，根据市场价格的波动，对一些变现能力强或者变现可能性较大的资产进行重新估价，使会计信息能反映出资产的真实价值。人民银行对各项资产的计量遵循历史成本原则，有价证券、黄金、外汇储备未按市场波动进行调整，无法反映真实资产状况，不能反映不断变化的市场环境下金融资产的现时价值，难以满足日益复杂形势下金融宏观调控的决策需要。因此，有必要结合权责发生制的逐步推行，改革人民银行对持有的金融资产的计量手段，即针对不同性质的金融资产，采用不同类型的会计计量属性：对有活跃市场的外汇占款、贵金属和有价证券以及金融衍生工具，应运用公允价值计量，体现市场价值波动，反映现时价值；对没有活跃市场的其他资产，可仍采取历史成本计价。

然而，由于我国现阶段正处在经济转型期，资本市场还只是弱势有效，金融市场还处在发展初期，规模较小，公允价值估计技术所需的参数难于获得和预计，在客观环境还不具备的情况下，广泛使用公允价值计量反而会使公允价值计量的会计信息失去其相关性和可靠性。因而，人民银行在未来一段时期内的会计核算中应选择以“历史成本计量为主、公允价值计量为辅”的混合型会计计量属性。在人民银行会计实践中，可以考虑采用以下处理方式：一是可以适当增加会计科目。例如，可在资产类科目中增设“公允价值计量差额”科目，用以核算资产后续确认时公允价值与历史成本之间的差额①；二是改进会计报表。例如，可在资产负债表

① 报告期末当某项资产的公允价值高于历史成本或账面价值时，将两者之间的差额借记“公允价值计量差额”科目；当公允价值低于历史成本或账面价值时，贷记“公允价值计量差额”科目。期末，该资产的账面余额（历史成本）与该资产“公允价值计量差额”账面余额之和（相减后的差额）就是该资产期末的公允价值（对需计提折旧或摊销的资产，还应扣除已折旧或已摊销金额），即“期末某资产公允价值＝该资产期末账面余额－该资产累计折旧或摊销额＋该资产期末公允价值计量差额借方余额”或“期末某资产公允价值＝该资产期末账面余额－该资产累计折旧或摊销额－该资产期末公允价值计量差额贷方余额”。

下增设附表“公允价值计量差额明细表”，按公允价值计量的资产或负债明细账户列示，并设三列分别反映其历史成本、公允价值及历史成本与公允价值之间的差额；四是可在损益明细表中增设一栏“公允价值计量损益”，单独反映当期由于采用公允价值计量所形成的利得和损失。总之，增加会计科目、改进会计报表的目的都是为了摆脱历史成本会计与传统财务报表的局限，增加财务报告信息的及时性和相关性，提高报告信息的可靠性和可比性，使报表使用者能更直观地审阅报表，并对金融工具公允价值计量可能带来的潜在收益和风险给予重视。

(4) 增强人民银行会计信息披露程度，增强透明度

相比较其他国家中央银行会计信息的披露程度而言（如美国每周都会公布美联储的资产负债表中各个项目的数据及相关备注信息），我国央行的披露程度以及相应的信息透明度很低。因此，应借鉴国际会计准则等公认会计框架来改善现行的人民银行会计信息的披露制度，建立与国际会计标准接轨的会计信息披露系统。

其一，可以通过制度建设，对人民银行会计信息披露作出强制性的制度安排，建立会计信息的披露机制，积极研究对外披露会计报告的方式、频率和反映机制等问题，实现会计信息披露的标准化和程序化，提高会计信息的透明度；

其二，人民银行会计财务报告应强化其的定期与及时公布，并逐步扩大披露报表种类，增加如利润分配表相关附表说明以及审计报告等的披露，明确一个财务报告框架；

其三，人民银行有关或有事项的交易承诺应及时全面地在表外进行披露。特别应加强对衍生金融工具信息的披露。这是因为随着我国金融市场逐步的对外开放，近年来，我国银行国际结算业务、结汇售汇业务、代理外汇买卖以及境外担保业务的发展，已显示出表外业务的强劲增长势头。目前《企业会计准则》及据此制定的《金融企业会计制度》和《金融保险企业财务制度》都未对表外业务如何确认、计量、披露进行规范。因此，人民银行应加强这方面问题的研究，以及相关准则的制定工作；

其四，在加强人民银行会计信息披露程度的同时，还应加强外部审计，以保证会计信息披露的真实性。真实性是会计工作的生命。为此，应在披露信息的同时注重外部审计的作用，通过提供真实、有效的会计信息，为社会各界的会计报表使用者服好务。

2. 针对会计科目设置存在的问题

(1) 对新增业务，应增设相应会计科目或二级科目核算，及时更新人民银行会计科目

增设“发行专项票据”科目，核算央行发行的用于支持商业银行和农村信用社等金融企业改革业务需要的专项票据；增设“国库定期存款”科目，核算国库

存入央行定期存款业务；为适应公开市场业务品种增多的需要，应在相应会计科目下增设二级科目。

（2）修正准备金类科目

其一，将准备金存款科目具体细分为“法定准备金”科目和“超额准备金”科目。其二，在准备金类科目中增设“城市商业银行准备金存款”“农村合作银行准备金存款”科目。中国邮政储蓄银行已于2007年3月成立，作为第五大金融机构，为了降低流动性风险和支付风险，人民银行应将其纳入准备金政策管理范围，因此建议增设邮政储蓄银行准备金存款科目。与此同时，很多农村信用社也改革转变为了农村合作银行，因此也需要将原来设有的“212信用社存款”科目适时地逐步更新为“农村合作银行准备金存款”科目。其三，为了进一步统一准备金存款设置原则，也可将所有准备金一级科目按金融机构产权结构特征分类，即设立政策性银行、国有商业银行、股份制商业银行（邮政储蓄银行）、外资银行、城市商业银行、农村合作银行、城市信用社、农村信用社、其他金融机构等准备金存款科目。在一级科目下，按存款对象统称分设二级科目，如国有商业银行下分设工行、农行、中行、建行四个二级科目，基层行按具体存款对象设置账户。

（3）结合会计核算原则的逐步转向，按权责发生制的要求，增设相关会计科目

一是在表内科目中增设“固定资产累计折旧”科目，并让“累计折旧”这一项目进入到人民银行的资产负债表的资产方中，以及时真实地反映人行固定资产的净值。二是在表内科目中的资产类科目中增设“应收利息”科目，将目前由表外科目“应收未收利息”反映的有关应收利息款项纳入到人民银行资产负债表资产方的核算中。三是在负债类会计科目中单独设置“应付利息”的一级科目，并下设一个“央行票据应付利息”的二级科目，以便准确地反映央行票据累积发行所负担的财务成本。而在编制人民银行资产负债表时，则将这一二级科目统一归入到一级科目“应付利息”对应的资产负债表负债方的“应付利息”项目①中。四是为了反映在人民银行资产负债表的资产规模中占比较高的外汇资产所面临的汇率风险，可增设“汇率变动引起的外汇资产价值调整”这一个科目，并归入资产负债表中的外汇资产项下。

（4）修正表外科目

其一，将现在列为表外科目，而在权责发生制下会进入资产负债表内的会计科目删除，如“土地使用权”“在建工程”“待结算凭证款项”等；其二，在删除部

① 目前，由于人民银行的会计核算基础是收付实现制，因此这一负债项目尚未设置。在权责发生制下，人民银行资产负债表中应相应设置这一项目。

分表外科目的同时，根据未来将更多使用的金融衍生工具类型，设立相应的表外科目，对人民银行衍生工具的运用予以准确反映和披露。

（5）按照重要性、实用性、全面性原则，对部分会计科目设置二级科目

由于全国人民银行系统的主要业务类型基本相同，因此对于诸如对贷款类、准备金类、利息收入、利息支出等全国范围内的二级会计科目可由总行制定。例如，在目前贷款类科目下按贷款性质设置一级科目的基础上，可以再按再贷款对象设置二级科目。又如，可将金融机构再贷款利息收入、利息支出账户作为利息收入、支出下的二级科目，二级科目下按存、贷款对象设置账户，以便于掌握人民银行对不同金融机构利息收支情况。各分行、省会城市中心支行可根据需要在总行统一设置的二级科目下，进一步设置辖内使用的下一级级科目，但应向总行备案。例如，基层行在具体实施会计核算的过程中，可在统一的二级科目按期限设置账户。这样，二级科目数据在上报总行的会计报表中将得以直接反映；由上海总部、各分行、营业管理部、省会（首府）城市中心支行、副省级城市中心支行统计的二级科目数据直接并入总行统一规定的二级科目，再汇总至各个一级项目，并编制会计报表逐级上报。

3. 针对会计报表编制存在的问题

针对目前人民银行在会计报表编制中存在的系列问题，我们试提出以下几点改进建议：

第一，增加央行现金流量表的编制，以完善人民银行会计报表体系，建立一个会计报表的完整框架。

第二，可考虑在资产负债表中单独设立一个“本外币业务轧差”来反映本、外币报表在汇总时存在的差额，改变现在以“有价证券”项目来轧差的现状。

第三，建立健全拨备体系。人民银行依法承担“防范和化解金融风险，维护金融稳定”的重要职责，目前其虽然从实现利润中会提取总准备金，但提取的总量达不到覆盖损失的程度，且在准备金的使用上有严格限制，欠缺自我消化资产损失的完整机制和自身的风险覆盖制度。因此，加强人民银行拨备体系的建设实为必要。具体而言，一是要对再贷款等各项资产计提减值、损失准备，以准确、真实、公允地反映中央银行资产的经营状况和财务成果。二是要按照谨慎性原则，对于持有的大量外汇储备、黄金储备等资产，考虑可能面临的汇率风险、利率风险、货币风险等风险因素，合理计提减值准备。三是要及时核销各种挂账，调减不合理资产，真实反映人民银行资产状况。

第四，进一步提高会计报表披露度，对可能会发生损失的或有事项，不仅应在表外科目中予以披露，还应及时在表内确认损失和负债。

4. 针对会计信息汇总与传递存在的问题

自1984年人民银行正式作为我国中央银行，执行货币政策制定职能以来，人民银行的会计信息在汇总与传递方面就存在时效性较低的突出问题。这极大地制约到了人民银行货币政策的操作，使其政策工具操作欠缺以会计信息为主的重要决策依据。这也是在很大程度上导致货币政策操作与人民银行会计信息之间相关度偏低的一个重要原因。基于此，提高人民银行会计信息的时效性无疑成为央行提高货币政策决策“有据可循”程度，进而提升政策有效性的一个重要途径。为此，我们试提出以下三点建议：

(1) 完善人民银行的会计信息系统

为了向政府、其他金融机构提供其所需信息，并为金融宏观决策提供服务，应对我国中央银行会计报告体系进行改革和完善，实现会计信息的集约化管理，将会计信息系统与业务运作系统进行有效的链接，提高信息的利用度。

(2) 建立金融机构的动态准备金数据库

按旬考核金融机构准备金，建立金融机构的动态准备金数据库，以便为人民银行的货币政策操作奠定良好的基础和强有力的依据，使得人民银行在实施各项货币政策工具时能够做到有理有据。

(3) 提高会计信息的汇总统计频率

依照统计信息每旬汇总统计的频率一次，改革会计信息的汇总统计频率，变每月为每旬统计，同时做到每周统计一次与货币政策实施有关的重要会计信息，并在会计信息系统不断完善的基础上，将每周统计的会计信息逐步从与货币政策决策相关度高的信息扩展到相关度低的信息，直到每周统计的会计信息种类涵盖所有的会计信息。

参考文献

［1］陈利平．中央银行货币政策的透明与模糊［J］．世界经济，2004（2）：3－11.

［2］程均丽．中央银行独立性：责任与透明度［J］．上海金融，2004（11）：16－20.

［3］财政部金融司，中国人民银行会计财务司．中国人民银行财务制度详解［M］．北京：经济科学出版社，2000.

［4］储峥．美联储提高货币政策透明度的启示［J］．财会月刊，2007（18）.

［5］刁节文，贾德奎．货币政策动态透明度指数的中国检验［J］．上海金融，2006（4）.

［6］金子财．货币政策透明度对货币政策有效性的影响［J］．上海金融，2005（2）.

［7］贾德奎．货币政策透明度指数：理论方法与实证检验［J］．财经研究，2006（11）.

［8］来元元，陈荣国．借鉴国际会计准则 提升我国中央银行的会计标准［J］．会计研究，2007（4）：18－22.

［9］梁丽．我国政府会计改革的经济学思考［J］．事业财会，2007（1）.

［10］穆良平．货币政策透明度制度兴起的背景分析［J］．金融研究，2004（5）.

［11］［美］米什金．货币金融学［M］．北京：中国人民大学出版社，2001.

［12］Ohn W. Da Iton. 近期国际会计改革问题［M］．北京：中国金融出版社，2002.

［13］魏永芬．关于货币政策透明度问题的研究［J］．金融研究，2004（10）：33－39.

［14］王庆东，常丽．政府财务报告改革导向及其实现机制探索［J］．会计研究，2007（3）.

［15］王晨明．关于中国政府会计改革模式选择的研究［J］．中国总会计师，2007（4）.

［16］王习武．中央银行为实现利得和损失的会计政策选择［J］．金融会计，2006（4）.

［17］谢平，程均丽．货币政策透明度的基础理论分析［J］．金融研究，2005（2）：24－30.

［18］徐筱雯．货币政策透明度、通胀偏差与预期成本［J］．南开经济研究，2006.

［19］杨柳勇，庄培．韩国通货膨胀目标制及其对中国的启示［J］．上海金融，2004（4）.

［20］俞亚光．中央银行会计标准研究［J］．金融纵横，2008（5）：3－8.

［21］于国旺．国际公共部门会计准则的发展及其启示［J］．财会通讯，2007（5）.

［22］中国人民银行国际司．关于透明度问题的背景材料［Z］，1999.

［23］Clare, A. and Courtenay, R. 2001. Assessing the impact of macroeconomic news announcementson securities prices under different monetary policy regimes［J］. Bank of England Working Paper 125.

［24］Cruijsen and Demertzis. 2007. The impact of central bank transparency on inflation expectations［J］. European Journal of Political Economy 2007（23）51－66.

［25］De Haan, J. and Amtenbrink, F. A non－transparent European Central Bank? Who is to blame?. mimeo, University of Groningen, 2002.

［26］Ehrmann, M. and Fratzscher, M. Transparency, disclosure and the federal reserve. mimeo, European Central Bank, 2004.

［27］Eijffinger, S. C. and Geraats, P. M. How transparent are central banks?［J］. Cambridge Working Papers in Economics 0411, 2004.

［28］ Eijffinger and Geraats. How transparent are central banks? ［J］. European Journal of Political Economy Vol., 2006 (22): 1-21.

［29］ Fracasso, A., Genberg, H. and Wyplosz, C. How Do Central Banks Write? An Evaluation of Inflation Targeting Central Banks, Vol. Special Report 2 of Geneva Reports on the World Economy, Centre for Economic Policy Research, 2003.

［30］ Geraats, P. M. Central bank transparency ［J］. Economic Journal 112, 2002, F532 - F565.

［31］ Geraats, P. M. Transparency and reputation: The publication of central bank forecasts ［J］. Cambridge Working Papers in Economics 0473, 2004.

［32］ Morris, S. and Shin, H. S. Social value of public information ［J］. American Economic Review, 2002, 92 (5), 1521 - 1534.

［33］ Poole, W. and Rasche, R. H. The impact of changes in FOMC disclosure practices on the transparency of monetary policy: Are markets and the FOMC better "synched". Federal Reserve Bank of St. Louis Review, 2003, 85 (2), 1 - 9.

［34］ Svensson, L. E. Inflation targeting: Should it be modeled as an instrument rule or a targeting rule? ［J］. European Economic Review, 2002, 46 (4-5), 771 - 780.

课题编号：09SJ05002

金融创新与风险管理

——结合融资融券试点的实践

中国人民大学课题组

课题负责人：王　颖
课题组成员：汪昌云　沈伟基　姚　铖

【摘要】 在国际金融危机影响尚存、全球经济依然疲软的大背景下，我国需要进一步加快经济增长方式的转变，由外需依赖型转向内需拉动型。因此，刺激消费以扩大内需，进而推动国民经济增长是我国未来几年经济运行的主旋律。金融作为现代经济的核心，理应进一步加快金融创新和金融改革，促进金融政策、财政政策和产业政策的协调配合，激发消费活力，优化资源配置，提高经济效率，在“扩内需，促增长”中发挥应有的作用。但是，基于美国次贷危机的前车之鉴，我们应该清醒地认识到，金融创新是一把“双刃剑”，如何在推进金融创新的同时做好相应的风险管理，是我国经济持续健康发展的关键。

本文在相关学者当前金融创新与金融风险管理领域研究成果基础之上，着重对金融创新和风险管理的相互关系、美国次贷危机的成因及对我国的启示、我国金融风险现状及金融创新的发展现状和存在的问题、我国风险管理的系统构成以及金融审计在防范金融风险中的重要作用几个方面进行了系统的探讨研究与论述。最后结合金融创新实践，针对我国当前融资融券这一金融创新试点平台的推出，分析其存在的风险，提出对融资融券业务风险管理的初步建议。

【关键词】 金融创新　风险管理　经济增长　审计　融资融券

目　录

导　言

（一）研究背景与研究目的

十一届全国人大三次会议上，温总理在政府工作报告中指出：转变经济发展方式刻不容缓，要大力推动经济进入创新驱动、内生增长的发展轨道。当前国际金融危机影响尚存，全球经济依然疲软，在以往拉动我国经济的出口、投资和消费“三架马车”中，外需出口大幅萎缩，盲目投资又会造成产能过剩，因此刺激消费和扩大内需成为保持我国经济持续高速发展的必然选择。

金融作为现代经济的核心，更应进一步加快创新，加强金融政策、财政政策和产业政策之间的协调配合，以充分发挥金融在促进转变经济增长方式、调整经济结构中的内在优势和重大作用。美国耶鲁大学陈志武教授以其研究金融经济学二十几年的积淀，提出如果希望依靠内需来保持经济增长速度的话，中国恰恰需要加快金融创新的步伐。

金融创新对经济增长的促进作用，主要表现在四个方面：一是金融创新通过各种消费信贷，直接刺激消费推动经济增长；二是减轻市场上信息不对称的问题，增强市场配置的有效性；三是降低交易成本，形成有效率的资本积累机制，通过资本市场作用于实体经济；四是金融创新拉动生产需求，加快产业结构的升级换代，转变经济增长方式。

金融创新对经济发展固然意义重大，但另一方面，美国次贷风波引发的金融危机又为我们敲响了警钟——金融创新必须与风险管理步伐一致。金融创新诞生之初就具有规避风险的功能，但是金融创新的发生又会引致新的风险，甚至数倍的风险。为了保证国民经济的平稳健康发展，必须将风险管理作为金融创新的基础和保障，始终将金融创新置于可控和可评估的范围之内。

基于上述背景，结合国内融资融券平台试点的推出，我们有必要对国内金融创新的现状进行系统研究，着重分析存在的问题及其原因，并对未来几年金融创新及其风险管理的发展方向提出具体的策略和建议，这就是本文的研究目的。

（二）国内外相关研究成果综述

金融创新一直是学术研讨的热门话题，受到理论界和实务界的广泛关注，现有研究成果十分丰硕。

在金融创新和经济增长领域，熊彼特（1912）认为金融中介在技术创新和经济发展中起着重要作用。经济发展本质上是一个不连续的“创造性破坏”的创新过程，信用是为企业家创新融资的一种方法。创新既可在实体部门发生，也可在金融部门发生，这两个部门的相互作用为经济的动态发展提供了推动力。麦金农和肖（1973）提出的金融深化理论认为，金融抑制是造成很多发展中国家经济停滞或者低速发展的重要原因。取消管制实行金融自由化改革可以提高金融体系的效率，有利于优化资源配置从而促进经济增长。西尔伯（1983）指出，与增加产出增进经济福利的技术创新类似，金融创新通过提高风险承担能力、降低交易成本、规避管制来增强金融系统的功能，进而增进经济福利。胡可兆（1999）认为运用降息等手段刺激内需收效不大的情况下，金融部门增加有效投入，如开发新的金融投资产品，能更有效地刺激内需。通过有效的信贷投入推动内需的扩大，从短期来看，可以直接启动消费市场，刺激消费需求，进而促进生产和流通，拉动国民经济的增长。孙伯良（2005）从汇率制度创新、金融衍生工具创新、利率市场化管理创新以及规避金融风险投资组合方法创新等多方面论及金融创新对经济发展的影响。

在金融创新和风险管理领域，美国经济学家马克维兹（1952）在《组合证券选择》一文中提出以均值—方差选择来度量风险的思想，使过去以常识直观法则进行决策的投资者有了理论指导依据。在此基础上，威廉·夏普（1964）等人的资本资产定价模型和罗斯（1976）的无套利理论进一步丰富了证券投资领域里风险管理的内容和成果。布莱克·斯科尔斯（1973）的期权定价公式更奠定了金融衍生产品定价理论方法的基础，为风险管理领域中的众多投资者提供了更加可靠的决策依据。随着金融创新技术和产品的不断发展，金融风险结构也日趋复杂，传统的风险管理理论不再适用。一方面，传统的风险度量方法，如 delta、久期 duration、β、凸性 convexity、gamma 等，仅对单一市场情形有效，这些只与特定市场相对应的方法不能直接运用于其他市场；另一方面，传统的风险评估方法对风险的度量仅适用于对具有线性特征的金融资产和单一资产组成的投资组合的投资风险进行评估和比较，而不适合于对具有非线性特征的资产进行评估和对多种资产构造的投资组合的投资风险进行比较。

在这样的背景下，以 VaR（Value at Risk，在险价值）为基础的风险度量方法于 20 世纪 90 年代被提出并逐渐兴起。该方法依托行为金融理论，用于评估和计量任何一种金融资产在既定时期内所面临的市场风险大小和可能遭受的最大价值损失，能直接比较不同金融工具之间的相对风险度。目前很多研究侧重于这一主题领域，风险度量的方法随应用需求的变化而不断深化。但由于计算方法和模型众多，计算结果不一而同。面对不同的 VaR 计算方法，众多学者开始研究如何评价和比较各类 VaR 模型。

主要有两类模拟比较工具：第一类是指标工具，比如 Hendricks（1996）提出的均值相对偏差（MRB）和均方根相对偏差（RMSRB）两个指标；第二类是检验工具，这类工具主要是通过假设检验的方式接受或拒绝一个 VaR 模型。自从 Kupiec（1995）提出了其经典的 Kupiec 检验之后，研究以这种方式来评价 VaR 模型的文献最多。从大量的实证研究来看，各方法结果差异很大，而建模方式以及各个不同市场的具体情况，可能都是导致这些差异的原因。因此，到目前为止，哪一种 VaR 模型是最优的仍没有一个统一的标准。此外，针对 VaR 局限性的研究也在不断深入，VaR 主要应用于市场正常变动情况下市场风险的有效测量，不能处理金融市场处于极端价格变动的情形，也不能反映出分散化效应等。CVaR 方法（Conditional VaR）是 Rockfaller 于 2000 年针对 VaR 风险管理技术存在的不足提出的一种风险度量技术。VaR 考察的是在给定置信水平下（如 95%）投资组合的最大潜在损失，无法衡量损失一旦超过 VaR 估计值后发生什么，而 CVaR 可以明确指出 VaR 估计失败时损失的条件期望值。

全球金融危机之后，国内学者对金融创新及其风险管理的研究呈井喷式增长。彭雪峰（2008）指出，美国次贷危机的根源是对金融创新的风险管理不到位，重点分析了金融创新的特征和市场参与者对金融创新风险意识淡薄的现状，强调美国次贷危机的教训在于金融机构应充分重视金融创新中的风险管理，而监管机构对金融创新的风险监管则是业务发展和市场平稳的有力保障，并进一步对金融创新风险管理提出具体的建议。李树生和祁敬宇（2008）通过对美国次贷危机中所暴露的金融创新过程中的深层次问题的分析，系统阐述了金融创新和金融监管的辩证关系，强调金融创新和金融监管的步调一致。黄琼（2009）结合金融危机的经验教训和我国的具体现实，提出我国金融创新的主体应明确风险管理的战略地位，建立权责利相互匹配的风险管理组织结构和智能风险甄别体系，落实审慎经营原则，加强国际合作。同时，监管部门应加快监管创新，提高监管能力和监管效率，并注重对评级机构的管理。束庆年（2008）详细叙述了国际房地产金融创新的发展脉络，结合次贷危机的具体教训，对我国房地产市场的金融创新提出了合理建议，强调要认清房地产金融创新的作用和局限，在推动业务创新的同时注重监管创新。王浩权和韩国文（2008）指出，金融创新的出现使金融系统出现波动，这种波动是不规则的。金融创新对经济增长的作用即呈现出不规则的周期运动，而金融监管恰是调控这一运动过程的关键因素。在不同的创新动力、创新努力程度和外部经济环境下，金融监管当局的管理能力和管理程度对金融创新累积效应作用的结果是有差异的。

（三）本文的研究方法和结构安排

鉴于本课题的自身特点，本文主要采用定性分析和系统工程的研究方法，侧重理论层面的研究，进而对相关实务起到指导作用。

本文分为五个部分，结构安排具体如下：

第一部分是导论，主要介绍研究背景和研究目的，以及金融创新领域国内外现有研究成果的理论综述，并对本文的研究方法和结构安排进行交代。

第二部分从金融创新和金融风险的概述切入，归纳总结金融创新驱动下的金融风险管理新特征，着重阐释金融创新与金融风险管理之间的相互关系，并简要分析美国金融危机的成因及对我国金融风险管理的启示。

第三部分具体分析我国金融风险和金融创新的现状，聚焦于当前金融创新发展状况和存在的问题，重点分析当前我国金融体系中已经存在的主要风险隐患，并预测未来几年我国金融创新的发展方向。

第四部分主要针对当前我国金融创新存在的风险，从金融经营者、金融监管机构、审计署、中央政府等不同主体的利益、职责特征出发，提出具体的风险管理策略。

第五部分结合当前我国政府融资融券这一金融创新试点的推出，对前文所述的金融创新和风险管理的理论作出具体的适用，作为本文理论与实践的结合点。

一、金融创新、金融风险与风险管理

（一）金融创新与金融风险概述

1. 金融创新

“创新”一词首先见于奥地利经济学家熊彼特的《经济发展理论》，他把“创新”定义为新的生产函数的建立，即经济活动过程中的生产要素和生产条件的重新组合。包括五种情形：新产品的出现；新的生产方法或新技术的应用；开辟新的市场；发现新的原料供应来源；推行新的管理方式或组织形式。具体推广到金融领域，金融创新就是指金融体系内部通过各种要素的重新组合和创造性变革，产生和引进的新事物，是对金融行业多方面创新的总概括。

由于研究问题的角度不同，金融创新的分类具有多样性。按照金融要素组合的方式，金融创新大致可以分为以下三类：一是金融制度创新，制度学派金融创新理论认为，金融制度的创新居于金融创新体系的基础和核心地位，主要包括信用制度、货币制度和监管制度等方面。二是金融业务创新，金融业作为服务行业，提供的金融产品具有有形和无形相结合的特点。因此金融业务的创新广义的包括金融产品创新、金融技术创新和金融交易方式的创新。三是金融组织结构的创新，主要指金融行业整体或者单个金融机构内部的组织架构调整，现代金融企业的公司治理等方面的创造性变革。

金融创新产生于金融自身的历史演变之中。金融诞生之初的功能是服务与中介，随着社会经济水平的提高，金融的资源配置功能逐渐显现出来。此后，为了解决资源配置过程中的伴生问题，金融的功能横向扩张，具备了经济调节和风险管理的作用，而金融创新的最初目标就在于风险规避。

从现代金融的角度理解，金融是一种思维，更是一种资源的配置，其核心是跨时间、跨空间的价值交换，所有涉及价值或者收入在不同时间、不同空间之间进行配置的交易都是金融交易。通俗地讲，金融对于个人，就是帮助我们对过去收入、现在收入和未来预期收入进行重新配置，系统调节个人一生的消费与投资。保证金融的这种功能得到充分发挥，是金融创新的另一目标。

金融业在提供金融支持和服务过程中，必须要加强风险管理。经济主体出于利润最大化的目的，要求最大程度上规避在金融市场上可能遭遇到的风险，这是金融创新不断向前发展的动力之一。而与之相悖的是，金融创新活动在解决了一部分风险的同时，却又必不可少地会给金融体系增添新的隐患。虽然金融创新的目标之一是规避和转移金融风险，但是金融创新无法消除金融风险。金融创新只是从微观层面降低了具体的经营风险，在宏观层面却是将风险因子以新的方式重新组合分散给市场，甚至在整体上增加了金融体系的风险总量。这是由于金融创新的杠杆效应，以及与金融创新相伴而生的投机活动，加剧了信息的不对称性，进而导致金融交易活动在一定时间内出现预期之外的变动，收益和损失的幅度都被放大了。

随着金融创新的发展，未来的金融风险将日益复杂，形成一个多种风险交织在一起彼此制约的复杂链条，各种金融风险之间跨行业、跨时空地相互渗透、相互影响，逐渐呈现出高传导性、零距离化和强破坏性的特征。

2. 金融风险

金融创新影响下的金融风险具体可以细分为以下几种。一是市场风险，又称价格风险，即由利率汇率股价及商品价格这些基础资产市场价格的变动导致金融创新产品价格变动的不确定性，金融创新的杠杆效应在很大程度上加剧了市场风险。二是信用风险，又称违约风险，即金融交易的一方不按合同条款履约而导致的风险，其形成主要受到交易双方资信等级、交易场所和结算方式以及交易双方的动机和策略的综合影响。三是流动性风险，金融市场建立的目的之一就是加快社会经济中资金的流动和运转。当资金流量超过所需时，会造成资金滞留，因货币时间价值的关系而使效益下降；当资金流量过小时，会使正常的经营过程发生困难，甚至造成资金链中断。四是营运风险，又称操作风险，根据巴塞尔银行监管委员会的定义，是指由于不完善或者有问题的内部操作过程、人员、系统或外部事件而导致的直接和间接损失的风险。营运风险虽然具有偶发性的特点，但其重要程度不容忽视，由于内部管理漏洞或者交易员操作失误造成的操作风险可能引发金融合约无效。五是法律风险，指由于交易合约内容不符合法律规范，交易合约不具备法律效力或因为税制、破产清算制度等其他方面的法律原因，而给交易主体带来的风险。六是监管风险，金融创新及其风险管理必须发挥金融监管的重要作用，但是在金融监管的过程中，由于监管模式、监管技术和监管范围的不完善及地区监管规则或强度差异，被监管者寻求监管套利，会造成金融监管与金融风险不匹配的局面，从而形成较为隐蔽但危害极大的金融监管风险。

（二）金融创新驱动下的金融风险管理

风险管理是人类为了自身的生存和发展而从事的最基本的活动之一。就金融领域而言，金融风险管理与金融创新活动相伴而生，是金融体系必然的组成部分。在过去的数百年中，传统的金融风险管理理论和方法与当时的金融业务相适应，呈现相对稳定性。近几十年来，随着资本市场的发展、金融创新的深化和技术手段的进步，金融风险日趋复杂和多样化，金融风险管理也随之加速演进。当前金融风险管理的主要特点和趋势大体包括四个方面。①

1. 更加积极的风险管理文化——从规避损失到创造价值

在传统的金融活动中，金融机构的功能被简单地理解为资金融通，风险管理仅是资金融通的派生物，目标只限于规避损失。然而，随着金融市场和现代金融理论的发展，人们越来越深刻地认识到，金融机构不仅是支付中介、信用中介，更重要地还是风险中介，是“通过交易金融资产而经营金融风险的机构”。有效的风险管理不仅能减少损失，还可以通过合理避税、增加投资机会、降低管理成本等途径为金融机构创造价值。这些思想逐渐融入金融机构的经营理念与发展战略中，风险管理文化变得越来越积极。

2. 不断完善的金融风险管理组织架构——从分散到统一

过去，按地域范围来管理业务是金融机构的典型做法，相应地，风险也按局部市场及具体的业务单元进行分散化管理。其直接后果是，由于缺乏统一的组织和协调，各部门的风险管理各自为政，使同一个机构内不同业务风险之间难以进行对比分析，更无法从机构层面把握整体风险。为此，许多机构相继成立了专门的风险管理部门，配备了专业的风险管理人员。风险管理部门日趋专业化，越来越多地参与到了机构的战略决策过程中，独立的、统一的风险管理组织架构开始形成。

3. 不断拓展的金融风险管理领域——从单一风险管理到全面风险管理

传统的风险管理以金融工具为核心运行，仅仅关注有限的风险，如信用风险和市场风险。在相当长的时间里，信用风险管理都是金融机构关注的主要领域。而自20世纪50年代起，在资产组合管理理论和资产定价理论的推动下，市场风险管理

---

① 陈燕玲．金融风险管理的演进［J］．中央财经大学学报，2006（7）．

取得了一系列重大的突破。80 年代，不断爆发的银行危机促使商业银行更加注重信用风险管理。《巴塞尔协议》的出台标志着信用风险管理进入了一个崭新的发展时期，不仅关注了传统的、表内业务信用风险，更重要的，将表外业务纳入统一的风险管理框架中。随着金融衍生业务的发展，市场风险和信用风险的边界越来越模糊，呈现出越来越多的交叉与融合。90 年代初，J. P. 摩根研发出了专门的市场风险度量模型—VaR 模型，并成功地将这一方法引入信用风险领域，开创了将信用风险和市场风险纳入统一管理框架的先河。金融风险管理的发展已远远超过了传统的领域，人们在关注各种风险自身特征的同时，正在积极寻求统一的、全面的风险管理框架。

4. 金融风险管理技术——从定性分析到量化管理

20 世纪 50 年代以前，金融风险管理严重依赖于常识、经验和审慎，即依靠富有经验的专业人士对风险大小作出主观的判断，然后运用传统的手段，如分散投资、提供担保等，来管理和控制风险。面对着日益增强的市场波动性，人们开始尝试运用持续期、均值—方差、资本资产定价模型等方法以强化风险的量化管理，金融数学逐渐成为风险管理的核心方法。定量方法的运用大大地提高了风险度量的精确性，同时也使更多日益复杂的风险产品走向市场。其中最为引人注目、最具有代表性的是受险价值法（VaR）是近年来在国外兴起的一种金融风险计量和评估模型。目前，国外已有超过 1000 家的证券公司、投资基金、商业银行、保险公司、养老基金及非金融公司等机构广泛利用 VaR 作为管理市场风险的技术工具。尤其是在过去的几年里，全球许多主要银行、非银行金融机构、公司和金融监管机构（即法规制定者）甚至将这种方法当作风险度量的一种标准来看待。1996 年巴塞尔委员会规定其成员银行和金融机构必须采用 VaR 风险管理技术，针对交易过程中的所有项目建立内部市场风险模型。

目前 VaR 在国外的应用已相当普及，虽然现阶段我国的金融风险还主要以信用风险为主，但我国证券市场作为一个成长中的新兴市场，市场风险必将随着证券市场的迅猛发展而逐渐加大。因此研究 VaR 风险管理技术及其对我国金融风险管理产生的影响，对于保持与国际金融界风险管理的同步具有十分重要的现实意义。

（三）金融创新与金融风险管理的相互关系

巴菲特曾经把金融衍生产品这一金融创新比作金融业大规模杀伤武器。其实金融创新和金融技术就像其他的技术一样，它的合理使用都会为人类的福利带来极大的好处，它的不合理使用可能也会为我们带来损失和灾难。所以对这个问题作进一步的探讨，对我们金融系统的发展和改善都会有非常重要的意义。

金融创新与金融风险管理之间的相互作用，是一个动态的螺旋式上升过程。金融创新对金融风险管理的影响主要体现在，金融创新使得银行金融与非银行金融、金融与非金融、资本市场与实体经济的界限日趋模糊，进而导致金融风险管理原有的模式和手段不再适用，需要相应的调整。如何使金融风险管理和金融创新协调一致，是其中的重点问题。

金融风险管理对金融创新的作用，一方面由于风险管理的加强，对金融创新所伴生的投机套利等行为起到了明显的遏制，使金融创新处于可控的范围之内；另一方面则是金融创新规避管制，继续演进和发展的原动力，使金融创新在经营风险和提高金融效率方面发挥更大的活力。

总之，金融创新与金融风险管理是一对矛盾统一体。金融创新既是经济发展的产物，又是金融行业内部创造性变革的结果，其本身就是金融风险管理的一种方式。而金融创新的快速演进，又对金融风险管理提出了更高的要求和挑战。金融发展一方面需要金融创新作为动力，一方面又需要金融风险管理保驾护航，维持金融体系的稳定性。两者相辅相成，共同推进金融改革深化和经济增长。

可以说，一部金融创新史就是风险管理推动下的金融发展史。

(四) 美国金融危机的成因及对我国金融风险管理的启示

1. 美国金融危机成因分析

次贷危机的实质是由于美国的次级贷款证券化，并通过融资杠杆使损失放大了N倍，进而辐射到了全球金融系统。

从2000年开始，美国经济逐渐下滑，为刺激经济，美联储连续12次降息，持续的低利率政策使美国货币市场环境变得更加宽松，金融机构为了获得高收益，纷纷为信用等级较低的购房者提供贷款，并且随着利率的不断下降，购房者为了降低贷款成本，大多选择了浮动利率贷款，因而次级抵押市场迅猛发展起来。随着利率的下调和房地产价格的攀升，资产泡沫不断膨胀，美联储在通货膨胀加大的压力下开始提高利率。之前选择浮动利率贷款买房的购房者，无力偿还不断增加的利息，违约率不断上升，最终引发了这场危机。

次级贷款使美国信用评级较低的无工作、无收入、无资产的三无者在超低利率下买到了房子，次贷机构将不断涨价的房屋作为抵押，通过资产证券化变成次级债，将高风险加载在高回报中，从信用泡沫到产品泡沫，再到资金泡沫、价格泡沫，房贷衍生品形成一条复杂而漫长的泡沫链，使投资者看不到按揭贷款的本质和根源。滥用金融衍生品拉长了交易环节，每一环节上的杠杆比例都在变本加厉地放大着投机。当市场陶醉在“金融创新改变了经济发展的周期性规律”美梦中时，危机便悄然降临。利率变动的蝴蝶翅膀扇动出金融风暴的路线图：越来越多的低端客户无法还贷，从而使得房贷违约率上升，市场开始拒绝次贷抵押债券导致房地产泡沫破裂，作为抵押品的房地产价格急剧缩水，次贷衍生品 MBS（Mortage Backed Securities 住房抵押贷款支持证券）、CDO（Collateral Debt Obligation 担保债务凭证）、CDS（Cridit Defalt Swap 信用违约互换）风险敞露，涉足次贷的金融机构（银行、投行）平均30倍的杠杆效应将风险放大。这些金融机构的负债与资本金比例严重失调，被迫快速“恐慌性杀价”出售资产以平衡债务。在恐慌性杀价与负债与资本金比例严重失调的恶性互动中，形成资产价格循环式下跌，流动性骤然收紧，资金严重短缺，银行惜贷导致正常经营的实体经济受到殃及，全球性的金融危机和经济危机最终降临。

2. 美国金融危机对我国金融风险管理的启示

（1）注意防范金融创新过度所带来的风险

如果金融创新不能评估和可控，如果金融创新的目的纯粹是为了逐利，那么，这种创新活动带来的一定是金融市场的泡沫、危机和灾难。美国本轮金融风暴是次贷危机蔓延的结果，是次贷危机与美国金融创新过度和高杠杆资本运作的产物。美国两大住房贷款机构房利美和房地美购买商业银行和房贷公司流动性差的贷款，通过资产证券化将其转换成债券在市场上发售，两房以其 832 亿美元的核心资本支持了 5.2 万亿美元的债务与担保，杠杆系数高达 62.5。投资银行又利用其金融工程技术，通过创新再将次级债进行分割、打包、组合并在市场上分别出售。由此，衍生层次不断叠加，信用链条拉长，市场主体不去关注资产的质量，而是考虑在购买了衍生产品之后，如何通过打包、分拆和证券化处理，再将衍生出来的新产品卖给下家。其结果，没有人去关心这些衍生金融产品的真正基础价值，从而助长推动了极度的短期投机趋利化，最终酿成了严重的金融市场危机。借鉴美国金融危机的教训，我们有必要对金融创新进行重新审视，既要看到其金融发展推进器的作用，又要对其令人防不胜防的放大风险一面有一个清醒的认识，把金融创新的风险置于可控范围内。

（2）投资者在金融市场上的作用不可忽视

投机是市场的润滑剂，但若是漠视风险的过度投机，就会严重损害市场稳定的基础，甚至引发金融危机。回顾历史上大大小小的金融危机，几乎没有一次不与过度投机有关。无论 20 世纪 30 年代的经济金融危机、1997 年的亚洲金融危机，还是目前美国的金融危机，很大程度上都是由投机行为泛滥、不注重风险管控而引发的。

近年来，在高利润的诱惑和激烈竞争的压力下，传统上以赚取佣金收入为主、对资本金要求很低的投资银行，大量介入次贷市场和复杂衍生金融产品的投资。目前，投资银行从事的业务中很多与衍生品相关，而衍生金融产品又具有众所周知的杠杆效应，可以放大收益和风险，交易主体只需交少量保证金，就可以完成高回报大额交易。“钱不够就借”，投资银行实际上悄然变成了追逐高风险、高回报，使用高财务杠杆化的“对冲基金”。高杠杆率使得投资银行对融资依赖增强，在市场较为宽松时，尚可通过资本市场融资来填补交易的资金缺口，而一旦信贷紧缩，自身财务状况恶化，评级公司降低其评级使融资成本上升，便可能造成投资银行无法通过融资维持流动性。美国五大投资银行的教训告诉我们，要想实现金融市场和金融体系的稳定与可持续发展，就必须采取有效措施抑制过度投机，严防投机泛滥，尤其是投资者对风险要有一个底线，设置一个容忍度，绝不能依靠过高的杠杆率进行盲目投资。投资者只有将风险控制在可接受范围之内，才能立于不败之地。

（3）避免投资决策中过于依赖数学模型

现代的金融工程技术越来越发达，依靠数学模型，人们可以科学的设计各种衍生产品。但是，我们也应该注意到，设计金融衍生品的目的实际上是为了实现风险的对冲，然而，越来越多的投资失败也正是由于衍生品的滥用所造成的。当一种产品的设计已经越发违背其发行的本质时，这是一个相当危险的信号。

数学模型固然重要，但值得注意的是，每一种数学模型都离不开自身的假设条件，而假设条件往往都会过于理想化，在实际操作中，假设的成立与否会在很大程度上影响模型的准确性。作为普通的投资者来说，他们已经很难适应越来越专业化的数学模型，甚至连投资银行的相关业务人员也只是一知半解。在决策过程中改变对抽象数理模型的过度依赖，是我国金融风险管理值得关注的问题。

（4）虚拟经济规模不宜超过实体经济的需要

美国金融危机的蔓延拖累世界许多国家的经济陷入困境，反思其根源，虚拟经济过度膨胀超过实体经济的需要，必然会带来灾难性后果。过去 10 年里，全球金融业的过度发展达到史无前例的高度。到 2007 年底，全球股票市值为 62.7 万亿美元，债权余额 78.9 万亿美元，1000 家大银行的总资产规模达到 96.4 万亿美元，金融衍生品的名义价值更达到 674 万亿美元。四者合计，全球金融资产的名义价值是实体经济的 16.4 倍，而在 1998 年，这个数据仅为 6.2 倍。

虚拟经济是指以有价证券、期货、期权等形式存在的虚拟资本的投资和营运活动。虚拟经济是实体经济发展到一定阶段后才逐步产生的，是由货币经济脱离实体经济运行而自我生存、自我循环、自我复制产生的。虚拟经济的发展彻底改变了人类的生产和生活。实体经济是指以实体资本为投资和营运对象的经济活动，包括物质的、精神的产品和服务的生产、流通等经济活动。实体经济始终是人类社会赖以生存和发展的基础，是经济增长的物质基础。

虚拟经济是市场经济高度发达的产物，其最终目的仍为服务于实体经济。在现实经济运行过程中，实体经济和虚拟经济的基本关系是虚拟经济产生于实体经济，实体经济决定虚拟经济；同时，虚拟经济可以反映实体经济，也可以独立于甚至完全超脱实体经济而运行。

虚拟经济系统的运行与实体经济一样具有其周期性，表现为实体经济加速增长、实体经济运行出现不稳定因素、经济泡沫开始集聚、金融资产价格不断上扬、虚拟经济增速远远超过实体经济增长、泡沫经济开始形成、泡沫不断膨胀、外部冲击造成泡沫破裂、投资者信心遭到损害、金融资产价格快速下跌、实体经济受到影响，增长速度放缓这样一个过程。在由实体经济和虚拟经济构成的经济系统中，周期的每一个阶段虚拟经济与实体经济部分都是相互作用、互为原因的。

当虚拟经济发展短期内快于实体经济增长时，就表现为经济泡沫和泡沫经济的形成，在情况非常严重时，甚至导致经济、金融危机；当虚拟经济发展落后于实体经济增长时，表现为虚拟经济难以有效促进实体经济增长。长期的不同步发展将最终使实体经济增长受到制约。原因在于：①虚拟经济过度发展会挤压实体经济的发展。新古典宏观经济学认为，当虚拟经济中金融资产投资收益率大大高于对实体经济的投资回报率时，大量资金从实体经济领域不断流出，造成经济的虚假繁荣和经济泡沫的不断累积，实体经济部门的投资供给则相对减少，形成对生产性投资的挤出效应。②虚拟经济过度膨胀则会导致对实体经济的破坏。金融市场中，有价证券的出现与发展为经济泡沫的生成提供了可能性，而期货、期权等虚拟性极高的金融衍生工具也形成多种投机工具，使泡沫发生的概率空前增大。对于实体经济基础相对薄弱的新兴市场，虚拟经济的过多供给与实体经济的吸纳能力形成了强烈反差，大量国内外短期资本不是流向实体经济领域，而是投机于股票市场等虚拟经济领域，加速了泡沫的膨胀乃至破裂。③虚拟经济与实体经济的背离，使投机成为可能，特别是货币商品常常脱离基本的汇率平价而成为货币投机对象。而且，虚拟经济在发展过程中表现出相对独立性，能够脱离实体经济而快速扩张。当资产价格普遍大幅度偏离或完全脱离由实体经济因素决定的资产价格时，就会导致泡沫经济的崩溃。虚拟经济是金融链条中最为脆弱的一环，在金融全球化大背景下，虚拟经济过度膨胀易于诱发金融危机。

二、我国金融风险及金融创新的现状分析

（一）我国金融风险现状分析

对金融风险的分析能力是金融行业进行金融创新的基石。我国金融风险具体到金融领域的各个行业，由于其行业特征而各有其不同的特点，需要从银行业的风险、证券业的风险、保险业的风险、基金业的风险和期货业的风险分别加以论述。

1. 银行业的风险

中国直接融资与间接融资比例失调，银行贷款占 GDP 的比例过高，金融风险集中于银行业；币值稳定但仍然面临很大的潜在压力，汇率形成机制仍待进一步完善。资产质量是商业银行的生命线，控制风险是确保业务稳健发展的前提。随着开放程度的加深，银行经营将暴露在更多的国际、国内的不确定因素之中，将承受更多的风险。因此，要正确地判断和评估风险，加强静态、动态和国别分析，完善控制和化解风险的手段，从而确保资产质量，增强参与国际竞争的能力。在中国的银行业总体风险中，80% 来源于不良贷款所造成的信用风险，10% 是由于交易行为、股票价格和汇率波动等产生的市场风险，因内部控制缺陷和腐败产生的操作风险只占 10%。银行总体风险呈下降趋势，其中不良贷款占全部贷款余额的比例已从 30% 下降到 12%，但与国际标准相比，仍是很高的风险。

我国商业银行面临的主要风险包括信用风险、利率风险、操作风险和流动性风险。信用风险是我国商业银行所面临的最大风险，其中最主要的信用风险是信贷风险。中国银监会于 2005 年 10 月发布的一份报告指出，剔除工行剥离因素，2005 年上半年银行业金融机构不良贷款呈现出反弹迹象，信用风险仍是当前银行业的主要风险。报告指出，不良贷款反弹主要是受到宏观调控的影响，以及商业银行风险管控能力不足。报告认为，在部分行业过热状态消除后，一些值得关注的问题暴露出来，比如，企业效益下滑、库存上升、还款能力变差等，银行信货潜在风险比较突出，造成银行信贷风险继续增大。由于 2005 年国家对房地产投资和出口结构进行了必要的调整，部分企业效益明显下滑，2005 年不良贷款将在去年的基础上再新增 300 多亿元。而对贷款分类偏离的调整，是影响不良货款反弹的另一个重要原因。由于未严格执行分类标准和分类调整不及时，人为调整、借新还旧以掩盖贷款质量，信息不对称以及分类人员素质不高、经验欠缺等原因，贷款分类不准确，贷款质量不真实的问题比较突出。报告还从企业经营管理和银行风险监管两个方面提出了相应的政策建议：发改委等部门应尽快建立健全产业发展、投资政策等按季度发布的制度，积极支持重点产业发展等，大力推动企业改革，转变增长方式，同时增强银行风险识别能力。在银行风险监管方面，应细化五级分类标准，统一考核五级分类的准确度，抓紧修订《不良贷款认定暂行办法》等，督促各银行切实改变对分支机构的不良贷款指标的控制政策，最大限度地回收不良资产以及建议财政部门将贷款五级分类结构纳入会计报表等。

利率风险是国有商业银行未来面临的主要风险。由于我国长期实行利率管制，利率风险主要表现为一种体制风险。随着利率市场化改革的推进、市场定价领域的拓宽和利率波动范围的扩大，必然对我国商业银行的生存环境和经营管理产生重大影响。

操作风险（Operational Risk）是指因交易或管理系统操作不当或缺乏必要的后台技术支持而引致的财务损失，具体包括：①操作结算风险，指由于定价、交易指令、结算和交易能力等方面的问题而导致的损失；②技术风险，指由于技术局限或硬件方面的问题，使公司不能有效、准确地收集、处理和传输信息所导致的损失；③公司内部失控风险，指由于超过风险限额而未被觉察、越权交易、交易部门或后台部门的欺诈（例如，账簿和交易记录不完整、缺乏基本的内部会计控制）、职员业务操作技能的不熟练以及不稳定并易于进入电脑系统等原因而造成的风险。1995年2月巴林银行的倒闭突出说明了实行操作风险管理及控制的重要性。

操作风险是我国商业银行目前亟须控制的日常风险。操作风险在于银行内部控制及公司治理机制的失效。这种失效状态可能因为失误、欺诈，未能及时作出反应而导致银行财务损失，或使银行的利益在其他方面受到损失。操作风险的其他方面还包括信息技术系统的重大失效或其他灾难等事件。

流动性风险是其他风险在商业银行整体经营方面的综合体现。我国为防范系统性金融风险，央行采取了适度控制措施，提高了存款准备金率，加大公开市场操作力度，实现贷款浮息制度，同时加强以风险控制为重点的窗口指导，直至采取行政手段，以控制贷款扩张势头。2003 年 9 月底，央行将人民币存款准备金利率从 6%提高到 7%以遏制信贷增长。准备金率的提高减少了商业银行大约 500 亿元的流动性资金，促使同业短期利率快速上升，筹资成本提高。2004 年 4 月，存款准备金率再次提高为 7.5%，并实行差别存款准备金制度。金融机构一次性减少可用资金 1100 亿元。因此，一些股份制银行和其他较小的金融机构陷入流动性紧缩，不得不寻求央行支持。

风险管理在维持银行的安全稳健经营方面起着关键性作用。但是风险管理不仅仅是为了满足监管要求。风险管理的核心专业技术能够帮助金融机构制定策略，开发金融创新产品，开拓新市场。识别、分拆和重组各类风险的能力对于金融创新产品的组合和度身定制是必不可少的。事实上，这种对风险的分析能力正是金融创新的基石。

金融机构应有全面了解市场风险、信用风险和流动性风险的专业人员。如今孤立地了解风险是不够的。要对风险进行分拆和重组，形成更易销售和交易的产品，从而需要更加整体化、更加全面的风险管理方法。金融机构越来越多地在建模和风险分析中运用定量技术，以开发定价和对冲模型。

2. 证券业的风险

前段时期，中国证监会先后关闭了一批出现问题的中小型证券公司，其中包括鞍山证券、大连证券、佳木斯证券、富友证券、珠海证券、新华证券等。2004 年 1 月 4 日，证监会宣布对南方证券这样的“大型”证券公司进行行政性接管，这说明我国证券行业目前确实存在比较严重的金融风险。目前证券业的风险产生的根源主要在于：第一，不合理的公司股权结构是证券公司风险失控的总根源；第二，融资渠道狭窄，无法通过自我积累以具备抗风险能力；第三，资本金和总资产规模偏小是券商抗风险能力不强的重要原因；第四，资产质量差，不良资产坏账计提比例过小；第五，资产流动性差，面临资产流动风险；第六，内控制度存在重大缺陷。我国券商在整体上蕴涵着巨大的金融风险，其中尤以市场风险暴露最为突出。如果从内因来看，国有资本占主导地位的证券公司（无论是已经规范的还是没有规范的），都存在着所有人缺位的问题，造成对管理层的选拔和监督机制失效，高管人员权利和义务严重不对称，从而导致其决策常常偏离理性的轨道——为谋取个人利益而过度追求风险，这是引发券商风险失控的根源所在；而券商开展风险管理活动所必需的市场条件和法律环境的缺失则是造成目前券商风险失控的外因所在。目前券商在风险管理方面最稀缺的不是“风险管理技术”和“风险管理框架”，相反，券商最稀缺的是促使高管人员自觉开展风险管理活动的信托机制和外部制度环境。

3. 保险业的风险

全球著名金融评级分析机构标准普尔日前发布的“中国保险业信用前瞻”报告指出，尚处于起步阶段的中国保险业有必要提升营运管理的质量，而且准备金不够充足仍是众多保险公司共同面临的问题。报告称，日趋激烈的市场竞争以及中国保险企业在多个范畴如定价、准备金水平和公司治理等的营运管理按国际标准而言尚未成熟，仍然制约着保险业的健康发展。由于中国主要保险企业的财政实力有所改善，加上业界在追求增长与提升利润率方面较以前能够取得更合理的平衡，标准普尔已经把中国寿险业的行业风险由“很高”上升调整为“高”，而非寿险业的行业风险依然属于“高”。标准普尔认为，这反映出中国保险业界所面对的一些问题，包括资本基础薄弱、营运管理欠成熟、专业人才不足，以及市场竞争加剧等。

就整个保险业而言，不管是寿险业还是非寿险业，都有三大共性风险：一是资产过度集中风险。当保险公司资产高度集中于某一单项资产或某一类别资产上时，资产价值的波动极易给保险公司带来风险。这类风险本应通过资产多元化途径来规避，但在目前保险资金投资渠道仍在很大程度上受到管制的情况下，保险公司的资产多元化将很难实现。2003 年我国保险公司 9122.8 亿元的总资产中，银行存款就占 49.9%，集中度显然过高。2004 年这一状况虽有改善，但改善的程度还十分有限。二是管理失控产生风险。部分公司的增长模式仍相当粗放，有章不循、违章操作、重要凭证管理混乱等现象普遍，导致企业财务信息失真、资金流失或串账使用。因管理失控，一些公司应收保费和未决赔款漏洞很大，成为主要风险源。三是股东风险。目前大股东利用控股地位侵占企业资金的潜在风险已经出现。而外资保险公司通过再保险等关联交易的形式，向海外关联企业转移利润以逃税、避税的做法，也有可能导致其在华设立的分公司或子公司偿付能力不足。例如，2003 年美国友邦在中国设立的 7 个分公司中，就有 5 个公司的所用者权益为负。我国保险公司面对的各种风险，可能在顺利的经营环境中被掩盖，但一旦遭遇其他因素影响，保险业个体风险很可能引发系统风险。

4. 基金业的风险

我国基金业发展较快，目前已有近 50 家基金管理公司经营着近 60 种封闭式基金和 100 多种开放式基金，管理的净资产超过 3000 亿元人民币。国内基金虽然取得了长足进展，但对风险的控制尚存在很大的问题。主要表现为：

第一，风险控制组织架构已见雏形，但其功能尚有待进一步发挥。目前，国内大部分基金管理公司均已设立了风险控制委员会、投资决策委员会等风险控制组织架构，并在基金的风险管理活动中发挥了一定的作用。但可能缘于理解上的偏差，多数基金的风险控制委员会违背了其在公司中独立、超然的作用和地位，而直接介入基金的日常运作与管理活动。这不仅制约了委员会成员在公司风险政策、内控制度等方面投入更多的精力，而且对自身行为进行监控也有悖于风险控制组织结构的设计原则。

第二，虽建立了明确的决策程序和授权制度，但是从其运作效果来看还欠科学。在国内基金管理公司中，一部分管理公司采用的是集中式的决策程序，在此模式下，投资决策委员会还直接参与到具体投资品种的选择上，基金经理只是负责具体的操作；另一部分管理公司则采用分权决策程序，投资决策委员会只负责决定基金总的投资原则、策略和持仓比例，由基金经理负责投资组合的具体运作。但从 2005 年的基金运作情况看，在基金中均有“踩地雷”、倒仓以及交叉持股的现象发生，这说明国内基金在决策程序和授权制度方面仍存在着较大缺陷。

第三，基金“内部人控制”现象仍然存在。“内部人控制”历来是国内基金乃至全球基金界的一个重大风险点，从今年国内基金的倒仓行为、交叉持股状况来看，国内基金的“内部人控制”现象已到了非治理不可的地步。

第四，基金管理人对大势的判断能力和对投资组合的风险管理能力仍需进一步提高。2005 年行情中基金的尴尬证明目前基金管理人对市场走势的判断能力和对投资组合风险暴露的控制力离“专家管理”尚有一定的距离。

（二）我国金融创新发展概况

我国的金融创新是在政府主导下通过金融改革主动推进的，这与大多数传统市场经济国家里金融创新和金融深化主要依靠法律规范之下的市场力量自发推进显著不同。1978 年以前，在中央高度集中的计划经济体制下，形成严重的金融抑制，几乎不存在金融创新的可能性。1979 年 10 月 4 日，为了配合改革开放的步伐，邓小平提出“要把银行真正办成银行”，拉开了中国金融改革与金融创新的序幕。

1993年，国务院颁布了《关于金融体制改革的决定》，金融创新与发展加速进行。30年来，我国的金融创新伴随着经济发展共进，取得了巨大的成就。

到目前为止，我国金融创新的已有成果主要表现在以下几个方面：

第一，金融制度创新。在组织制度上，建立了统一的中央银行体制，中央银行从纯粹的计划金融管制变为金融宏观调控。建立了多家股份制银行为主体的存款货币银行体系，证券、保险、信托等非银行金融机构发展迅速，外资银行和保险公司分支机构准入条件放宽，初步形成日趋完善的多元化金融组织体系。在监管制度上，1992年设立中国证券监督管理委员会，1998年设立中国保险监督管理委员会，2003年设立中国银行业监督管理委员会，分别对证券业、保险业和银行业的机构、业务和高级管理人员的资格进行审批，并对业务经营的合规合法性进行检查和监督。金融行业分业监管的实施，使中央银行宏观金融政策与微观金融监管分离，适应了当时金融改革的发展要求。

第二，金融业务创新。在金融市场方面，建立了以同业拆借、商业票据承兑贴现和短期政府债券为主的货币市场；建立了银行与企业间外汇零售市场、银行间外汇批发市场、中央银行与外汇指定银行间公开操作市场相结合的外汇统一市场。债券市场、股票市场和保险市场经历了从无到有，由幼稚趋于成熟的过程。债券市场在国债投资期限结构多样化的条件下投资日趋活跃；以沪深两市为核心的股票市场，伴随着创业板和融资融券试点的进行，继续得到规范和发展，市场化进程逐步推进；保险市场发展速度惊人，截至2008年底，全国共有保险机构120家，其中保险集团和控股集团8家，财产保险公司47家，人身保险公司56家，再保险公司9家。另有保险资产管理公司10家，专业保险中介机构2445家，市场竞争不断充分。在金融产品和工具方面，银行业在传统的业务基础上，出现了保值储蓄存款、委托存款、信托存款、抵押贷款、质押贷款、按揭贷款等新品种，信用卡和网上银行成为中间业务增长的新热点。证券行业金融创新产品丰富，主要有长期政府债券、企业债券、金融债券、股票、受益债券、股权证、基金证券等。保险行业产品创新不断，投连险等兼具投资和保障功能的业务增长较快，责任保险得到明显发展。

第三，金融组织结构创新。在金融行业内部，实行银行、保险、证券分业经营的模式。1998年，金融业清理整顿开始，商业银行陆续推出股权投资；1999年，四大银行与中国人保集团旗下的信托公司将自身证券业务分离，标志着国内金融机构分业经营的格局确立。近年来，随着金融全球化趋势加剧和金融深化的不断进行，我国的金融业呈现混业经营的发展趋势。初步建立了现代金融企业制度，实行国有商业银行股份制改革，逐步推行扁平化公司治理结构，金融机构市场竞争力加强。

（三）我国金融创新存在的问题

我国金融创新已经取得了一定成功，但与国际先进水平相比还有较大差距。结合我国金融创新的客观事实，主要存在以下三个问题：

1. 金融创新程度尚处于起步阶段

产品和业务同质化现象严重，品种不丰富，可以说“人有我有，人无我无”。以保险行业为例，无论是人身保险产品还是财产保险产品，在保险条款、保险费率和客户服务等方面都具有极大的相似性，同类保险公司所推出的保险产品几乎完全重合。银行产品则以消费贷款、银团贷款等为主，在西方已很流行的平行贷款、分享股权贷款、组合性融资等品种还未出现。

自主创新产品少。目前的金融产品和业务创新基本处于对国外的模仿阶段，市场上推行的 70 多个金融创新品种，80% 是从国外引进的。这是由于我国金融改革尚处在初级阶段，市场竞争不充分，金融机构缺乏自主创新的外在压力和内在动力。仍以保险行业为例，因为基础数据的缺乏，相关的市场调查又需要较高的人力财力投入，保险公司基于成本效益分析，就会选择在引进国外同类产品费率数据的基础上进行修改，致使产品创新发展缓慢，甚至很多产品的推出没有适应当前的国情。

技术创新不到位。受市场环境、人力资源、工作经验等方面的限制，我国金融创新领域缺少高技术含量、高附加值的业务品种。电子技术兼容性不强，资源共享程度不高。金融机构在电子化与网络化过程中各自为战，自行研发的信息平台之间存在的差异不仅加大了金融业电子化与网络化的创新成本，而且因规模不经济和便利性不足抑制了其自身的快速发展，束缚了技术产品市场应用的广泛性。①

2. 金融创新不平衡性显著

金融创新的不平衡主要体现在两个方面：一是金融创新存在较大的地域差异和机构差异。总体而言，东部地区创新力大幅高于中西部地区，目前 80% 的金融创新业务来自东部地区，尤其是以北京、上海、深圳为核心的环渤海经济区、长三角经济区和珠三角经济区。在产品开发、市场营销、风险管理和企业文化等各个方面，大中型金融机构优于中小型金融机构，外资金融机构和中外合资金融机构优于中资金融机构。二是金融创新的目标客户具有明显的不平衡性，这是指商业银行和保险公司所推出的创新型产品大多以高收入阶层和大中型企业为目标客户，而面向中低收入人群和中小企业的金融创新产品则十分匮乏，无法满足不同层次的金融服

---

① 尹继志. 金融创新的国际发展和我国金融创新的策略选择 [J]. 金融发展研究，2008 (7).

务需求。

3. 创新不足与风险隐患并存

我国金融创新的发展尚处于低水平，这并不意味着相应的金融风险处于低水平。事实上，当前我国的金融体系存在相当的风险隐患，这也是进一步深化金融创新所面临的最大问题。现阶段我国金融机构存在的风险又具体来自三个方面。

不良贷款沉疴严重，是我国商业银行的痼疾。近年来依靠财政注资和不良资产剥离，在表面上使不良贷款余额和不良贷款率呈现双降趋势。截至2008年9月底，工、中、建、交四家银行不良贷款率分别为2.37%、2.58%、2.17%、1.75%。截至2010年2月末，主要商业银行不良贷款余额4830亿元，不良贷款率1.48%。数据的背后不排除通过信贷“置换”，借新还旧等方式，使得部分效益不好的企业得以补充现金流。使原有不良贷款“升级”至正常类贷款，从而降低了不良贷款余额和不良贷款率。换而言之，我国商业银行的不良贷款公开数据并不能很客观的反映相应的风险，不良贷款风险呈现隐性化和长期化的趋势。更为关键的是，由于缺乏有活力的市场化资本补充渠道，使商业银行在保证资本充足率方面“造血功能”欠佳。

房地产金融业务规模发展过快，潜在风险值得关注。随着2006年以来土地财政的兴起和房地产市场的火暴，使得房地产金融业务在国内主要商业银行中跃然居上，成为业务的增长点。

表3-1 商业银行个人住房贷款额及其占个人消费贷款的比重（单位：百万）①

银行	2006年	占比（%）	2007年	占比（%）	2008年	占比（%）
招商银行	81383	79.80	131138	74.93	158512	68.14
建设银行	428039	73.18	527888	72.92	603147	73.44
工商银行	410227	71.2	536331	71.3	597374	72.0
农业银行	274055	77.0	298846	60.84	319498	68.79

表3-1显示了2006年以来，个人住房贷款额度逐年递增，在各商业银行个人消费贷款中占有相当大的比重。

① 数据来源：2006—2008年各商业银行年报。

表 3－2　月度房地产开发资金来源

月份	国内贷款（亿元）	债券（亿元）	利用外资（亿元）	其中：外商直接投资（亿元）	自筹资金（亿元）	其他资金（亿元）	各项应付款合计（亿元）
2010－04	4552.32	0	136.81	117.12	7459.14	9454.23	3494.86
2010－03	3673.55	0	99.19	81.61	5601.84	6875.9	2932.51
2010－02	2488.53	0	53.43	44.39	3445.6	4481.69	2195.24
2009－12	11292.69	0	469.7	391.75	17905.99	27459.22	6231.66
2009－11	8993.64	0	412.5	335.59	15909.28	22854.28	5518.32
2009－10	8267.53	0	376.56	313.25	14303.54	20161.15	5180.01
2009－09	7388.35	0	358.73	299.68	12770.96	17603.15	4853.99
2009－08	6617.39	0	298.1	247.89	11030.56	14910.23	4452.42
2009－07	5831.28	0	272.62	225.63	9542.53	12239.43	4216.57
2009－06	4885.33	0	243.08	196.03	8226.24	9796.88	3911.8
2009－05	3865.88	0	224.62	171.62	6184.76	7084.52	3377.21
2009－04	3254.68	0	165.56	135.85	4892.72	5198.85	2971.94

表 3－2 显示了最近 12 个月房地产开发资金的来源状况，其中国内贷款是主要融资渠道之一。

另据央行今年一季度货币政策执行报告显示，3 月末，房地产业中长期贷款增长 38.5%，比上年同期高 20.4 个百分点。第一季度，房地产业中长期贷款新增 3394 亿元，占全部产业中长期贷款的 21.9%，比上年同期高 9.4 个百分点。

以上的数据和资料充分显示出房地产金融业务在我国商业银行中的重要地位。房地产领域的金融创新过快发展，受到很多因素的共同作用。在经济运行上升阶段，垄断型的房地产供给市场结构和有效需求突然释放相结合，其结果是产生市场的非均衡性、价格上升预期的必然性和投资主体的过度投入。此时商业银行作为房地产资金的重要来源，为了短期经营业绩就会无节制地加快纵向金融创新和横向规模扩张，极易引发房地产金融风险。在法律制度和金融监管尚不健全，个人资信审查体系还不完备的状况下，我们更应该对次贷危机的前车之鉴予以足够的重视，做好房地产金融创新的风险管理，遏制过度投机。一旦房地产泡沫破灭，我们很难想象，个人住房按揭贷款这一当前商业银行优质资产以及其他的房地产中长期贷款，会对商业银行甚至整个金融体系产生何种影响。

地方融资平台债务风险凸显。自 2008 年底以来，配合中央政府“拯救经济计划”，地方政府以地方投融资平台为依托，通过注入资本金、土地抵押和财政担保等方式，向银行申请巨额信贷用于地方投资项目。据资料显示，至2010年6月，地方政府融资平台贷款余额高达7.66万亿元，地方政府债务占GDP的比重从过去的13%上升到23%。地方融资平台债务规模扩张过快会严重威胁金融体系稳定性。一方面，地方政府往往通过多个融资平台从多家银行获得信贷资金，形成多头举债，而商业银行对地方政府的总体负债和资金运用情况无法做到有效监控，一旦项目投资收益不能覆盖成本，这些地方债务就会成为商业银行不良贷款的重要来源。另一方面，地方政府融资平台的主要作用是为政府融资，平台公司缺少实际的主营业务和固定资产，依赖于政府的财政担保和土地抵押。随着房地产市场调控政策的日趋实质化，土地价格的下跌和地方财政收入的下降，将直接威胁地方政府偿还贷款的能力。总之，地方政府融资平台的债务风险，极大地加剧了商业银行不良贷款的隐性化和长期化问题。

（四）我国金融创新的发展方向

在当前以刺激消费和扩大内需来推动经济增长的主旋律下，深化金融改革，发展金融创新应该集中在以下几个方面：

1. 稳步推进金融衍生品市场建设和风险证券化业务发展

总体而言，我国的金融衍生品市场不是创新过度，而是创新不足。金融衍生品的市场建设是一项系统工程，不仅需要市场基础、投资者结构和法律法规完善等多方面的协调，还取决于金融机构自身的经营特点及其在金融衍生交易方面的核心能力。在当前国内外经济不稳定的形势下，不宜仓促推出复杂的金融衍生品。结合国际金融衍生产品的发展历程和我国金融市场的客观条件，应坚持从简单到复杂、从低级到高级、从低风险到高风险的原则来进行。融资融券试点和股指期货的推出，对金融衍生市场的逐步演进起到了探路者的作用。

在风险证券化方面，金融机构应该坚持审慎原则，首先推出达到一定信用质量标准、能够带来未来现金流入并相对稳定的低流动性资产的证券化业务。金融部门可以依照国家产业政策和行业发展规划，把效益好的基础设施和技术改造项目，尤其是国家规划内急需建设的公路、铁路、电网、电信、城市公用设施建设工程以及各地的小城镇建设等基础设施建设项目的贷款进行资产证券化，作为逐步推进风险证券化的尝试。另外，风险证券化也是缓解商业银行不良贷款和地方政府融资平台债务风险的可行途径。

2. 大力发展农村金融和中小企业信贷

近年来国家在推动农村金融改革和发展方面做了大量工作，也取得一定的进展。但农业的比较利益低于其他行业，加之农村金融需求的分散性，决定了农村金融具有高成本、高风险、低收益的特征，总的来看，农村金融仍然是整个金融体系中最薄弱的环节。如何采取一系列举措，对农业、农村和农民提供充分的金融支持，是农村金融创新的关键。对于涉农的商业银行而言，既需要政策上的税收优惠，也需要加快金融服务革新，针对“家电下乡”的热潮推出面向个人的家电消费贷款，以及大型农机具的分期付款。对于保险公司而言，应该推出更具可行性的农业保险产品和运作模式，从根本上保障农民收入。在农业增产农民增收的前提下，农村的消费需求才有可能被拉动。

中小企业的发展关系到我们国家人民的富裕，金融支持中小企业的发展是扩大内需的重要途径。因此金融部门要进一步健全和完善为中小型企业服务的金融机构体系，加快城市商业银行的组建步伐，加快农村信用社的清理整顿，提高农村信用社对乡镇企业的支持能力。适度发展与中小企业相适应的合作金融机构和金融中介机构，满足不同层次中小企业的金融服务需求。各商业银行要设立支持中小企业发展的中小企业信贷服务部，并积极运用各种金融工具为企业提供结算、汇兑、转账和财务管理等多种服务，完善对中小企业的金融服务体系，对符合条件的中小企业，支持开展票据贴现业务。要通过股份制、股份合作制、兼并收购和中外合资等形式，增加中小企业的自有资本，提高中小企业的融资能力。

3. 积极倡导消费金融

随着居民收入水平的提高，汽车、家电和家具等各种耐用消费品市场的繁荣，消费者对消费信贷有了更迫切的需求，不再局限于住房贷款。中国银监会 2009 年 8 月 13 日颁布《消费金融公司试点管理办法》，承载着金融创新和扩大内需的双重使命。消费金融可以拓宽消费的融资渠道，提升可融资额度，促进消费者有能力完成更多次、更大额的消费行为，从而起到拉动内需，带动经济增长的作用。通过设立消费金融公司可以促进个人消费增长，推动制造商和零售商的产销量增长，并可带动相关产业的需求，从而改变经济增长对出口和固定资产投资的过度依赖。消费金融以其面向中低收入人群的客户定位和无须担保、授信额度小、服务便捷灵活的特点，与传统信贷业务存在明显的差异性。

除了家庭耐用品信贷消费，信用卡刷卡消费在我国也具有巨大的现实与潜在市场。截至 2009 年 12 月，全国各大银行的发卡数量已达 3 亿张，建议银行机构可以在控制相关风险，尤其是建立严格的资信审查分级体系的前提下，采用家电以旧换新给予补贴等方式，为信用卡消费者实行消费金额累进制奖励金制度，树立消费爱国，消费光荣的理念，以扩大消费。

4. 合理引导民间金融

民间金融出现的根本原因是正规金融的供给不足，表现在投融资环节没有适应市场发展的要求，造成金融资源的错配。民间金融可以填补银行贷款不敢轻易涉足的高风险项目融资的真空，有效带动相关产业，特别是高技术企业的起步和发展，从而拉动内需，同时促进科技创新。当前民间金融创新的重点是制度的正规化和透明化，对民间金融资本进行合理引导，创新运作机制和监管机制，遏制非法民间融资。

三、我国金融创新的风险管理选择

金融学的核心理念是风险和收益相匹配，金融创新在放大收益的同时也放大了风险。随着金融自由化和全球化的不断发展，金融创新风险呈现出跨市场、跨时空传递和蔓延的趋势。为了保证金融创新推动经济增长的顺利实现，我们有必要对传统的风险管理模式提出改进策略，以从容应对金融风险。对金融创新的风险管理是一项系统工程，既离不开市场主体内部的风险控制，也离不开外部的行业自律和政府监管，需要从金融经营者、金融监管者、审计署和中央政府几个不同的主体角度进行建设。

（一）金融机构应实施以风险管理为核心的企业战略

“二流企业经营管理，一流企业经营文化。”企业文化是企业的灵魂，是推动企业发展的不竭动力。对于现代金融企业而言，由于行业天然具有高风险属性，在经营风险和追逐利润的过程之中，风险管理是永恒的主题。美国花旗银行前总裁沃斯顿曾说过，“生命的意义在于管理风险”，金融机构经营和管理风险的能力是其核心竞争力的体现。因此，在金融创新的风险管理中，作为经营主体的金融机构，必须将重点放在建立以风险管理理念为核心的企业文化。

建立以风险管理为核心的企业文化，就是要在企业内部树立防范风险与追逐利润同等重要的意识，甚至将风险管理和防范放在经营活动的首位。形成全体员工统一的风险偏好、风险管理战略和具体措施，在每个部门和每项业务中推行事前监测、事中管理、事后跟踪的全方位风险管理模式，使风险管理贯穿于企业经营决策、市场营销、客户服务、内部控制和绩效考核的全过程。

由于传统文化和计划体制的影响，我国的金融机构在经过股份制改造之后，离真正意义上的现代金融企业还有一定差距，这很大程度上源于相应企业文化的缺失。现阶段推行以风险管理为核心的金融企业文化，需要循序渐进，主要应该做好三个方面的工作：

第一，高级管理层应彻底摒弃以往“盈亏皆属国家，垮了政府救市”的计划体制下的陈旧观念，在稳健的前提下充分利用市场机制，参与行业竞争。树立风险控制创造价值的观念，加强决策质量，降低波动性。高级管理层应充分做好相应制度文化建设，通过员工入职培训等方式，引导全体员工牢记“以风险对资本的约束为基础、业务增长与风险控制相适应、风险成本与风险收入相匹配”的风险管理基本准则。① 通过年终业绩考核与风险管理相挂钩的模式，在各部门建立量化指标，统计事故发生频率和损失情况，落实相关责任，做到约束与激励并举，增强员工在日常工作中注重风险管理的自觉性。

第二，在金融企业内部，建立定性与定量相结合、主观判断和模型分析相结合的风险评估方法。金融企业的风险无时、无处不在，但要精确地计量和评估它却并不容易。经过长时间的探索和实践，人们逐渐总结出多种测量和管理风险的技术方法，其中最为引人注目、最具有代表性的是受险价值法（VaR）。VaR 风险管理技术是近年来在国外兴起的一种金融风险计量和评估模型。目前，国外已有超过 1000 家的证券公司、投资基金、商业银行、保险公司、养老基金及非金融公司等机构广泛利用 VaR 作为管理市场风险的技术工具。而国内则仅有 VaR 的概念，对 VaR 风险管理技术本身的研究还较为少见。因此研究 VaR 风险管理技术及其对我国金融风险管理产生的影响，对于保持与国际金融界风险管理的同步具有十分重要的现实意义。

改变唯模型化或者唯经验化的极端辨别方式。一方面，要加强风险管理技术信息化建设，建立电子化、远程化、实时化的风险管理模块和数据库，搭建符合风险管理要求的信息科技平台，建立透明高效的风险信息报告体系。另一方面，在研究风险量化和评级技术的基础上，要吸取美国金融危机的教训，不能过分依赖以 VaR 为主导的数学模型，应充分结合主观的经验智慧。因为各种市场因素瞬息万变，信息技术毕竟有不及人脑的局限性。总之，一个结合了高端信息采集及评级技术和人类智慧判断的综合风险识别体系是金融机构在金融创新风险防范时的必然选择。

第三，培育具备商业伦理和风险管理理念的高素质人才队伍。“企业即人，无人则止”，以人为本是企业文化的核心部分，对于金融企业也不例外。我国金融机构应加快打造一支适应金融全球化、自由化浪潮的人才队伍，引进国外在风险管理人才培养方面的先进经验，结合本国实际与各部门业务特点，有针对的进行人才风险管理系统培训。尤其是要重点培养一线员工的风险警惕和防范意识，使风险管理能够真正落到细节。一线员工是机构拓展业务的最主要力量，他们的风险意识和风险识别能力将会直接影响机构的风险管理水平。只有一线员工风险警惕和防范到位了，机构才能够在金融创新的业务发展各环节中获得足够的风险信息，进而作出合理的风险评估并制定或改进风险管理措施。除了对人才队伍进行业务技术上的高素质培训外，还需重视商业道德标准要求。IMF 前总裁康德苏在总结这次金融危机教训的一次讲话中强调，金融活动中的正直是一个经济体能够良好运作的必备条件。

① 陈华蓉．商业银行企业文化［M］．北京：中国金融出版社，2009.

丧失了社会责任感和价值观，金融危机的爆发不可避免。反思近年来，金融行为日趋中性化，人类的“贪婪”本性被激励发扬，似乎只要能够获取利益，没有黑白对错之分。而贪婪是违反国际金融伦理的罪恶行为，鼓励或默许贪婪恰恰是金融监管和金融教育的失败之处。金融监管机构应制定商业伦理和金融纪律的监管准则，商学院应把商业伦理道德课程列为必修课，用人单位应将人品道德、技能、智慧作为人才考核录用的标准。唯此，才能保证国家的金融安全乃至世界的经济稳定。

（二）金融监管机构应进行监管制度与监管方式的变革

金融具有公共产业和高风险属性，金融市场的失灵可能导致整个经济体系的混乱，从而危害整个国家甚至世界经济的发展。因此，金融监管一直是金融领域风险管理的重点。为了应对金融创新的进一步发展，提高金融效率和维护金融安全，我国金融监管机构（“一行三会”）必须作出以下几方面相应的策略调整和变革：

1. 针对全球金融混业经营的既定现实和国内混业经营的趋势，当务之急是改变金融分业监管的模式，尽快建立一个信息共享和沟通协调的监管机制

理想的监管模式应该是有统有分、统分结合。具体而言，是可以在统一监管框架下实行监管机构内部专业化分工，实现专业化监管和统一监管的结合。在此，可以借鉴英国现行的金融监管制度。1997 年，英国建立了混业监管的监管制度，新设“金融服务局”，原英格兰银行则完全定位于制定和实施货币政策和保持金融稳定，从而增强了英格兰银行的相对独立性。另外，金融服务局由分业监管时期的证券与期货监管局、投资管理监管组织、私人投资监管局等合并而成。改革后的英国金融监管体系具有如下优点：监管机构更为集中，由金融服务局统一负责金融行业监管；监管成本降低，监管有效性加强；促进了金融业各部门的交叉创新，强化了监管的协调一致，重点实现了对跨市场传递的风险监控。相应的，就我国而言，可以考虑设立国家金融管理部，取代中国人民银行作为金融业的最高监管机构；下设货币政策委员会和金融监管局，将银监会、证监会、保监会等集中置于金融监管局的统一领导之下。① 由此架构一个有层次、有分工的监管体系，并促进财政政策、货币政策和金融监管多边沟通与协调。

2. 加强金融监管的国际合作，建立跨国监管的协调机制

金融市场的全球化发展，一方面加强了国家之间的经济联系，提高了国际融资效率，优化了资本在全球范围内的配置；另一方面由于各国金融政策、监管模式和税收制度等多方面的差异，使得金融风险跨国传递，国际业务金融风险监管难度加

---

① 吴晓求．中国资本市场：全球视野与跨越式发展［M］．北京：中国人民大学出版社，2008.

大。因此，加强与其他国家中央银行和金融监管机构的多边合作与协调，是我国未来金融监管的必然选择。金融监管国际合作的具体方式可以通过双边或多边合作形式达成：一是机构之间相互向对方提供各自应尽义务的一种协定，形成谅解备忘录；二是制定金融信息共享协定，例如，规定如果一家银行同时在两个国家以上设立分支机构，那么这家银行有义务定期向两个分支机构所在国的监管当局披露有关信息；三是非正式联系的信息共享，如监管当局和中央银行的合作，以其灵活性和及时性应对突发事件和个别机构的危机。此外，应该进一步利用国际货币基金组织和世界银行等机构的全球协调作用，呼吁发展中国家经济体相互联合，增加在这些机构的投票权，在防范全球金融系统脆弱性方面与发达国家经济体通力合作。

3. 加强金融信息透明度和信息披露监管

美国20世纪30年代大萧条的经验告诉我们，必须要强调透明，透明是所有规则的基础。很多时候规则制定往往跟不上金融创新，所以还是需要透明的制度来保障。在银行体系日益市场化的条件下，依靠市场外部约束机制的重要性变得日益突出，信息披露和透明度更为重要。次贷危机表明，大型金融机构风险信息的透明度不够，误导了市场参与者的判断，加剧了市场波动。特别是对于资产证券化这一类场外交易产品，价格透明性不如场内产品，当市场发生波动时，容易由于流动性缺失而加剧价格的波动，市场监管者应建立资产证券化参与机构的风险暴露信息披露制度，指导市场披露行为。

4. 建立高管权利制衡与防范激励错位监管机制

（1）高管的权力制衡

风险管理的基本原则之一是自上而下，即强调企业高管层，包括董事会和最高经理层在风险管理方面的首要责任，他们负责在整个企业内从上而下推动风险管理。

陈久霖事件让人感觉到我们国有企业的风险控制机制有时是那样的脆弱。中航油事件发生后，人们最先想到的问题就是，为什么会发生规模如此之大的损失？从事衍生产品交易的中航油公司难道没有内部控制和风险管理机制？如果有，中航油的内部控制和风险管理为什么没有发挥作用？这么大的损失是在一夜之间发生的吗？即便如此，导致如此巨大规模损失的决策是如何做出的？如果不是，那公司在损失4亿美元、3亿美元、2亿美元、1亿美元甚至5千万美元和1千万美元的时候为什么没有采取止损措施？中航油总裁陈久霖在新加坡以年薪高达300多万美元而被誉为“打工皇帝”，而为公司造成的5.5亿美元的损失却只能由公司的股东承担。因此，如果中航油的风险管理系统能够真正独立于“打工皇帝”陈久霖，能够将中航油的风险承担和遭受的损失及时独立地反映到公司的董事会，损失在几千万美元，甚至几百万美元的规模上就会受到有效的控制。这些问题直接关系到内部控制和风险管理的有效性问题。公司高管层，包括董事会和最高经理层在风险管理方面的应承担首要责任，他们负责在整个公司范围内从上而下推动风险管理，职位越高，权力越大，风险管理的责任也越大，更重要的是，高级管理层本身更应该成为风险管理的对象和重点。

在股东所有和经理经营的现代企业制度中，风险管理应该独立于具体承担风险的经理和业务部门，独立的风险管理部门要直接向代表股东利益的董事会汇报，因为，在市场中承担风险的经理可能由于赚钱时拿红包和奖金，而赔钱时则由公司（股东）承担的不对称风险激励而使得经理们具有承担高风险的偏好，从而使得他们自身控制风险的动力减弱。

陈久霖事件警示我们，一个表面看来规章明确、人员齐备、组织健全甚至技术先进的公司内部控制和风险管理体系，其在实际运行中能否有效管理风险和防止发生重大损失，关键在于对高层领导在公司内部控制和风险管理体系中所发挥的作用。这不仅因为他们对公司风险管理需要承担首要责任和提供最基础的推动力，更重要的是他们本身所拥有的决策权利和决策过程也必须纳入到以“相互检查和权利制衡”为基本原则的整个内控体系中，成为控制和约束的重要对象。① 反之，如果企业的高管层具有超越内控约束的特殊权力，就会使整个企业的风险管理丧失有效性。

（2）建立防范激励错位机制即高风险高收益、低风险低收益的激励机制

有观点认为此次金融危机爆发的原因，全部与激励错位和实施过程不透明有关。对于投资银行而言，创新的金融衍生工具是低风险高收益。该产品在市场上不论成功与否，开发团队都可获得巨额的年终奖金。激励机制若是风险与收益不对称，创新一定过度。此种风险收益不对称的扭曲激励的存在，使得经理层可能会受自身利益驱动，表现出具有承担高风险的偏好，从而使得他们自身控制风险的动力减弱。这很大程度上源于经营者利益与所有者利益的脱节。因此，需要完善公司治理结构，在股东所有和经理经营的现代企业制度中，风险管理应该独立于具体承担风险的业务部门，直接向代表股东利益的董事会汇报，以防止权力的失控。安然事件之后，美国刮起了公司治理的狂潮，并直接催生了萨奥法案。企业高管头上因此被套上了紧箍。不过，在利益面前总有人心存侥幸。由于按照新的会计准则股票期权必须计入成本，追求财务报表光鲜及高管个人利益最大化的双重动机就使一些企业心生邪念。法律和监管的空档又使之成为可能。股票期权这种曾被视为有效的企业管理人员激励机制的创新而备受推崇。然而，随着时间的推移，某些弊端也逐渐浮现，通过倒签人为“增值”就是其一。2007 年 1 月 24 日苹果 CEO 乔布斯就该公

① 陈忠阳．缺少制衡的风控机制形同虚设［J］．中国证券报，2004－12－18.

司股票期权日期倒签行为接受美国联邦调查人员的质询。据称，从 1997 ~ 2004 年苹果给予其员工的期权中共有 6500 笔倒签，其中一笔给了乔布斯。倒签的背后是利益驱动。倒签能使持有人在行权时获得更大收益。此举不一定违法，但企业必须如实披露并入账，否则就构成违法行为。创新被扭曲之后带来的并不全然是创造。扭曲的激励机制激发的创新导致的有可能是扭曲的业绩，甚至扭曲的灵魂。

激励错位的防范措施：①分券自留。对于资产证券化产品的发起人应该强制其自留一部分证券化产品，使其具有谨慎行事的动机。通过强制发起人承受资产池的第一笔损失，使其发行的证券化产品与自己利益相连，将会高效率的刺激其履行职责。②限制金融衍生品的杠杆率、控制其复杂性。根据 30 国集团和巴塞尔银行监管委员会等国际组织的研究结论，金融衍生产品并没有带来新的风险，其所包含的风险仍无非是信用风险、市场风险、流动性风险、操作风险、法律风险等。既然没有新的风险因素，为什么人们对金融衍生产品的风险格外畏惧呢？这其中的主要原因在于金融衍生产品的风险具有两个重要的特性，一是杠杆性，二是复杂性。所谓风险杠杆性，是指与基础金融产品交易相比，金融衍生产品交易只需要很少量的实际资本投入就可以承担（或对冲）很大的风险。该风险可以通过实施严格监管金融机构的核心资本充足率等方法进行防范。随着金融工程技术的快速发展，金融衍生产品的复杂性日益增加，越来越难以被投资者充分理解和掌握，进而增大了金融衍生产品交易的操作风险。对于这类风险监管机构实行交易产品申报、说明和分卷自留制度，若产品设计者不能解释明白或不愿分券自留，则不得交易。

5. 改变以往外部监管为主的监管方式，注重外部监管和内部控制相互促进，通过外部监管使金融机构强化自我监控能力①

监管机构可以对金融企业提出全方位的内部控制要求，比如，严格的财务管理制度、有效的公司治理结构和科学的风险控制技术运用等。通过现场监管和非现场监管相结合，建立和完善动态监管指标体系，将内部控制作为对金融机构风险管理能力的核心监测指标。

6. 防范监管规则套利和监管资本套利

（1）监管规则套利

监管规则套利是指在其他条件相同的情况下，金融机构利用不同监管机构在监管规则和标准上的不同甚至是冲突，选择监管环境最宽松的市场进行经营活动，从而达到降低监管成本、规避管制从而获取超额收益的目的。

次贷危机的爆发将美国现行金融监管模式的缺陷暴露无遗，其“分业多头”的监管体系被认为是金融机构进行监管套利的重要原因。美国现行的监管体系的主

① 郑振龙，陈国进．金融制度设计与经济增长［M］．北京：经济科学出版社，2009.

要特点是：联邦和州都有权对金融机构颁发执照并进行监督管理，其中联邦级的监管者有10个之多，而50个州则各有各的监管机构和监督官分别对州注册的金融机构进行监管。然而，这种多头监管格局使得美国的监管机构过于庞大、严重重叠，加上各监管机构权力分散而又缺乏协调，经常会导致监管当局的监管工作陷入"监管重叠"（regulatory duplication）和"监管真空"（regulatory gap）的困境中，从而为金融机构的监管套利行为提供了空间。在监管重叠的情形下，由于不同监管机构的监管规则和标准高低不一，加上各监管机构之间的配合与协调不足，为金融机构进行监管套利创造了空间。金融机构在面临多个监管机构的不同监管标准时，就很有可能通过"监管选购"（go regulatorshopping）来选择对自己最有利的监管机构开展经营活动，从而实现监管套利。以银行监管为例，各州和联邦分别对在州和联邦注册的银行进行监管，注册地成为界定银行监管部门的主要依据。对于在联邦注册的银行，由货币监理署（OCC）对非联邦储备银行（FED）的会员银行进行监管，而联邦储备银行则对其会员银行、金融控股公司进行监管。由于银行具有是否加入联邦储备银行的选择权，实际上也就获得了选择监管部门的权利。如FED按照《巴塞尔协议Ⅱ》进行监管，而OCC和FDIC则按《巴塞尔协议Ⅰ》监管，JP摩根大通（JP Morgan Chase）就曾因为FED的管制严格而脱离FED会员而转向OCC。

（2）监管资本套利

过去三十多年金融创新发展历程表明，逃避监管是金融创新最主要的动因之一，而资产证券化自《巴塞尔协议Ⅰ》颁布以来，已成为商业银行进行监管资本套利的重要技术和方法。新资本协议资产证券化监管框架主要针对的也是资产证券化中的监管资本套利和资本监管的有效性，资本监管成为证券化监管的核心。

监管资本套利（Regulatory Capital Arbitrage）是指商业银行在风险资产面对的监管资本要求及其成本与该资产的实际风险（经济资本）要求及其成本不一致时，力求降低监管资本数量及其成本的行为。在巴塞尔协议中，即使计量监管资本需要量的资产风险权数划分再细，也不可能完全准确反映银行资产的实际风险。于是，便导致某些资产之间监管资本要求相同而实际风险不同的情况。

监管资本套利的负面影响有：①增加了银行系统性风险。银行通过监管资本套利的主要方式是在监管资本比例不变的情况下，通过将高质量资产证券化，保留高风险资产，以在监管资本比例一定的条件下提高资产的收益率。因此，银行实际风险水平被掩盖，表面资本比例提高，银行财务状况恶化会被掩盖，延缓银行调整的速度，出现问题时将使整个银行系统混乱，产生系统性风险。②使资本监管的有效性降低。银行通过证券化等金融创新调整资产组合比例，在遵守资本充足率8%国际标准的情况下追求高收益，银行风险并没有因为监管而降低，违背了资本监管的初衷，使资本监管标准的监管效率降低。证券化等金融创新使风险资产没有反映到银行资产负债表之中，风险难以度量和管理，监管者无法判断银行是否达到某种程度的“稳健”水平。③造成银行业竞争环境恶化，大银行垄断。由于资产证券化的资产池资产规模要求巨大，大银行在证券化业务方面占明显优势，由于规模效应，大银行可创造出更具吸引力的证券化产品，交易成本也较低；而投资者，显然也倾向于投资大银行的资产证券化品种。结果导致大银行能更有效率地进行资本监管套利，而小银行则处于竞争的劣势。美国自危机爆发至今已有 263 家小银行破产。

对资产证券化监管套利的监管对策：①理清资产证券化过程中风险转移的确认。银行通过资产证券化将资产从资产负债表中转出，但风险是否真正转出，不能只看法律意义上的“风险隔离”，而应看其在经济本质上是否真正实现了完全的风险转移。监管当局应关注银行是否为其资产出售提供了隐形支持，如仍有留存风险，应做适当扣减或进行风险计量，计提监管资本。②注重对银行资产证券化风险计量方法和过程的监督检查。在关注隐性支持，准确计量资产证券化风险暴露所需监管资本的情况下，监管当局还需注重对资本充足率的监督检查，定期检测银行的风险计量模型的准确度以及数据的准确性和有效期是否达到要求等。③促进外部及内部评级体系的建设。在次贷危机中暴露出的“发行者”付费评级的机制存在难于调解的内在矛盾，监管者应参与重构评级体系，提高评级质量，建立对评级机构的监管制度。此外，还需改变投资者对外部评级过分依赖的状态，促使银行发展内部评级系统，提高银行自身风险管理的能力。

7. 关注监管过度的问题

随着金融危机讨论越来越深，金融监管的要求也越来越高。我们还应该考虑监管程度的问题，在加强金融监管的同时防止矫枉过正。

过度监管会产生哪些弊端？受害的是谁？我们以往会说金融监管越多，受害的肯定是金融行业的人，会给他们更多的限制，这是过度监管所带来的后果之一。另外一个后果可能是使更多中低收入家庭老百姓受害。以住房按揭贷款为例，前些年住房按揭贷款做了一些证券化发展，当次贷危机之后这些话题停止了。按揭贷款证券化受到压制，中低收入家庭想利用金融工具买房子变得越来越难，甚至不可能。这有悖于金融优化资源配置的基本职能。因此，在创新与监管之间，要选择一个平衡点。

（三）审计机构需要全面更新金融审计理念与方式

审计机构作为连接政府、金融企业、投资者和社会公众的一座桥梁，具有特定的独立性、权威性和公正性。

金融审计作为金融监管的最高层次，在防范金融风险、保持经济平稳和维护国家安全等方面发挥着不可替代的作用。作为一种独立于金融市场各参与主体（包括金融监管机构）之外的一方，金融审计以独立的、综合的视野，揭示金融领域及其环境中存在的各种影响金融安全的倾向性问题，评价各类金融风险的严重程度，从体制、机制等多个层面提出有建设性、可操作的建议，从而真正发挥“免疫系统”功能。① 随着金融创新的不断发展，尤其是衍生工具的开发，其表外反映性、高杠杆性、风险收益的潜在性和信息不对称性等特点，对传统的会计理论和金融审计方式提出了严峻的挑战。② 因此，为了进一步发挥审计机构在金融创新与风险管理中的重要作用，必须全面更新金融审计理念与方式，具体建议从以下几个方面展开。

1. 将国家金融审计定位为绩效审计

从长远来看，我国国家金融审计目标是，促进政府金融管理机构充分有效地行使权力，以防范金融风险，保证国家的金融安全。国家金融审计的职能定位应该是：对有关政府金融管理机构的再监督，即金融管理绩效审计，包括对央行出台的货币政策的合理性、财政部的有关金融企业政策及其资产管理情况以及对其他金融监管机构的监督效率和效果进行审计。金融绩效审计的主要内容是对受审核金融监管机构履行职责的经济性、效率性和效果性进行评价，提出改进意见和建议。③ 这实际上就是“如何监管监管者”的问题。仍以美国为例，美联储2000年开始货币政策过于松宽，偏离了“泰勒法则”，使基准利率长期保持在低位，造成社会上流动性过剩，制造了美国战后最大的资产泡沫，泡沫破灭把整个金融体系拖垮，美联储难逃其责。这一事件说明，对监管者的监管至关重要。国家审计机构就是要切实履行经济最高层次监督的职责，充当起组织协调的再监管角色，加强与中央银行、其他金融监管机构以及财政部门的合作与交流，可在计划、执行和结果等方面进行全方位的信息共享，形成联合监管，真正形成决策、执行和监督的全过程的监督。从而在宏观上把握国家经济运行的总体状况，及时消除经济运行中的不稳定因素，维护国家安全。

2. 完善对金融创新产品的审计

完善对金融创新产品的审计，需要加强以下工作：

---

① 陈文夏．次贷危机对我国政府金融审计的启示——基于国家审计发挥“免疫系统”功能的思考［J］．审计研究，2009（2）．

② 谢冰．表内表外业务审计：金融创新对传统会计和审计的影响及其发展［J］．财经理论与实践，2000（7）．

③ 蒋建华．我国金融审计的发展研究［J］．南京社会科学，2008（1）．

一是加强对市场风险和流动性风险的管理，对以公允价值为基础的会计政策采取更为保守的审计策略。以公允价值为基础的会计政策对资产的估值依赖于资产的市场价格，产品尤其是衍生产品的价格波动较为剧烈，充裕的流动性可能于瞬间消失。因此，金融审计在评估金融机构相关收益，尤其是衍生品交易收益和投资收益时需重视对产品的市场风险和流动性风险的审核。针对金融衍生工具的市场风险，审计人员必须对被审计单位对衍生品走势的估计加以审核，以保证其在市场上的投资并非是盲目或者出于个人目的的，必要时聘请专家小组予以判断。针对金融衍生工具的信用风险，需侧重有关信用风险信息披露的审查，包括：1. 在不考虑持有担保或者抵押品的情况下，金融衍生合约的另一方不能履行其义务而带来的被审计单位在报告日的最大损失金额；2. 被审计单位取得担保或抵押的政策；3. 信用风险集中度的披露，即若只有一个债务人或只有一组有相同特征的债务人（其履行债务的能力受类似经济或其他条件的影响），可能引起的风险的披露。被审计单位的信用风险和衍生合约的账面价值或公允价值密切相关，须对其进行充分审计，并需披露抵押或担保物品的净市价及其是否可以完全补偿可能发生的最大损失。①

二是加强对金融创新的信息披露要求。在金融体系日益市场化的条件下，依靠市场外部约束机制的重要性变得日益突出，其中信息披露和透明度是所有规则的基础。次贷危机表明，大型金融机构风险信息的透明度不够，误导了市场参与者的判断，加剧了市场波动。特别是对于场外交易产品，价格透明性不如场内产品，当市场发生波动时，容易由于流动性缺失而加剧价格的波动。金融审计应建立金融衍生参与机构的风险暴露信息披露制度，指导市场披露行为。

3. 拓展审计视野以应对金融国际化

拓展审计视野以应对金融国际化，首先，需要关注国际资本流动，警惕国际游资的冲击。对国际资本流动的审计，既要关注我国机构境外投资风险，又要警惕国际游资冲击。具体而言，可从外汇业务申请主体、外汇指定银行、外汇监管部门三个层面进行审计。在审查企业和个人是否具有相关资格、所办业务是否具有真实背景、银行是否合规操作等环节的基础上，关注经常项目和资本项目项下外汇资金流入流出及结汇、售汇、付汇的真实性和合规性。重点揭露通过虚构结售汇业务背景等手段和不正当途径，将境外资金转入境内赚取人民币升值的收益或用于房地产、资本市场等国家明令禁止外汇资金进入的行业和领域，尤其要警惕国际游资对我国要素市场和资产市场的冲击。

其次，需将外资银行等金融机构纳入审计视野。随着金融全球化的不断发展，

---

① 谢楠，韩亚庆. 金融期货风险的审计［J］. 财会月刊，2001（4）.

大量外资金融机构涌入国内，金融竞争日趋白热化。其可能带来的外部金融风险理应成为我国金融安全的防范重点。因此，从维护金融安全角度开展审计工作，应将外资银行纳入审计视野。囿于现有法律限制，国家审计机关对上述机构直接开展审计还不具法律基础。但是，可以通过两种途径间接展开：一是以监督“一行三会”履行职责情况，开展对外资银行的延伸审计；二是组织专项调查，将外资银行纳入被调查范畴。

4. 优化审计人才结构，充实复合型审计人才储备

多元化的人才结构是开展高质量金融审计的重要条件。在美国审计总署五千多名审计人员中，有40%左右属于经济学、法律学、管理学、统计学、工程、计算机等方面的人才，呈现出典型的绩效审计型的人才结构。金融绩效审计是发展方向，在制约绩效审计实践的诸因素中，人才结构单一化问题是审计机构亟须解决的问题。合理的人才结构不仅包括学科的多样性，更侧重分工的专业化和层次性：首先要有科学决策的人，这些人要具备宏观视野和战略思维，能把握国际国内经济金融发展的大局，准确识别金融审计发挥作用的着力点；其次要有技术型人才，不但能对系统数据进行综合分析，在把握总体情况的基础上，善于发现异常线索，而且能够对金融机构信息系统进行专业评估；再次需要一线核查人员，具备深入挖掘问题和线索的能力；最后还要有综合研究人员，对数据分析提供业务指导，对问题或线索进行分析、汇总和提炼，不断提升金融审计的成果和水平。① 在当前阶段，对人才的培养可以考虑从以下两方面着手解决：

（1）引进相应的专业人员

首先是分析预测近阶段可能尝试的绩效审计项目和内容，在此基础上确定所需非财务人员的专业和数量，优先引进金融、管理、统计、工程等方面的人才。其次是建立专家人才库，根据不同的被审计事项，即时聘请相关专业的专家顾问参与审计，也不失为一种既节省审计成本，又灵活有效的方法。

（2）定期选派审计人员到大专院校短期进修

进修内容应适当宽泛，兼顾专业知识和综合知识。重点应涉及两大方面：一是综合类知识，如经济学、管理学、统计学、法律学等；二是与审计关联度高的被审领域专业知识，如财税知识、工程管理知识、环保知识、金融知识、公共行政知识等。这种形式是强化一线核查人员业务能力的有效途径。

---

① 审计署金融审计司课题组．审计机关在维护国家金融安全方面发挥作用的机制与路径［J］．审计研究，2010（1）．

（四）中央政府搭建完善的金融行业法律体系和评级管理制度平台

金融创新和风险管理的有效运行都需要良好的金融环境，这很大程度上依赖于健全的金融行业法律体系。

从立法层面来讲，政府机构的首要任务是结合已有法院判例，抓紧修改《证券法》《合同法》《担保法》等已成文的金融相关法规，并根据金融创新中出现的新问题新情况，补充具体细则，尽量减少法律规范的漏洞和真空地带。参照国外相关经验，逐步制定银行、证券、保险和信托混业经营的监管框架，出台适应金融全球化要求的市场准入和推出规则。按照《巴塞尔协议》的审慎监管原则和国际资本充足率要求，确定相应监管框架和法规。此外，应尽快推出针对金融机构高级管理层失职行为的惩罚性法律法规，落实责任归属和处罚细则，严厉防范和打击金融机构高级管理层可能出现的职能缺位和腐败现象，促使金融高管“在其位，谋其政”，从主观上加强风险管理意识，增加经营决策的科学性。

从执法层面来讲，我国金融机构面临着“赢了官司赔了钱”的尴尬局面。金融机构面对企业和个人的违法违规行为通常无能为力，依法收贷只能停留在立法和判决层面的保障，执法层面的保障有待加强。基于各种理由的“执法难”现象不仅是导致我国商业银行不良贷款率居高不下的重要原因，也助长了企业和个人不讲诚信，恶化了社会信用环境。因此，政府应专门组建金融执法机构，赋予一定特殊权力，负责对金融行业诉讼案件的判决执行。并对违规企业的高级管理人员和相关责任人进行严格审查，必要时候采取有限责任和无限责任相结合的措施，追究其民事和刑事责任。

总体而言，金融法律体系建立和完善对风险管理的作用，既体现于风险经营事中的约束和事后的处理过程，更体现于事前的防范和警示，促使金融领域的经营主体、监管主体和其他责任人都能够将风险管理置于自身活动的首位。

我国政府机构在金融创新风险管理方面，还应该注重对风险评级机构的管理制度建设。在美国的次贷危机中，评级机构受利益驱使，大量的3A证书降低了市场对风险的敏感度，对危机的发生形成了重要影响。最近的“高盛事件”和希腊的债务危机更彰显出评级机构的失能。我国的信用评级机构尚处于起步阶段，对投资者的作用还没有充分体现出来。但是，随着金融创新的发展和相关制度的建立，评级机构的市场需求必定会不断增加。因此，政府应加快信用评级行业管理制度建设，建立有效的信用评级行业监管体制和认可制度，积极培育信用评级市场。在支持行业发展的同时，严格行业准入门槛，敦促评级机构加强自身建设，建立统一科学的并且适合国情的信用评级指标体系。

四、基于融资融券平台的风险管理实践

融资融券业务作为我国当前金融创新的一种手段，具有“双刃剑”效应，在为金融市场注入活力的同时蕴藏着潜在的风险。本章基于理论应用于实践、指导实践的思想原则，对于目前我国政府实施的融资融券这一金融创新业务的风险管理进行探讨。

（一）融资融券交易概述

融资融券交易是建立在市场对未来投资预期的基础上创造出来的一种金融工具，属于证券信用交易的一种形式。相对于钱货两讫的证券现货交易，融资融券业务具有自身特点。从概念上分类，融资融券业务包括融资交易和融券交易两个方面。证券融资交易，又称买空，是指投资者对某证券持价格上涨的预期而自有资金不足时，向券商支付一定比例的保证金以融得款项买入证券，并在融资期限内卖出该证券以归还欠款的交易行为。证券融券交易，又称卖空，是指投资者对某证券持价格下跌的预期而未持有该证券时，向券商支付一定比例的保证金以融得证券进行卖出，并在融券期限内重新买入该证券返还给券商的交易行为。

融资融券业务具有三百多年的历史，是国外成熟市场普遍开展的业务。规范的融资融券业务能为资本市场提供充足的资金，扩大证券交易规模，提高金融效率。众所周知，我国的A股市场是一个单边做多的市场，做空机制的缺乏，使得我国的机构投资者只能通过单边股价上涨获得盈利。[①] 这一方面使机构投资者不得不通过坐庄和内幕交易等手段拉高股价来实现经营目标，另一方面又使得机构投资者在市场下跌时缺乏有效的风险对冲手段。作为我国现阶段金融创新的重要举措，融资融券试点平台的推出既有利于活跃金融市场，优化资源配置和资本利用率，促进金融深化和经济发展；又有利于平衡A股市场，完善证券价格发现机制，保持金融体系平稳运行。

（二）融资融券交易风险特征

如前文所述，金融创新在规避微观风险的同时会引发新的金融风险。融资融券业务作为金融创新的一种手段，也具有“双刃剑”效应，在为金融市场注入活力的同时蕴藏着潜在的风险。融资融券业务风险的识别和管理，是融资融券试点能否

① 李涓．谈谈融资融券业务的风险控制［J］．企业管理，2009（3）．

成功的关键。根据融资融券业务的自身特点，面临的风险主要包括杠杆效应、市场波动和双重信用三个方面。

第一，杠杆效应引致的风险。

融资融券业务通过信用的支撑，在金融循环流动过程中，从时间和空间两个维度扩张了证券交易。[①] 融资融券业务充分利用杠杆原理的成倍效应，在放大收益的同时也放大了风险。对于投资者而言，融资融券业务分别提高了投资者资金和股票的利用率，从时间和空间上优化了投资者的资本配置，使投资者有机会利用较少的资金获取较大的收益。但根据风险和收益相匹配的原则，投资者也承担了更大的风险。在利用融资手段时，投资者既面临担保证券价格波动风险，又面临新买入的证券实际价格走势与预期相悖的风险。另外，融资融券业务引发的频繁短线操作和相应手续费、利息支出，使得投资者的交易成本上升，风险压力增加。对于证券商而言，融资融券业务会大幅增加证券交易规模，资金或者证券的融通费用和高额的佣金收入是证券商新的业绩增长点。在利益驱动之下，证券商可能会盲目扩大业务规模，使得其面临较大的流动性风险、客户信用风险和市场风险等。

第二，市场波动的风险。

在通常情况下，融资融券业务具有“价格发现”的作用。当证券持续上涨时，投资者出于下跌预期，融券卖空，增加了该证券的有效供给，从而使被高估的证券价格回落；当证券价格过分下跌时，投资者出于上涨预期，融资买空，增加了该证券的有效需求，从而使被低估的证券价格回升。融资融券交易就是通过这种方式发挥着证券市场“价格稳定器”的功能。但是，根据行为金融理论，证券市场的投资行为存在着明显的非理性，具有“越涨越买，越跌越卖”的特征。因此，当证券市场波动较大时，融资融券业务反而会起到助涨助跌效用，增加市场波动性。比如，当某一证券持续上涨，而投资者依然对其抱有上涨预期，通过融资业务买入。那么一旦该证券价格出现大幅回落，投资者就需要补足维持保证金。此时投资者通常由于资金套牢无法满足要求，证券商只能进行强制平仓，大量处理担保证券所导致的卖压将加剧其他证券价格波动，从而引发新一轮追缴维持保证金的浪潮，再次导致证券商对难以补足维持保证金的账户进行强制平仓，引发恶性循环，最终引起证券市场的巨幅动荡。

第三，双重信用风险。

完整的融资融券业务体系应该包含两重信用关系：一是投资者和证券商之间基于证券和资金融通的信用关系；二是证券商因自身资金和证券有限，向商业银行等其他授信机构转融通所产生的信用关系。虽然现阶段我国融资融券试点只允许证券

---

① 孙国茂．中国证券市场信用交易研究［M］．北京：中国金融出版社，2007.

商以其自有资金和证券开展融资融券业务，但转融通的实现是融资融券业务发展的必然规律。双重信用关系构成了一个完整的融资融券交易，也构成了一个极大的风险圈，其中一重信用关系出现问题，将直接影响到另一重信用关系。[①] 融资融券交易联通了资本市场和货币市场，在将银行资金引入证券市场的同时，也将证券市场的风险引入货币市场。银行等金融机构与证券商一样，面临债权无法实现的风险。一旦证券市场发生信用风险，将跨市场地传递到商业银行等金融机构，影响其财务稳定性，甚至引发银行业危机。此外，融资融券交易创造了虚拟的证券需求与供给，扩大了金融机构的信用规模，从而影响到中央银行对社会信用总量的宏观调控。

（三）融资融券交易风险管理

融资融券业务试点的推出，对我国扩大内需促进经济增长具有重大的现实意义。如何针对前文所述的融资融券交易风险并结合我国证券市场现状来构建完善的风险管理体系，是融资融券交易能否由试点走向推广的关键。到目前为止，《证券公司融资融券试点管理办法》《融资融券交易试点实施细则》《证券公司融资融券业务试点内部控制指引》《融资融券试点登记结算业务实施细则》《融资融券合同必备条款》《融资融券交易风险揭示书必备条款》和《证券公司风险控制指标管理办法》等法律法规已基本构成了融资融券交易的法律体系，从原则上对融资融券业务的风险管理作出了方向性指导和规定，但是在细节和指标量化层面还有待补充和完善。

借鉴美国、日本等融资融券业务发展成熟国家的先进经验，结合我国证券市场具体特点，现阶段对融资融券交易的风险管理应注重准入门槛、可控杠杆、止损制度和处罚机制的建设，具体从以下三个方面入手：

第一，建立和完善资格认定制度，包括投资者资格认定和标的证券资格认定两部分。

对投资者的资格认定是融资融券交易风险管理的基础。投资者是融资融券交易的参与主体，其风险承担能力和信用状况直接影响到交易的开展。对此，《证券公司融资融券试点管理办法》仅仅作出“在本公司从事交易不足半年、投资经验不足、风险承担能力弱、信用状况较差的客户不能参加融资融券交易”等定性规定，这对于风险管理而言显然是有待细化的。结合日本与我国台湾地区的相关做法，证券商在确定客户选择标准时，可以参照下列条件：1. 年满十八周岁有完全民事行为能力的中国公民或依法登记的相关法人；2. 从事沪深两市证券现货交易满三年

---

① 卓燕平. 融资融券交易之风险控制研究［D］. 中国政法大学学位论文，2009.

并在本公司从事相关交易满半年；3. 近6个月以来账户金额波动幅度在某一指标之下（证券商可酌情规定，如20%）；4. 客户申请融资融券业务需出具个人财产证明，并缴纳初始保证金；5. 不存在任何信用违约记录。

对标的证券的资格认定主要是为了降低证券商在行使“平仓权”时的亏损风险。根据我国台湾地区的有关规定，可以用于融资融券交易的证券必须是上市满半年、价格在票面值以上的第一类上市普通股股票或最近一年营业利益及税前纯收益占实收资本额比率达6%以上的第二类上市普通股股票。① 为了降低投资者和证券商面临的风险，有必要对可用于融资融券的证券在上市公司基本面和价格波动性等方面作出具体量化的规定。

第二，完善保证金制度，确定保证金结构。

一方面，将融资保证金和融券保证金分别规定，保证金比例可以随沪深股指动态变化，融资保证金随股票指数上升而上升，融券保证金比例则随股票指数上升而下降。这种根据市场行情的变化自动调节保证金比例的做法可以起到抑制市场投机和防范市场动荡的作用。

另一方面，确定保证金具体构成，强制规定保证金最低现金比例。根据我国《融资融券交易试点实施细则》的规定，“会员向客户融资、融券，应当向客户收取一定比例的保证金。保证金可以标的证券以及本所认可的其他证券冲抵。”这就意味着投资者可完全以有价证券的形式缴纳保证金，而不需要支付现金。事实上，保证金作为证券商债权实现的担保物，应尽量保持其价值的稳定性。而我国证券市场的价格波动尤为剧烈，单纯由有价证券构成的保证金的价值将随证券价格的波动而剧烈变动，导致证券商的运营风险增加，不利于遏制投机和市场稳定。在此，可以参照保险行业责任准备金的相关规定，由监管部门统一确定保证金现金构成比例的最低限额，然后各证券商在该限额比例之上，根据自身状况和客户特点分级别调高现金构成比例。

第三，强化监管和处罚机制。

监管部门在传统外部监管的基础上，要对证券商的内部控制提出严格要求，促使其建立全面风险管理体系。建立健全“逐日盯市”制度，通过技术手段对融资融券业务集中监控，及时查询各项风险控制指标、客户信用资金账户和信用交易账户的资金余额及变动情况、标的证券市值及其变动情况，随时监控客户账户的质押比例、警戒线和平仓线等。

监管部门应和司法机关通力合作，尽快出台针对融资融券违规和内幕交易的惩罚性法律规定。制定严厉的融资融券业务违规处罚制度，对不按规定开展融资融券

---

① 吴弘．中国证券市场发展的法律调控［M］．北京：法律出版社，2001.

业务、不按制度和流程规范操作、以非合规资金开展融资融券业务的部门和个人进行违规处罚。尤其对涉及内幕交易、操作证券价格、扰乱市场秩序的机构投机行为进行严惩，并追究相关责任人的民事和刑事责任。

总而言之，融资融券交易的风险管理是一项系统工程，需要和融资融券交易的试点实践共同前行，在借鉴国外经验和本国自身探索中不断完善。

参考文献

［1］陈华蓉．商业银行企业文化［M］．北京：中国金融出版社，2009.

［2］黄达．金融学［M］．北京：中国人民大学出版社，2008.

［3］孙伯良．金融创新与经济发展［M］．上海：上海三联书店，2005.

［4］孙伯良．金融创新和经济发展［M］．上海：上海三联书店，2005.

［5］孙国茂．中国证券市场信用交易研究［M］．北京：中国金融出版社，2007.

［6］吴弘．中国证券市场发展的法律调控［M］．北京：法律出版社，2001.

［7］吴晓求．中国资本市场：全球视野与跨越式发展［M］．北京：中国人民大学出版社，2008.

［8］余效明．商业银行风险审计研究［M］．中国时代经济出版社，2007.

［9］朱淑珍．金融创新与金融风险——发展中的两难［M］．上海：复旦大学出版社，2002.

［10］郑振龙，陈国进．金融制度设计与经济增长［M］．北京：经济科学出版社，2009.

［11］乔治．E. 瑞达．风险管理与保险原理［M］．北京：中国人民大学出版社，2006.

［12］金德尔伯格．疯狂、惊恐和崩溃：金融危机史第四版［M］．北京：中国人民大学出版社，2003.

［13］约瑟夫·熊彼特．经济发展理论——对于利润、资本、信贷、利息和经济周期的考察［M］．北京：商务印书馆，1990.

［14］陈燕玲．金融风险管理的演进［J］．中央财经大学学报，2006（7）．

［15］陈忠阳．金融衍生产品市场：经济功能和风险管理［J］．中国金融，2007（8）．

［16］黄琼，王萍，张丽华．金融危机对我国金融创新风险管理的警示［J］．中国集体经济，2009（4）．

［17］胡可兆．扩大内需的金融策略［J］．现代商业银行，1999（3）．

［18］蒋建华．我国金融审计的发展研究［J］．南京社会科学，2008（1）．

［19］李涓．谈谈融资融券业务的风险控制［J］．企业管理，2009（3）．

［20］李树生，祁敬宇．从美国次贷危机看金融创新与金融监管的辩证关系［J］．经济与管理研究，2008（7）．

［21］彭雪峰．从美国次贷危机看金融创新的风险管理［J］．中国货币市场，2008（12）．

［22］束庆年．对次贷危机爆发后中国房地产金融创新的思考［J］．南方金融，2008（9）．

［23］王浩权，韩国文．金融创新累积效应的混沌模型及其控制［J］．学习与探索，2008（2）．

［24］谢冰．表内表外业务审计：金融创新对传统会计和审计的影响及其发展［J］．财经理论与实践，2000（7）．

［25］谢楠，韩亚庆．金融期货风险的审计［J］．财会月刊，2001（4）．

［26］尹继志．金融创新的国际发展和我国金融创新的策略选择［J］．金融发展研究，2008（7）．

［27］陈阳．中国有效金融监管制度研究［D］．吉林大学，2009.

［28］李彬．资产证券化监管套利动机、影响及对策［D］．广州广播电视大学，2008.

［29］卓燕平．融资融券交易之风险控制研究［D］．中国政法大学，2009.

［30］卢文莹．金融风险管理［M］．上海：复旦大学出版社，2006.

［31］ Carmichael, Jeffrey. Experiences with integrated regulation. The Financial Regulator, 2001 (3) December.

［32］ Luna Martinez, Thomas A. Rose. International Survey of Integrated Financial Sector Supervision. World Bank Policy Research Working Paper 3096, 2003 July.

［33］ North, Douglas C. Institutions, Institutional Change and Economic Performance, Cambridge University Press, 1990.

课题编号：09SJ05003

我国新型金融监管体系框架研究

西安交通大学课题组

课题负责人：李　成

课题组成员：娄　仲　吕　博　张　晋

谷　慎　张金城　赵柯柯

郭哲宇　李文乐　刘　毅

【摘要】 金融是现代经济的核心。20 世纪 70 年代以来（尤其是进入 20 世纪 90 年代），伴随着经济全球化、金融自由化浪潮的推进，金融业日益呈现出两大特征：一是经济全球化对放松金融管制的要求，促使金融业竞争加剧、金融产品创新层出不穷；二是金融业本身蕴涵巨大风险的加剧，使得金融监管的重要性日益提高。这两大看似矛盾的特征对金融监管提出了更高层面的要求。在此背景下，由美国次贷危机引发的金融危机席卷全球，引发了各国政府和监管当局对当前金融监管体制变革的反思。面对复杂多变的金融形势，我国现行"一行三会"分业监管体制日益难以满足金融业综合经营发展要求，政府金融审计的"免疫系统"功能也未得到充分发挥，健全、完善和改革我国金融监管体系框架迫在眉睫。

本课题以供求理论为基础，结合制度经济学、金融监管学相关理论方法，首先从理论上揭示金融监管体制内在均衡机理，进而围绕我国金融改革和国家金融安全，通过分析我国现行金融监管体系构成及运行情况，揭示当前我国金融监管体系运行中存在的突出问题和矛盾。在充分借鉴国外金融监管经验的基础上，着眼建立符合我国基本国情的、既有分工又有协调的"管理、决策、监督"三位一体相互制衡的金融监管体系，健全和完善独立监督同金融决策、金融管理之间协调有效的运行机制。从研究内容上看，本课题的研究内容可以归纳为四个逐层递进的模块：模块一，现代金融监管体系的运行机理及存在的突出矛盾和问题，主要用供求理论深入剖析当前金融监管体系存在的矛盾和问题及其内在原因，并对我国监管体制的历史变迁和转型期金融体制动态特征作详细解读；模块二，发达国家金融监管的运行模式、制度框架及经验借鉴，重点解剖和研究发达国家（美国、英国、日本）金融混业进程与金融监管制度的配套吻合，并结合全球金融监管框架总结成功经验、内在缺陷和未来趋势，得到对我国金融监管有益的启示；模块三，我国“三位一体”新型金融监管体系框架设计，集中重新审视我国监管框架，从短期和长期角度制定我国金融监管体系框架的改革方案；模块四，我国新型金融监管制度的配套措施和制衡机制，目的在于通过进一步研究和完善相应的配套措施和制衡机制确保新型金融监管制度的有效实施。

在上述研究基础之上，课题组认为我国金融监管体制主要存在多个监管主体导致监管重复与监管真空、金融外部审计不足、缺乏对监管者监管、难以适应综合经营趋势等诸多方面的问题。本课题的主要结论是：第一，当前我国金融监管体制存在制度性供给过剩和功能性供给不足的双重失衡，应该将现行分业监管体制逐渐向统一监管体制转变。第二，金融监管体制的改革应遵循循序渐进原则，短期内，应加强金融监管的国内协调以缓解金融监管体制性供求非均衡矛盾；长期看，应对现有监管体系进行重新整合。第三，本课题所设计的短期以协调为主的监管制度框架要点如下：成立金融监管仲裁委员会；建立金融监管协调机制，包括金融信息共享机制、金融监管协商机制、冲突解决机制、风险预警机制；完善金融监管的各项基础平台，包括法律平台和信息共享平台。第四，本课题所设计的长期我国新型金融监管体制框架核心要点如下：成立统一监管机构金融监管委员会，重新定位“一行三会”的关系，人民银行保持独立，银监会、证监会、保监会则规整至新成立的金融监管委员会之下；积极引导同业自律和社会监督，强化外部监督机制；进一步完善信息共享制度和共同协商机制；充分发挥审计署等监管职能部门的作用，尤其是重视金融审计职能在金融监管中发挥作用。

【关键词】 金融监管　制度均衡　统一监管

目　　录

绪 论

（一）研究背景

金融是现代经济的核心。20 世纪 70 年代以来（尤其是进入 20 世纪 90 年代），伴随着经济全球化、金融自由化浪潮的推进，金融业日益呈现出两大特征：一是经济全球化对放松金融管制的要求，促使金融业竞争加剧、金融产品创新层出不穷；二是金融业本身蕴涵巨大风险的加剧，使得金融监管的重要性日益提高。这两大看似矛盾的特征对金融监管提出了更高层面的要求。由次贷危机演变而来的这场肆虐全球、至今仍未见其底的金融危机正是对现行金融监管体制亟须变革的强烈警示。金融危机揭示出金融创新下金融监管不力所造就的巨大风险隐患的同时，金融危机的传导性也对金融监管国际合作提出了新的要求。

面对新的经济金融形势，我国传统的缺乏协调的金融监管模式表现出诸多不足：第一，在现行分业监管体制下，由于存在多个监管主体，各主体之间缺乏适当的配合，从而产生诸如重复监管、监管盲点、监管冲突等严重后果，导致监管效率大为降低，甚至造成监管失效。这种监管失效多表现为监管机构之间缺乏沟通和合作。第二，现行分业监管体制难以适应现代金融发展的要求，也难以跟上金融业务、金融产品创新的速度。在当前国际金融业发展中，以金融控股公司（集团）为代表的综合经营模式正逐渐成为趋势。具体到我国而言，金融业全面开放，外国金融集团进入国内步伐加快，国内金融集团也在快速成长。在金融业效率提高的同时，机构内部控制和金融监管的难度相应加大。第三，在金融监管制度安排中，金融审计功能不足。监管当局仅仅依靠对金融监管机构的检查，而忽略金融审计在非现场监管过程中的重大作用，导致监管信息失真。第四，监管当局对金融机构是否履行了经济责任关注不够，检查的主要层面是合规性和风险性，对商业银行是或否执行国家税收政策、工资分配政策、货币信贷政策、劳工政策等诸多方面的作为或不作为情况缺乏关注。

在上述背景下，化解现行金融监管体制存在的矛盾，健全和完善金融监管制度体系框架迫在眉睫。需要特别注意的是，现行“一行三会”分业监管体制短期仍难以改变，因此，新的金融监管制度框架应该具备短期协调为主、逐步调整、最终统一的阶段性特征。鉴于此，积极构建“管理、决策、监督”三位一体相互制衡的新型金融监管体系，建立独立监督同金融决策、金融管理之间协调有效的机制，成为维护金融监管安全、加强金融功能监管的一项重要研究课题和紧迫任务。

（二）研究思路与研究方法

1. 研究思路

本课题以供求理论为基础，围绕我国金融改革和国家金融安全，通过分析我国现行金融监管体系构成及运行情况，揭示当前我国金融监管体系运行中存在的突出问题和矛盾，在充分借鉴国外金融监管经验的基础上，着眼建立符合我国基本国情的、既有分工又有协调的“管理、决策、监督”三位一体相互制衡的金融监管体系，健全和完善独立监督同金融决策、金融管理之间协调有效的运行机制。

2. 研究方法

（1）理论逻辑论证方法

通过以上供求理论、制度经济学、金融监管学的理论方法，从理论上揭示金融监管体制内在均衡机理，剖析现行金融监管体制现实矛盾的产生原因，分析金融监管体制动态变迁过程中的制度选择。

（2）系统工程方法

金融监管是一项系统功能，运用系统工程方法把金融监管体系各组成、运行与制衡功能联系起来，以实现新型金融监管框架的优化设计与长效目标。

（3）国际经验借鉴方法

通过对主要发达国家（美国、英国、日本）金融混业经营进程中，在国内分业金融监管制度体制下有效协调监管的成功经验和发生金融失败教训的透视，总结可供借鉴的路径和方法。

（4）问卷调研和专家访谈方法

问卷调研分为三类：对金融监管机构问卷，主要搜集金融监管协调方面的信息；对金融集团的问卷，主要征集金融创新、竞争和规则方面的信息；对经济金融专家的问卷，主要征求国内金融研究学者和金融监管专家对我国金融综合经营、金融监管的见解和建议。针对金融监管协调的个别难题、关键性问题和操作性技术，在老师指导下对相关专家进行专门访谈，完善操作性方案。

（三）研究内容

实现本课题探究的思路可以分为以下四个模块：

模块一：现代金融监管体系的运行机理及存在的突出矛盾和问题

本模块研究我国现行金融监管体系的构成及运行情况，重点分析和解释当前我国金融监管体系运行中存在的矛盾和问题。研究集中在三个方面：其一，现行金融监管体系的构成、监管模式及运行特征，重点分析和揭示我国金融监管制度本身的缺陷和漏洞。其二，运用供求理论深入剖析当前金融监管体系存在矛盾的内在原因，并对我国监管体制的历史变迁和转型期金融体制动态特征作详细解读。其三，针对我国现行金融监管体系存在的突出矛盾和问题，对金融监管未来新框架提出基本功能要求。

模块二：发达国家金融监管的运行模式、制度框架及经验借鉴

本模块研究发达国家金融监管协调制度和机制的运行模式。重点解剖和研究发达国家金融混业进程与金融监管制度的配套吻合：其一，美国金融监管协调模式。主要研究美国对金融集团的监管功能，在美联储、货币监理署、联邦存款保险公司和证券监管管理委员会之间建立的协调监管。其二，英国金融监管协调模式。主要研究英国金融管理局成立后，制定的《财政部、英格兰银行和金融管理局之间谅解备忘录》，为金融监管制度改革后三方协调建立的制度性框架。其三，日本金融监管协调模式。主要研究日本金融监督厅成立后，通过正式法律调整与体制改革加强金融厅与中央银行的协调配合，设立监管部门内部协调的总务部和外部设立工作的总务课；有时也参考非正式渠道的金融监管协调沟通。其四，分析发达国家金融监管的成功经验、存在缺陷和漏洞、未来发展趋势，形成能够为我国构建新型金融监管制度框架的有价值的经验和启示。

模块三：我国“三位一体”新型金融监管制度框架设计

本模块研究构建“决策、管理、监督”三位一体相互制衡的新型金融监管制度框架体系，确保金融监管的执行力和监管效果。其一，基于国家金融安全和适度超前的金融监管原则，加强整体监管功能和协调效益，强调约束引导金融创新，完善金融监管功能性特征，以及加强监管国际合作。其二，构建新型“三位一体”金融监管制度框架体系。目前，对我国金融业进行业务监管、具有防范金融风险、维护金融安全职能的主要是人民银行、银监会、保监会、证监会等监管机构。财政和税务部门等可以对金融行业和企业进行专项业务工作检查，国家审计机关作为专门的经济监督部门对金融企业经济活动和金融监管机构的职能履行情况进行审计监督。本研究在分析我国现行金融监管制度缺陷和漏洞的基础上，充分借鉴国外金融监管经验和教训，构建“三位一体”的新型金融监管体制框架。其三，转型期金融监管协调机制，包括金融监管协商机制，金融监管信息共享制度，金融监管冲突协调制度等。

模块四：我国新型金融监管制度的配套措施和制衡机制

为确保新型金融监管制度的有效实施，还需要进一步研究和完善相应的配套措施，建立金融风险预警体系和应急预案，完善存款保险制度，建立各监管当局之间的内在制衡机制。其一，基础平台的建设。包括金融监管信息共享平台、法律体系平台以及同业自律与社会监督功能平台。其二，明确各部门之间的机构负责、信息交流和技术支援。针对金融创新、市场交易、紧急事件以及地区金融发展的监管要

求，作出具体的配合要求。其三，建立风险预警机制和内部制衡机制，加强内部控制和审计。本文的技术路线如图1－1所示。

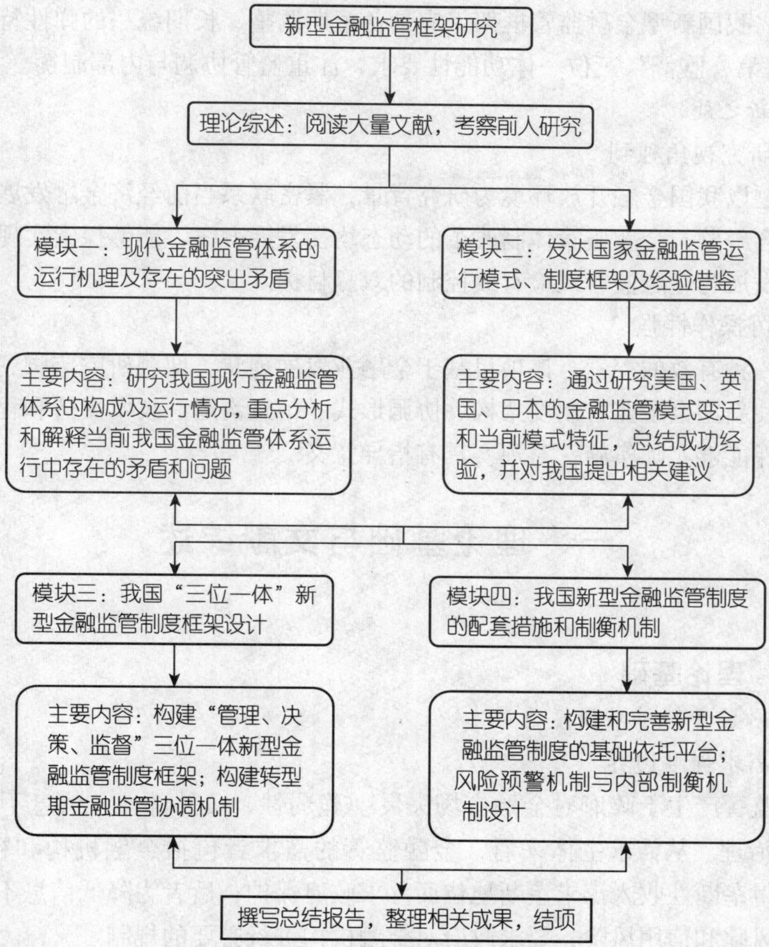

图1－1　本文技术路线

（四）主要结论与创新点

1. *主要结论*

通过对我国现行金融监管体制的认识和深入分析，在重点把握新型金融监管体制框架的功能性要求基础之上，本课题拟表述观点可归纳如下：

第一，我国现行金融监管体制难以适应现代金融业发展要求，其根本原因在于内在供求失衡。这种内在失衡主要表现为供给方面的制度性供给过剩和功能性供给不足，以及对潜在需求识别的缺失。

第二，从发达国家金融监管模式及其变迁过程来看，金融监管模式在效率上无严格的优劣之分，应视具体经济金融环境的不同采用适合的监管模式并予以完善。

第三，我国新型金融监管框架，应具备短期调整、长期统一的弹性特征，满足“管理、决策、监督”三位一体功能性要求，注重监管协调与内部制衡。

2. 创新之处

（1）研究视角独到

本课题以我国金融开放环境为研究背景，紧密联系当前经济金融发展形势，提出金融综合经营与金融监管体制改革的动态均衡发展方案，能够探索实现金融综合经营渐进发展与金融监管风险有效控制的双赢目标。

（2）可操作性强

作为一种有效的探索，该项目基于金融业发展现状，课题研究落脚到可操作和有效性，使新型金融监管制度架构、协调形式、信息沟通、技术支持和程序规程具体化，确保能够实际实施，对现实具有指导意义。

一、理论基础与文献综述

（一）理论基础

1. 金融监管的供求强度边界

（1）需求强度边界

金融监管产生于政府对金融市场失灵（脆弱性、负外部性、信息不对称及垄断等）的治理。从需求主体来看，金融监管的需求者包括金融机构和社会公众，前者为获得垄断性收入谋求垄断地位而寻求政府保护；后者为降低信息不对称所带来的道德风险和信用风险，要求政府对金融机构进行必要的规制。

据此，本文将金融监管需求分为三类：一是经济性需求 Ed，即在既定的经济发展水平和金融环境下，金融机构为维持其垄断地位、追逐经济利益而要求政府作出的关于市场准入、业务经营范围的制度安排；二是预防性需求 Gd，指为防范金融风险、维护金融体系稳定和金融业有序运行而制定的各类限制性手段（包括市场准入限制、业务限制、资本充足性和流动性限制等），以及存款人利益保护措施和金融危机应对与救助安排；三是适应性需求 Ad，即为适应经济金融环境的复杂变化而要求对具体的金融监管制度进行局部调整，如特殊条件下的监管放松或加强、临时或暂时的监管措施等。

这样，金融监管的需求函数就可以表示为：

$$D = Ed + Gd + Ad + \varepsilon \qquad (1-1)$$

式中：

D——监管需求；

ε——随机变量，用来表示其他因素对监管需求的影响；

Ed，Gd，Ad——分别为经济性需求，预防性需求和适应性需求。

金融监管是一把“双刃剑”：监管过严，会抑制金融创新，阻碍金融业的发展；监管过松或者不进行监管，则会使得金融体系的不稳定性难以控制，危及金融安全。也就是说，金融监管存在一定的强度边界。由于既定的金融监管水平总是与一定的监管强度相对应，因此，为更好的说明监管需求函数的性质，我们不妨引入监管强度这一概念，对式（1-1）作如下变形：

$$D\ (Q)\ = P_E \cdot X_E + P_G \cdot X_G + P_A \cdot X_A + \varepsilon \qquad (1-2)$$

式中：

Q——监管强度；

P_E、P_G、P_A——分别表示与各监管需求一一对应的金融监管的影子价格（理解为相关需求者为获得1单位的监管强度而必须支付的代价）；

X_E、X_G、X_A则——可理解为用监管强度表示的上述三类需求的数量。

如果我们对三类监管需求加以抽象，用P_S、X_S分别表示金融监管的综合影子价格和对应的监管强度数量，则式（1-2）可进一步表示为：

$$D\ (Q)\ = P_S \cdot X_S + \varepsilon \qquad (1-3)$$

由式可知：需求强度D（Q）是关于监管影子价格P_S的减函数。即图2-1所示向右下方倾斜的曲线$MR-D$。这一规律与一般商品供求规律一致。

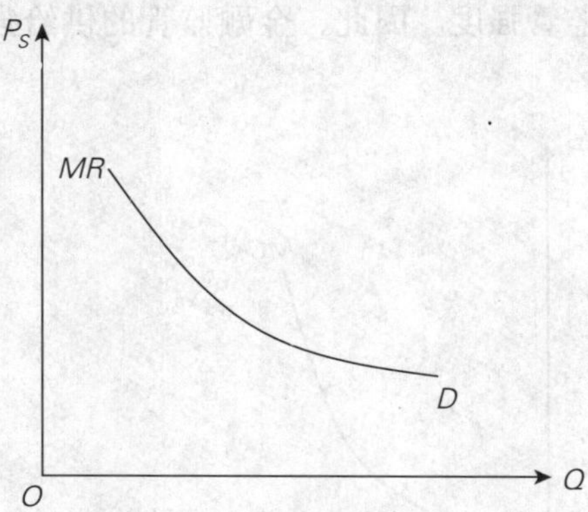

图2-1 金融监管的需求强度边界

影响金融监管需求的因素主要：①经济发展水平和金融环境状况。这是监管需求的决定性因素。金融监管是针对金融活动中的风险而形成的防卫性制度安排，也就是说，有金融活动，才会产生监管需求。因此，监管需求与一定的经济金融背景相适应。经济金融形势的变化会促使新的监管需求的出现，也会导致原有监管需求发生变化。②监管需求者自身具备的条件。金融业从业人员的道德水平和职业素质，社会公众对金融体系的信心，金融机构和社会公众的理性程度等都会对金融监管的需求产生重要影响。一般认为，金融业从业人员素质越高，社会公众对金融体系越有信心，监管需求者理性程度越高，所要求的监管强度越低。③监管供给的制约。新制度经济学认为，制度一旦形成，自我增进和强化机制开始发挥作用，这种制度具有强烈的路径依赖。金融监管正是如此，原有制度安排构成的需求形成环境的一部分，原有制度的不合理也可能造成新的需求的扭曲。

（2）供给强度边界

金融监管的供给 S 受诸多因素的影响，可以概括为如下关系式：

$S=f\ (D,\ R_S,\ L,\ U,\ \mu)$

式中：D——监管需求中被政府（监管者）认知的部分；

R_S——监管机构的自身利益；

L——监管人员履职情况；

U——现行监管体制约束；

μ——其他因素的综合影响。

金融监管的供给者是政府。事实上，政府作为理性经济人，在提供金融监管这一“公共产品”时，会对金融监管的全部成本收益加以衡量。由于金融监管的成本和收益构成复杂，这里不一一赘述。为简便起见，我们仍用 P_S 这一“影子价格”表示政府提供金融监管的平均净收益（收益减去成本），显然，平均净收益越多，政府越热衷于加大监管强度。因此，金融监管的供给强度曲线向右上方倾斜，如图 2-2 所示。

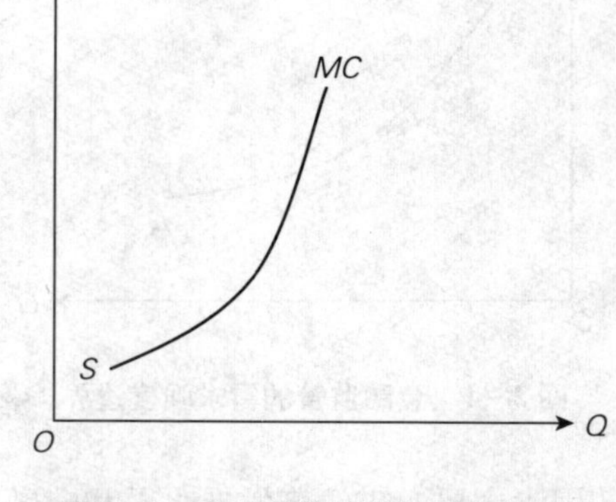

图 2-2　金融监管的供给强度边界

对影响金融监管供给的因素说明如下：一是监管需求决定监管供给。金融监管是为应对金融市场失灵而生，只有当金融市场出现问题，产生监管需求时，才有必要进行监管。但是，这种需求对供给的决定性影响，必须通过作为监管提供者的政府的认知来发挥作用。如果政府能认知的监管需求仅仅是当前监管需求的一部分，那么现实的金融监管就处于供不应求状态，造成监管失衡。同样，如果政府对监管需求认知过度，势必采取过严的监管，也会造成监管失衡。换句话说，金融监管的供给存在一定时滞。二是监管体制和监管人员素质的制约。现有金融监管条件，如监管分支机构、监管人员数目，相关法律法规措施健全程度等，都会影响金融监管的供给。如我国面临的混业监管要求难以有效满足，很大一部分原因就在于现行分业监管体制难以短期改变这一制约。监管供给还取决于监管者素质，也就是式中监管履职情况 L 的影响。监管者素质包括监管人员构成、监管人员道德水平等诸多方面。此外，金融监管的供给还受到政府自身利益、监管理念等诸多因素的影响。在经济金融全球化趋势下，国外金融监管制度，尤其是发达国家的监管制度，对政府的监管供给影响越来越大。

2. 金融监管供求的均衡分析

(1) 静态均衡

均衡概念的基本含义包含两个方面的内容：一是指对立变量相等的均等状态，此即为“变量均衡”；二是指对立势力中的任何一方不具有改变现状的动机和能力的均势状态，此即为“行为均衡”。前者为“静态均衡”，后者可理解为“动态均衡”。如果我们用 $R(Q)$ 表示监管预期收益，$C(Q)$ 表示监管成本，则监管净收益可表示为：$n(Q)=R(Q)-C(Q)$。根据金融监管的供给特征可知，监管的预期边际收益 $dr(Q)/dQ<0$，监管的预期边际成本 $dc(Q)/d(Q)>0$。因此，当金融监管预期边际收益等于预期边际成本时，金融监管净收益 $n(Q)=R(Q)-C(Q)$ 达到最大，金融监管的“静态均衡”得以实现。此时，金融监管强度为理想的金融监管强度 Q^*。当监管强度低于理想的监管均衡强度时，监管收益随监管强度提高而增加；当监管强度高于理想的监管均衡强度时，监管收益随监管强度的提高递减。适度的监管有助于金融业发展，监管过度会造成金融创新的阻碍，监管收益是关于监管强度的倒“U”形函数曲线。

图2－3中，边际监管收益 MR 是监管强度 Q 的减函数，边际监管成本 MC 是监管强度 Q 的增函数，两曲线交点对应的 Q^* 是监管边界，监管者保持最佳监管强度。MR 和 MC 随着社会环境变化而变化，当 MR 下移至 MR_1，MC 上移至 MC_1 时，意味着最佳监管强度降低至 Q_1；反之亦然。

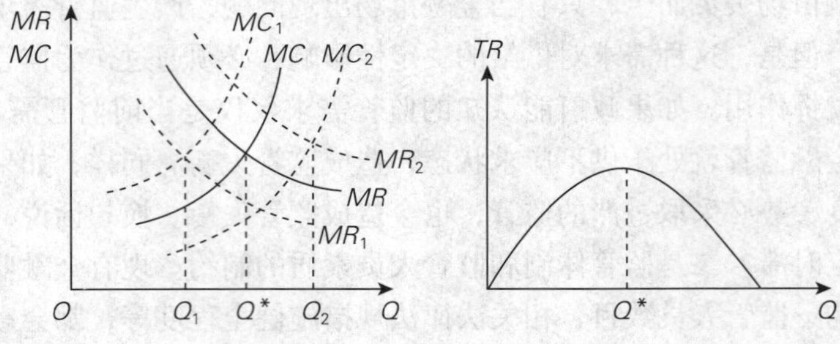

图 2-3　金融监管供求的静态均衡

(2) 动态均衡

上述金融监管的“静态均衡”仅从监管供给角度考虑。事实上，金融监管的均衡必须结合监管需求，进行综合分析。因为，从逻辑上讲，只有在金融活动中产生金融监管需求，才会有金融监管供给。环境变化会引起监管收益曲线和成本曲线的偏移，导致监管需求发生起伏，与此相应，监管均衡强度随之推移。需要指出，由于监管供给主体对监管需求的认知存在时滞，以及金融监管体制、监管素质、监管效率的约束，导致监管的现实供给与需求匹配总是难以“一步到位”，金融监管始终处于动态的均衡调整中（图 2-4）。

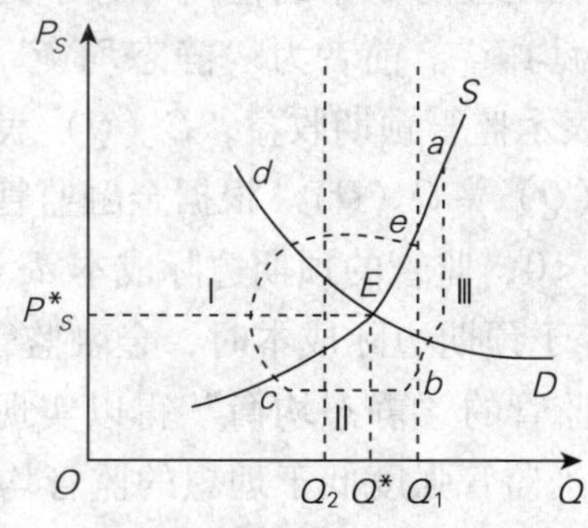

图 2-4　金融监管供求的静态均衡

图 2-4 中虚线用来说明金融监管均衡强度的动态路径。假定初始监管强度为 Q_1，初始供给水平位于 a 处。此情形下，金融监管机构乐于提供的监管显然大于监管需求。为削弱对金融发展的阻碍，政府会放松监管。受认识时滞和其他因素制约，假设经过调整后监管强度降至 Q_2。此时，监管需求大于供给，政府会作出反方向调整，加强管制，使监管水平 c 处向 E 点移动。最终，监管均衡强度在经过 $abcde$ 所示路径变动后后会逐渐达到 E 点，E 点对应的监管强度即为上述静态均衡的均衡强度 Q^*。

3. 金融监管制度的非均衡分析

金融监管制度均衡状态实质上包括两层含义：一方面，现行金融监管制度能够保证金融体系的稳定和安全，金融业的运行仍在可控制范围之内，全部被监管者不存在“怨言”或者处于可以“容忍”的水平；另一方面，虽然金融环境出现了新的变化，但是改变现有制度安排的成本超过了潜在利益。金融监管制度非均衡则表明现行金融监管制度不能实现上述均衡，存在帕累托改进的可能。

根据金融监管供求强度函数的交叉特征，可以将金融监管供求关系大致划分为三个区域：Ⅰ供给不足、Ⅱ供求动态调整、Ⅲ供给过剩，分别与图3－4中的Q_2左侧、Q_2到Q_1之间、Q_1右侧对应。其中，与区域Ⅱ对应的金融监管制度处于均衡状态；区域Ⅰ所示供给不足和区域Ⅲ所示供给过剩均属于金融监管制度的非均衡（失衡）。

从供求平衡来看，导致金融监管制度非均衡的原因主要有以下方面：其一，金融监管的最初选择不是最优，在可供选择的金融监管制度方案中，仍有比现行安排更有效的金融监管制度结构。其二，新的更有效率的金融监管制度安排，既可以在内部产生，包括由金融机构自律制度安排中发展演变，也可以是外部输入。其三，金融环境的变迁，经济金融业经营的新要求，使现实金融业不能高效稳健发展，原有金融监管制度安排的适应性丧失，从而使金融监管制度的原有均衡状态被打破。其四，前文所述影响金融监管需求和供给的具体因素发生变化。

（二）文献综述

1. 国外研究文献

有关政府的金融管制，在历史上可以追溯到17世纪初英国著名的“南海泡沫”案、18世纪初法国的“密西西比泡沫”事件，甚至更早的法国“郁金香狂热”。1720年6月20日生效的英国《泡沫法》可以说是世界金融史上政府正式实施金融管制的一个标志。Sandon（1802）最早涉足金融监管，他指出，商业票据不断贴现将导致信用规模成倍扩张，为了避免银行挤提实施货币信用管制十分必要。20世纪30年的“大危机”后，金融监管研究成为重要领域。Ralph George Hawtrey（1932）认为，引起“大危机”的主要原因是货币管理失误，其他原因均次要，他指出，中央银行必须有效管理信用，才可以实现经济稳定，同时，就抑制信用不稳定提出了补救方案。John Maynard Keynes（1936）在《就业利息和货币通论》中指出，经济周期变动的主要原因是资本边际效率的循环变动，典型的金融危机往往不是利率上涨，而是资本边际效率的突然崩溃。金融危机产生不只是投资过度问题，而是投资的环境不稳定、不持久，因此，必须引入政府的宏观调控以弥补市场失灵，在金融领域对金融活动进行监管。在此基础上John K. Galbraith

(1939)进一步指出，自由放任政策已不合时宜，管制、调节和计划才是这个时代的迫切需要。认为，经济体系的自我改进已没人相信。不平衡发展、不均等和无规律的技术革新，对环境的侵蚀、对个性的置之不顾、对政府拥有的权力、通货膨胀和行业间的缺乏协调，在国家体系中已根深蒂固。E. F. Lundberg（1944）继承了Knut Wicksell的思想，采用时间序列分析法，分段研究经济发展过程，指出，经济周期的形态和时间长度在大多数工业国家类似，国民生产总值增长比较平稳主要是由于政府稳定的经济政策。从实证角度揭示了政府监管的有效性，为各国经济监管的推行奠定了实践基础。Lionel Robbins（1947）在《和平与战争时期的经济问题》中主张“改进”国家干预，在市场经济周围建立法律和制度体系，让市场机制在这个体系中发挥作用。Charles P. Kindleberger（1953）的理论框架将金融危机过程详细透视，将发生于“大危机”归因于国际最后贷款人机制的缺乏，强调政府金融监管必不可少。Milton Friedman（1956）建立了货币需求函数进行了实证分析，结果表明货币需求函数具有极大的稳定性，认为货币政策的严重失误是罪魁祸首，为金融监管提出了新的思路。Stigler（1971）的研究发现，政府监管也存在着“失灵”，政府由独立利益的人组成，当按照自身利益最大化行使公共职能时，难免发生低效现象。Peltzman（1976）认为，金融监管是利益集团政治斗争的产物，利益集团是金融监管的需求者，政治决策机构是监管制度的供给者。Reid（1981）从动态角度的分析认为，金融监管的发展历程是：为公众利益初建监管机构→管制当局被动反映管制集团的利益→管制机构取得自我控制和独立性，即认为管制具有很强的自我实现性。随后，Kane（1981，1984，1994）建立了“规避管制”理论和动态博弈模型，指出金融创新与金融监管存在密切联系，金融机构与监管当局之间存在“管制—创新（规避管制）—放松管制或再管制—再创新”的动态博弈过程，强调金融监管制度设计必须根据不断变化的社会经济环境相应改变，否则，要么压抑金融发展，要么牺牲金融稳定。

进入20世纪90年代，金融全球化加深使金融监管的研究更加注重实践与操作层面的完善。Thomson（1990）和Kaufman（1996）通过分析指出，如果缩小存款保险范围使政府监管与市场约束结合，将改善金融监管效率。Keeley（1990）和Demsetz等人（1996）的实证研究发现，银行业特许权对谨慎性监管有显著影响，特许权价值降低将增加银行投机的激励，从而导致资产配置风险的增加，竞争将导致特许权价值的降低。Boot和Thakor（1993）认为，银行监管者一般追求自身利益而不是社会福利，并将监管者自身利益假设为合格监管者的声誉，监管者容易满足于自己声誉最优。由于监管者监督银行资产选择的能力存在不确定性，将引起监管偏离公众最优化目标，出现监管政策扭曲。Merton和Bodie（1993，1995，2000）提出了功能监管理论，认为金融功能比金融机构更稳定，金融功能优于组织结构。为此强调，基于功能观的金融体系比基于机构观的金融体系更便于金融监管。Kane（1994）认为，恢复市场纪律的核心任务在于向社会和监管者提供金融机构、存款保险机构、监管部门及时准确的信息。Flannery（1998）进一步论证了Kane（1994）的观点，指出，如果金融监管能够充分运用市场信息，将会显著改善监管水平。因为市场信息与监管信息系统结合可以缩短认识和行动时滞。更进一步，Hon Chu（1999）的实证分析得出，自由（以市场约束为主）银行体系并不比受监管的银行体系更容易失败。从解决市场信息不对称的问题来看，存款保险和最后贷款人制度在防止银行危机方面不是必需的，在自由银行体系中，好银行有激励保持充足的资本数量并向市场传递质量的信息。Hovakimian 和 Kane（2000）将Merton 的单期存款保险期权模型扩展为无限展期的股东收益模型，据此对美国1985－1994 年的商业银行风险转嫁和资本监管有效性进行了实证分析，结果表明，商业银行资本监管并未有效阻止风险转嫁问题，而且，由于转嫁风险给银行业带来了大量的政府补贴，诱发了风险转嫁激励。20 世纪 90 年代以后，金融监管的研究更加注重实践层面和国际合作。Morrison 和 White（2004）研究认为，只有在各个监管者的能力差异不大的情况下，实施统一的资本监管标准才是全球最优的选择。Nouriel Roubini（2006）指出，由于美国金融监管存在漏洞，房市、石油市场将会受到冲击、消费者信心将急剧下跌，美国将最终陷入一场严重的危机之中。Goodhart 和 Persaud（2008）通过分析美国次贷危机，对当前全球金融监管提出了具体的改善建议。英国 FSA（2009）发布报告，计划从提高资本充足率、加强流动性监管、建立反周期“反冲基金”等方面改革现有金融监管体系。G20（2009）发表了正式公报将采取行动为未来的金融业建立更加强有力的、更加具有全球一致性的监管框架。Geithner（2009）提出了自罗斯福新政以来最为全面的金融市场监管改革方案，计划重整美国金融监管体系。欧盟委员会（2009）在对冲基金的公众咨询中强调加强监管对冲基金和私募股权投资基金。

2. 国内研究文献

我国学者对金融监管的理论研究起步于 20 世纪 80 年代，90 年代形成一些有影响的学术思想。汪曙霞（1994）在《银行监管度管理与资本充足性管制》中对金融监管进行了从理论到实证的全面分析，着重研究了《巴塞尔协议》下的资本充足性监管的有效性及对中国金融监管的适用性。任瑞新（1999）从金融交易入手，对金融监管制度的存在根源进行了分析。潘英丽（1999）指出，放松监管与加强监管之间的失衡导致了金融机构道德风险问题的出现，因此应注重在放松监管的同时建立正确的激励与约束机制黄金老（2000）从金融自由化与金融稳定角度研究了金融监管的选择，指出金融自由化并不否认金融监管，金融监管恰恰是保证金融自由化成功的一个必要条件。周道许（2000）、厉以宁（2002）和谢伏瞻

(2002) 等人也分别提出，分业监管使得监管部门自成体系，缺乏一套监管协调的联动机制，金融监管支持系统薄弱，使被监管对象有可乘之机，产生分业监管与跨行业违规的矛盾，出现了业务交叉中的监管真空；在分业监管模式下，要加强国内金融监管当局的协调行动。夏斌（2002）针对金融控股公司发展提出了功能金融监管体制的观点。吴风云（2002）对统一监管模式和多边监管模式进行比较研究，认为二者本身没有孰优孰劣之分；采取哪一种组织模式，在一定程度上取决于某国对某一监管模式的偏好。李雅珍（2003）考察了全球金融混业经营背景下美国、英国及澳大利亚等国的监管模式变革，据此分析我国金融混业经营趋势，认为我国应完善有效监管框架，提出设立一个总监管者的构想。周伟（2003）建立了一个以金融监管为主体、协调行为为研究对象的理论分析框架。主要包括：监管协调的必要性、协调与独立性的关系、协调的成本—收益分析、协调的现实困难以及协调机制的设计。谢平（2004）对金融监管协调机制提出建议，认为在金融分业经营环境下建立金融监管协调机制非常必要。李成（2006）针对金融开放与我国分业金融监管模式的非对称提出了金融监管协调的设想。刘康华（2007）进一步研究了统一监管模式的优势，并探讨了我国金融监管的创新途径。洪正和周较海(2008) 通过构建银行内部监督模型，研究监管对内部治理机制的替代关系，认为金融监管能够改变银行内部监督机制，产生监管替代。袁野（2008）从审计目标、对象、组织方式、方法和人才培养五个方面提出金融审计在未来五年应着力做好的工作；顾春雷（2008）在分析金融风险特征和国家金融审计优势条件的基础上，提出深入揭露和查处金融违法犯罪行为、不断拓展审计对象和内容、针对重要性金融问题开展专项审计调查三方面的对策建议；苗宇诚等（2008）分析了我国金融审计存在审计目的亟待调整、审计理论落后、审计方法简单、审计范围窄、金融审计法律法规环境不完善、审计人员整体素质有待提高五个方面不足，提出要从调整审计目的、范围、内容，树立风险导向审计理念，优化审计方法、实现金融审计数学化和网络化，加快审计专业队伍建设等方面强化金融审计免疫功能；陈文夏(2009) 从次贷危机成因、教训分析入手，探讨在金融创新趋势下对政府金融审计进行合理定位，在此基础上，提出金融审计充分发挥免疫系统功能的四条途径，即尝试建立多层次的金融预警体系，结合绩效审计和专项审计调查对国内金融创新品种进行风险提示和规范，疏导政策传导机制，清除金融监管盲点，注意与金融监管机构协调配合。

（三）简要评述

金融监管理论脱胎于经济干预理论，金融监管发展基于金融动荡，在发展过程中显示出独立性。综观历史全程，金融监管理论的演化蕴涵着从自由到管制、从管制到放松管制、从放松再到重新管制的内在逻辑，依次经历了“需求理论”（20世纪30－70年代）、“效应理论”（20世纪70－80年代）、“政策理论”（20世纪90年代至今）三大发展阶段。在长期的探索过程中，对金融监管作出阐释的有“公共利益说”“金融脆弱性理论”“供求说”“俘获说”“寻租说”等多种理论，其中，“供求说”以其强的解释力经久不衰。可以说，金融监管呈现着一条以供求为基础的“均衡→失衡→再均衡→……”的发展脉络。从国内外研究现状来看，有关金融监管领域的研究成果较为丰富，极大地丰富和深化了世界各国金融监管实践。然而仔细分析，不难发现以往的研究侧重于金融监管实践与操作层面的完善和创新，而疏于研究和分析金融监管内在制度均衡，忽视金融监管制度框架的创新和完善。尤其是随着当前国际金融危机的爆发，传统的金融监管制度已经暴露出漏洞和缺陷，不能完全适应现代金融发展的客观需要，研究如何构建起“决策、管理、监督”三位一体相互制衡的新型金融监管框架，也凸显出极大的理论意义。

二、我国现行金融监管制度框架分析

（一）我国金融监管制度框架基本分析

东南亚金融危机之后，为确保我国金融体系的安全与稳定，完善金融风险管理体系，我国加快了金融监管体系的改革步伐，对金融监管的组织架构进行了重大调整，相继成立了银监会、证监会和保监会，形成了我国现行的金融监管组织体系，也即以金融行业划分的分业监管模式，银监会、证监会、保监会分别对银行业、证券业、保险业实施监管。“分业经营、分业监管”的优势很明显：一是使各类金融机构的业务更加专业，既可以加强内部管理又有利于货币当局的外部监管；二是可以从总体上提高金融机构的运营质量，降低系统性金融风险；三是有利于明确监管者职责，提高监管的专业化技术，集中控制金融市场风险。然而，随着我国金融体系市场化改革的逐步深入及入世后金融市场的全面开放，金融机构的多元化、国际化经营趋势日益增强，尤其是银行、保险与证券等已经出现了业务之间的相互渗透，同时国内也出现了一些混业经营的金融控股集团，如光大集团控股光大银行、光大证券公司、光大永明保险公司、光大国际信托投资公司等，这些都对我国现行的分业监管格局下的金融稳定性面临严峻挑战。随着金融业的蓬勃发展，银行、证券、保险之间的业务交叉削弱了分业监管的业务基础，使得原有的以机构类型确定监管对象和领域的监管模式难以发挥作用，政府金融审计可以发挥综合监督的优势，在银行、信托、证券、保险业之间资金和业务往来日益密切的情况下，对分业监管模式作出积极有益的补充，降低金融体系的分业监管运营管理模式的系统性金融风险。政府金融审计把金融业作为一个有机的整体进行监督，可以降低不同金融机构业务交叉时监管部门产生的较高的协调监管成本，也可减少多重监管制度对金融创新的阻碍，实现监管规模经济最大化。

根据《中国人民银行法》《商业银行法》《证券法》《审计法》及《银行业监督管理法》等相关法律规定以及我国金融监管实践来看，我国现阶段实行以"一行三会"（中国人民银行、中国银监会、中国证监会、中国保监会）为主的分业监管体制，国家审计机关、社会审计组织、金融机构内部稽核、财政部、国家和地方税务局、司法部门同时具备部分监管职能，它们共同构成了我国金融机构的监管体系框架，如图3-1所示。由于监管重点和监管权力上的差异，上述金融监管架构中的各个监管主体在我国金融监管体系中发挥的作用不尽相同。其中，各自的监管重点和内容也有所不同：①"一行三会"主要对金融机构的市场准入、市场退出、

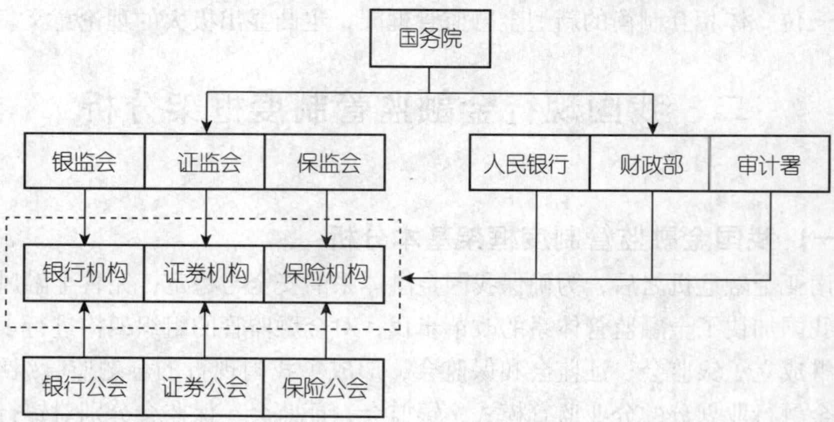

图3-1 我国金融机构的监管体系框架

日常业务及风险状况等进行审批和检查。②社会审计组织主要负责资产验证、机构年检以及确认年度会计报表的合法性、公允性和会计处理方法的适当性等。③金融机构内部稽核即内部审计，主要是检查和评价金融机构各部门内控制度的建立和执行情况。④财政部主要是作为国家金融机构的出资人行使出资人的权力，作为社会管理者制定统一的金融财务会计政策并监督执行，同时承担国有金融机构的部分风险损失。⑤国家审计则对金融机构资产负债表中和表外各个会计科目的真实性、合规性和效益性进行审计。相比较而言，过去由中国人民银行及时分支机构所从事金融监管，由于与当地政府存在各种利益关系，无法处于客观独立地位，在一定程度上影响金融监管的客观公正性。目前我国许多金融机构的内部稽核部门层次不高，权威不够，没有真正发挥其应有的作用。社会中介机构出于自身生存的需要和扩展市场业务和份额的要求，要向被审计单位收取服务费用，与被审计单位存在经济利

益关系，也很难十分公正地揭露问题。财政部门和税务部门由于监管的重点和中心不同，往往难于系统、彻底地对金融机构进行全面监管。而占我国金融市场份额达60%的四大国有独资商业银行以及交通、光大、中信、招商等股份制银行的审计工作全部由审计署及驻各地的特派员办事处来承担。此外，银行、证券、保险、外资金融机构同业公会，以及这些同业公会按不同专业门类成立的专业协调委员会，在自律公约、执业标准、诚信体系建设等方面，形成对监管部门的有效补充。

1. 中国人民银行的监管职能

1995年3月，我国根据当前金融监管体制的现状，修改了《中国人民银行法》。根据修改后的《中国人民银行法》的规定，中国人民银行的职责有：发布并履行企职责有关的命令与章程；依法制定和执行货币政策；发行人民币，管理人民币流通；监督管理银行间同业拆借市场和银行间债券市场；实施外汇管理、监督管理银行间外汇市场；监督管理黄金市场；持有、管理、经营国家外汇储备、黄金储备；经理国库；维护支付、清算系统的正常运行；指导、部署金融业反洗钱工作，负责反洗钱的资金监测；负责金融业的统计、调整、分析和预测；作为国家的中央银行，从事有关的国际金融活动；国务院规定的其他职责等。特别是2003年银监会成立后，中国人民银行仍然保留两项监管权，即监督管理银行间同业拆借市场和银行间债券市场、外汇市场、黄金市场以及防范和化解系统性金融风险，维护国家金融稳定。这主要是为了更好的保证其稳定货币的职能，防范金融机构的系统性风险。

2. 银监会的监管职能

2003年银监会成立。这标志着我国将中国人民银行的宏观调控职能和银行监管职能分开，在中央银行履行货币政策和银行监管双重职能之间形成有效的制衡和互补，提供了相应的体制约束和保障。2003年4月28日银监会正式履行职责。2003年12月27日十届人大常委会第六次会议通过了《中华人民共和国银行业监督管理法》。根据中国银行业监督管理委员会公告2003年第1号，银监会的主要职责有：制定有关银行业金融机构监管的规章制度和办法；审批银行业金融机构及分支机构的设立、变更、终止及其业务范围；审查银行业金融机构实行现场和非现场监管，依法对违法违规行为进行查处；审查银行业金融机构高级管理人员任职资格；负责统一编制全国银行数据、报表，并按照国家有关规定予以公布；会同有关部门提出存款类金融机构紧急风险处置意见和建议；负责国有重点银行业金融机构监事会的日常管理工作；承办国务院交办的其他事项。根据《中华人民共和国银行业监督管理法》第十五条到第十七条规定，银监会主要职责有：国务院行业监督管理机构依照法律、行政法规制定并发布银行的金融机构及其业务活动监督管理的规章规则；依照法律、行政法规规定的条件和程序审查批准银行业金融机构的设立、变更和终止以及业务范围；申请设立银行业金融机构变更持有资本总额或者股份总额达到规定比例以上的股东，国务院银行业监督管理机构应当对股东的资金来源、财务状况、资本补充能力和诚信状况进行审查。

3. 证监会的监管职能

为深化改革，建立有效安全的证券市场，同时也为了建立统一的监管体制，国务院决定撤销国务院证券委，于1998年5月18日由“中国证券监督管理委员会”专门负责全国证券、期货市场的监管。证监会的主要职责有：研究和拟定证券期货市场的方针政策、发展规划，起草证券期货市场的有关法律、法规、规章；统一管理证券期货市场，按规定对证券期货监督机构实行垂直领导；监督股票、可转换债券、证券投资基金的发行、交易、托管和清算；批准企业债券的上市；监管上市国债和企业债券的交易活动；监管境内期货合约上市、交易和清算；按规定监督境内机构从事境外期货业务；监管上市公司及其有信息披露义务股东的证券市场行为；管理证券期货交易所及其高级管理人员；管理证券业协会；监管证券期货经营机构、证券投资基金管理公司、证券登记清算公司、期货清算机构、证券期货投资咨询机构；与中国人民银行共同审批基金托管机构的资格并监管其基金托管业务；制定上述机构高级管理人员任职资格的管理办法并组织实施；负责证券期货从业人员的资格管理；监管境内企业直接或间接到境外发行股票、上市；监管境内机构到境外设立证券机构；监督境外机构到境内设立证券机构、从事证券业务；监管证券期货信息传播活动，负责证券期货市场的统计与信息资源管理；会同有关部门审批律师事务所、会计师事务所、资产评估机构及其成员从事证券期货中介业务的资格并监管其相关的业务活动；依法对证券期货违法违规行为进行调查、处罚；归口管理证券期货行业的对外交往和国际合作事务；国务院交办的其他事项。

4. 保监会的监管职能

我国的保险业过去一直由中国人民银行负责监管，1998年我国成立了保险监督管理委员会，负责全国商业保险的监管。保监会的监管职责主要有：拟定有关商业保险的政策法规和行业发展规划；依法对保险企业的经营活动进行监督管理和业务指导，维护保险市场秩序，依法查处保险企业违法违规行为，保护被保险人利益；培育和发展保险市场，推动保险业改革，完善保险市场体系，促进保险企业公平竞争；建立保险业风险评估与预警系统，防范和化解保险业风险，促进保险企业稳健经营与业务的健康发展。

（二）政府审计机关的金融监管职能

近年来，我国金融审计始终围绕党中央、国务院关心的金融核心问题开展工作，始终将维护金融安全、防范金融风险放在重要位置，在促进银行加强管理，完善制度，防范风险方面发挥了很好的作用。刘家义审计长表示，在当前的社会经济大背景下，政府审计以保障经济平稳较快发展作为重中之重，要进一步发挥审计的“免疫系统”功能，保障国家的经济安全，包括财政安全、金融安全、民生安全、资源环境的安全、国有资源和国有资产的安全等。

1. 金融审计的范围和主要对象

根据我国现行的《中华人民共和国审计法》的相关规定，我国金融审计的主要对象和范围包括：①中央国有金融机构和国务院规定的中央国有资本占控股或主导地位金融机构的资产、负债、损益情况；②中国人民银行、国家外汇管理局的财务收支；③中国银行业监督管理委员会、中国证券监督管理委员会和中国保险监督管理委员会预算执行情况；④中央国有金融机构和国务院规定的中央国有资本占控股或主导地位金融机构的主要负责人实施经济责任审计。从我国各大中资金融机构股权结构来看，各级政府都占相当比重，国家审计代表政府对国有金融机构进行审计，促进国有资产保值增值，是《审计法》赋予的权力。根据《审计法》第二条规定，“国务院各部门和地方各级人民政府及其各部门的财政收支，国有的金融机构和企业事业组织的财务收支，以及其他依照本法规定应当接受审计的财政收支、财务收支，依照本法规定接受审计监督。审计机关对前款所列财政收支或者财务收支的真实、合法和效益，依法进行审计监督。”以及第十八条“审计署对中央银行的财务收支，进行审计监督。审计机关对国有金融机构的资产、负债、损益，进行审计监督。”《审计法实施条例》第十九条规定，《审计法》第二十一条所称国有资本占控股地位或者主导地位的金融机构，包括：①国有资本占金融机构资本（股本）总额的比例超过50%的；②国有资本占金融机构资本（股本）总额的比例在50%以下，但国有资本投资主体拥有实际控制权的。基于这一前提，国家审计全面参与我国的金融监管得以成为现实，这也是我国与西方发达国家在国家金融审计的显著区别和独特优势。

从我国金融审计实践来看，大体上经历三个阶段，1983~1998年对金融机构财务收支审计阶段、1999—2001年以信贷资产质量真实性为主线的资产负债损益审计阶段，以及2002年至今的对金融机构风险、管理、效益情况审计阶段。从这三个审计阶段的情况看，金融审计在揭露金融机构经营管理中重大违法违规问题和经济犯罪线索，惩治腐败促进廉政建设等方面发挥了很好的作用。各地审计机关在对地方商业银行，信用社以及证券公司等金融机构审计中也发挥了很好的作用，具体表现在：一是惩治了一批贪污腐败分子，挽回了巨额国家资产损失，也通过审计的震慑力保护了一批干部。二是通过揭露商业银行信贷资产质量真实性存在的突出问题，对防范经营风险起到了很好的作用。三是对维护经济金融秩序，推动金融机构内部改革也发挥了一定的促进作用。国家审计不仅可以对金融机构进行审计，而且还具有对人民银行、银监会和社会审计组织等进行审计监督的职能，也就是具有对监管者进行监管的职能。这是其他几个部门所不具备的。这一职能的意义在于可以对监管当局履行监管职能的情况进行检查和调查，控制监管者的道德风险。国家审计依据法律赋予的权力，有职责也有能力担任这一角色。一方面，国家审计不仅可以对金融机构进行审计，而且还可以对其他单位和企业进行审计。另一方面，国家金融审计具有较高的法律地位，依照法律行使职权，对发现的各种经济违规问题和行为可以直接纠正和制裁，监管及时有效，国家金融审计提出的意见和建议也容易引起高层的关注，能够有效地健全和完善我国现行的金融法规体系。

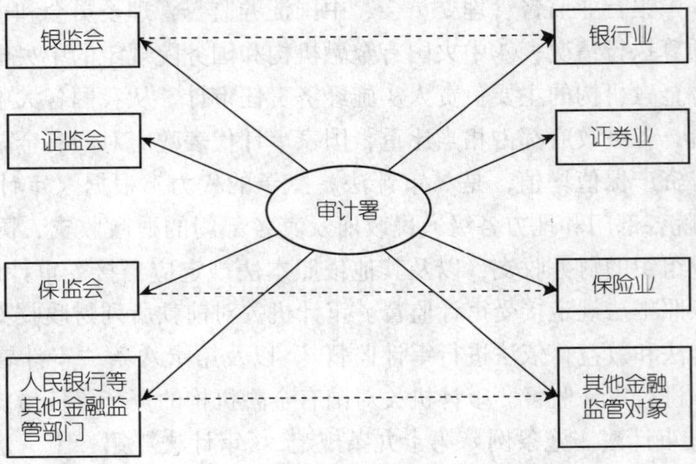

图 3-2　政府审计在金融监管中的作用

2. 金融审计的重点

近年来，金融审计作为政府审计的重要组成部分，围绕党和政府的中心工作开展审计监督，在深化金融改革，防范金融风险、强化金融管理、打击金融领域违反犯罪活动等方面发挥了重要作用，金融审计的重点也由最初的财务收支审计转变为向资产负债损益审计。对商业银行进行审计是审计署每年都会进行的常规检查工作，围绕着宏观经济的重点和促进发展的主线，以促进适度宽松货币政策的贯彻实施、维护金融安全、服务金融改革为目标，金融审计将不断强化。审计署审计长刘家义指出，2009 年金融审计要重点检查金融机构执行中央促进经济发展政策措施的情况和效果，关注金融机构资产质量、经营绩效和监管状况，推动金融机构深化改革，强化基础管理、内部控制和风险防范；严肃揭露和查处金融领域重大违法违规问题，维护金融秩序和金融市场的稳定。在搞好中央金融机构审计的同时，依法加强对区域性商业银行、农村信用社和地方证券公司等的审计，密切关注小额贷款公司和村镇银行的发展及经营风险。审计署在 2009 年 5 月 18 日发布的《关于中央保持经济平稳较快发展政策措施贯彻落实的审计情况》中就对银行信贷流向进行了关注。具体来说，金融监管的重点主要包括以下几个方面：

（1）对人民银行及银监会、证监会、保监会的金融审计监管

其中，在对人民银行财务收支的审计中，通过揭示人民银行财务管理和预算执行中存在的不合规不规范问题，反映人民银行现行会计制度对货币政策的影响制约因素，检查国库管理中与提高财政资金使用效益不相适应问题，延伸调查农村信用社支农惠农体制机制问题，促进人民银行进一步规范财务收支行为，改进财务核算和国库管理中存在的不规范问题，不断提高绩效管理水平。在对银监会、保监会、证监会等金融监管机关，通过开展对预算执行的真实、合规性审计，促进其完善财务管理、提高资金使用效率。

（2）对国有、国有控股或占主导地位的商业银行的审计

国有、国有控股或占主导地位的商业银行深化改革、完善公司治理、强化内部管理和转换经营机制的金融审计监管。其中，对商业银行的审计主要是围绕落实党中央、国务院关于宏观调控及从紧货币政策的要求，揭示流动性过剩，反映银行经营管理中存在的突出风险和薄弱环节，从体制、机制、制度层面分析问题并提出改进和完善的建议，促进金融机构安全高效稳健运营，推动深化金融改革，在维护国家金融安全中发挥建设性作用。对政策性银行的审计，主要在核实开行各项资产质量和财务盈亏真实状况的基础上，着力揭示政策性银行信贷业务风险隐患及管理薄弱环节，促进其规范经营，提高管理水平和增强抗风险能力，提出深化我国政策性金融和投融资体制改革的政策建议。

（3）对证券、保险等金融行业的审计

在目前“分业经营、分业监管”格局下，充分发挥出金融审计综合性监督的特点，通过揭示金融监管中的盲区和死角，综合反映以商业银行为主体，包括证券、保险、信托等金融行业存在的系统风险，在金融改革方面发挥建设性作用。

（4）对农村信用社等地方金融机构的审计

充分发挥金融审计在促进社会主义新农村建设方面的作用。目前，信用社等地方金融机构发展较快，资产规模也不断扩大，但资产质量不高，违法违规现象尚未得以有效遏制，案件数量居高不下等问题在一些地区表现较为突出。为此，要大力推动地方审计机关在地方政府支持下开展对信用社等地方金融机构的审计，切实维护地方金融安全、防范金融风险、促进地方金融稳定。

3. 金融审计的主要路径

从我国金融审计实践来看，审计机关在揭露并惩处金融机构各类违纪现象、约束其依法经营、加强管理等方面都起到了重要作用。国家审计不仅可以对金融机构进行审计，而且还具有对人民银行、银监会和社会审计组织等进行审计监督的职能，也就是具有对监管者进行监管的职能。这是其他几个部门所不具备的。这一职

能的意义在于可以对监管当局履行监管职能的情况进行检查和调查，控制监管者的道德风险。国家审计依据法律赋予的权力，有职责也有能力担任这一角色。同时，国家审计不仅可以对金融机构进行审计，而且还可以对其他单位和企业进行审计。国家审计可以发挥整体优势，对金融机构外部引起金融风险的一些因素进行控制，这是银监会和内部稽核所不具备的。国家金融审计具有较高的法律地位，依照法律行使职权，对发现的各种经济违规问题和行为可以直接纠正和制裁，监管及时有效。同时，国家审计还是高层次经济监督部门，在审计查证和处理各类经济问题时，接触和了解国家及地方各级政府大量各类现行法规，容易发现需要改进和完善的地方。国家金融审计提出的意见和建议也容易引起高层的关注，能够有效地健全和完善我国现行的金融法规体系。国家审计工作人员在会计知识和技能方面具有“一行三会”所不具有的天然优势，对金融机构进行监管的首要目标是审核金融机构财务会计资料的真实性。由于法律授予审计机关较强的检查取证权力，能够深入审查和了解借款企业的经营情况和财务状况，全面了解信贷资金的使用情况，就审计所涉及的问题对有关单位进行跟踪调查，因此能够有效弥补内部稽核和社会审计组织的局限性。

金融行业作为国民经济的核心，金融安全是保证国家经济安全的“防火墙”，它关系到国家经济与社会的整体发展。作为我国国家审计重要内容的金融审计一直对国有资本占控股地位或者主导地位的银行或者非银行金融机构进行着监督，披露真实、客观的金融运行信息，评价金融安全程度，为金融管理部门的决策提供信息服务。因此，金融审计一直充当着国有资产安全、完整、有效的“卫士”，维护正常经济秩序打击经济领域各种腐败行为的“勇士”，协助政府搞好经济运行宏观决策的“谋士”，只不过在不同阶段，这些作用发挥的程度不同而已。1998 年以来，审计署提出了金融审计必须坚持“全方位、分层次、抓重点”的指导方针，明确提出金融审计的重点就是“防风险”，即要针对当时金融领域普遍存在资产质量不高、风险隐患大等问题，把检查和监督金融机构资产质量作为审计监督的重点，促进金融机构最大限度地防范和化解金融风险，维护国有资产的安全和有效。近年来，金融审计作为政府审计的重要组成部分，围绕党和政府的中心工作开展审计，在深化金融改革、防范金融风险、强化金融管理、打击金融领域违法犯罪活动等方面发挥了重要作用，逐步实现了从财务收支审计向资产负债损益审计的转变，在审计目标、审计内容、审计方式及审计手段等方面实现了历史性的重大转变。在金融审计组织方式上，适应国有金融机构一级法人制度的建立，由“各自为战”的组织方式向“五统一”（统一计划、统一方案、统一实施、统一处理和统一考核）的组织方式转变，即“以总行审计为龙头，以银行客户为中心，以资金流为导向”的审计组织方式。目前，各大银行实现数据大集中，金融审计以总行为龙头开展审计，在总行通过对全国数据的分析，确定重点地区、重点问题，实施“精确打击”，提高了审计效率和审计质量。

（三）我国金融监管制度存在的主要问题

金融危机对一国经济运行的影响是多方面、多层次、多角度的。金融审计内容也由此变得复杂，牵涉到多个经济层面、部门和行业。我国对金融机构的监督方面有独立的审计监督机构，还有专业监督管理部门和内部审计机构。在金融监管实践中，由于针对金融部门的专业性金融监管与金融审计监管由于各自的主管部门不同，各部门之间相互协调力度较差，缺乏统一规划，或者干脆是各自为战。因而在实际对金融部门监管过程中，往往会出现针对同一个地区、同一个项目、同一套资料，数个部门来进行重复监督。这种各自为战、重复监管现象，不但造成经济资源浪费、监督效率低下、监管成本提高、监管质量不高，同时也使得金融部门疲于应付接踵而来的检查，无法抽出足够的精力、人力、财力和物力去研究如何进一步提高和完善日常管理工作。而且在实际金融监管工作中，监管信息往往也得不到完全广泛的交流和共享，即后面监管的部门无法准确掌握前面监管部门所监管的内容、重点、范围、所查出的违纪违规问题，先进的监管方式、监管理念也无法得到交流。

1. 金融监管制度功能性不足

金融监管制度供给不足，是指制度的供给不能满足社会对新制度的需求从而导致制度真空的存在或者低效率的制度不能被替代。就我国的金融监管制度的现状而言，表现为现有监管制度对混业经营的适应性不足、国际金融监管合作不足、显性存款保险制度缺乏等。

（1）现有监管制度对混业经营的适应性不足

在经济全球化和金融自由化的浪潮中，我国金融市场竞争加剧，各金融机构业务范围逐步扩大，银行、证券、保险经营界限逐渐模糊，混业经营局面日益深化，具体主要表现在以下方面：①出现一批经营混业化的金融控股集团；②银行、证券和保险三行业频繁交叉合作，具体表现为银证合作、银保合作、证保合作；③金融创新产品不断涌现；④外资金融机构参与国内市场竞争。混业经营方式在增加金融效率和市场活跃性的同时，也带了更大的风险，这就要求金融监管当局不但投入更多的人力、物力、财力而且要扩大监管范围，以达到预期的监管目标。在金融混业经营的情况下，统一监管通常会带来（相对分业监管而言）较高的收益和较低的成本。实行统一监管具有如下好处：提高金融市场效率；改善金融监管效率；更公平地保护投资者的利益；增强货币政策的整体效力。在分业监管的情况下，难以避免的监管真空、政府监管和部门间协调的困难将导致监管成本的上升和收益的下降。并且，随着混合产品类的增加，分业监管所导致监管真空和重复监管的情况越来越难以避免，部门间协调的困难也越来越大，其成本上升和收益下降的趋势也将加剧。

（2）国际金融监管合作功能不足

就银行监管来说，巴塞尔银行监管委员会于2001年5月发布了《加强银行监管者之间合作声明书的基本要素》。声明书认为，有效的监管合作必须具备四大基本要素：信息分享、现场检查、信息保护和持续协调。在授权和颁发执照过程、持续监管活动和处理有问题的金融机构时，东道国监管机构应该与母国监管机构做到信息共享，互相提供监管信息。相互通报对跨境机构运作产生重大影响的变化事项，相互通报对跨境机构采取重大行政处罚措施与其他强制行为。在母国和东道国监管机构进行现场检查的时候更需要加强两者之间的合作，促进两国监管机构人员的交流和培训，建立定期磋商机制。目前，中国在同国际监管组织和各国金融监管当局的合作日益加强，但是，面对当今金融国际化形势下的繁重的金融监管任务，这种水平显得还很不够。国内监管部门必须与美国货币监理署、联邦存款保险公司、联邦储备银行、日本银行（日本金融监督厅）、英国金融服务管理局等国外监管机构加强工作联系，进行监管信息交流，共同承担对中国外资银行的监管任务。同时，也要加强与国外成熟市场经济国家的监管机构的交流与合作，借鉴国外先进的银行监管理念和技术、方法，培育一支熟知国际金融规则惯例、擅长国际监管合作的具有综合素质的监管人员队伍，以全面提高中国金融监管当局对金融业的监管水平。

（3）缺乏显性完善的存款保险制度

存款保险制度作为银行安全网"三大法宝"之一，它在保护存款者利益、防止银行倒闭、稳定金融体系及促进金融机构公平竞争方面发挥重要作用。尽管理论界对于存款保险制度的作用和必要性的观点存在分歧，但就国际发展趋势来看，鉴于FDIC对稳定美国金融体系和保护存款人利益等方面的明显成效，尤其是20世纪80年代以来，世界上相继发生了一系列银行危机与货币危机，促使许多国家政府在借鉴国外存款保险制度的基础上，结合本国实际，着手建立或改善已有的存款保险制度。而且，无论发达国家还是发展中国家，强制要求所有存款机构全部加入保险体系的越来越多并成为主流形式。我国尚没有以法律形式明确建立存款保险制度。

2. 金融审计监督职能未得到充分发挥

随着金融业的蓬勃发展，银行、证券、保险之间的业务交叉削弱了分业监管的业务基础，使得原有的以机构类型确定监管对象和领域的监管模式难以发挥作用，政府金融审计可以发挥综合监督的优势，在银行、信托、证券、保险业之间资金和业务往来日益密切的情况下，对分业监管模式作出积极有益的补充，降低金融体系的分业监管运营管理模式的系统性金融风险。政府金融审计把金融业作为一个有机的整体进行监督，可以降低不同金融机构业务交叉时监管部门产生的较高的协调监管成本，也可减少多重监管制度对金融创新的阻碍，实现监管规模经济最大化。然而，从金融审计实践来看，金融审计的监督职能还未得到有效发挥。具体表现在：一是从审计机关外部环境来看，尽管政府审计具有一定的独立性，但毕竟我国的金融审计起源于计划经济体制下的严格行政管制，使得金融审计的具体实施受到来自各方面的干预和影响，从而在一定程度上削弱和限制了金融审计的实施效果。二是从审计机关自身来看，由于思想观念与科学发展观还不完全适应，科学审计理念还没有在全国审计系统内部完全牢固树立起来，从而造成依法全面履行金融审计职责还不完全到位，审计保障国家经济社会健康运行的“免疫系统”功能还未得到充分发挥。三是从审计对象来看，可能还存在一定审计盲区。长期以来，金融审计除了对包括“一行三会”在内的金融监管机构加大审计力度外，资源主要集中在对国有资产占控股地位或者主导地位的银行业的审计上，而对证券、保险和其他非银行金融机构审计力度欠佳，虽然近两年这种状况有所改善，但仍存在一定的审计盲区。随着中国金融业对外开放程度日益加深，混业经营将是中国金融改革发展的必由之路。目前，我国金融混业经营的情况屡见不鲜，这意味着金融审计如果仍停留在原审计对象上，就很难满足审计免疫系统功能的需要了。四是从审计内容来看，还存在一定的薄弱环节。具体表现在：①金融审计主要集中在对金融传统业务的审计上，对国际业务和金融创新业务则很少涉及，使得审计机关难以更早地预知金融领域的许多重大的风险。②对金融机构内部控制制度审计不足。如果没有健全完善的内部控制制度，或者虽然有完善的内部控制制度，但相关部门不能有效地执行，企业均会面临巨大的风险。③信息系统审计仍处于初级阶段。由于金融业信息化程度高、操作程序复杂、相关信息的保密性、审计人员业务素质等多种原因，导致目前对金融行业信息系统本身的审计难以开展。④问责制落实的审计力度不足。从历年金融审计中不难发现，目前部分金融审计项目还存在问责制落实不力，对违规人员责任追究不到位、处理不及时等现象。五是审计机关与其他金融监管机构之间协调机制有待于进一步完善。金融危机对一国经济运行的影响是多方面、多层次、多角度的。金融审计内容也由此变得复杂，牵涉到多个经济层面、部门和行业，因此，金融审计与其他专业金融监管的协调就显得尤为重要。我国对金融机构的监督方面有独立的审计监督机构，还有专业监督管理部门和内部审计机构。在金融监管实践中，由于针对金融部门的专业性金融监管与金融审计监管由于各自的主管部门不同，各部门之间相互协调力度较差，缺乏统一规划，或者干脆是各自为战。因而在实际对金融部门监管过程中，往往会出现针对同一个地区、同一个项目、同一套资料，数个部门来进行重复监督。这种各自为战、重复监管现象，不但造成经济资源浪费、监督效率低下、监管成本提高、监管质量不高，同时也使得金融部门疲于应付接踵而来的检查，无法抽出足够的精力、人力、财力和物力去研究如何进一步提高和完善日常管理工作。而且在实际金融监管工作中，监管信息往往也得不到完全广泛的交流和共享，即后面监管的部门无法准确掌握前面监管部门所监管的内容、重点、范围、所查出的违纪违规问题，先进的监管方式、监管理念也无法得到交流。

3. 信息披露和金融立法有待持续改进

信息披露方面，加强金融业的信息公开披露，是目前国际金融监管发展的重要趋势。1997年9月，巴塞尔委员会发布的《有效银行监管的核心原则》指出，应将信息披露作为对银行机构监管要求的一个方面。对于国际性业务活跃的金融机构来说，应允披露的信息须符合质量和范围两个方面的标准。就质量方面而言，金融机构所披露的信息应具有综合性、相关性、及时性、可靠性、可比性和实质性。而所披露信息的范围，一般说来应该包括金融机构的经营业绩、财务状况（包括资产、清偿力和流动性）、风险管策略和做法、风险暴露、会计准则以及基本的运营、管理和该金融机构管理层六个方面。在我国，直到《商业银行信息披露暂行办法》颁布以前，银行业一向被作为严守商业秘密的行业加以保护，报表的秘密性是保护商业银行和客户利益的重要基础。当然，其中也有不良贷款比例较高而不宜公开方面的原因。

我国金融机构经营与监管透明度比国际上通行的惯例存在不少差距，公众应享有的金融信息权力没有受到应有的重视。同时，由于金融机构信息封闭，虚假报告与统计信息盛行，系统性金融风险较大。当金融业开放达到一定程度时，原来没有外来竞争者没有透明度尚可隐藏的一些风险与矛盾就会大量地暴露出来对金融运行产生严重影响，因此，构建国际标准的金融信息披露制度已是刻不容缓。2002年5月21日人民银行发布《商业银行信息披露暂行办法》标志着我国已初步建立了信息公开披露制度。针对我国商业银行风险管理能力较弱，各商业银行要参照国际银行业惯例，不断提高风险管理水平和风险信息的公开披露水平。

在金融监管法律法规方面，虽然我国已有《银行法》《证券法》《保险法》《中华人民共和国金融监督管理法》等多部完善的法律及许多相关法规，但仍存在四个方面的问题：一是现行金融法律过于原则性，缺乏可操作性。这一方面使基层监管机构在金融监管工作中常因为对有些问题界定不清、把握不准而影响了监管工作的权威性和有效性；另一方面也使商业银行和其他金融机构规避法律、打“擦边球”的行为成为可能，并由此形成监管工作中的死角。二是我国现行金融法律制度透明度不高，立法层次低，尤其是服务贸易立法薄弱。三是分业监管体制下，金融监管法律的协同性与整体性监管较弱。四是有关外资金融机构监管的立法不健全。我国现有的关于外资银行监管的法规主要是2002年2月1日施行的《中华人民共和国外资金融机构管理条例》，1996年12月12日公布的《上海浦东外资金融机构管理条例》以及一些指导办法、细则等，它们只是行政法规，法律权威性不够，而其他相关的银行立法对于外资银行的针对性不强。

三、金融监管的国际借鉴

尽管各国金融环境和监管体系迥然各异，但探讨其内在变革路径和规律不难发现一些共同之处。纵观世界经济金融史，各国金融监管体制的变迁在一定程度上也呈现着趋同性特征。我国金融市场起步较晚，与世界上发达国家成熟的金融市场相比，存在着较大的差距，在对市场的监管手段和方式上也存在着显著不同。有鉴于此，深入剖析发达国家金融监管体制的变迁和现有模式，对我国金融监管体制变革有着重要的借鉴意义。

（一）国际金融监管体系架构

1. 各国金融监管组织架构

鉴于七国集团（G7）仍处于国际金融体系的核心，在探讨金融监管的国际经验借鉴时，首先必须对七国集团各个成员国的监管架构有着直观的了解。为简单起见，本文将七国监管体制的基本架构归纳见表4－1。

表4－1　七国监管结构简单示意

成员国	保险	银行/储蓄机构	证券
美国	州保险监管机构 美国全美保险监督官协会（NAIC）	美联储（Fed）、州银行厅 美国货币监理署（OCC） 联邦存款保险公司（FDIC） 美国储蓄机构监理署（OTS）	美国证券交易委员会（SEC） 美国商品期货交易委员会 美国全美证券商协会（NASD） 州证券监管机构
英国	金融服务局（FSA）	金融服务局	金融服务局 财务报告理事会（FRC） （负责财务和审计）
日本	日本金融服务厅（JFSA）	日本金融服务厅 （协同日本中央银行）	日本金融服务厅（协同日本证券交易监督委员会）
德国	德国联邦金融监理署	德国联邦金融监理署 （协同德国中央银行及州银行监管机构）	德国联邦金融监理署
意大利	意大利保险监管署	意大利中央银行	意大利全国公司与证券交易所管理委员会（CONSOB）
加拿大	加拿大金融机构监管署	加拿大金融机构监管署 加拿大存款保险公司（CDIC）	省证券监管委员会
法国	法国保险监管委员会	法国银行委员会 （下属法国中央银行）	法国金融市场管理署（AMF）

2. 国际金融监管组织体系

目前，国际金融监管体系处于分业监管状态。如图 4－1 所示。

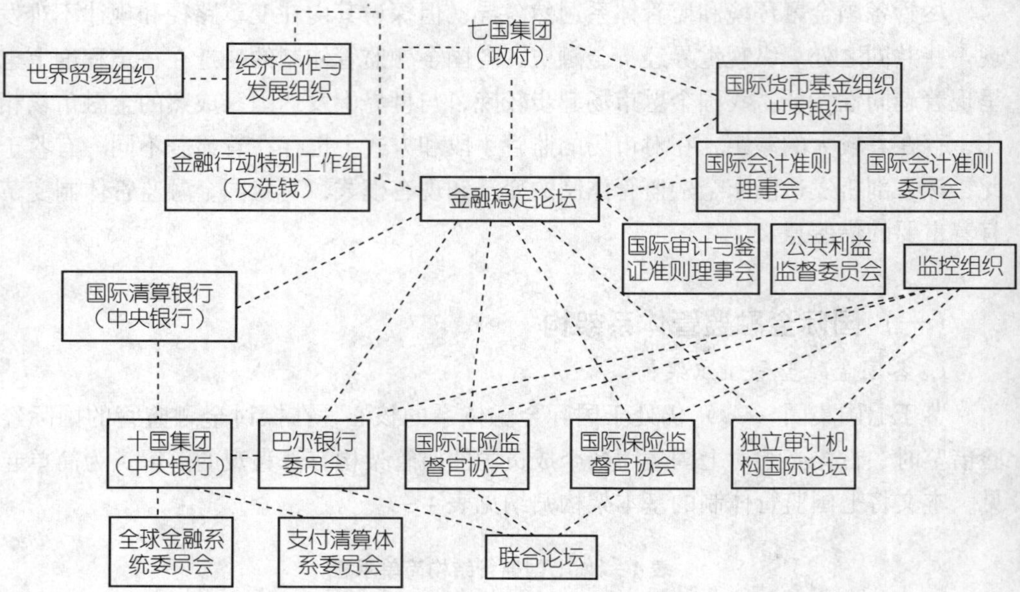

图 4－1　全球金融监管体系架构①

3. 国际金融监管体制变迁趋势及原因

随着各国金融自由化、国际化的不断加深，金融制度“趋同化”的特征愈来愈明显，各国的金融监管体制逐渐从分业监管走向统一监管的道路。20 世纪 80 年代以前，主要发达国家的金融监管体制采取分业监管；80 年代后期，为了适应金融创新与金融发展的需要，一些国家开始注重统一监管标准。

1997 年，英国将英格兰银行、证券投资委员会和其他金融自律组织合并成立了新的非央行的全能金融监管机构——金融服务局，并在 2000 年颁布的《金融市场与服务法案》中给予了法律上的确认。1998 年，日本对监管体系进行了重大改革，成立了独立行使金融监管权利的机构——金融监督厅，统一负责对各类金融机构的监管。2000 年 7 月，金融监督厅改名为金融厅，接受了原大藏省检查、监督和审批备案的全部职能，完成了从分业监管到统一监管的过渡。美国在坚持其“伞式”功能监管的基础上，也做出了统一监管主体的尝试。由美联储授权芝加哥

① Sloan and Fitzpatrick in Chapter 13, The Structure of International Market Regulation, in Financial Markets and Exchanges Law, Oxford University Press, March 2007.

期货交易所设计了统一美国监管主体，成立联邦金融监管局（FFRS）的构想。这说明美国政府对金融监管机构的一体化已有所考虑。法国、意大利、德国等国家，在欧洲央行成立后，实行的仍是分业监管模式，但是目前法国也在酝酿对金融监管体制的改革。拟将分业监管的四大监管部门银行委员会、证券委员会、保险委员会、金融市场委员会合并为统一的全国金融委员会。

根据1999年英国大卫T·卢埃林（David Liewellyn）教授的研究，全球各国金融业监管体制仍然以分业监管和混业监管最具代表性和典型性。而受到金融全球化、国际化，金融混业经营及金融创新的影响，采取分业监管体制的国家正日趋减少，各国的金融监管体制正逐步向统一监管或部分统一监管转变，在被调查的73个国家中采取这两种监管体制的国家占总数的52%。

引起国际金融监管体制改革的原因，一个合乎逻辑的解释是在金融开放条件下，所带来的金融中介结构与功能的改变，以及相应的金融运行系统的变化。

第一，随着金融对外开放程度的加深，外资金融机构为了实现利润最大化、业务国际化的经营目标，增加对东道国金融活动的参与，致使东道国外资金融机构的数目大量增加；同时本国金融机构通过兼并或增设、新设分支机构等方式，向国外延伸。基于货币政策与金融监管效率的考虑，金融中介的多元化、国际化和复杂化的结构性改变，使得中央银行难以“身兼两任”。

第二，20世纪90年代后，随着金融创新的活跃和信息技术导致的交易费用和契约转换成本的大大降低，银行与非银行机构之间、存款业务与投资银行业务之间的界限逐渐模糊。同时在各国政府放松金融并购法律限制的条件下，银行与非银行横向并购的浪潮迭起，由此导致跨越银行、证券和保险的金融航母的出现、这对传统的多边监管模式提出了新的挑战。

第三，在某种意义上，金融创新是规避金融监管的产物，金融自由化是对金融创新的一种准许和确认，在金融开放条件下，境外金融机构的准入及其对国内金融的示范效应，推进了金融创新的程度和速度，由于新的金融工具和金融服务具有综合性的功能特点，难以确认其功能属性，多边监管体制下，监管权属之争不可避免，其结果可能出现监管的“真空”或重叠。

第四，由于金融开放条件下金融中介活动具有国际化全能化的特征，尤其是实行全球化经营战略的跨国金融机构的发展，单个国家的金融监管已不能有效控制其经营风险，迫切需要加强各国金融监管当局、国际金融组织之间的合作。在此框架下，制定统一的风险监测和控制体系，有利于提高各有关国家金融监管的效率，保证全球金融体系的稳健运行。

(二) 部分发达国家金融监管体制及其变革

1. 美国金融监管体制及其变革

美国现行金融监管体制属于典型的分业监管体制，奉行所谓的“伞式+功能”双线多头，强调分权制衡。所谓双线多头，是指中央与地方同时享有监管权力，分别设置金融监管机构，各监管机构在职能上独立，互不干涉。所谓“伞式+功能”，即赋予联邦储备体系牵头监管者地位，各级监管机构作为功能监管者实行金融监管。

在“伞式”模型下，位于中央级的监管者主要有：联邦储备体系（Federal Reserve，FRS）、联邦存款保险公司（Federal Deposit Insurance Corporation，FDIC）、货币监理署（Office of the Comptroller of the Currency，OCC），主要职能为对银行资本金或资产质量进行监管。位于州一级的监管者主要有：州银行监督局、储贷监理署（OTS）和保险监理署（SIC），分别监管各州立银行和金融机构，并服从 FRS 的统一调度，如图 4-2 所示。

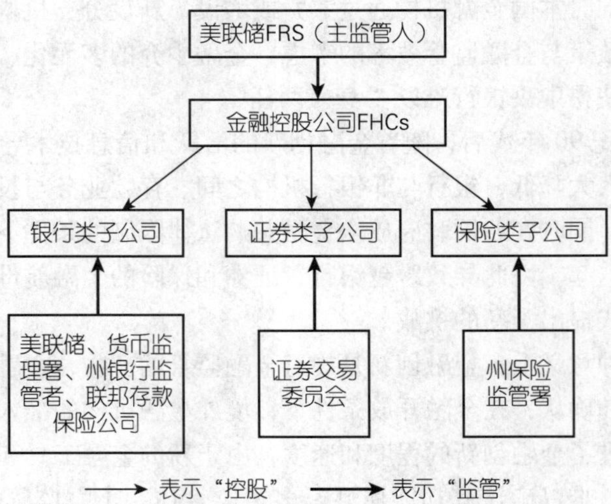

图 4-2 美国“伞式”监管模式

美国双线多头分业监管体制，一方面是因为美国政治上的分权，另一方面则是在历次金融危机中不断修正的结果。这种纵横交错的立体监管模式从多角度监督、控制和调整着金融机构的经营行为，能够有效地防范和化解金融风险。然而，2007年次贷危机引发全球金融危机后，这种功能型分业监管模式再次受到严峻挑战。

2007 年美国财政部长亨利·保尔森呼吁重新检查美国的金融监管体系，以便更好地处理保护投资者与增强市场竞争性的关系。随后，保尔森宣布美国财政部将于2008年初设计一套美国金融监管机构改革方案。2008年3月31日，美国政府公布了长达218页的金融监管改革蓝图。2009年6月17日，美国政府正式公布全面金融监管改革方案，其中包含两大核心措施，一是进一步加强美国联邦储备委员会的权力；二是考虑设立消费者金融保护局，以更好地保护消费者和投资者权益。

金融危机后，美国金融监管体制变革的实质是对金融业系统性风险预警和防范的管理，反映在监管理念、监管主要手段和组织架构上发生变化。

2. 英国金融监管体制及其变革

20世纪80年代以后，英国金融业传统运作模式受到挑战。以金融创新为主要标志的金融环境日益改变，金融业出现多元化综合经营趋势。1998年以前，英国实行分业监管，以英格兰银行为代表的9家监管机构共同对金融业实施监管。表面上，分业监管体制功能齐全；实际上，由于各监管机构职能划分不明确，监管重复过多，导致了监管效率低下和被监管者的怨言。

为缓解上诉矛盾，提高监管效率，1997年5月20日，英国政府成立金融服务管理局（Financial Service Authority，FSA），取消英格兰银行的监管职能，并将其他9家监管机构合并至新成立的FSA内。FSA下设5个处和26个职能部门，分别对金融业实施监管。在新的统一监管体制框架下，原有监管矛盾得以缓解，金融监管的透明性也得到了提高。

FSA的监管依据主要来源于2000年颁布的《金融服务和市场法》。为确保FSA职能的发挥，防止由于权力过度集中导致的以权谋私，英国政府专门成立“金融服务和市场特别法庭”，与FSA并行运作。

金融危机以后，英国政府对其监管体制再次进行了调整。2008年1月，英国政府发布《金融稳定和存款者保护：强化现有框架》征求意见稿，至2008年9月

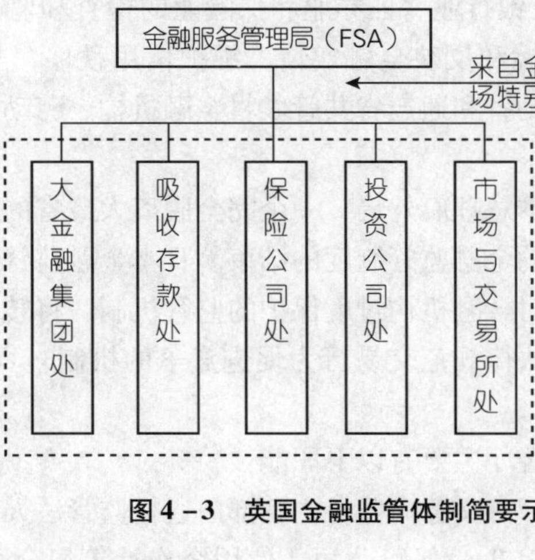

图4－3 英国金融监管体制简要示意

意见征求完毕，英国政府向国会提出金融监管体制改革的立法申请。此次变革的目的在于强化现有金融监管框架，以适应新的经济金融环境。这次变革主要体现在五个方面：第一，增强金融体系的稳定性和灵活性；第二，确保银行救援；第三，允许中央银行实施紧急救助；第四，建立有效的消费者补偿机制。英国现行金融监管体制架构如图 4 - 3 所示。

3. 日本金融监管体制及其变革

日本传统的金融监管制度，主要是在战后日本经济高速发展时期形成的。当时的特殊背景是：投资资金严重不足；经济持续增长；经济处于相对封闭的状态因此，建立于资金匮乏时代的金融制度必须实现以下基本的历史使命：一是保证将有限的资金投入经济优先发展的部门，并使之得到有效利用；二是实行行业限制，防止过度竞争引起的金融机构破产。这样，通过政府指导下对金融机构经营的限制、管理，使银行承担了企业应该承担的风险，同时，又由日本的中央银行——日本银行和日本政府承担了银行应该承担的风险。

日本传统的金融监管实施的是高度集中的管理体制，由大藏省和日本银行共同负责金融业监管。大藏省是日本的财政部，作为金融行政主管机关有着极大的金融监管权，日本银行在行政上接受大藏省的监管，只有有限的独立性。大藏省下设金融制度调查委员会、银行局、国际银行局和证券局等机构，负责对金融机构的注册、财务情况检查和日常经营行为的处理；对合并、关闭、增资、分支机构的设置的审批等事宜；同时还有权监督和检查日本银行。日本银行主要负责对在日本银行开设往来账户或需要在日本银行获得贷款的金融机构的经营风险与资产质量的监管。

1998 年大藏省的金融检查和监督职能分离，新设立金融监督厅（2000 年改称金融厅）。其主要职责是负责银行业、证券业和保险业的检查和监督；以现行法律规定来处理破产案；正确把握和反映金融实情、维护信用秩序，与大藏省定期协商；分别与农林水利省、劳动省和通产省共管农村金融机构、劳动金库和非银行金融机构的检查和监督。

日本金融监督厅作为日本总理府外局，一个完全脱离大藏省的组织机构正式投入运营，这标志着日本传统的金融监管制度的结束。日本金融监督厅成立后，以往侧重于事前限制，从而形成对金融机构过度保护的监管机制，将转变为注重事后监督，以国际统一会计标准和法律规范交易行为促进竞争的机制，真正建立起透明、公正、公平的金融市场。

变革产生的日本金融监督厅主要有以下职能：

一是采用美国会计标准，有义务向监督主管部门通报监管法人的违法行为。对非上市金融机构（例如，相互生命保险公司、信用合作社等组合金融机构）必须履行与上市公司相同的义务，进行同等程度的信息披露（公开财务情报等）以及实行会计监查。

二是以彻底的信息披露为基础将市场信息积极用于金融监督过程中。金融监督厅有义务要求金融机构用有市场性的一些次等信用债券筹集一部分自有资本，当其利息上升超过国债利率的一定程度时，可提高存款保险费率或缩短检查周期。但这些次等信用债券只能由该金融机构持有，禁止转移给予该金融机构有业务关系的其他公司和其他接受存款业务的金融机构，使这部分次等信用债券作为一面镜子，用市场对这些债券的评价反映该金融机构的信用状况。

三是金融监管部门必须公开金融机构的检查结果和申请资料中不涉及客户隐私的一切信息。还必须公开接受行政处理的问题金融机构其违法违规的事实真相。

四是修改存款保险法等有关法律，当金融机构董事长、财务总监等高级管理人员有伪造财务报表等账目，而没有接受严格的会计监查，对金融机构的财产危害影响储户利益时，存款保险机构必须作为储户的代理人追究上述人员的法律责任。

五是设立完全由外部人员组建的监查委员会等机构，向社会募集精通企业财务的公认会计师和民间法律界人士，并义务对从业人员进行相关的法律教育。战后积极参与金融管理监督的大藏省银行局和证券局于 1998 年 6 月 19 日停止了工作。但金融企划局仍然留在大藏省内。大藏省主要负责金融计划、立案，并负责加强与向金融市场提供流动性的日本中央银行的联系。总之，改革中的金融监督厅将变行政指导式的保护监管为市场条件下的制度监督，所以必须强调这种金融监管的中立性原则，即不仅要对作为一般企业的金融机构负责，更要对市场（投资者）负责，因此作为监管基础的会计监查程序、监查报告是一种公益性极高的行为，也是市场对参加者的要求。唯此才能统一资产质量的衡量标准，使市场竞争更加公平透明，也才能根本摆脱日本传统体制中“人为裁度、随机变化”监管方式，提高量化裁决标准的监管方式的科学性。

（三）美国审计署的应对金融危机的主要措施

2007 年 4 月，美国第二大次级抵押贷款机构——新世纪金融公司申请破产保护，标志着美国次贷危机正式爆发。此后，危机愈演愈烈，国际金融市场剧烈动荡，并迅速演变为全球性经济危机。随着危机的不断升级，美国经济金融形势不断恶化，美国政府被迫出台了一系列非常规措施来应对危机的挑战。美国审计署在应对这场金融危机中，围绕金融监管、不良资产救助计划、复苏与再投资法案等方面，及时开展了一系列分析研究和跟踪审计，提交了相关的审计报告，并应国会要求多次发表证词，在应对这场金融危机中发挥了重要作用。美国审计署根据现有工作主体，选择大型的金融机构进行抽样调查，评估了 2006—2008 年在美国银行、证券公司监管人员运用的审查监督指南，评估其检查报告和工作底稿，以及对其他机构的横向调查。2009 年 1 月，美国审计署指出，对金融监管体系现代化的需要已经成为一个新的高风险领域，应当引起国会的高度重视。监管机构对大型、复杂金融机构特别是控股公司层次的风险管理系统的监督，应该考虑作为努力的一部分。

2009 年 3 月 18 日，美国审计署通过评估银行业和证券业监管机构的检查指南，检查监管机构 2006～2008 年对部分大型金融机构检查及横向检查的报告和工作底稿，分析监管机构对金融机构风险管理的监管状况，发布了“对监管机构就有限数量大型复杂金融机构风险管理系统监管情况的检查”报告。该报告认为，金融机构需要风险管理系统对机构运作从内部和外部去识别、评估并管理风险，风险管理系统对于金融机构应对金融市场上快速和不可预计的变化至关重要。风险管理某种程度上有赖于一个有效的应对整个机构及对包括信用、市场、流动性、操作性和法律风险等特定风险领域在内的公司治理系统。董事会、管理高层（及其委任的风险监督部门）、审计委员会、内部审计人员和外部审计人员等，在一个有效运作的风险管理系统中发挥着重要的作用。美国审计署通过检查监管机构对大型复杂金融机构风险管理的监督，发现金融监管系统存在两个方面的不足。其一，没有一个监管者明确承担跨机构检查以识别总体金融稳定性方面的风险，结果银行业和证券业的监管者评估的主要是单个金融机构层面的风险管理。即使在监管者实施横向跨机构检查，但他们通常不将检查的结果用于识别潜在的系统性风险。尽管某些时段，美联储对监管的重要机构，分析金融稳定事项，但它并不在综合的基础上评估风险或识别那些几个月后导致其中某些机构失败并造成总体金融体系动荡的事项。其二，尽管金融机构从整个企业层面或跨法人主体业务领域管理其风险管理，但主要的银行和功能性监管机构可能以控股公司内的法人主体层面监督其风险管理，结果其风险管理的观点存在局限，或其与包括对控股公司监管者在内的其他监管者之间存在交叉监管或重复监管。

此外，美国审计署在参议院银行、住房和城市事务委员会时，还分析了关于金融系统结构调整的改革。并指出在最近 75 年以来对全球金融市场影响最为严重的经济危机中期，联邦政府已采取前所未有的措施，以阻止金融服务业行业系统解体。同时这些行动目标在于提供短期的救助，经济危机的猛烈冲击已经清晰的显现，从长远来看，目前美国对金融监管系统进行重大改革是非常必要的。根据这次金融危机的最新情况和审计署以往有关金融监管的审计，美国审计署认为，必须改革现行的美国金融监管体系，使之更加现代化。金融监管机构有一个很重要的角色就是对金融机构的风险管理系统进行评估。分析发现，在大型、复杂的金融机构中缺乏有效的风险管理是当前金融危机的原因之一。2009 年 1 月审计署在审计报告中提出了美国金融监管系统现代化改革评估建议书框架和我们所进行工作，该报告进一步强调了美国金融监管系统变革的迫切性。考虑到美国金融系统对于其国内和国际经济的重要性，2009 年 1 月将相对落后和分裂的金融监管系统，列入了政府运作的高风险领域。并认为，现代化的美国金融监管体系对于确保满足迎接 21 世纪挑战的要求，将是至关重要的。美国审计署还关注了：（1）金融监管的进展和我们近期的工作情况，进一步说明了现阶段旧的金融监管系统的局限性和差距；（2）金融危机期间，其他国家对金融监管系统改进的经验；（3）如何改革美国的金融监管体系的相关建议；（4）金融监管机构如何监督这些金融机构自身的风险管理；（5）监管机构对 2007 年夏天之前风险管理欠缺识别的程度；（6）哪些方面可能妨碍了对风险管理的监督。

（四）经验借鉴

1. 国际金融监管体制变革方向

金融危机后，各国政府和监管当局意识到金融监管体制改革的迫切性并积极付诸实践，无非是遵从了这样一个事实：金融混业经营时代正在来临。面对日趋复杂多变的金融环境，如何从合规性、风险性监管转向功能性监管、需求引导型监管，成为理论界和各国政府普遍关注的重点问题之一。

在经济一体化、金融全球化浪潮的继续推进过程中，各国金融监管体制的改革逐渐显现出以下方向：第一，简洁化。错综复杂的金融体系往往是监管效率低下，监管重复和监管真空诞生的重要原因。进行金融监管体制改革，首先就要精简机构，减少冗余人员。第二，合理化。全球金融业日益成为一个整体，要想提高整个金融体系的有效性，必须使本国金融监管规则和标准为各国所接受和实施，最终实现监管规则和标准的国际统一。比较好的例子有巴塞尔协议和国际会计准则。第三，统一监管。无论是随着金融混业经营趋势的加强，金融风险会变得愈加巨大和复杂多变。面对如此背景，如何提高金融监管的执行效率，减少监管重复和真空，显得尤为重要。此外，潜在的金融创新和金融风险也对各国新的金融监管体制提出了预见性要求。各国的努力和尝试表明，实行统一监管是有效化解当前监管难题的有效手段之一。

2. 国际经验对我国金融监管体制变革的启示

（1）加强功能性监管，积极引导分业监管向统一监管转变

无论是美国金融危机后金融监管改革方向，还是英国、日本在实施统一监管后的实际成效，间接说明有效治理我国分业监管与金融业综合经营趋势之间现实矛盾的根本手段在于监管理念和监管模式的转变。我国应强调功能性监管，积极引导分业监管向统一监管转变。

（2）建立科学有效的激励约束机制

金融监管效率的发挥，取决于两个层次：一方面，监管者应针对监管现实问题提出针对性的解决措施；另一方面，也要注重对监管行为及监管措施实施效果的考核。因此，金融监管不应是简单的政策执行，还应在监管者和被监管者之间建立有效的沟通、激励机制。监管者可以通过对金融机构薪酬制度、风险水平的约束激励被监管者配合监管。金融机构也可以通过加强公司内部控制制度建设，积极应对监管者的激励约束，防止经营行为短期化。

（3）危机救助制度的完善和健全

具体到我国而言，主要是尽快《金融机构破产条例》，建立和完善我国金融机构的市场化救助机制。政府在干预金融机构危机救助时，还应认真考虑金融机构的市场退出。完善的市场化救助机制应能够根据经济金融形势变化，妥善安排陷入困境中的机构的现在和未来。

（4）加强金融监管国内协调与国际合作

任何体制的变革都不是一个一蹴而就的过程，在短期内缓解金融监管的现实矛盾必须依靠国内协调。具体而言，应注重三个层面工作：一是监管信息的获知和共享；二是金融风险的预警机制；三是对共同协商和紧急磋商的制度安排。在金融全球化背景下，还应注重金融监管的国际合作问题。这是因为，国际金融风险的防范需要各国监管主体的一致努力，对跨国金融集团的监管也需要各国政府的密切配合。

（5）重视外部监督，加强金融审计的功能发挥

金融监管的实践证明，内部监督无法解决对监管者监督的问题，这种约束机制的缺失必然导致监管的低效率。因此，需要引入外部监督。外部监督是保证监管有效，防范金融风险必不可少的手段。金融监管的外部监督主要体现在三个方面：一是建立完备的法律平台，加大严格执法力度；二是加强行业自律和公众监督，规范自我管制；三是完善金融审计的职能。从外部监督入手，可以从以下方面入手：加强金融行业内控，提升管理水平；加强金融审计的功能发挥，赋予金融审计对监管者监管的职能。

四、我国新型金融监管制度框架设计

20 世纪 80 年代以来，世界金融体系发生了巨大变化。尤其是 90 年代以来，全球金融业日益呈现出金融全球化、银行业混业经营以及金融信息化趋势。日趋复杂、变幻莫测的金融环境对金融监管提出了新的要求：一是要求从单一的信用风险

监管转向全面风险的监管；二是强调对银行创新业务的监管；三是要求强化金融机构的内控制度和同业自律机制；四是重视金融监管国际合作。如何进行金融监管体制变革，使之适应现代金融监管的上述要求，已成为各国宏观调控的重要研究内容。这一任务在金融危机后显得尤为迫切。

（一）设计原则和基本思路

1. 设计原则

（1）安全稳定原则

金融业是现代经济的核心，金融监管最重要的目标在于维护金融业的安全和稳定。因此，安全稳定原则理所当然应作为金融监管制度设计的首要原则。在经济金融全球化背景下，我国金融业综合经营趋势愈加明显，以风险控制为基础的现行分业监管体制已不能满足现代金融业安全稳定的监管要求。依据安全稳定原则，我国新型金融监管制度的设计在理念上应实现风险性监管向功能性监管的转变。具体而言，新监管框架既应满足现代金融环境的金融业综合经营所提出来的功能性要求，又应具备防范和化解复杂化、多样化的全球金融风险的能力，也应致力于消除或减小潜在危机爆发的可能。这就要求新制度在制度安排上构成完善的体系，各部分健全且相互制约。

（2）适度超前原则

新型金融监管制度应具备一定的超前性。一般情形下，如果将金融监管视做一种特殊的产品和服务，其供给对需求作出反应有一定的时滞。这种时滞体现在两个方面：一是作为金融监管供给者的政府，对市场反映出的监管需求存在认知时滞；二是政府的监管行为在执行和实施上存在一定的操作时滞。面对瞬息万变的现代金融环境，新监管制度要发挥作用，必须在制度设计上有所超前。一方面，完善的监管体系要能够根据金融环境的变化进行动态调整；另一方面，也要对未来金融业风险的防范和化解进行预先性制度安排。

（3）国际化原则

在金融自由化推动下，金融风险的全球联动性日益加强。开放的金融环境下，一国金融监管体制必须实现监管的国际化统一。这一原则要求国内监管机构必须和国际监管机构统一监管标准和口径，实现国内金融监管政策、法规及相关措施与国际的逐步接轨。新的监管制度安排应能够充分预测和积极应对国际金融风险，也应考虑与其他国家监管机构开展联合行动等多方面具体合作的可能性。

（4）循序渐进原则

从世界各国金融监管的实践和金融危机以后相继出台的金融改革方案来看，金融监管方式向统一监管转变已在理论界和全球范围内达成共识。但是，这一转变具备过渡性特征。正如诺斯（1990）在其制度变迁的路径依赖理论中指出，尽管长期的、总的方向可以预见并不可逆转，但由于具体制度因素的不同，制度变迁的路径在短期内是不可预测的。就我国目前而言，现行分业监管体制在短期内改变仍存在机构设置、人员安排、职能范围确定等诸多困难。因此，新的监管制度应遵循循序渐进原则。在短期内，要按照功能性要求进行监管协调，减少和缓和现行监管体制与现实监管要求之间的矛盾；在长期内，则应逐步建立决策、管理、监督一体相互制衡的新监管制度，实现统一监管。

2. 设计思路

现代金融监管体制有三个基本构成要素，即监管主体、监管客体和执行手段。金融监管体制的改变首先是金融监管主体法律地位和监管组织、制度架构的改变。综合考虑我国金融监管的现行制度安排和现实状况，本文主要从主体架构、制度层面和执行层面、保障层面三个层次入手，力图构建和完善我国新型金融监管的制度框架。

本文将我国新型金融监管体制的设计分为两个阶段：

第一阶段（3～5 年以上），维持现有监管机构，以“监管协调”理念为主，建立金融监管协调制度，完善金融监管体制执行保障平台；

第二阶段（5～10 年以上），整合现有监管机构，以“需求导向”理念为主，最终建立决策、管理、监督一体相互制衡的统一监管体系。

从层次上看，本文所设计的金融监管体系框架包括三个层次：一是统一监管的主体机构（监管委员会及一行四会）层次，负责监管职能分工与政策制定；二是切实可行的执行层次，负责监管职责的履行；三是外部保障与金融审计相结合的监督层次，负责对监管者进行激励与约束。

（二）我国新型金融监管体制设计

1. 短期协调为主的金融监管体制设计

（1）短期协调为主的金融监管体制框架

第一阶段为过渡性阶段，该阶段短期目标是通过监管协调缓和监管供求矛盾，为金融监管体制全面改革进行基础铺垫。基本思想为：保持现有监管主体和组织架构不变，在国务院领导下，建立由中国人民银行牵头的金融监管协调机制。该阶段的具体任务可归纳：第一，成立金融监管仲裁委员会。第二，建立和完善金融监管协调机制。第三，建立信息共享平台，加强同业自律和社会监督。第四，确立金融审计的职能定位。本阶段的具体监管制度框架如图 5－1 所示。

（2）短期金融监管协调的主要内容

1）成立金融监管仲裁委员会。

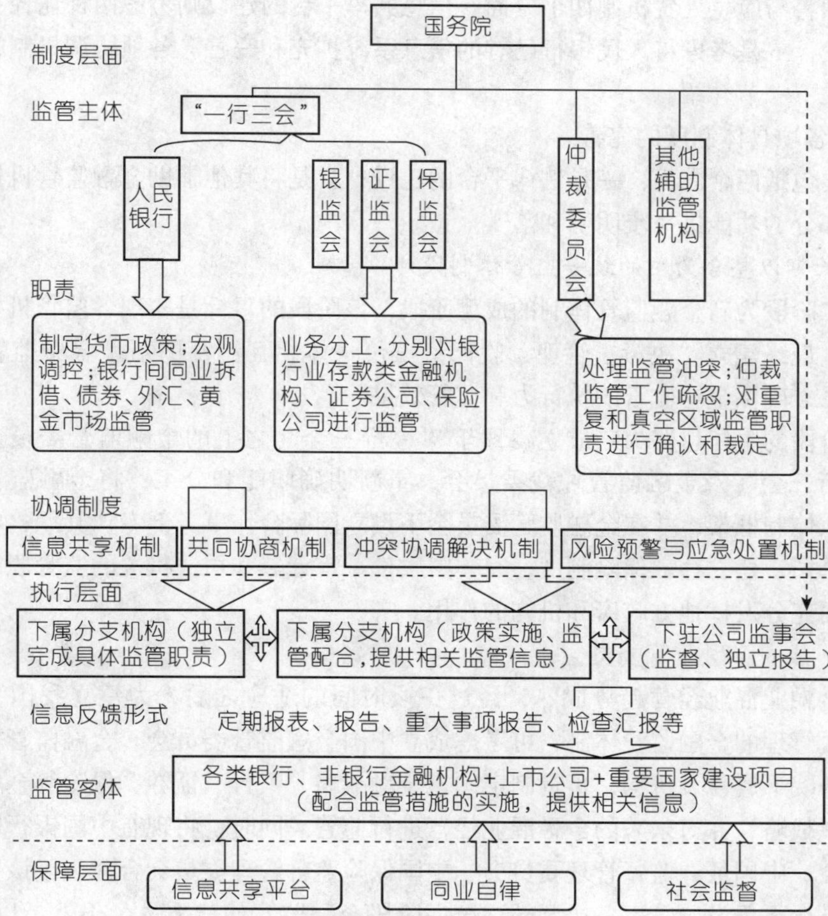

图 5-1 过渡性协调为主的金融监管基本制度框架

该机构主要负责处理各监管当局在分工与合作中产生的矛盾。具体操作上，金融监管仲裁委员会考虑由国务院直接设立，行政级别与“一行三会”保持一致。金融监管仲裁委员会下设主席，由“一行三会”的领导或国务院相关领导轮流担任，任期1~2年，不得连任。仲裁委员会成员考虑从中国人民银行、银监会、证监会、保监会、金融同业自律协会和各大型金融机构中抽调。作为专门的金融监管仲裁机构，该委员会的主要职责是对具体监管工作中的职能冲突和监管真空进行裁定和责任追究。其决策方式采取监管仲裁委员提议，主席召开各参与机构主要负责人或代表参加紧急会议的方式执行其职能。

2）建立金融监管协调机制。

金融监管协调制度包括主要信息共享机制、共同协商机制、冲突协调解决机制和风险预警与应急处置机制四个方面。信息共享平台的建设则考虑两种途径：一是重新开发；二是考虑将人民银行已有的信息系统扩充和完善。各项协调机制的具体内容将在下一节介绍。

3）各项具体制度的完善。

主要包括两个方面：一是法律平台的建设；二是将其他辅助金融监管机构中金融审计部分的功能进一步明确和落实。

2. 长期以整合为主的统一监管体制设计

第二阶段为新金融监管体制的成型阶段，该阶段的目标是实现各监管机构的有效整合，最终建立“决策、管理、监督”三位一体相互制衡的新型金融监管体制框架体系，确保金融监管的执行力和监管效果。

本阶段的主体思路为：成立凌驾于“一行三会”之上的金融监管委员会，整合“一行三会”及金融监管仲裁委员会，重新明确职能和分工；将金融监管国际合作纳入体制框架，并在金融监管委员会下设立国际合作事务部专司其职；成立存款保险公司，建立存款保险制度；完善财政部、审计署和司法机关的监管职能；在执行层面充分发挥地方政府和机构的作用。

(1) 成立金融监管委员会

在金融业混业经营趋势成熟，经过一段时间的适应之后，为建立我国统一协调、高效管理的金融监管体制，可考虑成立中国金融监管委员会。金融监管委员会作为国务院下属常设机构，负责制定国家金融战略、银行、证券、保险等金融业的具体发展战略，并对未来的金融混业经营进行监管。同时，将现有中国银行监督管理委员会、中国证券监督管理委员会、中国保险监督管理委员会合并至于该委员会下。委员会下仍设监管事务协调部，第一阶段金融监管仲裁委员会仍然予以保留，一并归于该委员会名下。

金融监管委员会设主席，与中国人民银行行长相同，根据国务院总理的提名，由全国人民代表大会决定；全国人民代表大会闭会期间，由全国人民代表大会常务委员会决定，由中华人民共和国主席任免。任期3～5年，不得连任。作为最高级的金融监管机构，委员会的主要职能是：全面统筹监管工作；制定各项监管协调制度、处理相关协调事项；按照业务分工对金融控股公司、重大危机与风险进行管理；参与危机救助与国际监管合作；对监管机构进行绩效考核。

机构设置上，按照业务性质和具体任务安排，主要考虑设立16个部门：主席办公室、物业部、人力资源部、信息系统部、财务计划部、行业培训部、金融控股集团监管部、重大危机与风险监管部、监管事务协调部、市场与交易监管部、国际合作事务部、投资者服务部、银行间市场监管部、审慎监管标准部、金融资格管理部、稽查部。合并后的银监会、证监会、保监会不改变名称。

这一方案所体现的过程，实质是整合金融监管机构，精减监管机构工作人员，提高监管效率，有效实现金融监管目标的过程。一方面它可以防止出现决策与执行“两张皮”或分散管理体制下“各自为政”的弊端，又能消除现阶段实行多层次监管、重复监管、机构性监管带来的困扰；另一方面，将分业转混业监管带来的体制上的重大变化及人员的重大调整置于一个较为合理的时期和框架内解决，能减少阻力，有助于防止考虑不周带来的监管缺位。

(2)“一行三会”监管地位的改变

第一阶段过去之后，“一行三会”从机构设置上，中国人民银行独立性加强，将银行间市场监管职能剥离，赋予金融监管委员会下设银行间市场监管部。银监会、证监会、保监会则合并至金融监管委员会名下，仍分别执行对存款类金融机构、证券公司、保险公司的监管。同时，针对信托公司成立信托业监管委员会，与“三会”相同，负责对信托公司进行监管。

(3) 充分发挥金融审计的职能

充分发挥其他具备监管职能的国务院下属机构的作用。财政部主要负责制定财政政策和宏观调控，对各银行、非银行金融机构，上市公司及国家重点建设项目的专项业务工作进行审批与检查。发改委也需进一步重视加强对相关被监管机构的相关内容的审核。审计署的监管职能主要体现在对监管机构、中央银行、金融机构、国企等进行审计监督，重点主要体现在对金融机构内部财务、资金使用的监管。司法机关的监管职能则主要体现在要求金融机构在打击金融犯罪上予以配合。这些辅助监管机构进行间接监管，从各自独立层面反映监管问题，或对监管机构监管行为实施效率进行控制、监督。

(4) 成立存款保险公司

作为现代金融业的第三道防线，存款保险制度的建设已成为各国政府考虑的重大问题之一。基于我国尚未建立存款保险制度，考虑在国务院下成立存款保险公司，作为直属非营利性机构，履行部分监管职能。存款保险公司由国务院直接领导，要求金融机构强制加入，具备三方面职能：第一，存款保险从实缴资本中扣除，进一步对金融业准入附加限制。第二，维持金融业稳定和公众信心。第三，危机救助。在银行出现破产倒闭危机时，从保险资金中拿出部分用于救助，可在一定程度上缓解银行倒闭引起的冲击。

(三) 政府金融审计监管职能完善及监管协调

1. 完善金融审计监管职能

从近年来的我国金融审计实践来看，金融审计密切关注了宏观调控政策的重点、方向和力度，加强对中央相关政策实施情况和效果情况的审计调查，检查财政支出、政府投资和银行贷款的结构和投向，关注政策执行中出现的新情况和新问题，及时提出对策建议。具体来说，主要包括以下几个方面：一是围绕党中央、国务院关心的金融核心问题开展工作，为经济宏观调控大局服务。《审计署2006～2010年审计工作发展规划》中就提出，要充分发挥审计监督的作用，注重从政策措施以及体制、机制、制度层面发现问题并提出审计意见和建议。2008年国际金融危机的爆发为突出金融审计的优势和地位提供了一个契机，在我国经济面临较大下行压力的背景下，国家出台了扩内需、调结构、保增长政策，实施了投资4万亿元以拉动内需。因此，加强对宏观调控政策措施执行情况的审计监督，促进贯彻落实好中央的重大决策部署，不仅关系到应对国际金融危机、保持经济平稳较快发展的成效，而且关系到中国经济的长期又好又快发展。二是维护金融安全、防范金融风险。金融审计以“风险、管理、效益”为目标，在促进银行加强管理，完善制度，防范风险方面发挥了很好的作用。三是坚持查办大要案线索。近几年金融审计在社会上影响很大，反响很好，很大程度在于金融审计大力查处金融违法犯罪案件，国务院领导和公安部等部门对此给予了很高的评价。

为进一步充分发挥金融审计“免疫”系统功能，首先要进一步明确政府金融审计对金融机构内部审计的业务指导作用，将这一职能用法规的形式固定下来，政府金融审计不仅可以利用内部审计成果，还可以动用内部审计人力、物力资源，使二者形成合力。另外，还应加强对社会审计组织的管理和监督，促进其规范执业，提高审计质量，使其审计成果为政府金融审计机关所采用。其次，需要对《审计法》《中国人民银行法》《商业银行法》《证券法》和《保险法》等相关条款进行修改，明确规定审计机关开展金融审计的职责、权限，以期改善以往金融审计与其他金融监管部门之间存在的交叉重复、监管资源效益低下、“监管误区”和“监管盲区”同时并存等问题。审计署2008～2012年审计工作发展规划提出，五年内实现对银行、证券、保险等金融行业的经常性审计，以维护安全、防范风险、促进发展为目标，服务国家宏观政策，推动金融改革，维护金融稳定，完善金融监管，推动建立高效安全的现代金融体系。最后，适应新形势发展的需要，金融审计应积极拓展审计监督的范围，除了加强对“一行三会”的再监督和对国有资产占控股地位或者主导地位的金融机构的监管外，可先通过延伸审计或其他途径扩大审计监督的范围，待时机成熟时，再进行制度化、规范化。

2. 金融监管协调

我国当前金融监管体制运行现状决定我国新型金融监管体制必须具备超前性和阶段性特征。2008年8月14日中国人民银行“三定”方案正式将金融监管协调机制的建立纳入日程并第一次提出从政府职能部门和监管当局两个层次建立金融监管协调机制的初步计划，标志着我国金融监管协调机制建立已取得关键性进展。针对短期内（第一阶段）以协调为主的基本构想，考虑完善以下协调机制：

（1）金融监管信息共享机制

在设计或构建信息监测与信息共享制度时，实际上是要研究和解决三个层次的问题，第一个层次的问题是信息共享平台的建设；第二个层次的问题是监测金融信息的权利与责任；第三个层次的问题是金融信息应当在多大范围内共享，如何实现共享。第一步：建立全国金融业综合信息数据库。这是信息共享的基本平台。途径：一是重新开发；考虑在人民银行已有的信息系统基础上对系统进行优化和升级，整合各部门的信息需求，建立统一的金融统计信息系统。该数据库成立之后，在信息采集上必须另作其他制度性规定：明确规定金融机构必须定期（每旬、月、季）向该系统提交有关经营状况的报表；监管当局需定期、不定期深入金融机构了解资本构成、经营情况、安全防范工作等方面的情况，并及时将信息纳入该数据库。第二步：处于保密、监管权限不同以及保证金融业公平竞争考虑，信息共享制度还应独立设计金融信息监测权和信息共享权。前者基于职责分工对不同监管主体、被监管机构及社会公众赋予不同权限的使用权；后者金融信息共享权的实质是金融信息应当在多大范围内实现共享，如何实现共享。

（2）金融监管协商机制

在金融监管机构之间建立共同协商机制，辖区监管如果设计跨职责监管，应当事先协商。其主体思路是在已有联席会议基础上由一方牵头，组织定期会议和不定期紧急磋商制度，同时扩大会议参与主体，允许同业自律协会、金融机构经营负责人代表参加。

一是审计署与其他金融监管机构之间的定期磋商和紧急磋商制度。建立审计署、人民银行、银监会、证监会、保监会等监管机构之间的磋商制度，沟通货币政策与财政政策、货币政策与金融监管之间的信息，协调宏观调控之间、宏观调控与金融监管之间的关系，确保不同政策措施实施的有效性和良性互动，实现金融业的长效发展和金融体系的安全和效率运行。在这类磋商制度中，审计机关都应参与，作为其了解金融监管信息的重要渠道，参与的方式可以是发表货币政策实施对金融措施实施可能带来影响的看法，也可以是仅仅列席，了解金融监管信息和动态。我国金融监管机构之间必须加强监管信息的沟通和监管合作，借鉴国际先进的监管措施，改变追求安全的单一监管模式，注重安全与效率的兼顾。在中国银监会成立前，我国已经建立了中央银行与两家金融监管机构的定期联席会议；中国银监会成立后，三家金融监管机构也已于 2003 年 9 月 18 日召开了第一次监管联席会议，讨论并通过了《中国银行业监督管理委员会、中国证券监督管理委员会、中国保险监督管理委员会在金融监管方面分工合作的备忘录》，建立了定期和不定期联席会议制度，但这些制度都还不完善，还需要通过立法，具体明确相关的协调事项和协调责任。在这一协调机制的建立过程中，我们可以借鉴英国《金融服务与市场法》中的有关做法（英国金融管理局成立后，英国财政部、英格兰银行和金融管理局建立了三方协调机构——常务委员会，每月开会讨论与金融稳定有关的重大问题，任何一方都可以作为牵头机构，对发生在其职责范围内的事项与其他方协调解决方案。英国法律要求当某一机构的政策变化设计另一机构的职能时，应事先向对方通报，并征求意见，以保持英格兰银行和监管机构所出台的政策的协调一致。此外，为了加强日常决策与信息的沟通与联系，英格兰银行和金融管理局还通过互相派员在对方兼任高级管理人员的途径来实现)。我国可以考虑设立一个常设机构——金融协调委员会，成员由审计署、人民银行、银监会、证监会、保监会等部门选派，金融协调委员会主席由这五家机构轮流担任。法律要规定召开定期磋商和紧急磋商会议的召集人、会议议程提出的时间、形成决议的程序、决议的执行、协调与监督机构等。

二是金融监管冲突协调制度。为了解决我国金融监管分工与金融综合发展可能发生的监管冲突，建立监管的冲突解决机制，通过定期例会和临时磋商形式化解矛盾。①成立金融监管协调仲裁处。该机构主要负责处理各监管当局在分工与合作中产生的矛盾。这一机构的成立不需要特别吸收人员，而是由审计署、人民银行、银监会、证监会、保监会及金融同业自律协会和金融机构主要负责人参与紧急会议的方式执行其职能。②各监管主体相互委派人员。此举借鉴国务院下派各公司监事会成员，各金融监管主体之间相互委派人员，及时沟通监管冲突。③金融危机救助制度。以市场化的救助手段为主。立法应当明确，尽可能通过市场机制解救危机，即金融危机的救助应该首先采用市场化的方式或利用存款保险制度来解决。只能在市场化的救助方式无能力解决或无能力完全解决的前提条件下中央银行才能以最后贷款人的身份参与救助，否则，很容易产生道德风险。中央银行决定以最后贷款人身份参与救助的情况下，必须同时明确援助的限额，即中央银行救助的比例、社会动员的资金的比例、被救助机构自身或股东应该承担的损失比例。此外，还应该明确援助资金的偿还期限、利率标准，以及如果陷入危机的金融机构通过援助在规定时间内仍然不能克服危机，就应该采取强制性的措施进行清算等。

三是建立金融风险预警与应急处置机制。首先，建立国务院层次的金融风险预警与应急处置机制。内容包括：第一，由国务院统一制定和部署金融应急处理方案并组织实施。由人民银行总行、分行以及中心支行建立相应的应急小组；第二，规定金融风险处置程序。金融风险处置要有规范的评估、识别、确认、告知和风险补偿等完整的处置程序，同时制定覆盖各金融监管业务范围和监管当局的、协调一致的金融风险处置应急预案。其次，建立部委层次的金融风险预警与应急处置机制。具体内容为：第一，由人民银行主导建立金融应急备份系统。包括备份的支付结算网络、备份的数据库和数据处理中心、备份的计算机网络系统、备份的工作场所、备份的办公网络系统等。建立有效的金融应急备份系统，可以在金融危机发生时保证金融业务的连续性，即使在金融系统遭受大范围破坏后也能够迅速恢复。第二，建立人民银行紧急流动性支持系统。当危机或突发事件发生时，人民银行应急小组应当根据实际情况，及时判断并决定是否向金融体系提供足够的流动性支持。

结论与展望

本文以经济学中的一般供求理论分析框架为出发点，通过界定金融监管供求函数及其一般均衡条件，深入剖析了我国金融监管历史变迁状况及现实供求矛盾。在借鉴国际金融监管经验的基础上，本文力图构建一个全面、科学的“决策、管理、监督”三位一体相互制衡的新型金融监管体制框架体系。

本文主要结论如下：

第一，当前我国金融监管体制存在制度性供给过剩和功能性供给不足的双重失衡，应该将现行分业监管体制逐渐向统一监管体制转变。

第二，金融监管体制的改革应遵循循序渐进原则，短期内，应加强金融监管的国内协调以缓解金融监管体制性供求非均衡矛盾；长期看，应对现有监管体系进行重新整合。

第三，本文所设计的短期以协调为主的监管制度框架要点如下：成立金融监管仲裁委员会；建立金融监管协调机制，包括金融信息共享机制、金融监管协商机制、冲突解决机制、风险预警机制；完善金融监管的各项基础平台。

第四，本文所设计的我国新型金融监管体制框架核心要点如下：成立金融监管委员会，整合“一行三会”；充分发挥审计署等监管职能部门的作用；积极引导同业自律和社会监督；完善信息共享制度和共同协商机制；建立存款保险制度；加强金融审计职能的发挥。

由于时间和精力有限，本研究尚有诸多不足之处：一是如何针对金融监管体制的改革提出有实际说服力的定量模型；二是新型金融监管体制框架缺乏各组成部分的衔接机制和制衡机制；三是构建的庞大体系应该如何落实，如何细化。这些都有待进一步研究和探索。

附录

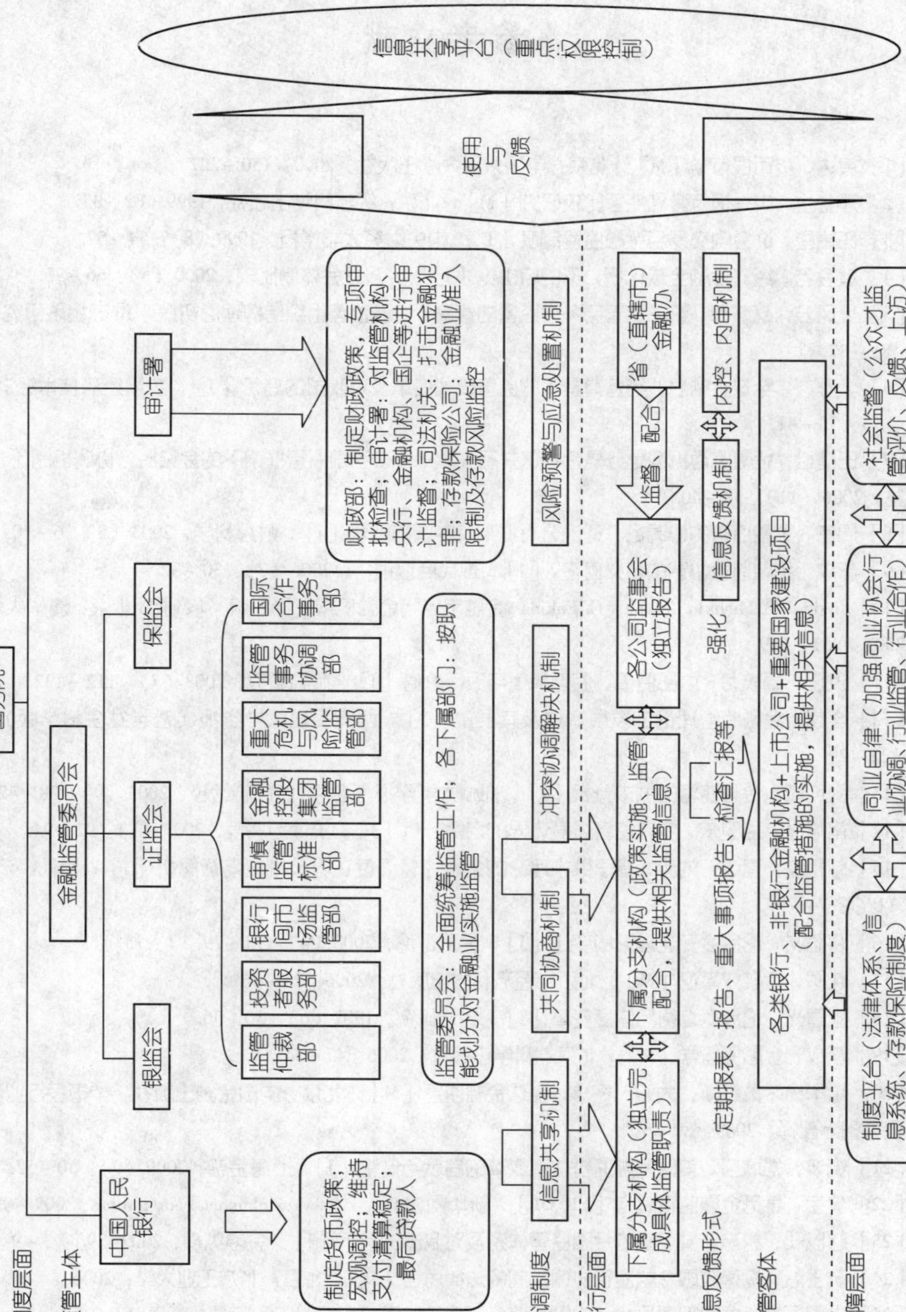
信息共享平台（重点权限控制）
使用与反馈
制度层面
国务院
金融监管委员会
中国人民银行
审计署
监管主体
银监会
证监会
保监会
监管仲裁部
投资者服务部
银行间市场监管部
审慎监管标准部
金融控股集团监管部
重大危机与风险监管部
监管事务协调部
国际合作事务部
制定货币政策；宏观调控；维持支付清算稳定；最后贷款人
监管委员会：全面统筹监管工作，各下属部门：按职能划分对金融业实施监管
财政部：制定财政政策，专项审批检查；审计署：对监管机构、央行、金融机构、国企等进行审计监督；司法机关：打击金融犯罪；存款保险公司：金融业准入限制及存款风险监控
协调制度
信息共享机制
共同协商机制
冲突协调解决机制
风险预警与应急处置机制
执行层面
下属分支机构（独立完成具体监管职责）
下属分支机构（政策实施、监管配合，提供相关监管信息）
各公司监事会（独立报告）
监督、配合
省（直辖市）金融办
信息反馈形式
定期报表、报告、重大事项报告、检查汇报等
强化
信息反馈机制
内控、内审机制
监管客体
各类银行、非银行金融机构+上市公司+重要国家建设项目（配合监管措施的实施，提供相关信息）
保障层面
制度平台（法律体系、信息系统、存款保险制度）
同业自律（加强同业协会行业协调、行业监管、行业合作）
社会监督（公众才监管评价、反馈、上访）

参考文献

[1] 黄达．货币银行学［M］．北京：中国人民大学出版社，2000：150-222.

[2] 潘金生．中央银行金融监管比较研究［M］．北京：经济科学出版社，1999：82-337.

[3] 任瑞星．论金融交易与金融监管制度［J］．中央财经大学学报，1999（8）：54-57.

[4] 黄金老．经济金融全球化压力下的自由化［J］．经济社会体制比较，2000（5）：66-73.

[5] 吴风云，赵静梅．统一监管与多边监管的悖论：金融监管组织结构理论初探［J］．金融研究，2002（9）：81-87.

[6] 李雅珍．全球金融混业经营背景下的监管模式变革及对我国的启示［J］．数量经济技术经济研究，2003（5）：38-41.

[7] 巴曙松．金融监管机构是分是合：这并不关键——谈当前监管框架下的金融监管协调机制［J］．西部论丛，2006（11）：38-40.

[8] 周伟．金融监管的协调论：理论分析框架及中国的现状［J］．财经科学，2003（5）：6-10.

[9] 李成．金融监管协调的意义何在？［J］．现代商业银行，2006（7）：30-32.

[10] Frederic S. Mishkin，Stanley G. Eakins. 金融市场与金融机构（影印版）［M］．北京：清华大学出版社，2001：251-619

[11] 洪正，周较海．内部监督、监管替代与银行价值［J］．金融研究，2008（7）：112-132.

[12] 李成．金融监管理论的发展演进及其展望［J］．西安交通大学学报（哲学社会科学版），2008（7）：22-29.

[13] 张纯威．金融监管的供求分析［J］．郑州大学学报（哲学社会科学版），2003（9）：38-42.

[14] 南旭光，孟卫东．金融监管强度边界的均衡分析［J］．统计与决策，2007（1）：92-94.

[15] 刘相友，李成，刘毅．基于供求理论的金融监管强度边界及制度均衡解析［J］．当代经济科学，2009（06）：74-79.

[16] 蒋雅文．论制度变迁理论的变迁［J］．经济评论，2003（4）：73-79.

[17] 沈军．金融效率论［M］．北京：经济科学出版社，2006：25-86.

[18] 张曙光．论制度均衡与制度变革［J］．经济研究，1982（6）：30-36.

[19] 李成．金融监管学［M］．北京：科学出版社，2006：47-54.

[20] 霍华德·戴维斯，大卫·格林．全球金融监管［M］．北京：中国金融出版社，中国银行业监督管理委员会国际部译，2009：80-90.

[21] 饶波，郑联盛．美国金融监管体系改革的启示与借鉴［J］．上海金融，2009（9）：50-52.

[22] 樊宇．寻觅金融监管良方［EB/OL］．新华网，http：//news. xinhuanet. com/fortune，2009-09-21.

[23] 赵以邗，唐志新．英国的金融监管体系及对我国的启示［J］．金融纵横，2002（9）：3-9.

[24] 阮玉洁．构建我国金融监管协调机制的法律思考［D］．北京：北方工业大学，2006.

[25] 中国证券监督管理委员会．中国证监会与境外监管机构签署的备忘录一览表［EB/OL］．http：//www. cbrc. gov. cn.

[26] 中国银行业监督管理委员会、中国证券监督管理委员会、中国保险监督委员会，“中国银行业监督

管理委员会、中国证券监督管理委员会、中国保险监督委员会在金融监管方面分工合作的备忘录”，http：//www. cbrc. gov. cn.

[27] 中国银监会、证监会、保监会、财政部、审计署、统计局等机构官方网站.

[28] 陈艳桥，易仁萍．金融审计免疫系统功能实现的路径研究［J］．审计研究，2009（3），14－20.

[29] Adam Smith. Wealth of Nations [M], Campbell, 1991: 143－167.

[30] Thornton Henry. An Enquiry into the Nature and Effects of the Paper Credit of Great Britain [M]. New York: Rinehart and Co, 1939: 47－159.

[31] Bodie, Z. and Merton, R. C.. Pension Benefits Guarantees in the United States: A Functional Analysis [M], in R. Schmitt, Ed., the Future of Pension in the United States, Philadelphia, PA, University of Pennsylvania Press. 1993: p121－203.

[32] Boot, A., W. Anjan Thakor. Self Interested Bank Regulation [J]. American Economic Review, Vol. 83. 1993: 206－2131.

[33] Demsetz, R. S. etc.. Banks With Something to lose: The Disciplinary Role of Franchise Value1 Economic Policy Review [J], Federal Reserve Bank of New York, October, 1996: $p_1－p_{14}$.

[34] Dewatripont. M. E.. The Prudential Regulation of Banks [M], MIT Press, Cambridge. 1994: 46－79.

[35] Diamond, Douglas W & Dybvig, Philip H. Bank Runs, Deposit Insurance, and Liquidity [M], Journal of Political Economy, University of Chicago Press, vol. 91 (3), 1983: 401－419.

[36] Ralph G. Hawtrey. The Art of Central Banking [M]. Routledge, 1970: 279－361.

[37] John Maynard Keynes. The General Theory of Employment, Interest and Money [M]. London: Macmillan for the Royal Economic Society, 1936: 167－225.

[38] Parker, Richard. John Kenneth Galbraith: His Life, His Politics, His Economics [CP/DK]. University Of Chicago Press, August 1, 2006: 155－288.

[39] Charles P. Kindleberger. Manias, Panics, and Crashes [M]. Wiley, 2005, 10 (04): 201－237.

[40] George J. Stigler. The Economics of Information [J]. Journal of Political Economy, University of Chicago Press, 1961 (69): 213.

[41] George J. Stigler. The Theory of Economic Regulation [C]. Bell Journal of Economics, The RAND Corporation, 1971, 2 (1): 3－21.

[42] Posner, R. A.. Taxation by Regulation [J]. The Bell Journal of Economics and Management, 1971 (5): 335－358.

[43] Peltzman S. Toward a More General Theory of Regulation [J]. The Journal of Law and Economics, 1976 (19): 212.

[44] Kane. Impact of Regulation on Economic Behavior [J]. Journal of Money, Credit, and Banking, 1981 (9): 335－367.

[45] Kane.. A Six－Point Program for Deposit－Insurance Reform [J]. Housing Finance Review, 1984: 269－278.

[46] Kane. A Market Perspective on Financial Regulation [J]. CATO, 1994 (13): 333－338.

[47] Keeley, M. C. Deposit Insurance, Risk, and Market Power in Banking [C], American Economic Review, 1990 (80): 1182－1200.

[48] Demsetz, R. S. et al. Banks With Something to lose: The Disciplinary Role of Franchise Value [J]. Economic Policy Review (Federal Reserve Bank of New York), 1996: 1－14.

[49] Bodie, Z. and Merton, et al. Pension Benefits Guarantees in the United States: A Functional Analysis [J]. University of Pennsylvania Press, 1993: 121-203.

[50] Hellmann, T. F., Murdock, K. et al. Liberalization, Moral Hazard in Banking, and Prudential Regulation. Are Capital Requirement Enough? [J]. American Economic Review, 2000 (90): 147-165.

[51] Alan D, Lucy White. Financial Liberalisation and Capital Regulationin Open Economies [J]. University of Oxford and Harvard Business School WorkingPaper, 2004.

[52] Nugée, John and Persaud, Avinash D. Redesigning Regulation of Pensions and Other Financial Products [J]. Oxford Review of Economic Policy, 2006 (22) 66-77.

[53] Goodhart C, Persaud A. The Party-poopers Guide to Financial Regulation [N]. Financial Times, 2008-06-04.

课题编号：09SJ06002

审计队伍专业化研究

审计署人事教育司课题组

课题负责人：董维明

课题组成员：李　琦　黄　峥　杨选留

马亚男　邓建华　李明书

【摘要】 审计监督是国家监督体系的重要组成部分，担负着维护国家安全、保障国家利益、推动民主法治、促进可持续发展的重任。审计职能的不断加强，审计地位的不断提高，使各级党委、政府以及社会公众对审计工作的要求越来越高。审计公务员队伍专业化建设，是进一步促进和保障审计工作发展，健全审计制度的重要因素。建立适应中国审计特点的审计公务员队伍专业化制度，将有助于加强审计公务员管理，提高审计公务员的素质，强化审计的独立性；也有助于改进审计工作机制，提高审计工作效率，树立审计工作和审计公务员的权威性，确保审计监督职责全面有效的履行和审计事业的可持续发展。

回顾历史，审计机关加强队伍建设，着力人事制度改革创新，加大人才选拔培养，审计公务员的素质整体上有了较大改观。但是，从审计事业持续发展的视角看，审计公务员专业化建设状况不容乐观。与审计工作相适应的审计公务员准入制度不够完善，尚未建立社会通行的审计专业技术资格对审计公务员的业务能力进行评判，审计公务员专业能力标准不够明晰，与之配套的考核评价制度还有待改进，培训的组织管理工作不到位，优胜劣汰的激励机制的建立还受多种因素的制约，审计机关文化环境不完善，不利于审计机关全面和谐发展，更不利于审计公务员队伍凝聚力的提高。

本课题研究将从充分发挥审计保障国家经济社会健康运行的“免疫系统”功能的视角，在深入分析国家审计在社会结构中的角色定位、职业现状的基础上，借鉴国内法官、检察官等专业化的实践，参考其他的国家审计职业制度，在国家公务员管理制度框架下，从审计公务员队伍专业化建设的历史成就与问题分析，审计公务员队伍专业化建设的必要性和可行性分析，审计公务员队伍专业建设管理制度框架，审计公务员队伍专业化建设的配套措施等方面，提出构建中国审计公务员队伍专业化建设的思路、制度框架设计和配套措施。

【关键词】 审计　公务员　专业化　制度

目　　录

一、课题研究背景及选题意义

（一）研究背景

审计监督是国家监督体系的重要组成部分，是专业化的监督，担负着维护国家安全、保障国家利益、推动民主法治、促进可持续发展的重任。审计职能的不断加强，审计地位的不断提高，使各级党委、政府以及社会公众对审计工作的要求越来越高。审计公务员队伍的专业化建设研究，是在过去审计理论和学术界所进行的审计专业化研究基础上，结合中国公务员管理和审计管理实际所开展的一项研究。

1. 经济社会发展的要求

随着社会主义市场经济和政治体制改革的深入发展，适应经济转型、社会转轨、政府职能转变和建设社会主义和谐社会的需要，当前审计机关的审计任务更加艰巨复杂。不仅经济总量的扩张大大增加了审计的工作量，经济体制转型时期的种种复杂因素增加了审计工作的难度。特别是“十一五”时期，我国已经或即将启动一系列重要的经济社会改革进程，如政府收支分类改革和预算管理制度改革、企业所得税“两法”合并、增值税转型改革、国有企业产权制度改革和国有资本经营预算制度改革、农村金融改革、公务员职级工资制度改革。同时，还将制定机关事业单位养老保险制度改革方案，逐步建立财政预算和资金使用的效益评估制度、政府购买公共服务制度、加大反商业贿赂力度等。这些改革措施都与审计机关有着密切的联系，也使得审计机关在审计的过程中面临的任务更为艰巨，遇到的问题将会更为复杂。审计机关迫切需要综合素质好，开拓精神强的新型审计公务员来担当重任。

2. 审计职能转变的要求

《宪法》规定国家审计的主要职能是监督。《审计法》总则中规定国家审计的功能在于“维护国家财政经济秩序，促进廉政建设，保障国民经济和社会健康发展”。十七大报告从发展社会主义民主政治的高度，明确提出了完善权力制约和监督机制，特别提出要健全经济责任审计制度，将经济责任审计与问责、质询、引咎辞职、罢免等制度相结合，国家审计监督逐渐转向对权力运行的制约与监督。审计的职能从单纯的监督向监督与服务并重转变，审计的工作目标从揭露问题向揭露问题、促进整改、完善制度方向转变，审计作为保障经济社会健康运行的“免疫系统”功能作用日益突出。这就要求审计公务员不仅关注财政财务收支的真实性和合规性，还要更多地从全局的角度去观察和思考问题，关注国家整个经济运行情况，需要战略性的思维，宏观的视角和前瞻性的研究问题，从而实现国家审计价值的最大化。

3. 审计监督范围扩展的要求

当前，国家审计机关所审计的单位包括行政单位、事业单位、企业、金融机构等，审计的结果涉及维护国家财政经济秩序和国家的财政安全、金融安全、国家资金和国有资产安全、民生安全、生态环境安全和信息安全，审计的内容和重点也从单纯的财政财务收支审计向综合性审计转变。审计监督范围的扩展，客观上对审计公务员的知识、能力和素质等提出了更高的要求。审计公务员在知识结构上，既要具备会计学和审计学的知识，还要具备经济学、管理学、法学、社会学、行政学、环境学等多学科的知识，掌握外语、计算机等应用技能；在综合能力上，既要有审计业务能力，又要有组织管理、沟通协调和学习创新能力；在思维意识上既有审计专业思维，又要具备不同专业领域的思维模式。因此，必须用专业化的管理方式才能培养和造就复合型、高素质的审计公务员队伍。

4. 审计质量控制的要求

审计质量是国家审计工作的生命线。审计署制定了国家审计准则、相关行业审计指南，以及一系列审计质量控制办法，目的就是强化审计质量控制。审计结果公告制度的全面实行，将审计报告以公告的形式向社会公开，充分调动和发挥社会舆论对审计工作的监督。审计工作是否严格执法？是否全面真实？这一举措对审计机关的审计质量控制提出了更高的要求。审计质量的高低一方面决定于从事此项审计工作审计人员的专业素质、工作态度和道德水准，另一方面的关键因素是审计制度安排，包括工作制度和管理制度等。高素质、专业化的审计公务员依照相关工作制度，严谨而有效地开展审计工作，可以最大限度降低审计风险，提升审计工作整体水平。

（二）研究现状与文献综述

目前，中国审计理论研究者对审计队伍的专业化已经进行了一些探索性研究。这些研究主要从建立国家审计职业制度的角度论述，涉及国家审计专业化的定义和内涵，相关职业准入和遴选制度、职业职级制度、职业保障制度等制度安排，以及与专业化相匹配的职业意识、职业技能、职业道德等。这些研究一致认为，审计公务员是国家公务员，国家对公务员的管理有一套统一的公务员管理制度，审计公务员也不例外，并应当在公务员管理框架内着力研究审计公务员队伍的专业化问题。这些研究明确了审计公务员队伍专业化建设的方向，为审计队伍的专业化研究奠定了基础。

1. 关于审计队伍专业化与职业化内涵的研究

近年来，关于审计人员队伍建设经常出现的词汇有两个，即“职业化”与

“专业化”两种表述方式，已有的文献中，更多的学者是从“职业化”角度来进行研究的。

(1) 关于“职业化”内涵的研究

对于审计队伍“职业化”的内涵已有丰富的研究，主要观点有：①审计队伍职业化是对要求处在审计工作岗位的人员能够胜任工作职责实施管理的全部内容和过程（王耘农，2008），并提出了包括职业资格、职业道德、职业技能、职业规范、职业意识等方面的具体内容。这些研究还具体提出了审计人员职业化的五个特征：专业化、规范化、制度化、理性化、自主化。这一观点强调了审计专业化是一个实施管理的过程，也明确了职业化的内容，但也未阐述审计的特点，即审计专业化与其他职业有何不同的行业特色。②运用库尔特根的标准进行了审计队伍职业化的分析（陈莉，2009）。研究者借鉴了库尔特根提出的“一般特征”“与社会相关的特征”“与客户相关的特征”三个职业化的特征，分析了我国审计职业化的特征，并通过13个方面的深入比较，认为我国国家审计的职业化特征大体可以分为特征明显和相对较弱两大类。特征明显的有：具备一套建立在一定理论基础上的职业技能体系；通过职业道德准则来维护职业的正直；提供的职业服务是利他的；职业服务是为了维护公众利益所必不可少的；国家审计职业资格需要经过认证并得到社会广泛的认可；国家审计人员与客户之间具有受托责任关系；国家审计人员的服务能得到固定报酬等8个方面。相对较弱的有：国家审计职业技能需要通过全面而严谨的培训才能获得；国家审计人员需要通过考试展示其执业能力；在其执业领域具有职业权威性；为客户提供服务时具有独立性；公平地服务于客户；有一个声誉显著的协会来代表和组织众多的职业人员。这一观点比较全面，但是，有些方面与中国审计的实际相去较远。

(2) 关于“专业化”内涵的研究

什么是审计公务员队伍的专业化？关于这一概念目前还没有一个权威的定义，相对于职业化的提法，对专业化内涵也没有形成统一的观点。目前比较明确的说法来自于《关于加强审计机关公务员队伍专业化建设的意见》（审人发〔2009〕205号），提出了加强审计机关公务员队伍专业化建设的总体目标为“建设一支队伍”和“实现三个提高”，即立足审计工作实际，不断完善符合审计机关特点的公务员队伍专业化建设工作机制，建设一支政治素质过硬、学历层次较高、知识结构合理、业务水平精湛、勤政廉政的审计机关公务员队伍，确保审计机关有效履行法定职责；在专业结构上，具备与审计工作相关的法律、计算机、建筑工程、环境工程、经济管理等专业背景的公务员比例逐步提高；在知识层次上，达到大学本科以上文化程度的公务员比例逐步提高；在素质能力上，具有与审计工作相关的中级以上专业技术资格的公务员比例逐步提高。

但与职业化的丰富研究相比，专业化的提法很少出现在学术性研究中。有的研究也是兼顾审计职业状态职业管理的观点，认为审计专业化内涵包含两个层面：一是指审计职业的状态，即审计人员具有专门的知识结构、特殊的技能方法、一定的社会地位以及独特的工作思维模式等；二是指制度安排，即职业管理，包括职业准入和遴选制度，职业职级与工作制度等（刘英来，2004）。从审计实践角度来分析审计专业化的特征，实践性较强，但这种观点只从审计职业的内部管理出发，忽视了审计外部环境对审计的制约。

本研究认为，专业化与职业化具有内在的联系，之所以选择专业化的提法，主要是基于两点考虑：①专业化建设的重要途径是要进行职业化建设，但审计队伍专业的目标、体系等外延超过了职业化的内涵，具有更好的战略性与宏观性。②现有的职业化研究者也认为，我国目前审计队伍现状和审计制度设计中存在着一些推进职业化的阻碍（陈莉，2009；王鸿，2008 等），而专业化的提法更有利于制度的改造与设计目的的实现。

2. 审计公务员队伍专业化建设必要性的相关研究

很多研究者从不同方面论述了建立国家审计职业制度的必要性，代表性的必要性研究有以下四种：

（1）从目标入手，用实行职业制度的意义来说明审计专业化建设的必要性

该研究指出，实行审计职业制度的目的就是为了建立一支高素质的审计专业队伍，以提高审计工作的权威性和审计工作质量（崔振龙，2004）。另外，实行审计职业制度的意义在于可以提高审计人员的专业化水平；保证审计人员的合格与胜任；保证审计机关和审计人员的独立性；充分发挥审计人员的积极性等。

（2）从国家审计的特殊性强调专业化建设的必要性

国家审计是一种区别于一般公务行为的、专业性很强的行为。随着国家审计的地位获得巩固和提升，客观上需要一个与之相适应的专业化管理制度。国家审计专业化的基本目标包括专门化、独立化、制度化、权威化、同质化与精英化（刘英来，2004）。这一研究强调了必须通过专业制度的建设，完成审计专业化的目标。

（3）从推进审计职业化的必要性来强调专业化的必要性

推进职业化管理是审计机关履行职责、发挥作用的客观要求，审计监督的地位、作用、监督的综合性和监督的法制化决定必须推进审计职业化（王耘农，2008）。该研究从宏观角度论述了审计公务员队伍专业化的必要性，但对审计机关外部对审计专业化的需求未作阐述。

（4）从审计建设的基础和可持续性强调专业化建设的必要性

持这一观点的学者认为，持续改进各部门的协调机制及国家审计的创新机制，大力加强基础专业化建设，夯实可持续发展的根基，是不断增强并充分发挥国家审

计保障经济社会健康运行的“免疫系统”功能的措施之一（宋常，2009）。

但是以上研究对如何推进国家审计专业化建设，以进一步增强审计“免疫系统”功能的论述还不够充分，措施不够具体有效。

3. 审计队伍专业化建设现状的研究

全国审计系统内有不少研究者从关注审计队伍现状出发，提出了专业化建设的一些政策建议，这些关于审计队伍专业化建设现状的研究主要有：

（1）关于国家级审计机关队伍现状的研究

有学者从人力资源合理配置的角度出发，研究了审计署机关审计队伍的专业背景、专业结构、培训机制等现状（齐国生，2003），指出了审计队伍建设中培养复合型人才的必要性。还有关于审计文化现状的调查研究（张永革，2007），总结了已有审计文化的主要组成部分，指出审计文化与审计监督相辅相成，相互促进，日益发挥着重要的作用。另外，还有运用库尔特根的标准对我国国家审计人员进行的现状对比研究（陈莉，2009），如前所述，不再赘述。

（2）关于基层审计队伍的研究

河南省审计科研所课题组对县级审计机关工作现状进行了调查与研究，涉及了人员超编问题普遍存在，队伍结构不合理，整体素质不够高等审计队伍建设的问题，并提出了实行审计职业准入制度，严格入门条件，加强培训教育，提高队伍素质，保持创新活力等建议（叶鹏飞等，2007）。审计署办公厅的相关调研也指出了基层审计机关的审计人员年龄偏大、水平偏低、专业知识偏少，呈现出“六多六少”现象：特长型人才多，复合型人才少；有高学历的多，有高水平的少；年龄偏大的多，年富力强的少；当领导的多，当审计员的少；会审计的多，会总结的少；搞社交的多，钻业务的少。并指出须从入口关、学习制度、激励制度等入手来加以改进。

这些关于审计队伍现状的研究为审计队伍专业化研究提供了重要的现实基础，为增强专业化制度设计的针对性与可行性创造了条件。

4. 审计公务员队伍专业化制度框架体系的相关研究

目前，研究者从一种职业角度，普遍认为国家审计职业制度框架设计是一项系统工程，有必要进行深入研究。已有的研究各自从不同角度提出了专业化制度建设应包括的内容，主要有以下三个角度：

（1）多维度专业化建设论

例如，七维度理论认为审计专业化应做好以下工作：一是强化审计组织独立性，提高审计机关级别，确定审计机关比同级政府低半格比同级部门高半格的地位；二是建立高素质的职业队伍，要严格职业准入，强化后续培训；三是完善职业保障，要解决经费保障，提高待遇保障；四是强化职业意识；五是提升职业形象，包括专业形象、廉洁形象、权威形象；六是增强职业手段；七是整合资源，实现效能最大化（王中信，2003）。该研究提出了理想化的构想，但是提高审计机关的级别是行政级别，涉及体制机制问题，与专业化或职业化思想有所矛盾。

还有八维度理论认为应从八个方面进行审计专业化建设：职业资格准入和遴选制度、职业职级制度、工作制度、绩效考评制度、监督与责任制度、激励制度、职业后续教育制度、职业道德制度。他们还认为，审计职业职级应该同原有的审计专业技术资格相区别，可分为首席审计官、高级审计官、审计官、助理审计官四大类，并实行审计官主审工作制，设立审计组、审计合议组、审计委员会工作制度（刘英来，2004）。然而，目前在中国实行审计官制度时机还欠成熟。

（2）职业资格类别论

该研究将审计机关职业资格分成三类：一是审计专业类职业资格；二是技术类岗位资格；三是行政管理类岗位资格。后两类资格可以称为岗位资格，是由于其专业化特征不明显，对于技术类岗位资格可以参照社会其他部门的资格来确定；对于行政管理类资格可以参照公务员制度的有关规定办理，或者另行规定（崔振龙，2004）。另外，该观点还认为，审计专业类职业资格可以按工作要求的不同以及职级的高低，自下而上划分为三类：一是一线审计业务类职业资格，包括助理审计师、审计师、高级审计师；二是审计管理类职业资格，包括主任审计师、管理审计师或审计经理；三是高级审计管理与监督类资格，包括监督审计师、高级审计经理。对于专业类资格可行性是较强的，但行政管理类岗位资格还应遵照公务员法规定执行。

（3）立法论

还有的研究者认为，应当通过法律或者行政法规对审计人员的职责、权利和义务、任职条件、任免、任职回避、职级、考核、培训、奖励、惩戒、工资保险福利、辞职辞退、退休等方面作出规定。关于这些方面国家公务员制度都有相应的规定，审计公务员在这些方面不能与国家规定相悖。

以上研究提出了国家审计职业制度框架应该包含的主要内容，但对职业职级制度、职业管理制度等核心内容还存在不同的观点，研究中尚未见到关于审计公务员队伍专业制度框架体系的论述。

5. 已有研究评述

综上所述，已有的研究具有三个特点：①已有研究多集中于审计队伍的“职业化”研究。已有研究中对审计队伍职业化建设的内涵、目标、体系等内容都有了较为丰富的论述，并对我国审计队伍职业化现状进行了较为全面的深入的分析，较好地归纳了目前制度设计中的优势与不足，为审计队伍专业化研究提供了良好的借鉴。②对中国审计公务员队伍专业化研究还处于初始阶段，尚未形成一个比较系统的研究框架。研究者对实施审计公务员队伍专业化建设的必要性形成了比较一致的观点，但是多数研究主要是集中在审计公务员队伍专业化的概念、内涵、功能以及笼统的制度安排上，对于审计公务员队伍专业化建设的目标和方式以及制度框架的建设等核心问题，相关阐述还不很清晰。③有的研究没有充分考虑现行的公务员制度以及中国审计机关的性质和管理特点，提出的观点不切实际，可操作性较差。因此，根据新形势新要求，全面系统地对审计公务员队伍专业化建设进行研究，分析审计公务员队伍专业化的必要性、可行性，提出适合中国国家审计特点的审计公务员队伍专业化建设思路，研究与专业化相适应的各种配套管理机制，具有重要的现实意义和实践价值。而这正是本文选题的背景和研究的目的，试图通过本文的探讨，可以为审计公务员队伍专业化制度的建设与完善奠定理论基础，并提供可操作性的制度建议。

（三）基本范畴的界定

本研究的重点是分析审计机关如何在公务员管理制度框架下进行队伍专业化建设，以发挥其保障社会经济健康运行的“免疫系统”的功能。为了便于分析，并保证分析过程与结论的统一性，这里首先需要对一些基本范畴进行界定。

1. 专业化

专业化是指社会分工的细化使某一职业具有特定的从业要求和从业条件，并有专门的培养制度和管理制度，其从业人员也须经过一段时期的发展，逐渐掌握胜任该职业的专门知识体系、技能体系和伦理规范体系，成为专门人才的动态发展过程。专业化强调的是达到一定专业能力或专业等级标准的过程。当某一职业对从业人员胜任该工作所需具备的特定知识与技能要求越高深，且只有少数经过严格筛选的人才能从事此项工作时，则可称该职业的专业化程度高。

2. 审计队伍

审计队伍主要是指在国家审计机关的审计业务部门专门从事审计业务工作的公务员，不包括从事行政文秘、人事、党务等工作的公务员。可以从广义和狭义两个方面对审计队伍的概念进行理解，狭义分析时审计队伍是由众多自然人组成，是占用审计机关行政编制的人员，广义审计队伍是由一个一个自然人组成的整体，就是我们所称的审计公务员队伍。

3. 审计队伍专业化

审计队伍专业化是指按照审计职业的工作职责和职业标准的要求，从事审计工作的公务员，通过一定时间的学习实践，逐步掌握从事审计工作所需要的知识和技能，直至成为审计工作专家的过程。审计的批判性和建设性作用要求审计人员必须以审计准则为从业规范，审计职业道德为约束，更好地履行宪法和法律赋予和职责，对国家财政财务收支的真实、合法和效益进行监督。审计队伍的专业化包括审计公务员个人的专业化和审计公务员队伍的专业化。

4. 审计队伍专业化管理制度

审计队伍专业化管理制度是由具有权威的专业审计机构制定和实施的用于规范审计公务员队伍审计行为的一系列约束性规则。它包括专业能力标准、专业准入制度、专业技术资格制度、考核评价制度、教育培训制度、激励制度以及相关配套的监督与责任制度和职业道德等。

（四）研究框架、路线与方法

1. 研究框架

本研究将从充分发挥审计保障国家经济社会健康运行的“免疫系统”功能的角度出发，通过借鉴国外的国家审计职业制度，结合国内法官、检察官等专业化的实践，深入分析中国国家审计在社会结构中的角色定位、职业现状，提出构建中国审计队伍专业化的制度框架体系的基本思路，如图 1 -1 所示。

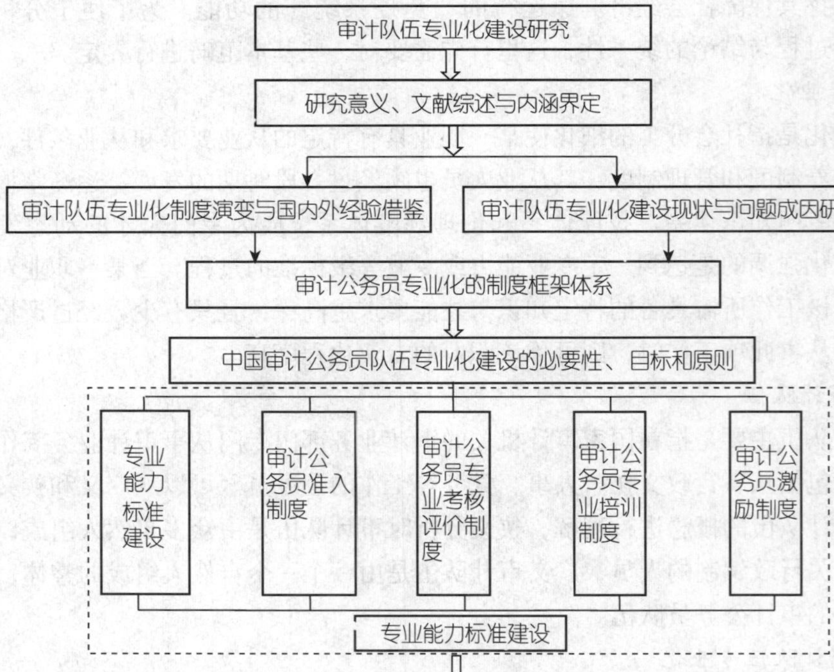

图 1 -1　研究框架图示

此研究框架的主要研究内容包括：

（1）针对如何更好地履行宪法赋予的审计监督职责，借鉴已有的研究成果，通过分析审计队伍专业化的本质、特点，提出审计队伍专业化的定义，分析其内涵、目标，明确国家审计队伍专业化管理制度的内涵。

（2）审计公务员专业化制度演变与国内外经验借鉴。将对中国审计公务员队伍专业化建设的高度变迁及其成就进行系统总结，回顾审计公务员队伍建设在中国审计从起步阶段、稳步发展阶段到改革创新阶段的历史成就，分析每一个发展阶段审计公务员队伍发展的成功经验与不足，揭示审计公务员队伍专业化建设的现状。同时，将对国内法官和检察官专业化建设的经验进行借鉴，对国外关于审计人员专业化制度建设的经验进行借鉴。

（3）审计公务员队伍专业化建设现状与问题成因研究。在广泛调研的基础上，分析我国审计公务员队伍专业建设的现状，着重分析建设实践中存在的问题，并充分考虑中国现行公务员制度规定、国家审计机关的管理体制和审计工作专业多样性等因素，系统分析目前审计队伍专业化建设问题的原因，为政策建设打下基础。

（4）构建审计公务员队伍专业化管理制度框架，对相关制度建立目标、原则、内容，包括准入与资格、专业能力标准、考核与评价、教育与培训、激励等方面进行深入分析，并设计具体的执行制度，核心是建立一套适合中国国情的审计公务员队伍专业化管理制度。

（5）审计公务员队伍专业化建设的配套措施研究。具体措施包括建立对审计公务员的监督和责任追究制度，营造健康和谐的审计文化，加大人力和物力的投入力度，建立审计机关公务员队伍建设的层级指导体系。本着统筹兼顾，循序渐进的原则，逐步强化审计专业性观念，夯实基础，促进审计公务员队伍专业化建设。

2. 研究技术路线

本研究大约经历四个阶段，实地调研与文献调研结合，具体如图1－2所示。

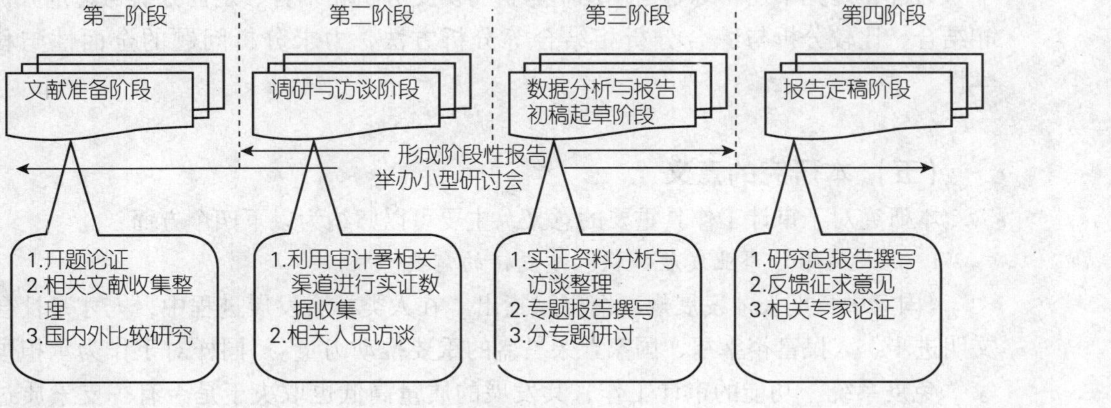

图1－2 研究路线图示

3. 研究方法

本研究将以文献研究、实地调查研究和比较研究法为主要手段，辅之以图表分析和案例分析，主要方法有：

(1) 文献研究法

主要用于广泛收集、分析和研究相关资料，包括相关法律、法规、审计署工作规划、管理规定、国外的审计队伍专业制度及相关研究资料、国内司法系统专业化建设情况及相关研究资料、当代人力资源管理的最新理论和研究资料等方面。

(2) 实地调查研究法

应用主要表现在：在国内选取典型性的省、市、县级审计机关专业化现状进行实地调研，采用访谈、问卷等方式掌握所调研地区审计专业化的现状，分析存在的问题，研究其深层次原因。同时，调研部分法院、检察院，了解其专业制度实施情况、成果、经验和存在的问题。

(3) 比较研究法

主要通过不同国家审计队伍专业制度的对比研究，以及法官、检察官专业化建设对比分析，发现各种专业制度的共同点以及不同专业制度的优缺点。图表分析法是将涉及审计公务员专业化建设的调查研究的结果、相关的统计资料用图表形式加以说明。

(4) 案例研究法

选取相关国内外审计公务员实施专业化建设的实施实例，通过对个案进行分析，说明利弊，为审计公务员队伍的专业化建设提供实践证据。

(5) 专家意见法

在研究过程中，随着阶段研究成果的呈现，将集中或分散征求相关审计行业专家和人力资源管理专家的意见，通过讨论吸收专家见解。

另外，研究中还将综合运用逻辑分析与历史分析相结合、定性分析与定量分析相结合、比较分析与综合分析相结合等分析方法，力求分析问题的全面性与科学性。

(五) 本研究的意义

本研究对于审计工作具重要的意义，主要可以归纳为以下四个方面：

1. 满足为审计事业发展提供人才支持的需要

《国家中长期人才发展规划纲要》指出“在人类社会发展进程中，人才是社会文明进步、人民富裕幸福、国家繁荣昌盛的重要推动力量。”同样对于作为承担国家“免疫系统”功能的审计工作，其发展的质量高低也取决于是否有一支素质过硬的审计人才队伍。“历史经验表明，各级审计机关必须高度重视队伍的专业化建设，为审计事业的不断发展提供必要的组织保证和人才支持”（《关于加强审计机关公务员队伍专业化建设的意见》审人发〔2009〕205号）。因此，审计队伍专业化是肩负着为审计事业发展提供人才支持的重任。

2. 满足审计人力资源管理水平提升的需要

在审计人力资源管理方面，总结中国审计制度发展的历史经验以及比较各国审计制度所应当具有的基本特征，加强审计队伍专业化建设，是进一步促进和保障审计工作发展，健全审计制度的重要因素。建立适应中国审计特点的审计队伍专业化制度，将有助于加强审计公务员管理，提高审计公务员的素质，强化审计的独立性；也有助于改进审计工作机制，提高审计工作效率，树立审计工作和审计公务员的权威性，确保审计监督职责全面有效的履行和审计事业的可持续发展。在现行体制下，审计公务员的管理完全按照综合管理类公务员管理模式进行，结合国家审计专业特点开展的审计公务员队伍专业化建设尚显不足。

3. 满足审计实践产生的专业化需求

近年来，审计署提出国家审计要以科学发展观为指导，牢固树立科学审计的理念，充分发挥保障国家经济社会健康运行的“免疫系统”功能。根据这一要求，审计署《2008~2012年审计工作发展规划》把以提高审计公务员依法审计能力和审计工作水平为核心的审计队伍建设列为五项基础建设之首，强调基础建设是审计事业可持续发展的根基。规划明确要逐步建立健全适应审计工作发展需要的公务员管理和人力资源管理体制和机制，全面推进审计公务员队伍建设，为审计事业科学发展提供坚强的思想保证和人才支撑。在此基础上，审计署还制定了五年人才队伍建设规划和干部教育培训规划，对审计公务员队伍建设和审计公务员管理提出了更高要求，进一步研究和探索构建适应审计发展的审计专业化制度已经势在必行。

4. 满足为审计队伍专业化建设提供理论支撑的需要

机关公务员队伍经过多年的建设，人员结构得到了改善，队伍整体素质也有较大提高。但是审计队伍专业化水平有待于提高，尤其是基层审计队伍专业化建设缺乏有力的制度保障。对于审计队伍专业化建设的论述虽然不断出现，但在具体指导审计队伍专业建设过程中，还缺乏系统完整的理论支撑，例如，对审计队伍专业的制度框架和专业能力标准建设等方面，实践工作均呼唤理论的指导，因此，系统化地研究审计队伍专业的内涵与制度设计就显得十分必要。

（六）创新与不足

1. 主要创新点

本研究立足于当前国家审计职责、工作性质和管理体制，着眼于国家审计的长远发展，具有较强的前瞻性。核心创新点是将审计公务员队伍专业化建设作为充分发挥审计促进经济社会健康运行的“免疫系统”功能的审计制度设计之一进行研究。其创新性主要体现在以下三个方面：

（1）在理念上根据中国现行审计体制，将国家公务员制度与审计公务员专业化管理制度有机结合进行研究

通过对国内外典型公务员制度和我国审计公务现有制度的研究，结合现有的审计职业化研究成果，在研究中力图通过树立全新的审计专业化管理理念，构建具体管理制度，通过制度安排，实现审计公务员队伍专业化建设目标，进一步发挥审计保障经济社会健康运行的“免疫系统”功能。

（2）系统分析中国审计公务员队伍专业建设的制度变迁过程

如前所述，本研究将系统研究中国审计公务员队伍专业化建设的制度变迁路径，从起步阶段、稳步发展阶段到改革创新阶段的历史成就，分析每一个发展阶段审计公务员队伍发展的成功经验与不足，为制度创新提供历史借鉴。

（3）构建审计公务员专业化管理制度框架

在内容上把审计公务员队伍准入、专业资格制度和相关管理制度作为审计公务员队伍专业化建设的核心进行研究。在提出审计公务员队伍专业化建设的定义，明确内涵基础上，揭示了审计公务员队伍专业化建设的核心是审计队伍准入制度、专业资格制度和相关管理制度。在体系框架上注重围绕建立起一套适合中国国情的审计公务员队伍专业化体系进行研究。在明确中国审计队伍专业制度建立原则的基础上，通过深入分析国家审计专业化建设与充分发挥审计的预防、揭示、抵御等功能的关系，建立起了一套适合中国国情的审计公务员队伍专业化框架体系，提出了分步骤分阶段实施专业化建设的设想及相应的配套措施。

2. 研究不足之处

本研究尚有两个方面的不足有待于在今后的研究中进一步加强。

（1）实践资料需要进一步的整合与提升

课题组成员多数从事于国家审计机关人力资源管理部门，长期从事审计教育培训、审计公务员录用、审计干部的选拔任用、审计专业技术资格管理、机构编制管理以及干部人事档案管理等工作，有着丰富的实践工作经验，掌握了大量的审计实务工作资料，但由于时间关系，尚需利用审计人力资源管理理论服务于审计事业科学发展方面进行深入的研究，例如，对审计公务员专业化建设研究更多地偏重于实践层面，过多地强调在现行法律法规约束下的可操作性，而在如何运用经典的人力资源管理理论设计更加科学和规范的审计公务员专业化管理制度等方面，还需要在后续研究中作进一步的思考和探讨。

（2）受困于职业化路径的现实约束，专业化制度有待于实践的检验

职业化是专业化实现的重要路径，而当前关于审计公务员职业化的建议仅仅停

留在理论层面，职业化实践举步不前。这一现象在很大程度上也影响了本研究关于审计队伍专业化的研究，因此，本研究所进行的专业化体系的设计就有待于应用于实践后进行检验，其规范和完善是本研究所远不能完成的工作。

二、审计公务员队伍专业化建设的现状

（一）历史成就

1982 年，第五届全国人民代表大会通过的宪法确立了中国的审计监督制度。1983 年 9 月，审计署正式成立，随后各级审计机关也相继成立。在国务院和各级人民政府的大力支持下，审计机关经历了艰苦的创业过程，经过近三十年的努力，初步形成了审计公务员队伍专业化建设的基本思想，构建起包括审计公务员录用、教育培训、审计职称制度、选拔任用、考核与激励等内容的审计队伍专业化建设的基本框架，建设了一支综合素质较高、业务能力较强的审计公务员队伍，为审计事业的发展提供了人才保障，也为进一步加强审计公务员队伍专业化建设奠定了坚实的基础、积累了宝贵的经验。取得的历史成就主要包括：

1. 重视审计人才入口把关

审计机关自组建之初，就对审计队伍进口方面提出较高的要求，注重从各级党政机关和企事业单位的财务人员中选调业务骨干充实到审计机关。1989 年，审计署开始了考试录用试点工作。随着 1995 年国家公务员制度的实施，审计署考录工作逐步完善，形成了以考公务员资格和考审计相关专业知识为主要内容的“凡进必考”考试录用机制。2000 年审计署发布了《市、县级人民政府审计机关岗位任职资格和考核、考试录用办法》，逐步规范了地方审计机关人员准入制度。

2. 建成了一支综合素质较高、业务能力较强的审计公务员队伍

经过多年的努力，审计机关通过选调和考录将优秀人才充实审计公务员队伍中，审计公务员队伍数量不断壮大。同时，通过大力加强政治业务培训和完善各项人事管理制度，审计公务员的综合素质逐年提高，初步建成了一支政治素质过硬、专业能力较强的审计公务员队伍。

1983～1988 年是审计事业发展的起步阶段。审计机关成立之初，各级审计机关按照组建工作要求，迅速完善机构，抓紧选调人员。到 1988 年底，全国共组建地方各级审计机构 3025 个，占应建数的 98.6%，人员实有数为 51797 人，占定编人数的 78.9%。1989～1998 年，中国逐步实现了从计划经济体制向社会主义市场经济体制的转变，政治体制和经济体制改革都取得了重大突破。这一时期，审计公务员队伍建设稳步推进，不仅在数量稳中有升，而且整体素质逐步提高，并呈现出

年轻化和专业化的发展趋势。1998 年以后，随着社会主义市场经济建设的不断推进和发展，对审计工作也提出了更高的要求，审计公务员队伍发展也更加注重能力和素质的提高。审计署先后研究制定了《审计署及派出机构 2001 ~ 2005 年干部队伍建设发展规划》和《审计署 2008 ~ 2012 年审计人才队伍建设规划》，为审计公务员队伍建设提供了方向性的指导。截至 2008 年 3 月底，全国审计机关在职人员已经达到 83414 名，其中：中央审计机关 2766 人，地方审计机关 80648 人。

3. 审计职业教育培训体系的建立健全

审计机关注重加大教育培训力度，努力提高审计公务员的知识水平和业务能力，取得很好成效。成立初期，审计机关教育培训工作的重点是：加强在职审计干部培训、委托部分高校培训审计干部，促进高等院校增设审计学专业和开设电大、夜大等成人审计专业教育。截至 1988 年底，全国审计公务员 51797 人中，具有大学以上文化程度 3422 人，具有大专文化程度 10435 人，具有中专文化程度 16567 人，中专及以上文化程度的审计公务员占到总人数的 58.7%，教育培训工作初见成效。20 世纪 80 年代中期，我国建立了审计专业技术职称制度，确保了审计公务员队伍的专业化水平稳步提高。1992 年，审计署和人事部印发了《审计专业技术资格考试暂行规定》和《实施办法》，建立起审计专业技术资格考试制度。国家审计公务员和各行各业从事与审计工作有关的人士，都积极参加审计职称考试，审计干部队伍的专业化水平有了明显的提高，翻开了审计公务员队伍专业化建设新的一页。审计机关十分重视师资培训，建设了系统内和系统外两支兼职师资队伍。通过修订和完善审计职业教育培训教材，重点开发审计案例教材，充分利用包括多媒体和网络在内的多种教学手段，使教育培训系统化、网络化。截至 2008 年 3 月底，审计机关在职人员中具有大专及以上学历 73186 人，占到总人数的 87.7%。2002 ~ 2008年间，审计署共投入教育培训经费 5282 万元，举办各类培训班 220 期，累计培训干部 17353 人次。审计署先后制定了《2001 ~ 2005 年全国审计干部教育培训规划》和《2008 ~ 2012 年审计人才队伍教育培训规划》。2010 年，仅审计署组织培训班应达到 60 期，培训 8956 人次。经过努力，审计系统以培训、教材、师资、考试和网络为支撑的职业教育培训体系得到了逐步完善，极大地推进了审计公务员队伍专业化建设。

4. 审计公务员队伍专业化管理制度建设初见成效

建设高素质的审计公务员队伍的关键是能够动态地保持这支的队伍的活力，这就需要建立人才培养、使用和管理的制度和机制。新中国的审计从无到有，经过多年努力，已经逐步形成了一套具有中国特色、基本适应审计工作发展需要、能够保证审计队伍专业化建设持续发展的干部培养选拔和管理监督制度。

（1）国家公务员制度的建立为审计公务员队伍专业化建设确立了基础

随着我国干部人事制度的逐步规范和国家公务员制度的建立，审计队伍专业化建设也日益规范和完善。1993 年 8 月 14 日，国务院正式颁发了《国家公务员暂行条例》，标志国家公务员制度的诞生和具有中国特色的国家行政机关新的人事管理制度的基本确立，是我国人事制度改革和发展的里程碑。国家公务员制度的建立为审计公务员队伍专业化建设奠定了基础。

（2）干部选拔任用制度不断完善

近年来，审计机关严格按照《党政领导选拔任用工作条例》的规定选拔人才，完善了以竞争上岗、双向选择为主要方式的审计人才选拔任用机制，民主性、公开性和透明性得到进一步加强。部分审计机关推行了干部公开选拔，注重在实践中考察、识别干部，把那些德才兼备、实绩突出和群众公认的优秀干部及时选拔到领导岗位上来。部分审计机关加大了竞争上岗选拔干部的工作力度，使一些年轻干部脱颖而出，进一步提升了审计队伍的整体素质。

（3）考核制度逐步走向规范化和科学化

2007 年起施行的《公务员考核规定（试行）》对公务员的考核内容和标准、考核方法和程序、考核结果的使用和考核机构等作了比较详细的规定。中组部《体现科学发展观要求的党政工作部门领导班子和领导干部综合考核评价办法（试行）》，明确了综合考核评价的指导思想、遵循原则和方法构成，要求综合运用民主推荐、民主测评、民意调查、实绩分析、个别谈话和综合评价等具体方法对干部“德、能、勤、绩、廉”情况进行综合考核评价。在上述公务员考核规定的基础上，审计机关不断改进业绩评价和考核方法，建立和完善科学的考核体系。部分审计机关通过引入量化考核指标，把定性考核与量化考核、年度考核和平时考核相结合，逐步实现了科学的综合评价工作绩效的目标。

（4）建立健全了奖励激励制度

各级审计机关根据国家公务员奖励制度的相关规定，逐步建立起适应审计工作特点的干部奖励激励制度，涌现出一大批先进集体和先进个人，有力地推动了审计工作的发展。如从 1986 年起，审计署确立了每隔四年进行一次的全国审计机关先进集体、先进工作者（“双先”）表彰制度，当年全国共有 34 个审计单位被评为全国审计机关先进集体，97 位同志被评为先进工作者，这种“双先”表彰制度一直延续至今。近年来，审计机关按照“物质激励与精神激励相结合，以精神激励为主”的原则，不断完善和规范奖励激励措施，干部激励效果得到明显提升。

5. 各类人才培养工程的有益探索和审计实务导师制的实行

继对高层次审计人才培养等人才培养工程进行了有益探索后，2009 年审计署颁布了《关于培养审计业务骨干人才和审计专业领军人才的实施意见（试行）》，规定了审计业务骨干人才和领军人才的标准，确立了未来几年的培养目标，审计公务员队伍专业化建设迈出了坚实的一步。近几年，审计署机关和派出机构已经全面推行审计实务导师制，并取得了好的效果。地方各级审计机关也开展了形式多样的审计专业人才培养工程。这些工作为审计人才专业化化建设积累了宝贵的经验。

6. 以审计职业道德建设和廉政建设的不断加强

经过近三十年的发展，审计机关因为突出的工作业绩和良好工作作风得到了社会各界的肯定和赞扬。2003 年，朱镕基提出要把审计署建成“廉政署、法治署、正气署”；温家宝希望审计公务员“坚持原则、敢于碰硬，公正客观、严谨细致，廉洁自律、甘于奉献，与时俱进、开拓创新”，并提出了“依法、程序、质量、文明”的要求。经过多年的努力，审计机关的职业道德建设和廉政文化建设在理论和实践上都取得了实效，保证了审计工作的顺利健康发展。

（1）审计职业道德建设

1995 年以前，审计职业道德建设的规定一般都是散见于相关文件中，审计职业道德建设和廉政建设也没有明确的界限和区分。1995 年颁布的《审计法》第五条强调了国家审计的独立性：“审计机关依照法律规定独立行使审计监督权，不受其他行政机关、社会团体和个人的干涉”。第六条明确提出了国家审计机关和审计人员的职业道德要求：“审计机关和审计人员办理审计事项，应当客观公正、实事求是、廉洁奉公、保守秘密”。相关条款还对审计人员的专业知识和业务能力、回避、保密等作了规定。至此，审计职业道德以法律的形式被确定下来。1996 年，审计署颁布的《国家审计基本准则》规定，审计机关和审计人员办理审计事项，应当客观公正，实事求是，廉洁奉公，并保持严谨、稳健、负责的职业态度；同时，对保持审计独立性、增强职业胜任能力和保守秘密等方面明确了具体要求。1997 年发布的《审计法实施条例》对此进一步细化，作出了一些操作性较强的规定。例如，为保障审计人员的职业胜任能力，第十条规定：“审计人员实行审计专业技术资格制度”；第十一条对应当回避的三种情形作出了更为明确的规定。与《国家审计基本准则》相配套，审计署在 1996 年发布了《审计机关审计人员职业道德准则》，这是我国第一个专门的审计职业道德规范。它将审计职业道德定义为“审计机关审计人员的职业品德、职业纪律、职业胜任能力和职业责任”，规定审计人员办理审计事项，应当客观公正、实事求是、合理谨慎、职业胜任、保守秘密、廉洁奉公、恪尽职守。同时，该准则进一步规定了审计人员应当如何遵守职业道德原则、避免损害职业道德的各种情形、审计人员违反职业道德需要承担的责任等。2000 年修订的《国家审计基本准则》，2006 年修订的《审计法》和 2010 年修订的《审计法实施条例》都对原有的相关职业道德规范要求继续予以保留。2009 年 3 月 25 日，刘家义审计长在“全国审计机关党风廉政会议”的讲话中强调要继续加强审计职业道德建设，并将审计职业道德建设提到了一个新的高度。2010 年 9 月，审计署颁布了《中华人民共和国国家审计准则》（审计署8号令），其中第十五条规定了审计人员应当恪守的基本职业道德包括：严格依法、正直坦诚、客观公正、勤勉尽责和保守秘密。

（2）审计廉政建设

2000年初，审计署研究制定了《审计署关于加强审计纪律的规定》（简称“八不准”规定），要求审计组和审计人员不准由被审计单位安排住宿，不准接受被审计单位安排的就餐和宴请，不准无偿使用被审计单位的交通工具，不准参加被审计单位安排的旅游、娱乐和联欢等活动，不准无偿使用被审计单位的通信工具和办公用品，不准接受被审计单位的任何纪念品、礼品、礼金和各种有价证券，不准向被审计单位提出与审计工作无关的要求，不准在被审计单位报销任何因公因私的费用。2001年9月，党的十五届六中全会作出《关于加强和改进党的作风建设的决定》以后，署党组十分重视，在传达学习和调查研究的基础上，及时研究制定了《关于加强和改进审计机关作风建设实施意见》。2008年，审计署在充分调研和广泛征求各方面意见的基础上，针对原有审计纪律有的内容不够完善、与客观情况不相适应等问题，对“八不准”规定进行了修订，形成了《审计署关于加强审计纪律的八项规定》。该规定更为简练，将原“八不准”一些相关条款合并表述。此外，还增加了禁止利用审计职权和被审计单位的商业秘密、内部信息谋取私利等廉政纪律规定，对审计人员提出了更高要求，有利于进一步规范、监督审计权力的行使和增强审计人员廉政纪律约束。此外，审计署还颁布了《关于进一步加强审计机关精神文明建设工作的意见》《审计机关文明礼仪公约》等规定，实施了审计承诺制、审后回访制、审计组廉政监督员制、审计干部回避制等一系列廉洁从审制度。

2009年7月全国审计机关工作会议提出了：要加强“责任、忠诚、清廉、依法、独立、奉献”为主要内容的审计文化建设，明确了以职业道德建设和廉政建设为核心的审计文化建设的主要内容和今后的努力方向。

（二）存在的问题

虽然我国审计公务员队伍专业化建设已经具备了一定的基础，并取得了一些初步的成就，但面对经济社会发展对审计工作的要求，目前仍存在着许多问题。

1. 审计公务员群体结构难以适应审计事业的协调发展

审计公务员队伍是一个群体性的概念，包括群体的学历结构、专业技术水平结构、年龄结构等。随着审计的环境、对象、范围和深度等发生的巨大变化，对审计公务员队伍结构提出了多样性要求，需要适时对审计公务员的思想观念、教育水平、配置状况、人才政策等进行相应调整。当前，我国全面实施了人才强国战略，审计规范化、制度化建设步伐加快，合理配置审计人力资源、加快审计公务员知识更新的要求日益凸显。从中国审计公务员现状看，审计公务员结构，尤其是群体结构与审计事业的发展还不相适应，亟待调整。

（1）审计公务员群体学历结构有待调整

目前，审计署的审计公务员的学历结构与地方审计机关有较大差异，见表2-1。截至2008年3月，审计署、省级、市（地）及县（市）级四级审计机关中，博士研究生的比例分别为2.4%、0.2%、0.1%、0.01%；硕士研究生的比例分别为26.4%、7.9%、4.0%、1.1%；本科生的比例分别为58.0%、64.6%、56.2%、38.2%；专科生的比例分别为11.5%、19.5%、31.2%、45.7%；专科以下的比例分别为1.8%、7.8%、8.6%、15.0%。可以看出，在审计署、省级、市（地）及县（市）级四级审计机关，本科生以上高学历审计公务员的比例逐步递减，专科及专科以下较低学历相关比例逐步递增。这个差异的存在，导致了各级审计机关在审计目标、要求方面的存在不同，也影响了各级审计机关审计的协调发展。

表2-1　我国审计队伍的学历结构表

指标 / 审计机关	博士研究生		硕士研究生		本科		专科		专科以下	
	人数	比例	人数	比例	人数	比例	人数	比例	人数	比例
合计	106	0.1%	2721	3.3%	38236	45.8%	32123	38.5%	10228	12.3%
审计署	66	2.4%	729	26.4%	1603	58.0%	319	11.5%	49	1.8%
省级	16	0.2%	533	7.9%	4387	64.6%	1321	19.5%	532	7.8%
市（地）级	21	0.1%	889	4.0%	12653	56.2%	7019	31.2%	1927	8.6%
县（市）级	3	0.01%	570	1.1%	19593	38.2%	23464	45.7%	7720	15.0%

（2）审计公务员群体的专业技术水平结构有待调整

在专业技术资格结构方面，截至2008年3月，在审计署、省级、市（地）级及县（市）级审计机关中，取得中高级专业技术资格的人数占总人数的比例逐步降低，分别为92.6%、87.3%、82.9%、66.6%；初级专业技术资格的相关比例逐步增加，分别为7.4%、12.6%、17.0%、33.4%。以上数据表明，各级审计机关审计公务员在专业技术水平方面有一定差异，这也造成各级审计机关在审计工作能力方面存在一定差距，见表2-2。

表 2－2　审计队伍的专业技术资格结构表

审计机关＼指标	合计	高级		中级		初级	
		人数	比例	人数	比例	人数	比例
合计	49988	6303	12.6%	30832	61.7%	12853	25.7%
审计署	1857	457	24.6%	1262	68.0%	138	7.4%
省级	4426	1329	30.0%	2538	57.3%	559	12.6%
市（地）级	14986	2445	16.3%	9986	66.6%	2555	17.0%
县（市）级	28719	2072	7.2%	17046	59.4%	9601	33.4%

（3）审计公务员群体的年龄结构有待调整

总的来看，截至2008年3月，审计署、省级、市（地）级及县（市）级四级审计机关公务员的平均年龄为41.1岁，结构较为合理，是一支年富力强的队伍，其中：审计署公务员的平均年龄为38.4岁，省级审计机关为41.6岁，市（地）级为42.2岁，县（市）级为40.6岁。然而，按照各级审计机关中各个年龄段人数占该级审计机关的总人数比例看，不均衡状况依然是存在的。如四级审计机关30岁及以下年龄段的比例分别为27.1%、12.3%、10.1%、13.9%。就地方审计机关而言，年龄稍长的审计公务员比例较高，审计公务员相对老化现象较普遍。如陕西省审计厅提供统计资料反映，截至2006年末，全省审计公务员实有人数3289人，46岁以上的同志有1086人，占全省全部审计公务员的33%；31～45岁的同志有1762人，占比53.57%；30岁以下的干部只有457人，占比13.89%，见表2－3。年龄结构不均衡，既影响了审计工作效率，也不利于审计公务员激励措施的有效实施，从而可能影响中国审计事业的协调发展。

表 2－3　审计队伍的年龄结构表

审计机关＼指标	30岁及以下		31～40岁		41～50岁		51岁以上	
	人数	比例	人数	比例	人数	比例	人数	比例
合计	10980	13.2%	26800	32.1%	31929	38.3%	13705	16.4%
审计署	749	27.1%	819	29.6%	768	27.8%	430	15.5%
省级	832	12.3%	2062	30.4%	2635	38.8%	1260	18.6%
市（地）级	2275	10.1%	6475	28.8%	9533	42.4%	4222	18.8%
县（市）级	7124	13.9%	17444	34.0%	18993	37.0%	7793	15.2%

(4) 审计公务员群体的专业结构有待调整

目前，各级审计机关中审计公务员的专业结构普遍存在以下问题：一是知识老化、专业结构单一，熟悉会计工作的多，精通财政、金融、工程、法律知识的少；二是熟悉具体审计实务的多，掌握宏观经济理论和知识的少；三是熟悉传统核算方法的多，掌握会计电算化等现代技术的少。特别是基层审计机关公务员队伍建设问题尤为突出。审计署官方数据看，审计队伍中有会计审计类专业背景的34255人，占工作人员总数的41.1%；经济类14821名，占17.8%；管理类7636名，占9.2%；法律类4877名，占5.8%；工程类3699名，占4.4%；计算机类2246名，占2.7%；其他专业背景12115名，占14.5%。法律类、工程类、计算机类背景的审计公务员十分缺乏，这种现象在基层审计机关尤为严重。在德国审计机关法律人才几乎占了审计人员的一半，而中国审计机关的法律人才只有不到6%，存在较大的差距。从适应审计事业的发展，全面推进绩效审计的要求看，审计队伍的专业结构有待进一步优化，见表2-4。

表2-4 审计队伍的专业知识结构表

指标 审计机关	会计审计类	经济类	管理类	法律类	工程类	计算机类	其他
合计	34255	14821	7636	4877	3699	2246	12115
占全国总人数比例	41.1%	17.8%	9.2%	5.8%	4.4%	2.7%	14.5%
审计署	924	642	440	157	142	159	291
占本单位人数比例	33.4%	23.2%	15.9%	5.7%	5.1%	5.7%	10.5%
省级	2508	1412	878	384	312	255	1024
占同级总人数比例	36.9%	20.8%	12.9%	5.7%	4.6%	3.8%	15.1%
市（地）级	8845	4515	2198	1412	1101	655	2828
占同级总人数比例	39.3%	20.1%	9.8%	6.3%	4.9%	2.9%	12.6%
县（市）级	21978	8252	4120	2924	2144	1177	7972
占同级总人数比例	42.8%	16.1%	8.0%	5.7%	4.2%	2.3%	15.5%

(5) 在道德品质培养方面存在瑕疵

近些年来审计的成果受到社会广泛关注，社会各界对审计公务员的道德品质要求，成为他们评价审计成果质量的一项重要标准。审计公务员的道德状况良好，则对审计成果及其影响充满信心；反之，如果道德出了问题，则对审计工作的独立性与成果质量产生怀疑。如河北沧州盐山县审计公务员审计过程中饮酒致死，审计署某特派办审计公务员在某机场违反机场规定滋事等事件，被媒体广泛关注，其原因就在于此。就审计工作而言，保持审计公务员良好的职业道德水准，仍然是需要长期坚持的工作。

2. 现有审计公务员专业化建设制度具体管理环节缺乏创新

（1）审计公务员专业能力建设存在的问题

一是缺乏高素质创新型审计公务员。20 世纪 80 年代以来，以手工查账为主要手段的审计工作遇到了来自计算机技术的严峻挑战。金融、财政、海关、税务等部门，民航、铁道、电力、石化等关系国计民生的国民经济重要行业开始广泛运用计算机、数据库、网络等现代信息技术进行管理，国家机关、企事业单位会计电算化趋向普及。传统检查手段，无法揭露信息化条件下的经济犯罪和会计信息失真问题，无法保证审计质量，甚至无法开展审计。与此同时，现代西方公共管理理论与实践也迅速发展，对政府审计工作不断提出新的目标和要求。因此，亟待培养和造就大批专业知识扎实，既了解现代公共管理理论实践又掌握信息技术的新型审计公务员。

二是尚未构建合理的审计公务员能力培养目标体系。审计公务员能力培养目标体系是一个系统，包括培养的总体指导思想和原则，培养速度和质量效益指标，以及保障目标实现和持续发展的制度、机制等。目前，在审计公务员能力培养的结构目标上，缺乏培养具有复合型、创新型素质的年轻审计公务员；在审计公务员能力培养的机制目标上，缺乏人才培养制度化、人才合理流动的机制。

（2）当前审计公务员准入存在的问题

随着经济全球化和中国市场经济的深入发展，审计机关依法履行审计职责面临的环境日趋复杂，任务更加艰巨，现有的审计公务员准入机制与审计事业发展的要求还有一定差距。地方审计机关的审计公务员准入情况问题尤为突出，具体表现在以下两个方面：

一是把不住审计公务员入口关。从地方审计机关来看，几乎没有设定门槛。一些地方将没有财经工作经历和缺乏相关知识的人员安排到审计机关，尤其是进入市县审计局领导班子的干部缺乏财经工作经历。个别审计机关成为当地安排关系人员的场所，人才断层现象在县级审计机关不同程度地存在。这些年进入地方审计机关的不外乎三种人：其一是军转干部；其二是乡镇机关干部；其三是公开招考的人员，但公开招考的人员比例依然较低。如陕西省咸阳市审计局自 2000 ~ 2007 年，共进入 17 人，其中：外单位领导转任和军转干部安置就占了 14 人。广东省一份调研资料显示，2003 年全省县级审计机关局领导 414 人中，从外单位调入的有 234 人，占 56.52%，有 62 个县级审计机关调入的局领导超过现有局领导总数的 60%。由于入口把关不严，审计队伍整体素质不高，不懂审计及相关专业的人员大量充斥审计队伍，审计工作的质量和水平受到严重影响，给审计工作带来了很大风险。

二是审计公务员引进困难。多年来，由于受多方因素的影响，有的基层审计机关无法招录高等院校的优秀毕业生，也不能调入亟须的专业人才，一线审计公务员数量少，问题日渐突出。如广东省2003年全省县级审计机关满编率为98.52%。全省21个地级及以上市，有12个市（占57.14%）存在县级审计机关超编，全省122个县级审计机关，有31个县（占25.41%）超编。由于超编，部分地区难以调入年轻、专业对口、学历较高的人才，审计队伍活力不够，个别经济欠发达地区甚至连留住审计业务骨干存在困难。这些现象主要是由于地方审计机关人事权的自主性还不够强造成的。

（3）审计公务员专业化考核评价存在的问题

目前的考核与评价体系也存在一些亟待解决的问题，突出表现为：

一是考核内容以审计工作结果为主，忽视对审计工作过程的考核与评价。考核的科学性不够强，没有形成一套比较完整的定性与定量相结合的绩效考核制度，“德、能、勤、绩、廉”五个方面特别是“能”和“绩”两个方面的审计特色不够鲜明，缺乏一套关键、实用、有效的量化指标和评价审计公务员的硬条件。在目前的审计公务员考核中，就事论事，从结果到结果的考核的比较多，未将审计工作实施过程中个人的业绩情况和真实表现考虑进去。

二是考核方法以定性考核为主，忽略了定量考核。无论是审计业务部门还是综合部门的工作，应当从哪些重要方面、对哪些重要事件进行定性考核缺乏事先安排，考核时往往是事后干了什么就说什么，考核只能反映做了什么事，不能反映应当做什么事、应当做到什么程度、实际做得怎么样，不能为选人用人提供扎实、充分的依据，考核对审计工作的促进作用不够明显。现在处级以下审计公务员在年度考核、业绩写实中普遍采用参加审计项目的数量、查出的问题金额、移送的案件数量、查处的人员数量、被采用的信息数量等量化指标，不能全面衡量不同层级审计公务员履行职责的情况，这些指标用来反映审计成果以及审计公务员的能力和水平是直接的、必要的。但是对不同层级的审计公务员不能用一套量化标准衡量不同职责的审计公务员，处级审计公务员、审计项目主审、一般审计公务员这三个层次应当有所区别。

三是考核方式比较单一，忽略了审计工作的特点。考核方式需要创新，一方面比较重视加强领导和组织考核，另一方面公开透明、群众公认、民主监督不够，干部群众的知情权、参与权、话语权需要进一步得到尊重和保护，考核与审计业务开展与检查如何实现同步、结合和渗透需要进一步探索。某些操作上的难点问题尚未找到有效的解决办法，如对关键事件进行深度考核，对工作失误或不足进行考核，对群体中的个体进行考核，加强平时的业绩考核，利用计算机技术提高考核工作的自动化和信息化水平等，这些都需要进一步探索。

四是在考核对象上以机构或团队的业绩考核为主，忽略了对个人的考核与评价。第一，量化有水分。如审计署特派办一个处每个人查出的问题金额之和大于一个处实际查出的问题金额，每个处查出的问题金额之和大于一个办实际查出的问题金额。第二，成绩和失误不易落实到个人。如同一个审计组内每个人的业绩成果具有较大的相似性，除了担任主审、起草审计方案、审计报告或信息有明显差别外，其他方面的差异比较模糊，审计项目完成以后，审计组会产生一种“光环效应”，审计成果“共享”。第三，审计项目中的关键人员、关键事件、关键问题不够突出，审计公务员的能力素质强项和弱项不甚明了，审计过程中关键人员的作用未得到充分肯定，客观上保护了审计业务平庸者。

五是考核结果与各项人事决策结合不充分，忽略对个人成长性指导的作用。主要是考核结果与表彰奖励、职务任免、教育培训等挂钩不够紧密，有时甚至脱节，制度的整体作用发挥不够充分，考核在一定程度上流于形式。

（4）审计公务员专业化培训制度的存在的问题

一是培训目标不明确。审计公务员培养的总目标是，建设一支政治可靠、德才兼备、结构合理、素质优良、作风过硬的审计公务员队伍，全面提高审计公务员队伍的整体素质和依法履行审计职责的能力。但由于审计公务员培养的内涵相对复杂，审计公务员培养的目标就不能简单化。由于缺少一个明确和可操作性强的培养目标，就难以制定相应的对策措施，进而完善相应的保障机制和规章制度，这是制约审计公务员培养的一大障碍。

二是培训观念滞后。国家提出了“人才强国战略”的重要思想，温家宝总理也对审计署提出要建设一支“素质过硬、业务精湛、纪律严明”的审计队伍。审计机关是党和政府的经济监督部门，审计工作的政治性、政策性和专业性都非常强，对审计公务员素质和要求都比较高，审计的范围和手段在发生着变化。因此，必须更新观念，与时俱进，把审计公务员队伍建设作为头等大事来抓。

三是培训投入不足。近年来，随着审计作用的发挥和审计地位的提升，各级政府对审计公务员培训的投入也在逐年增加。但是，不同层级、不同地域，由于观念和财力的差异，对审计公务员培训的投入差别较大。包括对审计公务员培训理论研究的投入、审计公务员培训的师资投入、审计公务员培训财力投入，都不同程度的存在不足，影响了审计公务员培养的效果和进程。

四是培训考核评价体系不完善。近几年来，审计机关虽然制定了审计公务员培养方面的规划和相关措施，并将其纳入人才教育规划和年度考核之中，但是在人才培养评价考核方面尚未形成一套完整的机制，缺乏科学、客观、有效的考核评价体系。对审计机关公务员培训方面的考核也仅限于在一些个别指标，如审计署计算机中级考试通过率等，缺乏一些效果明显、针对性较强的评价考核措施。

(5) 审计公务员激励制度的存在的问题

虽然审计公务员激励制度已初步建立，但是现行的某些激励机制对审计公务员所产生的激励效果并不令人满意，审计公务员激励制度仍存在以下问题：

一是公务员工资福利体系不合理，物质激励缺失。主要表现在审计机关工资水平偏低；工资津贴的调整跟不上经济的发展；享受的福利受限，无法满足审计公务员更高层次的需求；收入没有充分体现岗位价值和个人贡献。一些地方审计机关出现了这样一种现象：就是在工资一样情况下，大家都想去轻松的部门；审计工作任务重，压力大，审计公务员的积极性难以维持。各地审计机关协办、临时交办的任务越来越多，出差多，出差时间较长，审计公务员疲于奔命，身体状况越来越差。由于以上原因，经济欠发达地区的审计机关吸引不到高素质的审计公务员，严重影响审计工作的开展。

二是审计公务员的职业发展渠道单一，内在激励不足。中国行政机关实行了严格的编制管理制度，机关都有一定的人员编制和一定的领导职数，地方审计机关晋升职级的空间狭小，各级别公务员形成一定的平台，拥堵现象严重；审计的公务员待遇与职务层次成正比，但与专业技术职称不挂钩，造成审计公务员对职务晋升十分关注，形成了“官本位”现象；审计专业人才离职率高，计算机审计专业和投资工程类专业尤为严重。

三是考核评价制度与其他相关专业化建设制度相脱离，激励的效力较弱。审计公务员奖励制度的原则是以精神奖励为主，物质激励较少，难以发挥作用，加之一般先进个人奖励有一定的名额限制，期望值较低，“轮流坐庄”现象有所抬头。审计公务员惩戒机制设计的可行性不足，由于具有不得罪人，息事宁人等意识的存在，一般在考核时对一些的错误或过失的审计公务员都采取“都不容易，放他一马”的现象。

四是培训的激励作用发挥不足。一些审计机关的对专业的培训重视不够，培训机会少；一些培训班费用较高，西部地区部分审计机关缺乏经费，无法派人参加培训；由培训制度不健全，教育培训的管理、激励和考核机制尚未有效运行，造成教育培训缺乏制度性和可控性。同时，有的审计公务员缺乏学习积极性，有的业务骨干因工学矛盾而无法正常参加学习，干部教育条例中要求的培训学时难以保证。另外，对取得职称、通过专业技能考试的审计公务员缺乏有效的鼓励，一定程度上减弱了审计公务员参加教育培训的积极性。

(三) 问题的成因分析

1. 目前审计公务员专业化建设存在一定的路径依赖

审计公务员管理工作作为审计工作的重要组成部分，其发展与审计事业的发展是紧密相关的。审计公务员队伍发展总是不断满足审计事业发展的需要，同时又因为审计事业的不断发展而出现滞后。这种滞后性是制度变迁过程中路径依赖的典型表现。例如，在审计公务员知识结构和知识面方面，自审计机关成立以来就将审计公务员的知识结构、知识面作为审计公务员培养的重要方面；但是由于审计思路的深化，审计重点的转移，审计公务员的知识结构和知识面又逐步落后于新的审计发展形势。截至 2008 年 3 月，审计公务员队伍中有会计审计类专业背景的 34255 人，占 41.1%；而工程类背景的 699 名，仅占 4.4%，已经不能满足日益增加的固定资产投资项目审计需要。因此，为适应当前审计事业的发展，审计队伍的专业结构有待进一步优化。

同样，在审计公务员的审计职业意识方面，以下情况的存在使审计公务员队伍发展必然滞后于审计事业发展。

(1) 习惯思维难以打破

由于历史的原因，部分审计公务员原来是从事财务会计工作，而会计工作具有的单一、缜密、细致等专业特点，决定了其注重微观的思维方式，因此习惯以单纯会计思维方式来指导从事审计工作。

(2) 能力提升需要较长时间实践锻炼

部分审计公务员，特别是进入审计机关时间较短的公务员，由于缺乏较为系统的岗前培训，工作的目的性、系统性、整体意识、层次感均较为欠缺，在短期内难以有效开展审计工作。部分审计公务员缺少工作经验或者工作能力提升较慢，在审计过程中对发现问题不能进行深入系统地分析，从中找出规律性的东西，进而提出一些切实可行的解决办法，供决策部门参考，影响了审计成果层次的提升。

(3) 创新意识的提高有一个过程

随着审计在经济社会发展过程中的地位越来越重要，社会各界对审计的期望也越来越高。但是，由于审计任务比较繁重，部分审计公务员经常忙于完成审计任务，后续培训机会较少，对审计工作也缺少必要的总结和回顾，满足于按部就班，创新意识提升较慢。

2. 审计公务员队伍专业化的管理制度亟须创新

1983 年审计机关成立以来，一直十分重视通过制度来加强审计公务员队伍的管理，已经建立了在职培训制度、学历职称教育制度、领导干部交流制度、内部轮岗制度、选拔任用制度、审计实务导师培养制度等。这些制度的建立和完善，对审计公务员队伍的专业化建设起到极大的推动作用。但是，由于受传统人事制度及相关人才环境的影响，审计人事管理制度在很多方面还不能完全适应审计公务员队伍发展的需要。

(1) 由于受准入制度、传统身份制度、档案制度等影响，人才流动的成本比

较高

一直以来，审计公务员准入制度还不完善，部分审计机关在人才配置上仍然存在着“学非所用、用非所长”“人不得其事、事不得其人”的现象，造成了审计公务员资源的浪费。更主要的是由于受传统身份制度、档案制度等影响，人才流动的成本比较高，部分审计机关的审计公务员难以实现正常流动，人员结构难以优化。

（2）市场在人才资源配置中的基础性作用不到位，一些社会资源的活力没有得到充分发挥

例如，审计专家咨询制度还不完善，聘请社会专业人员参与审计项目的情况还比较少，管理还不规范；审计公务员专业技术资格形式比较单一，尚未有效地运用社会通行的、比较权威的专业技术资格认证标准，对审计公务员的业务能力进行评判。

（3）审计公务员专业化考核评价起步较晚，仍然处于探索阶段

目前仍没有形成一套针对审计公务员特点的，具有普遍适用性的考核和评价体系。由于考评结果难以准确反映审计公务员的真实能力和工作业绩，这就直接影响到考核的激励任用，进而对个人职业生涯规划、长期发展路径等方面也缺少明确的指向。

（4）需求分析、效果评估等培训管理组织工作的作用弱化

一方面，在各个层面很少进行正规的培训需求分析，对培训内容缺乏系统化的研究和设计，培训课程主要偏重于理论知识，有针对性的提高工作技能的培训以及面向未来发展的培训相对较少。另一方面，没有建立科学的培训效果评估机制，培训课程结束往往被视为培训工作的结束，培训效果如何、今后应该如何改进培训工作等问题则被忽略。

（5）激励机制不完善，影响着审计公务员队伍的稳定

由于历史原因和社会环境影响，目前审计公务员的激励机制还受多种因素的制约，影响到审计公务员队伍的专业化建设，造成部分审计机关的公务员缺乏应有的朝气、活力。

（6）审计机关文化环境不完善，影响了审计公务员的成长

组织文化是组织生存和发展的重要基础。审计机关的审计文化对实现依法行政、提高审计工作效率发挥着巨大的作用，审计公务员队伍的健康发展也需要一个审计文化、精神、道德的纽带。但部分审计机关注重埋头于审计业务工作中，忽视了机关文化建设，既不利于审计机关全面和谐发展，也不利于审计公务员综合素质的和审计队伍凝聚力的提高。

三、国内外公务员队伍专业化的经验借鉴

（一）国内法官、检察官专业化建设的经验借鉴

在中国法官、检察官相继实行了专业化制度，经过多年的努力在准入与退出机制和专业职级管理机制方面进行了有效尝试，并取得良好效果。法官、检察官与审计人员具有共同点，都是国家公务员，在素质要求、管理监督、工资福利、退休保障等方面是相同的。因此，审计公务员队伍的专业化建设可以借鉴法官、检察官专业化制度进行构建。

1. 法官和检察官专业化建设的法律依据

法官法、检察官法对法官、检察官的义务、权利和管理等作了具体规定，规定了法官和检察官的专业化特点，规定了准入条件、职务和职级（级别）。公务员法根据法官和检察官职务特点，在第三条明确规定国家另行设置法官、检察官职务。这与法官法、检察官法相关规定进行了衔接。法官法针对法官职业特点，规定法官审计案件必须以事实为根据，以法律为准绳，秉公办案，依法保障诉讼参与人的诉讼权利。法官依法审判案件不受行政机关、社会团体和个人的干涉。检察官法也有类似的规定。

2. 法官和检察官专业化建设的制度框架

2002 年，开始实施的统一的国家司法资格考试，建立了司法行业的准入机制，规定从事法律职业的法官、检察官、律师统一要通过国家司法考试，取得资格才可以从事此类职业。2002 年 7 月，最高人民法院出台了《关于加强法官队伍专业化建设的若干意见》正式提出“法官专业化”定义：即法官以行使国家审判权为专门职业，并具备独特的职业意识、职业技能、职业道德和职业地位。该意见确定了法官专业化为今后相当长时期内法院队伍建设的主线和发展方向。同时，还提出了推进法官队伍专业化建设的措施，主要包括：实行法官定额制度，改革法官遴选制度，逐步推行法官逐级选任制度，试行法官助理制度对法官、法官助理、书记员以及其他工作人员实行分类管理，继续实行交流、轮岗制度，改革现职法官培训制度，加强法官培训、改革法官惩戒制度等。检察官法也规定了与法官相似的检察官专业化制度。

审计法规定国家实行审计监督制度，审计机关依照法律规定的职权和程序，进行审计监督，审计机关依照法律规定独立行使审计监督权，不受其他行政机关、社会团体和个人的干涉。审计机关和审计公务员办理审计事项，应当客观公正、实事求是、廉洁奉公、保守秘密。审计公务员的这些职业特点与法官、检察官相类似。

(二) 国外关于审计人员专业化制度建设的经验借鉴

在国外，许多国家的审计机关都根据自身的性质和管理体制实施了专业化建设。例如：美国政府审计资格认证制度，澳大利亚政府高级审计人员必须注册会计师协会的会员，韩国实行监察和审计合一的制度等。然而由于在文化环境、制度背景、政策沿革等诸多方面与中国有着较大的差异，每个国家的审计体制、审计目标、审计范围等方面各不相同，因此，选取与中国国情相适合的部分制度进行阐述与研究才能有实际的借鉴意义。本文介绍英国和意大利审计机关在专业化建设方面的一些作法。

1. 英国的经验借鉴

(1) 人员的管理

英国审计署不属于政府机构，其工作人员不是国家公务员。受20世纪90年代兴起的在公共部门引入私营化管理的影响，英国审计署采取了很多类似会计师事务所的管理措施，以利于与私营部门竞争并吸引人才，其工作人员分为审计业务人员和其他人员两大类，分别占总人数的75%和25%。审计业务人员大致可以分为四个职级：司（局）级、处长、有资质审计员和实习审计员。有资质审计员又可分为审计主管和审计员两级。审计署的最高首长为主计审计长，负责决定审计署的所有重大事项。最近，为推进改革，审计署采取了集体领导模式，成立了管理委员会，由1名主席、1名审计长、3名外部委员、2名内部委员共7人组成。

(2) 人员的录用

英国审计署每年都要招聘不同专业的优秀大学毕业生。对报考人员要求较高，要求毕业生必须取得四个等级中第二等级以上的学位，同时必须通过数学方面的有关测试。如符合资格条件，并通过笔试、面试和综合测试，即可成为审计署实习工作人员。他们首先要在署内接受为期15周的入门教育，然后开始参加由英格兰和威尔士特许会计师协会组织的完全专业化的会计资格培训。与此同时，审计署还把在处长和其他合格专业人员指导下的工作实践作为岗位培训制度的重要组成部分。审计署向大学生提供培训时精心安排，保证做到正式教学课程与实际工作经验相吻合。

(3) 人员的晋升

英国审计署的实习审计员一般应在三年期限内取得ACCA等有关执业资格，取得执业资格并经一年的实习工作即可成为审计员，审计员一般再从事三年到三年半的工作，经考核和指导导师推荐，可晋升为审计主管。对于司长和处长，因其相应的管理责任，所以都采取竞争的方式选拔任用。一般优先从审计署内部选任，如内部没有合适人选，可从内阁办公室建立的高层后备项目推荐的人员中选任，或从外部公开选任。

（4）人员的培训

英国审计署内设置继续职业教育项目，对工作人员的培训纳入审计人员职业发展，分别成立不同小组，如职业培训小组（针对新录用人员）、工作技能发展小组、绩效审计培训小组、由于财务审计支持小组、信息技术培训小组人，各自专门负责某一方面的培训工作，保证员工在工作的全部阶段接受培训，从而能够掌握最新的审计技术和发展动向。审计署内部每年要举办一百多期培训活动，同时，审计人员还要参加相关的外部培训课程。

（5）人员的激励

英国审计署因为要与私营部门竞争，其有资质的审计员、实习审计员的工资比会计师事务所同等资历人员的工资水平要略高一些。对于处长和司长，因具备同等资历的人一般已成为会计师事务所的合伙人并获得股利，工资维具体要求可比性，但其工资水平也比其他部委同等职位人员略高一些。在薪酬设置上，设定了与业绩挂钩的薪酬增长制度，即每年对工作人员的进行考评，并确定不同的考评等次，根据不同等次给予不同高低比例的加薪。同时，还设定了一定比例的年度优秀奖励，对获得优秀员工的人员给予一次性年度奖金。

2. 意大利的经验借鉴

（1）人员的管理

意大利审计法院独立于议会和政府，兼备审计职能和司法职能。对审计人员实行了分类管理，具体分为审计法官和国家公务员两大类。审计法官包括院长和总检察长，在院长和总检察长之下，审计法官从高到低分为庭长级法官、顾问级法官、高级审查官和审查官四个职级。审计法院现有审计法官约 496 名。除审计法官外，审计法院还有约 2600 名公务员，其最高行政首长为审计法院的秘书长。这些人员的管理按照国家公务员管理的有关制度执行。

（2）人员的录用

审计法官的录用有两种方式：一是采取公开招考的方式，二是有些法官特别是高级法官，经审计法院建议，可由总统从审计法院外部直接任命。在公开招考方式下，对审计法官设定较高的准入条件，参加审计法官考试的人申请人需具有一定的从业经历，如在公共机构担任领导职务五年以上，或者担任普通法官、检察官、律师五年以上。审计法官考试由专门的考试委员会负责，具体考试组织由审计法院总秘书长办公室负责。

（3）人员的晋升

一般情况下，审计法官晋升级别以年限为依据，具体为通过审计法官考试后中，可任命为审查官，四年后可晋升高级审查官，再四年后可晋升为顾问级法官，任顾问级法官八年后事晋升为庭长级法官，并具备了担任法庭庭长以上行政职务资格。对于法庭庭长和其他行政职务，主要采取公开竞争的方式从审计法院内部及法院外部先选任。

(4) 人员的培训

意大利审计法院在秘书长办公室下设立了培训处，每年根据审计法院理事会的要求制订培训计划，并由法院本级和各区法庭分别组织实施。近些年来根据工作的变化情况，审计法院进一步加大了对审计法官经济、预算管理和财会技能的培训力度。同时，审计法院十分重视网上培训工作，设置网上平台，方便所有工作人员学习提高。

(5) 人员的激励

在薪酬方面，意大利在公共部门实行两级合同制，即集体合同和补充合同。但审计法官属于特殊群众，因此未实行私营化改革，主要由基本工资和司法补贴两部分构成，薪酬高低依据法官级别确定，未实行与工作量或业绩挂钩的绩效工资。对于行政公务员，工资可分为固定工资和浮动工资两部分，浮动工资主要用于激励机制的实施。审计法院设定了对部门、处室或个人的奖金，主要对在工作创新方面作出贡献，在人员减少情况下完成工作任务等情况进行奖励，其他用于提高工作效率。在加薪方面，审计法院设立了考试加薪制度，即需要加薪的人员必须通过审计法院组织的考试，从中选择一定比例的工作人员综合开发加薪。

综上所述，通过对不同体制下的国家审计专业制度的对比分析，可以借鉴国外政府审计的专业管理制度，包括准入制度、职级模式、管理规定等方面的做法，从而为建立中国审计公务员专业化管理制度提供有价值的参考。

四、审计公务员队伍专业化的管理制度框架设计

审计较为明显的专业性特征，决定了必须有与之相应的中国审计特色审计专业化管理制度。因此，要研究建立一套规范审计准入和遴选、职级和资格、考核和评价、教育与培训、激励和保障等的科学、合理的审计专业管理制度，使专业人员能够进入审计公务员队伍，并从进审计公务员队伍起，通过制度安排，设定自己的从业规划，树立专业意识，逐步提升专业化水平，最终成为具有高尚职业道德的审计专家。本文探讨建立的审计专业化管理制度包括：准入制度、专业资格制度、考核评价制度、教育培训制度、激励制度等。

(一) 审计公务员队伍专业化制度建设的必要性、目标及原则

1. 审计公务员队伍专业化制度建设的必要性

根据对审计公务员队伍专业制度的演变过程的分析，从审计工作的内在要求和外部条件来看，审计公务员专业化建设显得十分必要，另外，从我国已有的法律条

件来看，审计公务员专业化建设也是可行的。

（1）经济社会发展的要求

随着社会主义市场经济和政治体制改革的深入发展，适应经济转型、社会转轨、政府职能转变和建设社会主义和谐社会的需要，当前审计机关的审计任务更加艰巨复杂。不仅经济总量的扩张大大增加了审计的工作量，经济体制转型时期的种种复杂因素增加了审计工作的难度。特别是“十一五”时期，中国启动一系列重要的经济社会改革进程。这些改革措施都与审计机关有着密切的联系，使得审计的内容和重点从单纯的财政财务收支审计向综合性审计转变。对审计公务员知识结构的需求上，既要具备会计学和审计学的知识，还要具备经济学、管理学、法学等多学科的知识，掌握外语、计算机等应用技能；在综合能力上，既要有审计业务能力，又要有组织管理、沟通协调和学习创新能力；在思维意识上既要有审计专业思维，又要具备不同专业领域的思维模式，不同的思维模式决定了思考和研究问题的不同效果，审计公务员只有在多样性认识问题的基础上，才能获得相对权威的审计结论。因此，必须用专业化的管理方式才能培养和造就复合型、高素质的审计公务员队伍。

（2）审计职能转变的要求

宪法规定国家审计的主要职能是监督。审计法总则中规定国家审计的功能在于“维护国家财政经济秩序，促进廉政建设，保障国民经济和社会健康发展”。十七大报告从发展社会主义民主政治的高度，明确提出了完善权力和制约和监督机制，特别提出要健全经济责任审计制度，将经济责任审计与问责、质询、引咎辞职、罢免等制度相结合，国家审计监督逐渐转向对权力运行的制约与监督。审计的职能从单纯的监督向监督与服务并重转变，审计的工作目标从揭露问题向揭露问题、促进整改、完善制度方向转变，审计作为保障经济社会健康运行的“免疫系统”功能作用日益突出。这就要求审计公务员不仅关注财政财务收支的真实性和合规性，更多地要从全局的角度去观察和思考问题，关注国家整个经济运行情况，需要战略性的思维，宏观的视角和前瞻性的研究问题，从而实现国家审计价值的最大化。

（3）审计质量控制的要求

审计质量是国家审计工作的生命线。审计署制定了国家审计准则、相关行业审计指南，以及一系列审计质量控制办法，目的就是强化审计质量控制。审计结果公告制度的全面实行，将审计报告以公告的形式向社会公开，充分调动和发挥社会舆论对审计工作的监督审计质量的高低一方面决定于从事此项审计工作审计公务员的专业素质、工作态度和道德水准，另一方面的关键因素是审计制度安排，包括工作制度和管理制度等。高素质、专业化的审计公务员依照相关工作制度，严谨而有效地开展审计工作，可以最大限度地降低审计风险，提升审计工作整体水平。

2. 实行审计公务员队伍专业化制度建设的法律依据

国家公务员制度的建立，本身就是推进干部分类管理的结果。公务员法第八条规定“国家对公务员实行分类管理”。分类管理是针对特定对象的管理，对不同类别的公务员，管理方法也有所不同。公务员法第十四条规定，“国家实行公务员职位分类制度。公务员职位类别按照公务员职位的性质、特点和管理需要，划分为综合管理类、专业技术类和行政执法类等类别。国务院根据本法，对具有职位特殊性，需要单独管理的，可以增设其他职位类别。”国家对公务员实行分类管理，目的是“提高管理效能和科学化水平”，审计队伍专业化建设目标与公务员法规定是一致的。公务员法的规定为审计队伍专业化建设提供了可行的制度空间。审计法也为审计公务员队伍专业化建设提供了操作性的依据。审计法第十二条规定，“审计人员应当具备与其从事的审计工作相适应的专业知识和业务能力”。审计法实施条例进一步明确“审计人员实行审计专业技术资格制度。”审计行业的专业性决定了从事审计工作的公务员必须具有专业胜任能力，确保审计公务员具有必要的专业胜任能力，是审计公务员专业化建设的目标之一。

3. 审计公务员队伍专业化制度建设的目标

（1）建立有审计特色的审计公务员专业化管理制度

在国家公务员管理框架下，按照现代人力资源的管理理念，结合审计工作的专业特点，建立审计公务员专业化管理制度。建立审计公务员专业化准入制度，确保审计专业人才从公务员录用、军队转业干部接收、公务员的转任和调任等途径进入审计公务员队伍；建立审计公务员专业化职级制度，使审计公务员由“新手”到“专家”的专业晋升的渠道畅通，使专业的审计公务员能够脱颖而出；建立审计公务员考核评价制度，提高审计工作质量，实现审计目标；保持审计公务员工作的积极性和创造性；建立审计公务员教育培训制度，全面提升审计公务员思想和业务素质；建立审计公务员激励保障制度，按照精神激励为主导，物质激励为补充的原则，建立审计公务员监督管理制度，保证审计公务员按照国家法律法规和审计职业道德规范办事，明确责任和责任追究，强化审计独立性和公信力。

（2）建设专业化的审计公务员队伍

审计署一直致力于建设一支高素质的审计公务员队伍，2009 年底人力资源社会保障部、国家公务员局和审计署共同出台了《关于加强审计机关公务员队伍专业化建设的意见》，不仅提出了审计机关公务员队伍专业化建设的总体目标，即建设一支队伍，实现三个提高。建设一支队伍。立足审计工作实际，不断完善符合审计机关特点的公务员队伍专业化建设工作机制，建设一支政治素质过硬、学历层次较高、知识结构合理、业务能力精湛、勤政廉政的审计机关公务员队伍，确保审计机关有效履行法定职责。实现三个提高。经过一段时期的努力，审计机关公务员队伍专业化建设要取得明显成效：在专业结构上，具备与审计工作相关的法律、计算机、建筑工程、环境工程、经济管理等专业背景的公务员比例逐步提高；在知识层次上，达到大学本科以上文化程度的公务员比例逐步提高；在素质能力上，具有与审计工作相关的中级以上专业技术资格的公务员比例逐步提高。

4. 审计公务员队伍专业化建设的原则

（1）合法性原则

审计机关是国家行政部门，审计机关的审计公务员是占用国家的行政编制的公务员，公务员法及其配套法规对公务员的管理作出了明确的规定，审计机关依法对审计公务员进行管理。因此，建立审计机关公务员专业化制度，加强审计公务员专业化建设必须在公务员法框架下进行。

（2）针对性原则

审计公务员队伍建设必须紧紧围绕审计工作的总目标，包括对审计公务员的未来需求，审计公务员的评价标准的建立等方面工作目标，根据实际情况找准差距，明确审计公务员专业化建设的重点，有针对性地逐步实施。

（3）数量质量并重原则

在审计公务员专业化建设过程中，既要重视队伍的规模，也要重视队伍的质量。数量目标和质量目标都要按照审计工作目标和用人计划的要求来确定，以提高审计公务员专业化建设的效率。

（4）分层次原则

审计公务员队伍专业化建设必须分层次。专业化的队伍也是由高级人才、中级人才和初级人才组成的，只是各层次人才要有一个科学合理的比例结构，才能组成一个真正专业和高效的队伍。

（5）职责与能力相匹配原则

审计公务员队伍专业化建设的关键在于审计公务员能否称职地胜任所承担的工作。只有严格把握各层次审计公务员的质量，确保其能力能够适应所定职级的工作要求，专业化建设才能真正有效。

（二）审计公务员专业化制度建设基础

2003 年，人事部发布了《国家公务员通用能力标准框架》，规定了公务员必备的政治鉴别、依法行政、公共服务、调查研究、学习、沟通协调、创新、应对突发事件和心理调适的九大能力，从国家公务员履行职能的角度对能力标准进行了定性描述，为审计公务员能力标准研究提供了重要依据。

1. 审计公务员专业能力标准的内涵

审计公务员的专业能力是指审计公务员胜任审计职位所需的较高的专业知识与

技能，包括从事审计工作应具备围绕中心、服务大局的能力、把握整体、突出重点的能力、依法审计的能力、加强自身建设、强化内部管理的能力、探索规律、自主创新、开拓工作的能力、运用计算机的能力。审计公务员专业能力标准是实行审计专业资格准入制度和探索审计队伍专业化的前提，是审计公务员队伍专业化的标准和尺度。审计公务员能力标准可分为通用能力标准和核心能力标准两大部分。通用能力标准是所有审计公务员必须具备的基本素质，核心能力标准按照审计公务员的分类不同，各有侧重。近年来，审计署强调的审计公务员要成为核查问题的能手、分析研究问题的强手、计算机应用的高手和精通管理的行家里手，实质上就是对审计公务员的能力标准的描述。

2. 审计公务员专业能力标准框架

(1) 专业能力标准的制定主体

就是审计公务员专业能力的设计、发布、管理和评价机构。审计署主管全国审计业务，也肩负着指导全国审计机关公务员队伍建设的任务。审计署围绕审计工作的目标和任务，制定审计公务员专业能力标准，对不同职级、不同岗位类别的审计公务员在政治素质、专业水平等方面提出相应的要求。审计公务员能力标准随着审计工作的发展、审计手段的变革，不断变化。审计公务员需按照审计专业能力标准进行学习和自我完善，提高各方面能力水平。

(2) 专业能力标准的分类

根据审计工作对审计公务员综合素质和业务素质的要求，审计专业能力标准可分为通用能力标准和专业能力标准两类。根据审计公务员专业能力强弱和职务层次高低，可将能力标准分为高级审计公务员能力标准、中级审计公务员能力标准和初级审计公务员能力标准三类。需要说明的是这里所指高级审计公务员、中级审计公务员和初级审计公务员是三个层次的问题，一方面可以与现在审计业务非领导职务序列相对应，即司级审计员、处级审计员和科级审计员。

(3) 专业能力标准的模型

通用能力标准模型。根据国家审计职能和专业特点，所有审计公务员都应具备政治鉴别能力、依法审计能力、开拓创新能力、审计管理能力、学习能力、心理调适能力。具有一定职务层次的人员还应当备战略思维能力、统筹管理能力、组织协调能力、领导魅力、业务指导能力。

高级审计公务员能力模型。除具备通用能力标准，还应具备审计项目组织管理力、审计目标控制和实现力、沟通协调能力、审计结果决断力。

中级审计公务员能力模型。除具备通用能力标准，还应具备审计方案制订能力、审计项目组织协调能力、审计风险的评估及控制力、审计判断力、计算机审计能力、专业文书写作能力、协调沟通能力。

初级审计公务员能力模型。除具备通用能力标准，还应具备审计现场作业能力、队协作能力、专业学习能力、计算机审计能力、审计敏感性、工作规范性。

（4）提升审计公务员能力标准的途径

一是树立科学的人才能力培养观念。人才资源是最珍贵的社会资源，必须用新的视野来看待审计公务员能力建设未来。审计公务员培养要合理规划、统筹安排，培养专业领军人才和审计业务骨干；探索专业人才培养的科学方法，在提升审计公务员能力工作中牢固树立起复合培养的新观念。

二是营造有利于审计公务员健康成长的环境。和谐的环境是审计公务员培养和提高的前提，用事业留人，强化以人为本的管理理念。营造积极向上、快乐宽松的氛围环境；业绩导向、优胜劣汰、奖勤罚懒的制度环境；充分授权、充分激励、鼓励创新的工作环境；适当加压、主动求变、沉着应战的竞争环境；团队合作、刻苦学习、共享成功的学习环境。大力倡导尊重人才、重用人才的良好氛围，努力为审计公务员实现自身价值提供良好的平台。

三是拓宽审计公务员培养的途径。结合审计工作的发展趋势，整合培训资源，挖掘培训潜力，有针对性地开展多层次、多渠道、多方式的专业培训，建立健全审计专业化教育培训体系。在分级分类培训的基础上，坚持全员培训与突出重点相结合的方法，通过专题培训、实践锻炼、挂职交流等多种渠道和方式，对不同审计公务员有针对性地进行岗位需要的能力培训，提高审计公务员培养的实效性和科学性。

四是建立科学规范的考评机制。构建以能力和业绩为导向的公务员考核评价机制，本着实事求是、简便易行的原则，确立以能力、业绩为主要依据的评价，制定量化考核指标，完善定期考核和日常考核制度，形成平时考核、审计项目考核、年度考核等多种形式相统一的考核系统，发挥其导向、激励、监督的功能。

（三）审计公务员专业化具体执行制度设计

在专业能力标准建设的基础上，笔者考虑了针对审计公务员的准入制度、考核制度、培训制度和激励制度四项具体的执行制度设计。

1. 审计公务员准入制度

决策层的高级公务员、管理层的中级公务员、执行层的一般公务员。审计公务员专业资格准入制度是加强审计公务员专业化建设的前提和重要关口。为选拔从事审计行业需要的专业人才，提高审计公务员的业务素质、职业道德水平和职业能力具有积极推动作用。目前，进入审计公务员队伍的方式主要有三种：国家公务员考试录用、军队转业干部安置、通过转任和调任方式调入。审计公务员准入制度专业化途径可以通过以下两方面的设计来实现。

(1) 通过提高进入门槛的审计公务员准入制度框架

目前对公务员准入的门槛要求有学历、专业、专业技术资格、从事相关工作年限等，在职人员可以设定专业技术职称和相关执业资格等要求。公务员法规定，“报考公务员……还应当具备省级以上公务员主管部门规定的拟任职位所要求的资格条件。”这为设定较高门槛提供了法律依据。2009年人力资源社会保障部、国家公务员局和审计署联合下发的《关于加强审计机关公务员专业化建设意见的通知》规定了今后审计公务员准入的标准，提高了审计署和地方审计机关的准入门槛。通知规定，“审计机关应根据工作需要和编制情况，科学提出公务员录用计划。录用的公务员，应当具有大学本科以上文化程度。社会在职人员取得与审计工作相关的中级以上专业技术资格，应届毕业生取得与所学专业不同类别且与审计工作相关的专业技术资格，可作为报考条件。”审计机关录用公务员，应按照省级以上公务员主管部门的规定，测查报考者的专业素质。各级审计机关会同公务员主管部门，坚持“民主、公开、竞争、择优”的原则，按照公务员法及配套法规的有关规定，对调入审计机关的人选严格把关。调入审计机关从事审计业务的人员，除应具有法律法规规定的条件和资格外，一般还应具有审计业务专业知识和相关技能，以及5年以上与审计工作相关的财经、法律、计算机、工程、管理等方面的工作经历。对于接收军队转业干部，虽未作明确规定，但也应依照准入标准执行，各地审计机关可主动与军转办联系，按照胜任职位所需的专业要求和军转指标要求，挑选一定比例的专业干部进入审计机关。在此标准之下，审计机关可以根据地区和职位的不同，将标准进一步细化，对专业要求高或职务层次较高的职位可以再提高相关的标准，但一般不能降低标准。

(2) 探索建立审计公务员专业资格考试制度

借鉴司法考试制度建立审计公务员专业资格考试制度。法官法、检察官法、人民法院组织法、人民检察院组织法等法律法规，规定了法官、检察官的相应职业职级（级别）框架，并明确了国家司法考试这一准入制度，为法官和检察官的专业化奠定了良好基础。公务员法规定，“确定初任法官、初任检察官的人选，可以面向社会，从通过国家统一司法考试资格的人选中公开选拔。”审计公务员专业资格考试制度应借鉴法官、检察官的专业化制度作法，在实行准入制度的基础上对审计公务员进行任职考试，并进行有针对性的后续专业化教育，达到相应标准后实行专业资格逐级晋升制度，实现审计公务员专业化。

审计公务员专业资格考试的基本框架。①专业资格考试实施主体。根据公务员法和审计法有关规定，按照合法、合理和专业化原则，国家人力资源社会保障部与审计署共同建立审计公务员专业资格考试制度。实行属地管理，由省级人力资源社会保障部门与省级审计机关共同负责本省的审计公务员专业资格考试报名及考务组织工作。②报考条件认定。审计公务员专业资格考试报考条件包括报考的基本条件和学历要求。基本条件就是中国公民、遵纪守法、热爱审计工作等。学历要求则是必须取得大学本科以上学历者。另外，考虑到现代社会的高速发展，被审计单位的信息化建设水平越来越高，国际双边和多边审计业务交流不断扩大，报考审计公务员专业资格考试的人员应具有大学英语四、六级、专业四级或托福、雅思等相关成绩证明；具有全国计算机等级考试二级及以上证书。③考试科目设定原则。根据审计工作具有全面性、专业性、综合性的特点，在设定考试科目及基本内容上，既要全面掌握财会、审计知识，又要熟悉法律、经济、管理等知识。考试的基本方式是采取闭卷笔答方式。④资格认定。由审计署和人力资源和社会保障部进行考试资格的认定。发给证书，有资格报考国家公务员考试，只有通过审计公务员专业资格考试和公务员考试的人员，才有资格进入审计公务员队伍。之后的注册管理和后续教育由审计署。

2. 审计公务员专业考核评价制度

审计公务员考核评价是审计机关绩效管理的重要组成部分。审计公务员的考核评价，其实质是从审计机关的战略目标出发，对审计公务员的素质、工作情况以及对组织的贡献程度进行考核和评价，进而提高审计机关绩效，实现审计机关战略目标。审计公务员考核评价是指审计机关人事管理部门按照干部管理权限，依据一定的程序和方法对所管理的审计公务员的思想品德、业务素质和专业能力、工作作风、履行岗位职责和完成工作目标任务、廉洁自律等方面的情况进行的全面考察，重点考核评价工作实绩，并通过对考核结果的运用，实现对审计公务员的有效管理。考核评价本身不是目的，而是一种管理手段建立一套科学、有效的审计公务员考核评价制度，有利于加强对审计公务员的监督，建设高素质专业化的审计队伍，提高审计工作效能。

审计公务员专业考核评价制度框架主要包括六个方面。

（1）考核评价制度建立的原则

一是适用性原则。结合审计工作特点、管理要求、管理水平等合理确定考核指标和评价指标，防止过简或过细，影响考核与评价效果。二是科学性原则。根据现代人力资源管理理论和审计机关的工作特点，科学设置定性与定量考核指标，建立系统性的考核与评价体系，服务于审计机关目标的实现。三是以人为本原则。考核评价体系的建立要以人为本，要实现对审计公务员的正确考核与评价，合理确定审计公务员培训目标，建立职业发展目标，增进工作潜能，促进个人目标与审计机关目标的统一。四是开放性原则。考核评价体系不能一成不变，要根据实际情况不断地进行修改、补充、完善，使之能够适应审计工作和审计人力资源管理工作发展的需要。

（2）考核评价的目标

建立对审计公务员考核评价体系，总的来说要实现两个目标，一个是机制体系的科学性、完整性、系统性，另一个是考核与评价结果的开放性与可扩展性。考核评价需要达到：①准确考核审计公务员“德、能、勤、绩、廉”情况，重点考核工作实绩。工作实绩是五项要求中唯一的一个结果性指标，也是国家致力于对改善公务员队伍作风，提高整个机关效率的最终体现与落脚点，是整个五项要求的重中之重。②恰当评价审计公务员的工作能力、工作态度和工作热情，以及胜任力情况。③为审计公务员的激励、晋升提供依据。④为审计机关人力资源整合提供依据。提高审计公务员队伍的整体战斗力，需要对审计公务员进行合理的分工和有效的配置。通过识别审计公务员的工作业绩、评价审计公务员的胜任能力，从而为发现适合不同岗位的审计公务员提供了有力的依据，进而有效配置审计机关的人力资源。⑤为审计公务员的培训与发展规划提供依据。

（3）量化考核指标的设定

第一，“绩”的量化考核指标的设定。“绩”的考核是审计公务员考核的重点和难点内容。《公务员考核规定（试行）》规定，“绩”是指完成工作的数量、质量、效率和所产生的效益。审计公务员的考核，要以其职位职责和所承担的工作任务为基本依据，因此在设定“绩”的量化考核指标时，要从分析各职位职责和所承担的工作任务入手。目前各级审计机关一般都对每个职位的工作职责作了具体规定，这就为考核指标体系的建立提供了一个依据。但是，各个职位的具体工作内容每年都是不尽相同的，而且取得的工作成果也可能不同。因此，考核指标还应该能够有足够弹性，结合年度工作计划对各岗位的工作考核目标进行适当调整。第二，分层分类指标的设定。不同的职位的审计公务员的工作内容和承担的责任是不同的。目前，审计署各特派办普遍将本单位的考核分为处室负责人、其他处级干部和一般干部三个层次进行考核，并分别建立了不同的指标体系，保证了考核结果的可比性。分层次考核的亮点在于把处室整体绩效，与个人绩效评价结果相挂钩，根据个人在处室工作中所处的位置和所扮演的角色所起的作用分配不同的权重考虑。

（4）评分标准和方式

考核的评分标准是对各量化指标打分的规定，这是决定量化考核质量的一个重要内容。评分标准是否恰当，评分方式是否合理直接影响到评分的准确性。通常采取的评分方式有两种，一是采取加减分法，即对相关工作成果或出现违反相关工作要求的情节进行加减分；二是采取打分法，即依据民主测评结果或利用团队考核的名次赋予一定分值。每个加减分、打分的分值应根据该项考核指标总分值，以及各单位的考核要求合理确定。由于目前各审计机关普遍对各内部机构工作业绩情况进行了考核，有的单位还开展了审计项目的考核评比。有的审计机关将审计公务员所在部门的工作业绩或其参加审计项目的业绩情况引入对审计公务员个人的考核中，这有利于正确评价个人贡献与团体成绩，也有利于增强个人的团队意识。

（5）考核的流程和组织

①准备阶段。各级审计机关成立考核委员会（考核小组），制定考核实施方案，对考核组成员进行培训及考核纪律教育。各被考核的审计公务员根据考核要求，进行个人年度工作总结，做好量化自评的准备工作。②述职阶段。述职分处室负责人述职、副处长（副主任）和其他处级干部述职以及一般干部的述职。展示量化考核材料。由考核工作小组通过局域网、公告栏或以书面文件的形式向本单位公务员展示处室总结、审计信息完成情况、上级部门书面表彰表演情况、廉政纪律情况、考勤情况等需要大家了解的与考核相关的资料。③业务部门考核和审计项目考核阶段。对单位、业务部门和项目进行考核，可以将考核结果直接运用到各级领导人员的考核，也可以采用适当方式分解到一般审计公务员，从而可以更加准确地考核个人工作成效。④民主测评阶段。民主测评的理论基础是360度考核方法，它使得审计机关领导获得的信息更准确，可以反映出不同考核者对于同一被考核者不同的看法，也能防止被考核者急功近利的行为，较为全面的反馈信息有助于被考核者多方面能力的提升。⑤量化打分、综合考核阶段。考核组要全面收集相关考核资料，采用指标量化的形式，对被考核人进行综合考核。⑥结果汇总和审核阶段。年度量化考核得分由考核领导小组进行汇总和审核，提交办党组审议。⑦反馈量化考核得分结果为进一步的评价作准备。

（6）评价方法

审计公务员评价方法应根据评价内容的不同，权变地采用不同的评价方法。对工作业绩的评估注重其客观真实的结果或过程；胜任力评估强调潜在的能力素质，更多地面向未来的岗位；个性和职业倾向的评估侧重于与职业匹配的个性特征的测评。

3. 审计公务员专业化培训制度

培训在干部队伍建设中起着基础性、战略性作用。审计公务员的专业培训是促进提高审计公务员专业胜任能力的重要途径。审计公务员专业化培训是指审计机关针对审计公务员工作职责和提高公务员素质的需要，分级分类开展的专门知识和技能训练的活动。审计公务员培训主要包括初任培训、任职培训、专门业务训练、在职培训等形式。

审计公务员专业化培训制度框架主要包括以下三点：

（1）制定审计公务员专业化培训规划

审计公务员专业化培训包括初任培训、任职培训、专门业务训练、在职培训等形式。从职业发展规律来看，审计公务员每一个发展阶段培训的重点不同，不同阶段的要求做好每一阶段的培养、培训工作。在初任阶段，审计公务员的主要任务是提高审计能力和专业水平，这一阶段审计公务员培训工作的重点主要是通过初任培训和实务导师制等方式加强审计公务员职业道德、专业培训和工作能力的培训。当审计公务员成为业务骨干或在中层职位任职时，就要加强对审计公务员的审计技术方法等后续教育；当审计公务员逐渐成长为专家型审计公务员时，就要进一步提高审计公务员宏观意识、沟通协调能力和管理能力。

（2）建立专业化培训制度规范

从制度层面上规范审计公务员专业化培训，建议完善的审计人员专业化培训框架（图4-1）。根据审计公务员职业发展各阶段制定通用的、一般的、规范性的审计公务员职业发展规划制度，不仅可以保障审计公务员职业规划的顺利实施，通过将先进的职业规划程序和方法上升为制度还有利于节约职业规划程序、降低各级审计机关工作量，提高工作效率，提升审计系统审计公务员发展的整体水平。

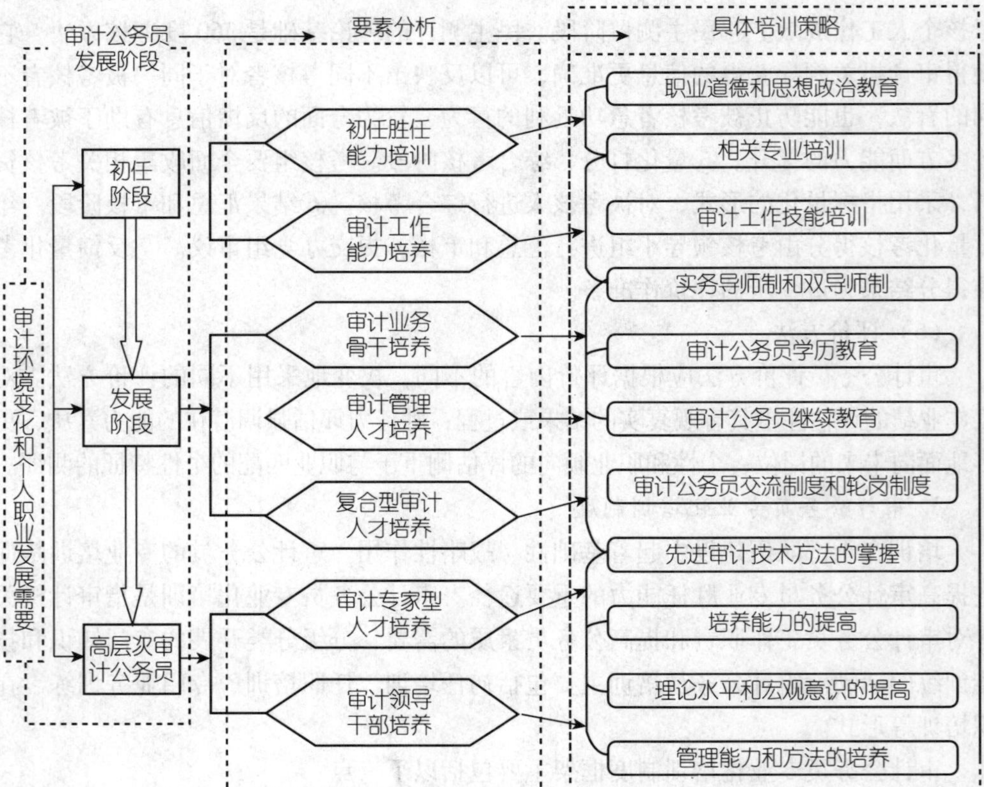

图4-1 基于审计公务员成长阶段的培训框架

（3）建立和运用培训评价机制

评价可分为两方面，一方面学习效果的评价，可以测试审计公务员对应学习知识和技能的掌握程度，考核接受培训的审计公务员素质提高是否达到预期的目标；另一方面是工作成果评价机制，通过对审计公务员工作业绩的评价，看审计公务员的业绩是否有所提高，考核培训的课程内容设计是否具有针对性和时效性，是否真正起到了提高审计公务员素质的作用。培训的评价结果要与审计公务员晋升、奖励相结合，形成培训—晋升—再培训，培训—奖励—再培训的循环，激发审计公务员自觉接受培训和积极性。

4. 审计公务员激励制度

审计公务员激励制度，是指审计机关按照特定的标准、程序和规则分配行政资源，引导审计公务员价值观念和行为方式，调动审计公务员工作积极性，保持审计公务员职业状态，最终实现审计机关工作目标的一整套制度安排。审计公务员激励机制的功能是规范审计公务员的价值观念和行为方式，使其价值观念和行为方式符合审计机关要求。如果审计公务员的价值观念和行为方式偏离了审计机关所规定制度要求，会造成审计机关管理混乱，滥用监督权力，破坏审计机关形象。没有共同的价值观念，不可能形成共同的组织目标；没有共同的组织目标，就不可能形成组织凝聚力。审计机关的价值观念是审计机关的灵魂，是审计公务员明确审计目标、形成凝聚力的必要条件。审计公务员激励制度框架主要包括五个方面：

（1）各种激励因素相互配合

激励因素是指能满足审计公务员的某种需要，激发审计公务员的工作动机，引导审计公务员去作出一定绩效的要素。随着人们生活水平的提高和知识经济的到来，审计公务员的需求日趋多元化、个性化、高层次化。审计公务员的需要有物质方面的，包括工资、福利、住房、物质奖励等，也有精神方面的如工作成就、晋升、培训机会等。只有将各种激励因素结合使用，才能使有限的激励，发挥最大的作用。

（2）采用适当的激励方法

①目标激励法，就是通过设置一定的目标来激发审计公务员的积极性的方法。如只有成为五个审计项目的主审，才能参加高级审计师的评审。②工作满意度激励法，就是通过对审计公务员工作内容的改善及对其工作行为的认同和奖励，使审计公务员对自己的工作产生满足感、成就感，从而促使工作不断创新的激励形式。③培训激励法，是指给审计公务员提供培训及其他学习机会，促进审计公务员技能提高的一种激励形式。培训激励可以提高审计公务员政治思想水平，专业知识水平，同时也意味着审计公务员工作能力和素质的提高，为以后自己的全面发展创造更好的条件。④奖惩激励法。是奖励和惩罚的合称，奖励是指审计机关根据法律、法规和相关规定，按照一定的程序对工作有突出表现，显著成绩和贡献的审计公务员给予鼓励的一种激励形式。审计机关奖励包括公务员年度奖励、重大专项审计的表彰

以及国家和其他专门单位的奖励。惩罚包括党纪和行政的处分等。

(3) 掌握有效的激励时机

审计机关应选择最佳的时间对审计公务员进行激励，保持其最佳状态，取得最佳激励效果，可以分为事前激励、事中激励和事后激励。①事前激励，是指在审计工作开始之前，制定恰当的目标和相应的奖惩措施。要准确把握审计公务员的需要，当审计公务员某种需要未得到满足，处于期望的思想状态时，根据其思想倾向，准确地提出行动目标，给予适时适当的激励，就能使审计公务员的内在动机外显为积极的行为，按照预定的目标奋斗。②事中激励，是指在审计公务员工作的过程中，进行适时的鼓励和支持。当出现松懈情绪或遇到困难时，应针对具体情况，适时提出新的希望，新的挑战，以激发审计公务员形成新的动机意愿，增添克服困难的内在动力，完成预期的激励目标。③事后激励，是指当审计公务员取得成绩后，进行表彰奖励。在实际工作中，审计机关应将三种激励时机相互结合、相互补充，就会收到最佳的效果。

(4) 控制激励的整个过程

审计公务员激励的过程就是由审计机关管理层采用一定的激励方式，在一定的激励环境中，诱发审计公务员产生需要，引发审计公务员的动机，再由行为达到目标的过程。可以从以下几个阶段加以控制：①激励信息的传递。激励信息是指审计机关与审计公务员之间交流的一种特定形式的符号。如心态、情绪、暗示、指令、理解、成就、反映等。审计机关与公务员之间的激励信息有效传递，构成信息流，从而取得认同上的一致性。②审计公务员的反应。审计公务员在接收到关于自身思想和行为的评价信息后，必然会产生一定的内心体验，如受奖的愉快兴奋，受惩罚的羞耻和沮丧，并在思想和行为上作出相应的反应。③激励后的控制。审计公务员接受激励信息后的思想行为反应不一定完全符合激励的目的，如有的受到表扬和奖励后骄傲自满，放松对自己的要求；有的受到批评和惩罚后对激励者产生敌对情绪或悲观失望等。对此，审计机关要对审计公务员的思想行为反应予以控制，尤其是偏离激励目标的状况和趋势，要加以再激励和再引导，最终实现激励的目的。④审计公务员行为的转化。由知到行的转化是在前三个阶段的基础上实现的。激励不仅为了告诉受激励者思想行为的对错或价值的大小，更要使受激励者从自己的思想行为的成功或过失中吸取经验教训，以新的思想认识为起点，强化或调整自己行为的方式。否则，如果受激励者仅获得有关的认识而不付诸行动，那这种认识只是个人的主观动机和愿望，也是激励工作应注意避免的。

(5) 激励的反馈

激励实施的效果必须得到实践的检验。及时检验与评价激励效果是建立激励模式的关键。一般来说用以下指标来检验：①审计机关目标。当激励活动按预定要求结束时，就按照定量目标值对实际取得的成果作出评价，并使这种评价与奖励挂钩；要把评价效果及时反馈给实施者，让其主动总结经验教训。②审计公务员受激表现。心理学认为，人受到激励后会产生一定的心理反应。审计机关管理层如果能很好地分析审计公务员受激后的心理反应和外在表现，就能得知激励的效果。因此，密切关注审计公务员的思想感情和工作表现也是检验激励的一项重要指标。

五、审计公务员队伍专业化制度建设的其他配套措施

构建审计公务员队伍专业化建设制度的框架，通过制度安排探索审计公务员队伍专业化建设的途径与方法，提高审计公务员队伍的整体素质与专业化程度，还必须建立相应的配套措施。这些配套措施对审计公务员专业化建设起着重要的保障和促进作用，是审计公务员专业化制度的有机组成部分，主要包括监督和责任追究制度、审计文化、基础保障、层级指导系统等。

（一）建立对审计公务员的监督和责任追究制度

对审计公务员在履行审计职责过程中违反审计行为准则、工作纪律、廉政纪律和道德准则等的行为进行有效约束，可以最大程度防止或减少审计公务员的个人机会主义行为给国家审计本身带来的负面影响和对国家利益的损害，提升审计公务员的专业素质。目前，审计机关按照国家公务员管理规定已经建立起一套审计公务员的监督和责任追究制度，但是与审计工作职责和专业要求联系还不紧密，缺乏针对性，亟待按照专业化相关规定和要求进行完善。

1. 完善内部和外部监督机制

对审计公务员行为的监督包括了两大系统：内部监督系统主要表现为审计内部设立的监督机构的监督。外部监督系统主要表现为其他组织和社会公众的监督。内部监督和外部监督应相互配合、相互补充，形成合力。

内部监督方面，主要是强化审计机关的纪检部门对审计机关和审计公务员的监督职能。首先是增强纪检部门的力量。根据工作需要，将一些具备较高职业道德水平和良好监督能力，而且熟悉审计专业流程的人员充实到内部监督岗位。其次是进一步规范监督行为。完善相关监督制度，包括日常监督制度、案件查办制度和案件处理制度，明确监督的范围、重点和监督实施程序，防止出现监督行为的随意性。最后是创新内部监督方法。纪检部门不能满足于在收到举报线索后再进行查处，应该将工作重心前移，通过加强教育、实行定期巡查、开展审计回访、签订廉政责任书等方式，预防和减少违规问题的发生。此外，实行聘任特约审计员和廉政监督员也是强化内部监督的一种很好方法。

外部监督方面，主要是建立审计信息公开和审计公告制度，主动接受人大、其他政府部门、社会舆论和新闻媒体的监督，使审计监督权在阳光下运行。首先是完善审计信息公开和审计公告相关制度，明确审计信息公开和审计公告的范围、重点和程序，扩大审计成果公开的范围，进一步增强审计工作的透明度。其次是畅通社会监督渠道，设立专门的部门或岗位，通过论坛、热线或者举报电话、信箱等载体，加强对社会舆论和新闻媒体监督意见的收集、处理和反馈，形成良好的互动机制，扩大审计的社会影响，及时消除疑问和化解矛盾。

2. 健全审计质量控制机制

审计署成立以来，注重通过建立统一的国家审计准则体系来规范审计程序和审计行为；同时，审计机关也建立起了审计项目审理制度、审计工作底稿的多级复核制度等审计质量控制机制，提高了审计工作质量。审计队伍的专业化建设更加强调审计工作质量，这就对审计机关的内部质量控制机制提出了更高要求。从审计队伍专业化发展要求看，审计机关需要从以下三个方面来加强审计质量控制。首先，要建立良好的内部审计质量控制环境。通过加强培训、落实责任等方式增强审计机关各部门和审计人员的质量意识，形成人人参与的良好局面。相关部门都要加强对审计项目质量的检查和了解，对违反审计项目质量控制规定的行为，要及时制止并报告审计项目审理部门。要加强对审计全过程的质量控制，进一步明确审计项目审理部门、审计业务部门、审计组和审计人员各自的工作责任，防止出现责任不清、相互推诿的问题，确保层层把关、层层负责。其次，要强化审计项目审理部门的工作机制。审计项目审理部门负责检查、评估和追究审计质量责任，对确保审计质量，规范审计人员的业务行为有重要作用。审计机关应将具有良好审计、法律等理论基础，具备较强宏观分析能力，又有一定审计实践经验的人员充实到审计项目审理岗位。同时，要改进审理部门的工作方法，通过提前介入审计过程，对审计组工作质量进行事中抽查等方式，及时发现和处理可能影响审计质量的问题，加强审计项目质量的过程控制。

3. 严格责任追究制度

有奖励应有惩罚。作为一种负激励手段，责任追究制度是加强审计机关建设，提高审计工作质量，建立高效廉洁、奉公守法审计专业化队伍的重要保证。对于没有按照审计行为准则和道德准则要求履行职责的审计公务员，根据不同情况进行处理，可以及时纠正错误行为，还可以对他人产生警示作用，从而达到遏制此类问题再次发生的目的。在审计队伍专业化建设过程中，应针对审计工作实际进一步完善责任追究制度，明确进行责任追究的相关情形、责任追究的程序，以及责任追究的方式等，加强责任追究。审计公务员的责任可分为法律责任和行政责任两类。审计公务员违反了审计行为准则和职业道德准则，触犯国家法律，依法应当追究其相应的法律责任。对于在履行职责的过程中违反了审计行为准则和职业道德准则，虽依法不足以追究其法律责任，但给国家审计工作造成负面影响，给相关单位造成损失的，应当给予审计公务员相应的行政处分。对于被追究法律责任的审计人员；严重违反审计行为准则和道德准则，影响巨大的审计人员；专业能力不能适应审计工作，经过培训教育仍不能达到岗位要求的，应当调整工作岗位或予以辞退。

（二）营造健康和谐的审计文化

所谓审计文化是对国家审计的价值观和原则，工作的思维模式和工作方式，审计工作的远景规划和目标，审计人员的精神境界和作风的集合体的总称。在审计公务员的激励约束机制中，除了薪酬制度、考核奖惩制度、职务升降制度等，管理理念、道德体系和文化氛围等审计文化作为一种具有导向功能的软性激励约束因素，能够弥补制度设计的不足，增强审计机关不断创新的能力的凝聚力。良好的审计文化通过心理和精神因素，可以潜移默化地影响审计公务员的价值取向，强化审计公务员对审计专业化相关制度的认同，自觉地将个人需求与审计机关的目标和利益统一起来，实现激发审计公务员的工作热情并加强自我约束的双重目标，使审计队伍始终保持一种蓬勃的朝气、昂扬的锐气、凛然的正气。另外，良好的审计文化还能够从外部树立审计机关的良好形象，为国家审计的发展创造一个良好的环境。目前部分审计机关对审计文化的激励约束作用并没有得到充分重视，文化因素的导向和约束功能被忽视。审计队伍专业化过程需要健康和谐的审计文化来提供保证，各级审计机关都应该注意审计文化的建设。

1. 审计文化建设的重点内容

（1）增强审计独立性的职业意识

审计工作中的独立性是审计公务员最根本的职业要求，主要含义是指审计公务员在实施审计的过程中能保持应有的审计独立性和客观公正的态度，能够维护国家法律的尊严、敢于坚持原则、敢于碰硬，增强审计公信力和权威性。以审计独立性为主要内容的职业意识相当重要，因为审计的权威来自于审计的独立性，也正因如此现在各国的审计机关都把独立性作为一条普遍遵循的基本原则。保持审计独立性，一方面要从法律法规上对可能影响审计独立性的事项作出规定，建立相应的控制制度、回避制度、交流制度等；另一方面要加强审计公务员的教育，增强审计独立性意识，自觉地在执行审计业务中保持审计独立性。

（2）加强审计公务员职业道德修养

职业道德是指“在职业范围内形成的比较稳定的道德观念，行为规范和习惯的综合。它是调节职业集团内部人们之间的关系以及职业集团与社会各方面之间关系的行为准则，是评价从业人员职业行为的善恶，荣辱的标准，对该行业的从业人员有特殊的约束力”。职业道德是以维护职业的信誉与尊严为根本目标，反映了职业的本质特征。审计职业道德是在国家审计机关范围内形成的具有一定约束力的道德观念，行为规范和习惯的总称，其目的在于在社会公众中提升国家审计的职业形象和公信力。确定审计人员的职业道德标准，可以强化审计人员的专业意识，树立国家审计职业形象，提升国家审计的社会公信力。《中华人民共和国国家审计准则》明确了审计人员应当恪守严格依法、正直坦诚、客观公正、勤勉尽责、保守秘密的基本审计职业道德。

(3) 提高审计公务员的廉政意识

“免疫”作用一是体现在通过审计，提高国家经济、社会运行“抵御疫病”的能力，确保国家经济、社会的安全、健康，维护国家的利益，推进民主法治建设，促进经济社会全面、协调、可持续发展，发挥审计公务员对公共廉政建设的作用。二是体现在提高遵纪守法意识，规范审计权力的行使，坚持从我做起、从现在做起、真抓真做，把廉政建设视为审计工作的生命线和不可逾越的高压线，形成审计公务员普遍的廉洁从审观念，达到自身免疫的目的。

2. 加强审计文化建设的途径

营造健康和谐的审计文化可以从以下几个方面入手：

(1) 设立审计公务员广泛认同的工作目标

审计文化要充分发挥作用，必须以审计公务员的认同和接受为前提。要明确审计机关工作目标，通过加强宣传、教育和相关制度建设，使审计公务员增加这个目标认同感，增强主人翁责任感，在实现审计机关目标的过程中实现个人目标。同时，要充分考虑审计公务员的需要，创造一个重视审计公务员需要、注重审计公务员发展的文化氛围。

(2) 培育多元化的价值观

受到“官本位”和“金钱本位”思想的影响，审计公务员对职位晋升、薪酬有很高的期望值，价值目标和价值实现途径单一，往往导致激励手段的匮乏和约束手段的失效。应注意培育审计公务员多元化的价值取向，倡导以能力、道德、社会利益和公共效应为主的正确价值评价标准，引导审计公务员合理确定期望值，自觉从“官本位”向“民本位”、由“金钱本位”向“能力本位”思想转变，从而增强各种激励约束措施的效果。

(3) 注重审计文化内容的继承与创新

在审计文化的内容上，既要继承、借鉴，又要有所创新，建设体现时代精神，富有活力的审计文化。对于传统行政文化中诸如“人治”、“官本位”、知足常乐等落后思想要敢于摒弃，对“仁政”、“任人唯贤”、“奉献”和“艰苦奋斗”等思想精华要发扬。同时也要给审计文化注入时代特色，如加强培养依法治国、审计独立性、团队精神、学习型机关、效能型政府和节约型机关等思想和理念。

(4) 运用多种方式加强审计文化的培育

可以根据审计公务员的心理特点和规律，有针对性地采取灵活的教育方式，提高心理诱导的科学性。同时，可以通过树立模范和典型，让先进人物身上体现的理念和精神得到弘扬，使抽象的审计文化具体化、人格化，便于学习和接纳。要采用科学管理方式，实行公平竞争、平等相待的管理方式，鼓励审计公务员积极参与决策管理活动，培养其对审计机关的感情。另外，要加强审计制度建设，在制度中体现审计文化的特点，反过来也通过制度来培育和促进审计文化建设。

(三) 加强基础保障力度

与审计机关的工作职责和承担的审计任务比起来，目前审计机关基础保障力度是不够的。这表现在三个方面：一是人员方面。审计公务员的总量短缺与高端人才、复合型人才和部分专业人才的结构性短缺同时存在。审计公务员的薪酬与福利待遇较低，未能体现审计工作的专业性、复杂性、艰巨性，与审计公务员承担的工作职责、工作强度和工作难度也不相匹配。这在一定程度上影响了审计公务员的工作积极性，也造成部分优秀审计公务员的流失。二是财力方面。近年来，各级党委与政府对审计工作越来越重视，在经费上给予了大力支持，部分审计机关已经基本实现了审计业务经费自理，这在很大程度上增强了审计独立性。然而也应该看到，财政对审计经费投入还是不够的，一些审计机关还没有实现基本的审计业务经费自理，审计公务员的专业培训缺少相应的资金保障。另外，根据审计收缴额返还审计经费、与被审计单位有经济利益关系的现象在个别地方也还存在。三是物力方面，部分审计机关特别是基层审计机关的办公条件还比较差，办公设备陈旧，一些基础的专业培训也无法开展。审计队伍专业化建设是一个长期过程，需要强有力的人力、财力和物力投入作为保障。

1. 加大人力投入

加大人力的投入体现在两个方面：一是建立审计人力资源管理战略规划，加强审计专业人才的引进。国家审计要发展，就必须重视人力资源的梯层次储存和培养，而在此过程中人力资源战略规划举足轻重。审计机关有必要加强审计工作分析，弄清审计人力资源的供需状况与趋势，准确把握所需的专业人员结构，注意从年龄、专业、知识、素质和能力等方面不断优化审计队伍结构。在审计公务员引进过程中，应该严格准入标准，确保质量。二是优化专业化发展环境，完善专业化培训机制，不断提升现有审计公务员的专业化水平。要加强对审计公务员发展规律的研究和把握，优化审计公务员成长环境，对审计公务员流动、激励、选拔、培养等机制进行深入调查研究，构建科学的审计公务员专业化建设体系。注重审计人员的培训和开发，注重审计人员对国家审计的长期认同感、归属感，注重审计人力资源的激励，吸引人才，并能留住人才。应克服工作任务重、人员紧张等困难，把审计公务员专业化建设作为审计事业长远发展的基础性工作，积极创造条件，支持和鼓励审计公务员进行必要的培训提高。

2. 加大财力投入

应以人才工程建设为契机，不断加大审计公务员经费投入力度，保证专业化建设经费投入稳步增长。为全面提高人才建设经费的使用效率，确保人才建设经费最大限度发挥作用，应建立人才重点工程项目责任制，加强项目立项论证，完善经费管理管理制度，为人才重点工程项目的实施提供保障。同时，针对目前审计公务员薪酬福利的总体水平偏低、刚性过强、缺乏弹性、激励效果差的状况，参照社会相关行业的薪酬水平来确定审计公务员的工资水平，并建立与社会经济发展和物价水平同步的动态调节机制，加强与工作绩效考评结果挂钩。为促进审计工作专业化建设，审计人员的薪酬制度设计可以探索在行政职务的基础上，将专业职称等纳入考虑范围。对少数高端审计人才，可以建立特殊的薪酬制度。

3. 加大物力投入

根据审计队伍专业化培训的需要，积极改善各级审计机关的专业化培训条件和硬件设施。依托“金审工程”二期建设，本着科学、规范、高效的原则，加快教材、网络等审计教育培训配套体系建设，通过实现各种现代化的教学手段，推动案例教学、远程教学等多种教育培训形式的开展。

(四) 建立审计公务员专业化建设的层级指导系统

审计公务员专业化建设是一项庞大的系统工程，涉及面广，关系复杂，周期较长，需要科学规划，统筹兼顾，循序渐进，稳步推进。在这个过程中，需要从审计署到地方审计机关建立起一个从上到下的层级指导系统。这个系统应具备三个功能：一是确保审计署制定的审计公务员专业化建设的目标、措施和要求等能够及时、准确传导到基层审计机关，并得到不折不扣地贯彻实施；二是能够将基层审计机关专业化的进展情况、需求和存在的问题等信息及时反馈给审计署，以便对相关政策措施进行调整；三是能够确保对下级审计机关的专业化建设情况进行有效的统筹、指导和督促，并协调处理下级审计机关专业化建设过程中遇到的各种困难和问题。近期，审计公务员专业化建设的层级指导系统应着重做好以下三个方面的工作：

1. 建立审计公务员专业化建设工作沟通协调机制

审计公务员专业化建设工作的沟通协调机制包括两个方面内容：一是与审计机关外部单位的沟通协调和审计机关内部的沟通协调。上级审计机关按照干部管理权限进行审计公务员管理的同时，要加强与基层审计机关及其所在地方政府的沟通协调。特别是在审计公务员的选拔、调配、考核、激励等工作中，要积极探索相互磋商的机制，为基层审计机关创造一个良好的政策环境，保证基层审计机关公务员专业化建设的顺利开展。同时，审计机关内部也需要建立起一套的专业化建设信息沟通协调机制，确保相关信息能够及时、准确和有效传递。

2. 加强对教育培训工作的统筹指导

教育培训工作是审计公务员专业化建设的一个主要形式。审计署应根据审计工作总体目标和工作需要，研究制定全国审计机关专业化教育培训目标、标准和内容。根据地方审计机关所在区域的实际情况，分地区、分层次、分专项地加强分类指导，统筹规划，突出重点，有针对性地提高基层审计公务员的能力素质。同时，审计署还应继续通过举办好厅（局）长培训班和地（市）县局长培训班，在发挥地方审计机关培训主渠道作用的同时，加大师资支持力度。

3. 开展业务骨干双向交流

开展业务骨干双向交流，可以在推动审计工作发展的同时，带动审计队伍整体素质的提高，加快审计专业化进程。应按照“以业务骨干带动队伍整体建设、以实战锻炼实现综合培养”的原则，立足基层审计机关对人才的需求，通过双向人才交流，建立与基层审计机关上下协调、共同推动、良性发展的业务骨干人才培养机制，造就一批掌握先进审计技术、具有丰富审计业务管理经验和创新能力的审计公务员，为提高基层审计机关的战斗力提供人才支持。

结　语

（一）研究结论及建议

本文通过对中国国家审计在社会结构中的角色定位、职业现状和审计人力资源的深入分析，提出了构建中国审计公务员队伍专业化的制度框架体系的基本思路，得出以下主要结论和建议：

第一，审计公务员专业化是指按照审计职业的工作职责和职业标准的要求，从事审计工作的公务员，通过一定时间的学习实践，逐步掌握从事审计工作所需要的知识和技能，直至成为审计工作专家的过程。

第二，现有的审计公务员专业化建设存在两个主要问题：一是审计公务员群体结构难以适应审计事业的协调发展，二是审计公务员专业化建设制度具体管理环节缺乏创新。

第三，审计机关加强审计公务员专业化建设是经济社会发展、审计职能转变、审计监督范围扩展和审计质量控制的客观要求。

第四，审计公务员队伍专业化制度建设的目标是建立有审计特色的审计公务员专业化管理制度和建设专业化的审计公务员队伍。

第五，审计公务员队伍专业化建设的原则包括：合法性原则、计划性原则、针对性原则、数量质量并重原则、分层次原则、职责与能力相匹配原则。

第六，审计公务员专业化制度建设基础：专业能力标准建设。

第七，实行审计专业资格准入是加强审计公务员专业化建设的前提和重要关口，可以通过提高进入门槛和探索建立审计公务员专业资格考试制度来实现。

第八，建立一套科学、有效的审计公务员考核评价制度，有利于加强对审计公务员的监督，建设高素质专业化的审计队伍，提高审计工作效能。

第九，审计公务员专业化培训制度框架主要包括：制定审计公务员专业化培训规划、建立专业化培训制度规范、建立和运用培训评价机制。

第十，审计公务员专业化建设需要建立起有效的激励机制。

第十一，审计公务员专业化建设需要发挥监督和责任追究制度、审计文化、基础保障、层级指导系统等配套措施的保障和促进作用。

（二）未来研究方向

本课题是在现行公务员管理体制约束下对审计公务员的专业化建设进行研究，偏重于对现行审计机关管理制度按照专业化建设要求进行完善。同时，本研究更多地偏重于实践层面，在运用现代人力资源管理理论对审计公务员专业化建设管理制度进行的分析还很不系统。在未来的研究中，可以在本文的基础上，对建立适合审计机关工作特点的审计公务员职级制度和薪酬制度等方面进行进一步探索，对建立一套适合中国国情的审计公务员队伍专业化管理制度进行更加系统的研究。

参考文献

[1] 刘英来，崔振龙，韩乃志等．国家审计专业化制度研究［Z］，审计署审计科研所课题，2004.

[2] 陈莉．国家审计职业化特征分析［J］．财会周刊，2009（5）.

[3] 麦克尔·比尔．管理人力资本［M］．北京：华夏出版社，1999.

[4] 审计署．审计2008~2010年审计工作发展规划［M］．北京：中国时代经济出版社，2008.

[5] 宋常．“免疫系统”理论视野下的国家审计［J］．审计与经济研究，2009（1）.

[6] 王耘农．国家审计发展需要职业化保障［Z］．审计署网站，2007.

[7] 道格拉斯.C. 诺斯．制度、制度变迁与经济绩效［M］．上海：上海三联书店，2008.

[8] 林毅夫．论制度和制度变迁［J］．中国改革与发展，1988（4）.

[9] 审计署．中国审计年鉴（1983—1988）［M］．北京：中国审计出版社.

[10] 审计署．中国审计年鉴（1989—1993）［M］．北京：中国审计出版社.

[11] 审计署．中国审计年鉴（1994—1998）［M］．北京：中国审计出版社.

[12] 审计署．中国审计年鉴（1999）［M］．北京：中国审计出版社.

[12] 审计署．中国审计年鉴（2000）［M］．北京：中国时代经济出版社.

[13] 审计署．中国审计年鉴（2001）［M］．北京：中国时代经济出版社.

[14] 审计署办公厅．全国审计机关机构和人员情况［R］．审计署计划统计简报，2008（14）.

[15] 王鸿．关于国家审计人力资源管理几个问题的探讨［Z］．审计研究简报，2008，第20期（总第181期）.

[16] 王鸿．浅析国家审计人员的职业准入与遴选制度［J］．中国审计，2005（4）：34-35.

[17] 潘学模，张序，台婷婷等．审计执业资格准入制度研究［R］．审计研究报告，2008（8）.

[18] 舒立志．刍议国家审计公务员队伍专业化［J］．审计月刊，2006（10）.

[19] 彭新林．审计专业化思考［J］．中国审计，2004（12）.

[20] 陈莉，蒋兆红，段海庭．国家审计专业化程度分析［J］．科技创业月刊，2009（22/2）.

[21] 王中信．论审计专业化——从特派办看审计发展趋势［J］．中国审计，2003（18）.

[22] 宋福荣．论中国公务员的范围［J］．求实，2006（1）.

[23] 审计署人事教育司．审计专业化建设境外考察报告［R］.2009（3）.

[24] 龚先砦．试论中国法官专业化建设的现状及出路［J］．法制与经济，2007（10）.

[25] 董大胜主编．中国政府审计［M］．北京：中国时代经济出版社，2005（8）.

[26] 刘德增，颜一玫，王萍萍．刍议审计人员素质培养［J］．合作经济与科技，2008（8）.

[27] 人事部．关于国家公务员通用能力标准［Z］．人事部文件，2003.

[28] 徐颂陶．公务员九项能力培训教程［M］．北京：人民出版社.

[29] 审计署．审计署党组关于进一步加强审计机关人才工作的指导意见［Z］.2004.

［30］审计署办公厅．当前基层审计工作存在的困难、问题及对策建议［R］．2002.

［31］审计署办公厅．关于河北、天津4县区审计机关建设情况的调研报告［R］．审计署内部工作报告，2004.

［32］审计署办公厅．关于全国县级审计机关建设情况的调研报告［R］．审计署内部工作报告，2004.

［33］张玉亮．国家审计人员专业胜任能力研究［J］．民营科技，2007（5）．

［34］王琳．国家审计人员绩效考核系统模型研究［J］．审计研究，2006（1）．

［35］王鸿．浅析国家审计人员职业准入与遴选制度［J］．中国审计，2005（4）．

［36］李晓家．国审计人员的素质结构［J］．中国审计，2004（4）．

［37］王斌．我国国家审计人员培训的概况——兼析西方政府审计人员培训［J］．中共南京市委党校南京市行政学院学报，2007（6）．

［38］A. H．Mallow，A Theorv of Human Motivation［J］．Psychological Review，July，1943.

［39］叶君鳌．审计机关人员绩效考核［J］．审计研究简报，2007（4）．

［40］阚京华．应用型、外向型、复合型审计专业人才培养模式研究［J］．市场周刊·理论研究，2007（8）．

［41］谢明．激励——人力资源开发的有效途径［Z］．http：//www. Chinampa. cn，2004.

［42］王如燕．关于审计机关人力资源整合的探讨［J］．北方经济，2006.

［43］崔振龙．关于审计职业化体系框架的思考［J］．审计研究简报，2004（1）．

［44］麦克尔·巴泽雷．突破官僚制：政府管理的新远景．北京：中国人民大学出版社，2002.

［45］秦国民．构建卓越的国家公务员激励机制［J］．决策探索，2003（3）．

［46］秦荣声．对我国政府审计发展战略的思考［J］．审计研究，2008（3）．

［47］崔振龙．关于审计专业化体系框架的思考［J］．审计研究简报，2004（1）．

［48］舒立志．刍议国家审计队伍专业化［J］．审计月刊，2006（10）．

［49］宋常．“免疫系统”理论视野下的国家审计［J］．审计与经济研究，2009（1）．

［50］宋福荣．试论我国公务员的范围［J］．求实，2006（1）．

［51］龚先砦．试论我国法官专业化建设的现状及出路［J］．法制与经济，2007（10）．

图书在版编目(CIP)数据

审计署重点科研课题研究报告(2009-2010)(下)./ 中国审计学会编.
—北京:中国时代经济出版社,2011.6
ISBN 978-7-5119-0790-5
Ⅰ.①审…　Ⅱ.①中…　Ⅲ.①审计-科研课题-研究-报告-中国-2009-2010
Ⅳ.①F239.22
中国版本图书馆 CIP 数据核字(2011)第 040883 号

书　　名:审计署重点科研课题研究报告(2009-2010)(下)
出 版 人:王鸿津
作　　者:中国审计学会
出版发行:中国时代经济出版社
社　　址:北京市西城区车公庄大街乙 5 号鸿儒大厦 B 座
邮政编码:100044
传　　真:(010)68320697
发行热线:(010)88361317
网　　址:www.cmepub.com.cn
电子邮箱:zgsdjj@hotmail.com
经　　销:各地新华书店
印　　刷:北京嘉恒彩色印刷有限责任公司
开　　本:787×1092　1/16
字　　数:520 千字
印　　张:25.5
版　　次:2011 年 6 月第 1 版
印　　次:2011 年 6 月第 1 次印刷
书　　号:ISBN 978-7-5119-0790-5
定　　价:115.00 元(上下册)